Luz no Caminhar

O autor agradece de coração às empresas que
patrocinaram a edição desta obra.
Essa nobre atitude viabilizou
que a mensagem espiritual possa atingir um grupo
maior de pessoas, contribuindo sobremaneira com a expansão da
consciência em direção à Era de Aquário.
Sem esses patrocínios isso não seria possível.

Odilon Guimarães Andrade

Luz no Caminhar

MADRAS

© 2019, Madras Editora Ltda.

Editor:
Wagner Veneziani Costa (*in memoriam*)

Produção e Capa:
Equipe Técnica Madras

Revisão:
Jerônimo Feitosa
Ana Paula Luccisano

Dados Internacionais de Catalogação na Publicação (CIP)
(Câmara Brasileira do Livro, SP, Brasil)

Andrade, Odilon Guimarães
Luz no caminhar / Odilon Guimarães Andrade. -- São Paulo : Madras, 2019.

ISBN 978-85-370-1235-2

1. Artigos - Coletâneas 2. Conduta de vida 3. Consciência 4. Desenvolvimento pessoal 5. Esoterismo 6. Espiritualidade 7. Ocultismo 8. Paz interior 9. Reflexões I. Título.

Índices para catálogo sistemático:
1. Reflexões: Conduta de vida: Artigos:
Coletâneas: Espiritualidade 133
Maria Paula C. Riyuzo - Bibliotecária - CRB-8/7639

É proibida a reprodução total ou parcial desta obra, de qualquer forma ou por qualquer meio eletrônico, mecânico, inclusive por meio de processos xerográficos, incluindo ainda o uso da internet, sem a permissão expressa da Madras Editora, na pessoa de seu editor (Lei nº 9.610, de 19/2/1998).

Todos os direitos desta edição reservados pela

MADRAS EDITORA LTDA.
Rua Paulo Gonçalves, 88 – Santana
CEP: 02403-020 – São Paulo/SP
Caixa Postal: 12183 – CEP: 02013-970
Tel.: (11) 2281-5555 – Fax: (11) 2959-3090
www.madras.com.br

Dedicatória

   Dedico este livro aos incansáveis Anjos da Guarda que, com infinita paciência, "nos puxam pelos cabelos" para fazer com que a vida valha a pena.
   Dedico também este livro às várias instituições filantrópicas que, assim como os Médicos Sem Fronteiras, trabalham para mitigar o sofrimento de uma humanidade ainda infante.

Índice

Prefácio 12
Nota do Autor...15
Sobre a Felicidade 17
Sobre a Angústia 19
Sobre a Aposentadoria 21
Pensamentos Soltos 1 25
Falando de Amor com Minha Filha 27
Sobre a Aceitação 30
Sobre a Ação 32
Sobre o Apego 34
Sobre a Insegurança 36
Pensamentos Soltos 2 38
Sobre o Pessimismo e o Otimismo 40
Sobre o Ressentimento 42
Sobre a Indiferença e a Neutralidade 44
Meu Cavalinho 46
Pensamentos Soltos 3 48
Sobre a Ofensa 50
Sobre o Perdão 52
Sobre Pequenos e Grandes Erros 54
O Novo Grupo de Servidores do Mundo 56
A Casa 58
Sobre a Inofensividade 59
Sobre a Intuição 61
O Corpo Etérico (Corpo Vital) 63
O Corpo Astral (Corpo Emocional) 65

Índice

O Corpo Mental (Homem = Man = Mente) 69
Pensamentos Soltos 4 69
Trilogia I – O Homem 72
Trilogia II – A Alma 74
Trilogia III – O Espírito ou Mônada 76
Ave, Marias! 78
Um Pensamento sobre Carma 80
Sobre o Compartilhamento 82
Sobre a Paz 84
Pensamentos Soltos 5 86
Sobre a Espiritualidade 88
Culpa 90
O Chamado 91
Sobre Lições e Provas 93
Sobre a Hierarquia Espiritual da Terra 95
Pensamentos Soltos 6 97
Sobre a Morte (o Antes) 99
Sobre a Morte 101
Sobre a Memória 103
Poema à Maioridade 105
A Santíssima Trindade 106
Sobre os Prazeres da Vida 108
Ser Bom ou Ser Feliz? 110
Pensamentos Soltos 7 112
Uma Verdade Esotérica sobre o Natal 114
Espiritualidade, Filosofia e Ciência 117
Sobre a Homo e a Heterossexualidade 119
Às Minhas Irmãzinhas sem Rosto 121
Espiritualidade e Religiosidade 123
Sobre a Encarnação 125
A Exteriorização da Hierarquia 127
Pensamentos Soltos 8 129
A Páscoa do Incêndio 131
Sobre a Mente 133
Sobre o Vegetarianismo 135
Oração de Agradecimento 137
Sobre o Conforto e o Luxo 138

Um Alento a uma Brava e Cansada Humanidade 140
Sobre o Ateísmo 142
Caminhares 144
Mudança 145
Uma Verdade sobre o Amor 146
Sobre Carma 148
Sobre o Arrependimento 150
Pensamentos Soltos 9 152
Sobre a Comensurabilidade 154
Sobre a Humanidade I..156
Sobre Mestres e Gurus 158
Médicos sem Fronteiras 160
Sobre o Pensamento, o Sentimento e a Ação 162
Pensamentos Soltos 10 164
O Maior Segredo da Alegria 166
Sobre Vaidades 168
Sobre a Alegria da Alma 170
Sonhos e Pesadelos 172
Sobre Milagres I (uma Visão Mística)..173
Sobre Milagres II (uma Visão Ocultista) 175
Sobre Milagres III (uma Visão Pessoal) 177
Sobre Milagres IV (um Êxtase) 179
Sobre Milagres V (os Devas ou Anjos) 181
Sobre Milagres VI (os Anjos e as Curas) 183
Sobre Milagres VII (os Anjos e a Cura) 185
Sobre Milagres VIII (as Esferas Luminosas) 187
Pensamentos Soltos 11 189
Sobre a Imaginação 191
Sobre a Persistência 193
Sobre o Sexo: uma Visão Global 195
Sobre o Sexo: uma Visão Pessoal 197
Sobre a Arrogância e a Prepotência 199
Sobre Viagens 200
Meçam Seus Exércitos 202
Pensamentos Soltos 12 204
A Maior Lição de Minha Vida..206
Sobre o Mal I 208
Kundalini 210

O Morador do Umbral 212
Momentos 214
Sobre Humanidade II 215
Sobre o Suicídio 217
Pensamentos Soltos 13 219
O Fruto 221
Sobre a Eutanásia 223
Uma Resposta 225
A Praia, o Mar e Quem os Criou 227
O Homem e a Humanidade 228
Cuidado com o que Você se Acostuma! 230
Sobre o Alcoolismo e Outros Vícios 232
Pensamentos Soltos 14 234
A Grande Lei 236
O Númeno e o Fenômeno – Deus e a Sua Criação 238
O Segredo 240
Escolhas (para Edu Lyra) 242
Sobre os Complexos 243
Sobre o Poder da Prece 245
Sobre a Relatividade da Vida 247
Pensamentos Soltos 15 249
Sobre o Pensamento e o Desejo 251
Sobre a Pornografia 253
Sobre a Omissão de Deus 255
A Alma e o Silêncio 258
Os Avatares 259
Sobre o Reto Pensar 262
Sobre Extraterrestres e Intraterrenos 265
Pensamentos Soltos 16 268
Sobre Dharma 270
O Sono e o Plano Astral 272
Sobre a Inveja e a Humildade 274
O Cactus e o Deserto 275
Sobre o Valor da Ciência 276
Reflexão sobre os 50 278
Reflexão sobre os 60 280
Pensamentos Soltos 17 282

Reflexão sobre o Pessimismo 284
Sobre a Crítica e o Elogio 286
Tempo e Eternidade 287
Aos Meus Irmãos Fundamentalistas de Todas as Religiões 289
Zé 291
Um Alerta Muito Importante 293
Pensamentos Soltos 18 295
"Nem Sete nem Setenta, mas Setecentos" 297
Uma Necessária Explicação 299
Pensem Nisto 301
O Pescador 303
Sobre as Pequenas Coisas da Vida 305
Aos Homens e Mulheres da Lei e do Direito 307
O Anjo Solar I (Anjo da Guarda) 309
Pensamentos Soltos 19 311
O Poder da Ação Virtuosa 313
Sobre a Velhice 315
Sobre a Amizade 317
Bem-aventurança? 319
Sobre a Expectativa 320
O Anjo Solar II 322
O Mestre 324
Pensamentos Soltos 20 326
Meu Amigo Haitiano 328
Deus, a Natureza e o Homem 330
Sobre as Virtudes 332
Sobre Egos e Almas 334
Ensinamentos 335
Sobre a "Normalidade" 337
Pensamentos Soltos 21 339
Como Evitar um Importante Efeito Colateral
da Aposentadoria 341
Sobre a Cura e os Joões de Deus da Vida 343
Resposta 345
Elza 347
Uma Verdade ainda Difícil de Ser Absorvida 349
Por que Medito 351

Índice

Sobre a Superficialidade	352
Sobre a Cristalização	354
Sobre Astrologia	356
A Grande Lição da Terceira Idade	358
Sobre o Homem	360
Competição X Cooperação	362
Pensamentos Soltos 22	364
Sobre o Bom Senso	366
Costumes	368
Pensamentos Soltos 23	369
Doenças Contemporâneas	371
A Árvore e a Raiz	373
Pensamentos Soltos 24	374
Sobre o Retorno do Cristo	376
Perdido	378
Sobre a Vontade	379
Sobre o Sofrimento	381
Um Pedido em Oração	383
Pensamentos Soltos 25	384
Sobre as Riquezas	386
Sobre o Mal II	388
Tudo Certo	390
Pensamentos Soltos 26	392
Beth	394
Elisabeth	395
Baú da Juventude 1	396
Baú da Juventude 2	397
Baú da Juventude 3	399
Baú da Juventude 4	401
Baú da Juventude 5	402
Baú da Juventude 6	403
Baú da Juventude 7	405
Baú da Juventude 8 – Lena	406
Orações Contemporâneas 1	408
Orações Contemporâneas 2	409
Glossário	410

Prefácio

Tive a grata honra de conhecer o Odilon por ocasião de uma palestra dele em um evento esotérico no qual eu também palestrei. Imediatamente, por suas palavras, percebi que se tratava de um esoterista do "E" maiúsculo e com "S". Explico: existem muitas pessoas que adentram o esoterismo, procuram viver conforme os conhecimentos e os propalam, mas que trilham por caminhos já caminhados por outros, tanto por segurança quanto por falta de conhecimentos ou o devido preparo. Essa forma de caminhar pela senda espiritual é útil e comum no início da jornada. Não é o caso do Odilon, pois, apesar de ele citar fontes antigas, acrescenta novos conhecimentos e consciência a elas.

Percebe-se na fala e no comportamento do Odilon que, muito mais e além de entender, ele compreende o conhecimento e que esse conhecimento se tornou sabedoria em sua alma. Ou seja, o Exoterismo (conhecimentos espirituais que se consegue compartilhar) para ele se tornou Esoterismo (conhecimento próprio, adquirido com vivência e consciência). Isso evidencia uma expansão de sua consciência e sua autoelevação a um patamar diferenciado e especial dentro do próprio mundo esotérico.

Imediatamente, ao assistir a sua palestra, me ocorreu que seu conhecimento deveria ser repassado a outras pessoas, o que lhe disse na primeira oportunidade. Isso me pareceu importante porque ele conseguiu "traduzir" conhecimentos muito complexos e elevados, oferecidos pela fonte teosófica, para a vida prática e cotidiana de todas as pessoas, sem o uso de palavras difíceis ou ininteligíveis.

A meu ver, esse é o principal mérito do Odilon: compreender "como" os ensinamentos espirituais de milhares de anos são úteis e importantes para a vida comum, como podem contribuir para a paz interior, a harmonia pessoal, o convívio social e a evolução individual. Esse tipo de compreensão e, também, habilidade e vontade de compartilhar com outras pessoas só é possível encontrar em quem domina com maestria o assunto, não só o entende, mas também o pratica, experimenta, percebe como "funciona" em sua própria vida, promove "ajustes" nas definições teóricas e explica em palavras objetivas esclarecendo situações cotidianas.

Assim, o Odilon tira a exclusividade do conhecimento hermético de um pequeno círculo de estudiosos para levá-lo às pessoas de vida comum, no trabalho, no convívio social, nos relacionamentos familiares e sociais, olhando o hoje e também o amanhã com outra visão.

É para mim uma grande honra poder conhecer esse grande esoterista e observar a caminhada do Odilon em sua sagrada missão. Para quem não o conhece, já que o autor não autorizou um pequeno resumo biográfico, basta apenas dizer que ele foi um bem-sucedido profissional do esporte durante pouco mais de 20 anos e que, paralelamente à sua carreira profissional, montou alguns projetos sociais que ajudaram muitas crianças e adultos em risco social. Odilon autoaposentou-se aos 42 anos e dedicou-se, além da filantropia, ao aprofundamento dos estudos esotéricos e dos ensinamentos do mestre tibetano Djwhal Khul por meio dos livros de Alice Bailey, livros sagrados de todas as religiões, Teosofia, dos livros de Helena P. Blavatsky e discípulos, Filosofia, Ciência, Física Quântica e diversos novos ensinamentos da era aquariana.

Por detrás de seus escritos percebe-se uma alma sensível, sábia, muito amorosa e dedicada à verdade e à evolução. É impressionante como ele consegue também tocar a alma do leitor, com palavras simples, orientando sua consciência em uma direção, compreensão ou visão muitas vezes diferente da habitual, talvez nunca antes experimentada e que, ao mesmo tempo, conduz a uma compreensão maior dos fatos da vida e, por conseguinte, maior paz e harmonia interior.

Certamente, você, leitor, ao ler os escritos do Odilon comprovará o que aqui afirmo e também se surpreenderá positivamente.

Aconselho todos que consultem o glossário no final do livro. Assim poderão saber detalhes sobre palavras, conceitos, fatos ou pessoas que o Odilon cita em seu texto. Dessa forma, poderão perceber o vasto conhecimento que existe por detrás de palavras tão simples e tocantes. E, com essa percepção, poderão imaginar o longo caminho trilhado por esse grande e valoroso irmão espiritual que nos brinda com o que de mais precioso existe em sua alma.

Pelo fato de este livro ser uma coletânea de pequenos artigos de seu Blog na Internet, não é necessária uma leitura sequenciada. Assim, pode-se buscar no índice títulos de assuntos que nos interessem naquele momento específico que estejamos com o livro nas mãos, e ler as breves e sábias palavras do Odilon. Ou, então, abrir o livro em uma página qualquer, à "sorte", como uma consulta ao oráculo. Isso certamente mudará o dia de muitas pessoas e, talvez, até mesmo a vida de alguns.

Boa leitura!

Juarez de Fausto Prestupa
Presidente do Rito Solar da Academia Ciência Estelar

Nota do Autor

    Caro leitor – Tirando alguns muito humildes escritos feitos no início da minha juventude, os quais você encontrará em alguma parte deste livro sob o título "Baú da Juventude" eu nada mais havia escrito, a não ser por alguns pensamentos soltos, até que há pouco tempo, menos de um ano, após sair da minha cotidiana meditação matutina surgi com uma estranha ordem interior para fazer um blog. Explico: sou um "analfabético cibernético" bastante ignorante e muitas vezes avesso à tecnologia moderna que, confesso, me assusta um pouco, além das suas constantes modificações irritarem um ego amante da calma e sem a doentia pressa do mundo atual. Bem, sorrindo de uma ideia que me pareceu tola por conta de minha absoluta ignorância cibernética e completa falta de confiança em meus parquíssimos dotes literários, fui contar a novidade à minha esposa, que conhecendo bem como minha alma "puxa-me pelos cabelos" para conseguir alguma coisa, primeiro me explicou o que era um blog e me incentivou nessa empreitada que, na hora, pareceu-me uma loucura.
    Pois bem, depois de materializar o blog, e até começar a gostar de uma atividade da qual achava que era totalmente incapaz, minha alma, novamente "me puxando pelos cabelos", disse-me para colocar os artigos em um livro, coisa que agora faço obediente aos seus ditames.
    Já que o autor destas humildes linhas não é um verdadeiro escritor e, por isso, não possui um estilo próprio, este livro é uma mescla bem variada de poesia, prosa poética, prosa técnica de assuntos espirituais exotéricos e esotéricos e artigos sobre realidades contemporâneas, principalmente brasileiras. Este livro tem a tarefa de levar o leitor não só a reflexões mentais, como também a desenvolver a intuição indispensável ao crescimento da alma humana.
    Meu caro leitor, realmente não sei se estes escritos têm algum mérito que faça valer a pena o gasto do seu precioso tempo em lê-los, mas tenha a certeza de que o gasto do seu suado dinheirinho valerá a pena, pois tudo que for arrecadado na venda deste livro será doado à filantrópica instituição MÉDICOS SEM FRONTEIRAS na sua magnífica missão de ajuda a uma humanidade ainda muito sofredora.

"A verdade é um desenho abstrato feito na tela do espaço-tempo e cujo grau de nitidez vai de zero a infinito, dependendo dos olhos de quem a vê. A pobre avaliação humana vai apenas de zero a dez. Cabe ao homem defendê-la com unhas sem se esconder atrás da sua relatividade, respeitando toda visão alheia e mantendo a humildade que absorver, cada nova nuance que conseguir captar da visão do outro."

Sobre a Felicidade

Você, que busca com tanto afinco a felicidade, escute o que tenho a lhe dizer!

Este pássaro que voa tão alto e que às vezes pousa no seu ombro, transformando momentaneamente sua agonia em gozo, sua tristeza em alegria e seu sofrimento em esperança, não foi criado para o chão em que cresce o homem, mas para o céu onde deve florescer a flor da existência humana. É ele que faz você sempre olhar para cima, onde brota a Luz, enquanto caminha pelo sombrio vale no qual colhe os frutos da Divina Experiência. Quer prender numa gaiola aquilo que mantém você com o olhar no infinito, impedindo-o de enlouquecer na pequenez do seu temporário cárcere? Quer agarrar junto a si na escuridão a mão que o puxa para a Luz? Não sabe que se tentar manter junto a si este divino pássaro, há de lhe atrofiar as asas, transformando a nobre águia numa humilde galinha assustada a bicar migalhas, com o medo da morte?

Escute-me ó viajante das estrelas, seus pés foram presos à rocha como Prometeu, para que pudesse colher os frutos que nascem na escuridão e, sentindo o gosto amargo, pudesse valorizar com justeza o doce néctar dos pomos da Luz. Aceite com humildade e resignação a sua tarefa temporária, antes de voltar ao seio do Sem Tempo. Agradeça cada pedra no caminho mais íngreme e mais curto, que faz você tropeçar, cair e levantar, para o manter assim acordado, enquanto muitos dormem e caminham sonâmbulos no caminho mais ameno, mas bem mais longo.

Ah! Meu irmão que dorme, por que gasta a maior parte da sua energia e do seu tempo buscando enriquecer seu corpo físico com o luxo desnecessário, seu corpo emocional com a vã vaidade e seu corpo mental com o orgulho, enquanto definha com fome o seu corpo espiritual? Por que busca na matéria a segurança e a alegria que só podem ser conseguidas no Espírito? Por que teima e queima ao amealhar tesouros para o ego, quando toda riqueza o aguarda gratuitamente nas graças da sua alma?

"É impossível ser feliz sozinho!"; acredita nisso meu irmão? Acha que é possível a folha se manter verde fora do galho onde crescem suas irmãs? Pode brincar a sua mão esquerda enquanto é esmagada a sua mão direita? Podem correr livres suas pernas sem carregar junto o resto do corpo? Pois é isto que vocês são – uma célula viva no corpo da humanidade. Jamais poderá isolar-se do corpo que o alimenta e nutre e, ainda assim, manter se vivo. Pois tudo é UM e, apesar de haver muitos erros na vida do homem, só existe um pecado – o pecado da separatividade.

Sobre a Angústia

Por que este sentimento tão avassalador acompanha a humanidade desde seus primórdios, trazendo tanto sofrimento a ponto de fazer com que muitos desistam do grande dom da vida?

O homem é o único ser vivo que sabe que vai morrer. Uma pedra, uma árvore ou um cachorro vivem plenamente suas vidas, longas ou curtas, sem a consciência da morte que um dia virá a desfazer as suas formas. Os irmãos dos reinos mineral, vegetal e animal não têm consciência do futuro, por isso, não se preocupam com ele, o estopim da angústia.

Constatamos, assim, que a angustia é filha da mente, instrumento dado ao homem para desenvolver a consciência humana (todos os seres possuem uma consciência adequada para absorver as experiências proporcionadas pelo seu reino específico). E por que só o homem possui a autoconsciência? Porque ele é o elo intermediário entre os reinos inferiores sem autoconsciência e os reinos superiores com uma consciência ainda maior – a consciência de Deus. Como nos diz Nietzsche no seu escrito mais espiritual *Assim falou Zaratustra*: "O homem é a ponte entre o animal e o super-homem".

Bem, o que fazer então para evitar esse terrível sentimento? A resposta já nos foi dada há milhares de anos, na máxima gravada nas paredes do oráculo de Delfos. "Homem, conhece-te a ti mesmo e conhecerás o universo." Só o homem pode procurar e achar Deus dentro de si mesmo e, assim que consegui-lo, desfará o temor – princípio da angústia – dissipando a sombra da morte e o medo do futuro, pois saber-se-á imortal, um habitante das estrelas confinado momentaneamente, apenas momentaneamente, em um pequeno planeta, para viver experiências indispensáveis ao crescimento do Espírito.

Quando foi perguntado a um Mestre o porquê do sofrimento, se todos nós somos Deuses, a resposta veio com um sorriso nos lábios:

"Sim, todos nós somos deuses. A diferença entre a sua angústia e a minha paz se resume no fato de eu sabê-lo e você ainda não".

Assim, busquemos dentro, e não fora, a cura para nossas angústias, servindo com amor a Deus, que não se encontra só no infinito, mas principalmente dentro do nosso coração e no mais íntimo dos nossos irmãos de todos os reinos.

Sobre a Aposentadoria

Por conta de minha larga experiência de 18 anos como aposentado e pelo fato de eu permanecer feliz, pleno de saúde física, mental, espiritual e em paz durante todo esse período, que às vezes é traumático para alguns, foi-me pedido o segredo desse sucesso.

Na verdade não existe segredo algum, além da aceitação incondicional da vontade da minha alma e de procurar seguir com humildade seus sensatos ditames, os quais tentarei expor num sistema de regras colocadas de forma aleatória, sem ordem de importância, por serem estas relativas a cada indivíduo.

REGRA UM: DISCIPLINA – A primeira coisa, a saber, neste sentido é que o homem é um ser dual, em que uma Alma imortal habita um veículo animal transitório – o ego tríplice (composto dos corpos físico, emocional e mental) –, que deve ser controlado, assim como um cavalo pelo cavaleiro – a Alma – usando o chicote da vontade, sob pena de perder-se o controle e acontecer o inverso do ideal, que é quando o cavalo controla o cavaleiro (fato muito comum nesta humanidade atual), ocasionando assim o inevitável fracasso.

REGRA DOIS: RECONHECIMENTO DA MUDANÇA DE FASE – É muito triste ver uma gama tão grande de homens maduros e inteligentes enxergarem a aposentadoria como um período merecido de descanso e ócio, em que há relativa segurança financeira, em razão de ter daí em diante tempo e dinheiro para desfrutar as "coisas boas da vida", como se as mesmas justas satisfações do passado valessem como verdades para o novo e diferente ciclo de novas e mais elevadas satisfações, o que certamente levaria ao fastio e ao sofrimento.

REGRA TRÊS: DESCOBRIR O SEGREDO DA SOLIDÃO – Existem duas maneiras de se ficar sozinho; uma correta e evolutiva e a outra, errada e maléfica. A primeira é quando se fica sozinho consigo mesmo, aprendendo do mundo interior; a segunda é quando se fica solitário em meio às trevas da solidão. Por que despreza a solidão, meu irmão? Por que corre assustado e com medo para a falsa segurança do rebanho ao primeiro sinal da sua presença? Por que começa a gritar palavras sem nexo no meio de vozes sem razão, para abafar o primeiro zumbido da voz mais importante – a voz da sua consciência? Você não sabe que a roseira da espiritualidade só cresce em meio ao silêncio? Que som poderia acrescentar ao despontar da aurora, para aumentar a sua beleza, sem quebrar a magia do momento? Que música pode ser mais bonita do que a voz do seu Eu Superior? Aproveitemos bem esta oportunidade que a vida nos dá para sairmos do tumulto da luta pela sobrevivência ou da pressa desnecessária.

REGRA QUATRO: RELEVAR AS "DORESINHAS" DA ÉPOCA – Depois dos 50 anos, aquele que não sente nenhum incômodo ou dorzinha em alguma parte do corpo pode estar certo que já morreu e não sabe. É bem sabido por todos que um certo desgaste ao longo dos anos do nosso corpo físico é absolutamente normal, por ser esse um corpo passageiro; a devida e momentânea atenção a ele deve ser dada, às vezes com o auxílio médico, e logo depois procurarmos botar nossa atenção em outras coisas. Como nos ensina o mestre ascensionado Djwhal Khul, e nos comprova a ciência moderna, mais ou menos 90% das nossas dores físicas são de origem mental ou emocional, fruto de uma mente excessivamente preocupada ou ociosa.

REGRA CINCO: PRESTAR MAIS ATENÇÃO ÀS PESSOAS E ÀS COISAS QUE NOS RODEIAM – É realmente impressionante e muito triste como nós desconhecemos as pessoas e as coisas que nos rodeiam! Como a luta pela sobrevivência ou pelo excesso nos toma todo o tempo e a atenção que deveríamos dedicar àqueles que nos amam e a quem deveríamos amar... Que desperdício o verde do gramado, as cores das plantas, os cheiros das flores, a imponência das árvores...

REGRA SEIS: ATIVIDADE FÍSICA – Esta para mim foi uma regra muito fácil de cumprir, por ter adquirido este benéfico e salutar hábito desde muito jovem. Àqueles que não tiveram a mesma sorte, ou que por preguiça renegaram esta virtude, eu repito a ancestral verdade: *"Mens sana in corpore sano"*. É absolutamente impossível ter uma mente sã e um emocional feliz coexistindo com um corpo decrépito ou doente por negligência – já que por carma nós temos a ajuda da alma. Um período de no mínimo uma hora por dia cuidando do nosso "cavalinho", além de ser muito saudável, preenche corretamente um tempo disponível.

REGRA SETE: APRENDER E ENSINAR – Como é triste ver tantos "aposentados" malgastando várias horas por dia em frente à televisão "só para passar o tempo". Melhor seria dizer "assassinar o tempo", desperdiçando este precioso presente que a vida nos dá neste período em que deveríamos estar crescendo para dentro; aprendendo coisas novas, desenvolvendo nosso corpo mental com novos conhecimentos, corrigindo ensinamentos errados adquiridos na pressa de um tempo curto, pois tudo que é bom e útil é armazenado na alma e utilizado em uma posterior encarnação, pois cada vida é um passo da alma em direção ao infinito. Como jogar fora nosso tempo e nossa experiência, enquanto nosso irmão mais jovem tropeça por ignorância ou inexperiência em meio ao caos e ao tumulto?

REGRA OITO: SABER SEPARAR TRISTEZA DE DEPRESSÃO – A tristeza é um sentimento legítimo e muitas vezes evolutivo. Quando ao serem analisados fatos e circunstâncias com neutralidade, mostra-se um erro cometido pelo ego, dando-se assim a oportunidade para reflexão (um jeito ocidental de meditação) e posterior evolução. É muito normal que, pela calma do tempo sem a pressa imediata das obrigações do mundo moderno proporcionada pela aposentadoria, nos sobre tempo suficiente para reflexão e emenda dos muitos erros cometidos no passado. Além disso, nos resta o conhecimento esotérico sabido por poucos, de que o nosso corpo emocional é apenas uma pequena célula do corpo emocional de Gaya (o planeta Terra), que infelizmente se encontra num estado deplorável em decorrência dos maus pensamentos e sentimentos da humanidade durante milhares de anos (eu e você em encarnações passadas). Aceitemos com paciência e resignação este nosso mau carma – da humanidade – e o transmutemos por meio de novos pensamentos e sentimentos evolutivos. Já a depressão é um sentimento muito maléfico, muito difícil de evitar (é preciso muita ajuda da alma e às vezes de outras forças espirituais), causada geralmente por um exacerbado complexo de culpa daqueles que não conseguem perdoar a si mesmos ou aos semelhantes, contrariando assim a maior lei do nosso Universo – a lei do amor –, ou daqueles que não aceitam as novas mudanças de um novo ciclo, apegando-se ao passado, ignorando que o mal é destinado ao esquecimento e o bem sempre acumulado perpetuamente pela alma. Há muitos outros motivos, mas estes são os principais. Abramo-nos para luz da alma que dissipa todas as trevas que nos abrumam.

REGRA NOVE: USAR PARTE DO NOSSO TEMPO NA AJUDA AO NOSSO CARENTE MUNDINHO – Em um planeta cármico como o nosso, onde rege a Divina Lei de Causa e Efeito, o sofrimento é um fato inevitável. Uma das melhores formas de ajudarmos a mitigar o sofrimento é na prática da caridade. Muitos acham que esta divina virtude só deve ser praticada no plano físico – ledo engano! A difusão do amor por meio do nosso corpo emocional e da luz do conhecimento por intermédio do nosso corpo mental são atitudes ainda mais importantes. Usemos com retidão as justas benesses de tempo e dinheiro adquiridas nesta época (aqueles que as possuem) fornecendo o alimento material por meio do nosso dinheiro, o alimento emocional por intermédio do nosso amor ou o alimento mental mediante nosso conhecimento, tão necessários nestes tempos difíceis.

REGRA DEZ: GRATIDÃO – Esta é uma das mais necessárias virtudes desta época, na qual tendemos a nos esquecer do maior presente que nos foi dado – a Vida. Quem se lembra de agradecer a nossa Mãe Gaya por nosso corpo material ou a Deus por nosso corpo espiritual? Quem se lembra de agradecer o fato de chegar a esta etapa da vida quando milhões se vão na infância, na adolescência ou no auge da vida adulta? Quem se lembra de agradecer aos justos prazeres que nos elevaram e às justas dores que nos elevaram mais ainda?

Finalmente, aproveitemos bem todos os ciclos da vida que nos concede a Divina Oportunidade, e lembremos sempre que o ego vive no tempo e a Alma na ETERNIDADE.

Pensamentos Soltos 1

"A verdade é um pássaro que precisa do silêncio para poder cantar."

"A paixão é um sentimento do ego e o amor, um sentimento da alma. Ambos ocupam o corpo astral-emocional do homem. Quando o ego arde de paixão, o amor é obrigado a passar ao largo... Pois nos planos materiais o ego ainda tem prioridade."

"Hoje eu vi um pequeno ato de lealdade e me emocionei. Enquanto lágrimas escorriam-me pelo rosto e eu me recriminava por descontrolar-me tão facilmente em face de pequenos atos virtuosos, um anjo soprou-me ao ouvido que houve um tempo em que as virtudes eram tão profusas quanto alvoradas e pores do sol, mas, hoje, elas são tão raras como diamantes e que eu não me envergonhasse das minhas lágrimas, pois elas eram legítimas."

"A verdade é um pássaro de uma asa só e é preciso que lhe emprestem uma asa provisória para poder voar. É obrigação de todo ser consciente emprestar a asa que falta a esta fênix de ouro, que voará alto ou baixo, de acordo com a asa emprestada. Por isto se diz que a verdade é relativa e mutante, variando com o nível de consciência de quem empresta. Jamais pergunte a outro o que é a verdade, meu irmão! Nem fuja da ação clamando ignorância... Voe alto ou baixo, de acordo as suas possibilidades, erguendo-se do chão onde os covardes sentem-se seguros."

"O homem já descobriu que matéria é energia; está começando a descobrir que energia é pensamento e, no futuro, descobrirá que pensamento é espírito; pois matéria é espírito no seu grau mais baixo e espírito é matéria no seu grau mais alto. Tanto o mago branco, como o mago negro trabalham com energia por meio do pensamento. Aí está o segredo da verdadeira meditação."

"Destrua o orgulho, meu irmão! O homem não foi feito para se tornar obelisco de uma época, mas ponte que o novo cruza em busca de novas e maiores etapas em direção ao Infinito."

"Assim como a sobriedade e a falta de alegria caracterizaram a busca espiritual na passada Era de Peixes, a alegria e o senso de humor deveriam caracterizar a atual Era de Aquário. Por isso, meu irmão, devolva cada pedra que lhe é atirada no caminho, com dois olhinhos, um nariz e um tremendo sorriso desenhado nela."

"Minha alma como pássaro enjaulado, às vezes, canta atrás de sua grade de osso e carne na esperança de acordar irmãs cativas, que em cárceres semelhantes dormem e sonham serem livres".

"Tudo no universo é energia e cada coisa vibra no seu próprio diapasão. Tudo é atraído ou repelido de acordo com o seu próprio magnetismo. Não existe homem completamente bom, nem homem inteiramente mau, e é o nosso magnetismo que atrai aquilo que vibra mais alto – o bem – ou repele aquilo que vibra mais baixo – o mal – existente em nosso semelhante. Existe, porém, momentos em que o mal é expelido gratuitamente por um irmão doente e cabe àquele que possui o bem contrabalançá-lo. Esta é a mais árdua, porém a mais nobre, tarefa daqueles que possuem a energia que vibra mais alto no nosso universo."

"Há duas maneiras de se ficar sozinho: uma correta e evolutiva e a outra errada e maléfica. A primeira é quando se fica sozinho consigo mesmo, aprendendo do mundo interior; a segunda é quando se fica solitário em meio às trevas da solidão."

"Não existe pronta uma escada que leva da obscuridade à luz. O homem há de forjar cada degrau deste longo caminho vertical, usando o cimento feito do pó das pedras quebradas com os próprios pés, umidificado pelas muitas lágrimas de alegria e dor e enrijecido pela persistência de uma vontade inabalável de um filho da Luz, em retorno a sua fonte de origem."

Falando de Amor com Minha Filha

Oi, filha, talvez você estranhe um pouco receber este antigo (porém muito eficaz) meio de comunicação, mas às vezes se consegue transmitir por uma carta (mesmo que virtual) o que não é possível, por vários motivos, por meio de uma conversa *tête-à-tête*.

Eu queria falar um pouco de amor, e muito do que escrever você já sabe, pelo menos teoricamente, mas é assim que a gente absorve as coisas mais importantes, repetindo e repetindo, até que elas passam a fazer parte de nós mesmos.

Como eu já lhe disse muitas vezes, o amor é a força mais potente neste nosso atual sistema solar (não é assim em muitos outros universos), e ele comanda todas as outras forças e energias. O amor é sempre o mesmo, o que difere é a forma como ele é absorvido pelas coisas ou pelas pessoas. Vamos falar aqui só como ele é absorvido pelos seres humanos.

Como você já sabe, o nosso corpo etérico (parte sutil do nosso corpo físico) possui sete centros de força – os Chacras – que captam e absorvem todas as energias planetárias e cósmicas. Dependendo da evolução ou da opção daqueles que têm capacidade para optar, essa magnífica energia pode ser captada e utilizada de forma certa ou errônea por alguns de nossos chacras. Se for captada pelo nosso mais primário chacra, o sacro, essa energia (usando palavras gregas deste sábio povo que distinguia quatro tipos de amor) se transforma no amor Porneia, de onde vem "pornografia", um amor egoísta que na pré-infância faz com que o bebê "sugue" a sua mãe, assim como o "pornográfico" suga o seu parceiro sem se preocupar com o outro.

No segundo tipo de amor, o amor Eros, a energia, que é cósmica e sempre pura, é captada pelo chacra chamado Plexo Solar e, embora seja um amor mais evoluído, é ainda um amor egoísta, pois apesar de retribuir o amor recebido, é um amor possessivo e à base de troca, tornando-se ódio quando não é retribuído. Esse é o amor mais comum desta nossa humanidade "normal", como os relacionamentos de pais-filhos, maridos-esposas, amigos, etc.

Quando a energia do amor é captada pelo chacra do Coração, ele se torna um amor Philo (Filosofia = amor à sabedoria); amor sentido pelos nossos melhores homens e mulheres, mas, apesar de evoluído, ainda tem um pouco de egoísmo, pois ainda separa e escolhe o que ou quem deve ser amado, mesmo coisas abstratas.

Por fim, quando a energia do amor é captada pelo chacra Coronário (vem de coroa e fica em cima e além da cabeça como uma coroa de luz), ele se torna um amor Ágape, que é um amor incondicional não só a toda humanidade, como também a todo o resto da natureza. É o amor sentido pelos santos, pelos mestres ou por aqueles que transcenderam seu ego e agora vivem como almas, enxergando a Unidade em todos e em tudo.

Bem, minha filha, você já deve estar se perguntando aonde eu quero chegar com este "palavrório" todo. Por favor, tenha um pouco de paciência. É que preciso lhe falar agora da minha forma pessoal de lidar com essa energia, e confesso não ter aproveitado satisfatoriamente a minha cota desta dádiva divina. Mesmo não tendo honrado o amor como devia, malgastando-o de forma egoísta, escondendo-o de pessoas que dele precisavam, ou pior, que o mereciam, vou arriscar escrever algumas palavras, esperando com justiça ser considerado incompetente, por não ser capaz de seguir sempre os ditames de minha alma, mas jamais um hipócrita, pois Deus sabe do meu esforço para tentar seguir os conselhos d'Ele. Quem me dera, minha filha, eu conseguisse ser pelo menos 10% daquilo que minha alma me inspira a ser!

A primeira coisa a saber sobre este assunto é que o homem é um ser dual – espírito-matéria, bem-mal, ego-alma, etc. – e que só a alma pode amar. É a nobre função do ego servir de canal para que esse amor permeie e fecunde este mundo, até que o reino da terra possa ser também o reino do céu.

Filha, o maior pecado contra o amor é quando o ego ignora a voz Eu Superior, tornando-se assim egoísta, ou seja, um ego sem a luz do amor.

Além do egoísmo – o maior assassino do amor –, existem também outras coisas que, se não forem sanadas, podem ir obstaculizando ou sufocando esta luz dentro de nós, acabando por apagá-la.

Uma dessas maiores forças obstaculizadoras é a crítica, pois quase sempre ela valoriza e vivifica os erros, aumentando assim as dificuldades da alma do nosso irmão que, assim como nós, luta para iluminar o ego. Por isso eu lhe digo, minha filha, que mesmo uma crítica justa, se é feita sem amor, faz mais mal do que bem, pois faz com que o ego ferido entre em defensiva, fechando assim a janela da alma.

Outra coisa muito danosa ao amor é o mau humor, que é como uma grande e espessa nuvem negra, impedindo que os raios da alegria tornem mais leve a difícil tarefa do ego.

Muito cuidado, minha filha, com os diabinhos da irritabilidade – esses pequenos seres das trevas – que vão alimentando pouco a pouco o grande demônio da ira, que ao tornar-se grande o bastante, investe com terrível fúria, causando muita dor não só à própria alma, mas também à alma do nosso irmão.

Antes de tudo, minha filha, eu gostaria que você se lembrasse sempre daquilo que de maior foi dito sobre o amor: O AMOR É AQUILO QUE O AMOR FAZ. Não existe amor inerte que diz "eu te amo!", mas não confirma com atos o que a boca proclama. Assim como a energia elétrica só tem valor quando produz trabalho, calor ou luz, o amor só tem valor quando constrói, ajuda e vivifica. O verdadeiro amor não foi feito para ser pensado ou sentido, mas praticado. Ele não deveria ficar estagnado nas mentes dos filósofos, nem nos corações dos poetas, mas ser transformado em obras pelas mãos do ego trabalhador, servidor do Deus interno e, com Sua ajuda, servidor dos homens.

Filha, que o amor da sua alma possa fluir em bênçãos sobre a sua vida, assim como nas vidas daqueles que têm a sorte de trilhar o caminho ao seu lado.

Amo você com toda a força de minha alma.

Beijos, seu pai.

Sobre a Aceitação

Quando, por acidente, um caminhante em meio à vegetação se enrosca e é ferido por uma moita de espinhos, ele toma uma das duas atitudes possíveis no momento – ou ele se assusta e se desloca com força para se safar, aumentando assim o estrago e a dor, ou ele aceita imediatamente a situação e, com calma e paciência, faz os movimentos para se livrar com o menor estrago e dor possível. Esta última é a maneira certa de lidar com os espinhos da vida.

O sucesso nos diversos relacionamentos da vida, como o conjugal, o de amizade e mesmo o profissional, depende menos das virtudes do parceiro do que da capacidade de aceitação das limitações do outro. Sem nenhuma dúvida, o grau de evolução da esmagadora maioria da humanidade está ainda muito longe da perfeição e os relacionamentos seriam impossíveis sem esta atitude permitida pelo amor ao próximo.

Nas primeiras décadas do século XX, um discípulo instrutor da Hierarquia nascido na Rússia, que transitava por toda a Europa – especialmente na França –, chamado Gurddieff, ensinava em seus profundos e esotéricos ensinamentos que o homem normal possuía o que ele chamava de "amortecedores", que era uma defesa psicológica que não o deixava enxergar a realidade dos seus muitos defeitos e, por isso, os diminuía ou simplesmente os negava subconscientemente. Como a maioria dos homens vive ainda na ilusão e é, muitas vezes, sincera em sua própria defesa egoica, é preciso muito amor e paciência (pois mesmo a verdade dita sem amor faz com que o outro entre na defensiva, escondendo-se ainda mais atrás dos seus amortecedores) para tentar ajudá-los, apontando o defeito escondido.

A aceitação não tem nada a ver com a passividade mórbida originária da fraqueza ou do medo; ela simplesmente não permite uma reação imediata e intempestiva, sem uma análise tranquila e amorosa da situação. Ah! Quantas brigas e discussões seriam evitadas se as pessoas não se identificassem imediatamente com as situações? Seria a crítica feita injusta ou estão meus "amortecedores" cegando-me a razão? As primeiras dores do crescimento espiritual são causadas quando a alma nos tira os amortecedores e o ego vê com horror as consequências do seu egoísmo. É necessário a todo Hércules, em busca da sua divindade, aceitar antes a sua humanidade. Útil é o remorso momentâneo, que refuta o erro, mas destrutivo o complexo de culpa, que afoga a alma humana em desespero. Estas dores são podas que a vida nos faz para que possamos crescer mais fortes.

O homem precisa entender que no teatro da vida, neste palco imenso e esférico iluminado pelo sol, bilhões de outros homens e miríades de outras vidas procuram, assim como ele, representar da melhor forma possível o seu papel. Existem bons e maus atores, e às vezes a inexperiência ou o cansaço nos faz tropeçar e cair, machucando nós mesmos ou machucando outros coadjuvantes, e se não aceitarmos com brio ou humor nossas mútuas quedas e falhas eventuais a vida se tornará insuportável.

Cumpramos, então, da melhor forma possível nosso Dharma (objetivo da alma para a encarnação), aceitando com honradez o nosso Carma (efeitos de nossas ações passadas nesta e em outras vidas), e ajudando nossos irmãos a fazerem o mesmo, sob as benéficas energias do amor fraternal, pois somos todos irmãos, filhos do mesmo Pai universal.

Sobre a Ação

Para aqueles que conhecem um pouco mais das leis do Universo, é assustador ver a irresponsabilidade com que o homem comum pratica suas ações, alheio às consequências dos seus atos e ignorando a lei do Carma Universal. Geralmente, preocupa-se apenas com as consequências das grandes ações, menosprezando as pequenas, achando que essas são insignificantes para marcarem a memória do mundo. Como já foi dito: "O bater das asas de uma borboleta na Índia ajuda a formar um furacão em Nova Yorque". Cada ação do homem é como uma pedra jogada sobre a superfície calma de um lago; ondas são formadas em círculos cada vez maiores, que vão se espalhando até atingir toda a superfície do lago, embora só possamos ver uma pequena parte do processo. É certo que as grandes pedras conseguem um efeito maior momentaneamente, mas o constante efeito das pequenas pedras lançadas causa um efeito muito maior. Como foi dito em um livro sagrado: "Nenhum fio de cabelo cai da cabeça do homem sem ser notado por Deus".

Todo o Universo é composto de energias em constante movimento, propagando-se por meio de ondas invisíveis. São as ondas gravitacionais que mantêm os planetas girando em torno do Sol, cada um em sua órbita própria, e mantidos juntos por aeons pela inexorável mão do Carma Universal. Lembremo-nos sempre de que todos os astros são os corpos físicos de grandes Entidades, as quais num passado muito longínquo passaram pela etapa humana. Tudo evolui no Universo e mesmo um Deus de um planeta almeja tornar-se um Deus de um sol, que almeja tonar-se um Deus de uma galáxia... Abramos nossa consciência para o infinito, pois a Realidade é sempre muito maior do que a imaginação de qualquer homem.

A você, meu irmão, que caminha altivo achando que é a culminância da evolução eu digo: você é apenas um elo na corrente que vai da pedra a um radiante sol. Uma ponte entre o animal e o super-homem (como diz Nietzsche). Você, que pisa sem cuidado em pedregulhos, ervas ou pequenos animais, calce as sandálias da humildade e tenha mais cuidado ao caminhar, pois pisa o solo sagrado, onde consciências evoluem em estágios primários pelos quais passou há muito tempo e agora já deixou para trás.

Pequenos vírus matam muito mais do que terremotos, furacões ou outras catástrofes da natureza. Ah! Se o homem tivesse consciência dos efeitos de seus pensamentos e sentimentos, assim como tem consciência dos seus atos... Somente os Deuses, os Anjos e os homens podem criar, pois são Espíritos autoconscientes. Quando o homem começará a agir com mais responsabilidade? "Toda a natureza agoniza em dores de parto à espera da glória do homem", grita novamente o livro sagrado.

A energia que impedirá que o universo se expanda para sempre é a mesma energia que impedirá que os homens se separem eternamente. Na matéria, ela se chama Gravidade e no homem, ela se chama Amor.

Sobre o Apego

Assim como corre livre o rio, sem se apegar às margens dos campos, para finalmente se fundir com o mar, deveria correr livre a vida do homem sem se apegar às coisas do mundo para fundir-se no Oceano da Vida.

Deveria a lagarta apegar-se ao casulo, mesmo construído com sacrifício, e perder assim a oportunidade de voar livre como borboleta? Seria amada pelos homens e pelos animais a macieira, se escondesse seus frutos ou guardasse para si a doçura que obteve do sol? Tornar-se-iam nossos filhos, homens e mulheres, dignos seres humanos, se os mantivéssemos presos juntos a nós, quando deveriam ser livres, buscar os próprios caminhos? De que vale o conhecimento preso em livros ou na mente egoísta daqueles que não compartilham? Caminha com leveza e velocidade necessária aquele que mantém na mochila o peso de conquistas que deveriam ser repartidas ou dispensadas, para assim abrir espaço para novas e diferentes conquistas?

Ah! Meu irmão, que abomina as correntes de ferro enquanto constrói correntes de ouro! Quando aprenderá que todas as duas são capazes de o agrilhoar às paredes da vil prisão? Quem lhe garante que aquilo que diz ser amor não é a necessidade do outro ou o medo da solidão? Quem o informou tão mal que a chama do amor só se mantém viva com a presença do ego? Só a alma é capaz de amar e ela ama fora do espaço e do tempo, o qual é incapaz de contê-la. Quem verdadeiramente ama jamais se apega ao frasco que contém o perfume, o qual deve espalhar-se e perfumar o mundo, pois toda alma pertence ao Todo, jamais a um indivíduo apenas.

A você que diz que ama a matéria e, por isso, a acumula por medo da falta eu digo: faz muito bem em amar a matéria, pois ela também é filha de Deus, assim como o espírito. Digo, ainda, que aproveite ao máximo possível o seu sabor e sugue todo o néctar que ela possa lhe oferecer, pois para isso ela foi feita – para experimentar. Mas, por favor, escute com cuidado meu alerta! Não se perca em gozos e devaneios da experiência, pois foi a experiência feita para o homem e não o homem para a experiência. O homem é o feto do espírito que cresce para Vida... E Vida é Deus em manifestação. São Deuses! Reverbera há mais de 2 mil anos o grito do Cristo – O Primogênito –, o primeiro homem terrestre a retornar à sua origem divina.

Ah! Meu irmão, que ainda caminha no escuro... Sombra buscando sombras para fugir à solidão... Se apenas soubesse da luz que se encontra dentro de você! Se buscasse dentro aquilo que imagina fora! Tudo seria tão diferente... Seria revelada toda ilusão e sorriria ante o medo da morte... Percorreria em paz o seu caminho, e o amor, antes escondido no seu coração, brotaria em cascatas de luz, iluminando os caminhos daqueles afortunados por caminharem junto a você.

Sobre a Insegurança

A nossa galáxia viaja a uma inconcebível velocidade pelos confins do universo sem termos a mínima ideia para onde estamos indo. O nosso sol viaja a milhares de quilômetros em volta de um megaburaco negro no centro da via láctea, que provavelmente um dia irá nos engolir. Nossa Terra gira em torno de um gigante de fogo, que no futuro irá crescer e nos envolver num abraço calcinante de chamas a milhões de graus Celsius. Vivemos em cima de uma tênue casquinha de ovo sobre um mar de rochas derretidas, que, muitas vezes sem aviso, a rompe, destruindo milhares e milhares vidas. Ventos ciclópicos destroem, às vezes, cidades inteiras com a sua força ou a fúria das águas retiradas dos seus leitos... E o homem, ingenuamente, procura segurança, pasmem! Numa conta bancária... Num casamento... No vaidoso poder do seus frágeis cérebro e músculos... Ou como uma grande parte da humanidade, na religião.

Na passada Era de Peixes, quando a mente da maioria da humanidade era ainda infante, ela buscava a segurança na proteção de um Deus onipotente, austero e distante, assim como ainda o faz grande parte dela. Hoje, na entrante Era de Aquário, uma nova era de compreensão e amor, ela deve buscá-Lo dentro de si mesma, no Deus Imanente, pois como nos ensina Krishna na imortal "Canção do Senhor", o *Bhagavad Gita:* "APÓS INSUFLAR TUDO COM UMA CHISPA DE MIM MESMO, EU PERMANEÇO".

Não pode haver segurança naquilo que um dia deve morrer. Nosso ego, simples veículo para apenas uma vida – um dia na vida da alma – deve, após cumprir o seu papel e se desfazer, ceder lugar a um novo e mais propício veículo para a alma em permanente evolução e com novos e superiores objetivos.

Ah! Meu irmão, que busca a segurança no passageiro, naquilo que pode ser "comido pelas traças", ou que acumula dizendo que "isso não é para mim, é para o meu filho!", quando mente ao proteger aquilo que lhe é mais caro, pois o filho é a parte mais sensível do pai. Não é seu filho, realmente, filho de Deus, o Único e Universal Pai? Não é seu filho, na verdade, uma alma irmã, que foi colocada junto a você no teatro da vida, para juntos perfomarem um drama familiar, em que ele pudesse aprender a ser um bom filho e você um bom pai? Sim, temos o dever de proteger e ajudar aqueles que a vida coloca ao nosso lado, mas nunca a obrigação de fazê-los felizes ou seguros, coisa do Deus interno de cada um sob a inexorável lei do Carma. Quanta presunção daquele que não pode acrescentar um dia à sua vida, ou mesmo impedir a queda de um fio de cabelo da sua cabeça... Acha mesmo que pode amar seu filho mais do que Aquele que o fez? Cuidado para não embaraçar com seus excessos protetores os ensinamentos que a vida sempre há de trazer e atrasar, assim, a caminhada da vida que tanto ama.

"A cada dia basta a sua tarefa." Lembra-se deste divino ensinamento, meu irmão? Por que sacrifica dias ou momentos em prol do futuro, se o futuro só é importante porque um dia será presente? Viva com toda a atenção da sua mente e toda a energia da sua alma o momento presente, para absorver as lições da vida e, assim, formar tesouros imortais para sua alma.

Insegurança é a escuridão em que fica o ego sem a luz da alma. Não busque fora o que só pode ser encontrado dentro!

Pensamentos Soltos 2

"Jamais tema dizer a verdade! É inevitável uma dor maior ou menor para extirpar um tumor ou abrir uma pálpebra que teima em cerrar-se pelo medo da luz... mas, lembre-se sempre de que assim como a música, a verdade tem o seu melhor momento para ser ouvida e que o amor abre os corações."

"O homem precisa conscientizar-se principalmente de duas coisas: de que tudo no universo é energia e de que a substância de todas as formas, inclusive a dos seus corpos físicos e sutis, interage com tudo ao seu redor. E que a verdadeira felicidade se encontra no cumprimento do seu Dharma (Vontade da Alma), não nos efêmeros prazeres permitidos pelo Carma (Lei da Causa e Efeito)."

"Sabedoria é o conhecimento vivido. Antes disso, o conhecimento é apenas um conceito racionalizado pela mente. A sabedoria de um espírito mais evoluído contém verdades impossíveis de serem vividas pelo homem comum no seu atual estágio evolutivo. Resta a ele, então, a fé, que é o combustível da esperança... que torna possível viver no sofrimento da ignorância até a paz da sabedoria."

"Recorramos a Einstein e à teoria da relatividade, a qual diz que tudo é relativo no universo. Um aborígine australiano pode ser muito feliz, se ele viver de acordo com as possibilidades da sua consciência, cumprindo o Dharma que a sua alma propôs como objetivo nesta vida para ele. Ele pode ser um ignorante em relação a nós, assim como nós somos ignorantes em relação a um iniciado ou a um mestre, mas ele não é ignorante em relação ao seu meio. Um homem que vive na ignorância, por preguiça ou por opção, não está cumprindo o seu Dharma e vivendo de acordo com a alma, por isso não terá os beneplácitos de alegria e paz da alma, embora possa ter efêmeros momentos de felicidade do ego. A mente é um dom concedido para ser usada pelo homem, sob pena de ser tratado como o servo que foi punido na parábola bíblica dos talentos, ao se recusar a usar os talentos dados por seu amo. Tanto o servo que os multiplicou como aquele que tentou e falhou foram recompensados. Enquanto o que enterrou seus talentos com medo de perdê-los e enfurecer seu amo foi duramente castigado. Existe muita aprendizagem na simplicidade. Não é preciso cultura para adquirir sabedoria. Carma anota tudo, e aquele humilde irmão que conseguiu 7 em 10 teve mais sucesso do que aquele que conseguiu 600 em 1.000."

"De uma realidade que vai de menos um milhão a mais um milhão, o homem enxerga de menos cem a mais cem; escuta de menos 20 a mais 20; cheira de menos 50 a mais 50; sente de menos 80 a mais 80 e sente o gosto de menos 30 a mais 30. Os irmãos do reino animal são bem mais eficientes do que isto! O que faz então a soberania do homem no plano físico? O sexto sentido da mente. Porém somente com humildade, sinceridade e certo grau de pureza, o homem constrói a ponte (Antakarana) entre a mente e outros sentidos espirituais superiores, que finalmente o libertará das peias da matéria."

"O fato de as pessoas receberem muito menos do que podem do Universo não se deve a vontade ou capacidade de doação dele, mas da sua falta de vontade ou incapacidade de receber delas."

"Eu não caminho de madrugada por causa da saúde, embora a qualidade do ar e a temperatura nestes momentos sejam mais favoráveis a isso. Caminho neste período para que o silêncio do mundo ajude o meu silêncio interior a encontrar alimento para a alma, que eu possa dividir com os meus irmãos."

"Eu sou capaz de tudo perdoar, porque sei das limitações humanas e dos erros inevitáveis na jornada que todo homem tem que fazer nas densas e, às vezes, tenebrosas dimensões inferiores. Só não sou capaz ainda de perdoar a hipocrisia, pois ela é cometida em plena lucidez da mente ciente da mentira."

Sobre o Pessimismo e o Otimismo

A função principal da maioria dos artigos que escrevo é divulgar verdades esotéricas imprescindíveis à evolução do homem, sob a pena de ele tornar-se refém de conceitos e experiências materiais apenas, as quais são incapazes de, por si sós, o levarem ao desenvolvimento da espiritualidade, essencial à evolução humana. Relembremos sempre que tudo no universo é feito de energia e que a energia segue o pensamento. Que matéria é a forma mais densa de espírito e que espírito é a forma mais sutil de matéria. Que o homem não é responsável apenas pelo que ele faz, mas também pelo que ele sente e pensa. Que sentimentos, emoções e pensamentos são "coisas", as quais são compostas de substâncias em graus mais sutis, diferentes da substancia sólida da matéria concreta.

Existem situações na vida do homem, ou na vida da nação, em que todos são intimados a agir. É muito fácil e prazeroso escolher entre o bom e o ótimo, mas sempre é difícil e penoso escolher entre o ruim e o péssimo. É preciso calma, humildade, sabedoria e, principalmente, aceitação, ao enfrentar-se o inevitável, mas escolhendo sempre a forma mais prática e menos custosa, mesmo que ela seja um pouco mais dolorosa. São nos momentos mais difíceis que a joia do discernimento é lapidada. Sem o discernimento o homem é incapaz de sair das rodas e mais rodas da vida "Samsara" e tornar à Casa do Pai. Sem discernimento, Hércules (a lutadora alma humana) não consegue a sua divindade e o prêmio maior de pertencer ao Panteão dos Deuses.

Ah! Meu irmão, que teima sempre em enxergar só a metade vazia ou só a metade cheia do copo, quando aprenderá que não é a abundancia ou a escassez o mais importante, mas a sede que obriga o caminhar? Não é o começo nem o final da jornada o mais importante, mas, sim, a vida que desabrocha a cada passo, e é preciso muito cuidado para não tropeçar em pedregulhos, ou pior, pisar em flores, em loucas pressas sem sentido, pois tudo acontece no caminho, não no sossego da chegada.

Você, meu irmão, que tem olhos mais para a noite que o dia; que enxerga assombração em cada vulto; que pinta de preto toda paisagem, saiba que causa grande mal à natureza sedenta de cores. Seu pensar e seu sentir, mesmo que não aja por opção ou medo, suja não apenas sua mente e seu coração, mas também polui toda atmosfera ao seu redor, pois nenhum homem vive só e uma célula contaminada pode adoecer todo o corpo. Sua fraqueza, queira ou não, acorda o fraco em mim, assim como a sua força acorda o forte. "Pense corretamente, sinta corretamente e aja corretamente, para que o resultado seja bom" – O Bhudha. O reto pensar deve vir sempre antes do reto sentir, para que a reta ação possa ser alcançada.

E você, meu irmão, que tem olhos mais para o dia do que a noite; que espera sempre o belo no vulto ainda não discernido; que procura colorir com cores vivas todo cinza que encontra pelo caminho; seu pensar e seu sentir limpam não só a sua mente e seu coração, como também embelezam e perfumam toda atmosfera ao seu redor, pois nenhum homem vive só e uma célula radioativa pode curar todo o corpo. Toda a natureza agradece a sua fé no melhor, que alivia todos os fardos – reais ou imaginários.

Sobre o Ressentimento

Conseguiria a roseira traduzir a beleza na figura de uma rosa, se guardasse ressentimento das podas que o jardineiro é obrigado a submetê-la?

Como poderia o escritor contar uma bela história ou um poeta escrever um poema, se a página já estiver ocupada com rabiscos de raiva e ressentimentos?

Poderia o amor florescer em campos já ocupados por cardos e ervas daninhas semeadas por ódio e pensamentos de vingança?

Perdoe, meu irmão, e esqueça... Só a você cabe o direito e o dever de preencher sua alma humana. Com que alimento alimenta seu Hércules – sua parte humana – sob o olhar atento de Prometeu – sua parte espiritual? Prometeu, que o proveu com o fogo do Céu e o ajuda ainda com infinita paciência ao reter a sua mão, quando leva à boca alimentos impuros e maléficos, aproveitando a inexorável lei do livre-arbítrio.

E vocês, meus irmãos e minha irmã, por que depois de anos e anos de mútua convivência escolheram guardar no baú do seu coração as pedras que lhes foram atiradas, em vez dos pequenos diamantes do dia a dia? Sim, culpado é aquele que atira as pedras, porém mais culpado ainda é aquele que as guarda, pesando cada vez mais o coração, que precisa de leveza para irradiar a luz das joias adquiridas.

Enquanto o homem não tiver a leveza do anjo, é-lhe impossível não pisar de quando em quando uma pequenina flor ou não quebrar um galho ao cuidar do seu jardim. Uma lágrima ou às vezes um pranto maior é necessário para redimir o erro, pois não existem águas mais purificadoras do que as águas do arrependimento. Imprescindível é o perdão, que não permite a floração dos maléficos arbustos do ressentimento, os quais se escondem nos cantos sombrios dos jardins de cada um.

Vocês, meus irmãos e minhas irmãs, que ainda se ressentem tão profundamente de um amor não mais correspondido, escutem o que eu tenho a lhes dizer: enquanto atiram os dardos negros do ódio, pode ser que seus antigos companheiros lhes enviem luminosos raios de amor. Sim, eles podem continuar amando vocês com toda a força do coração, só que agora com um amor diferente, um amor Ágape, muito mais puro e desinteressado do que o amor Eros, que sempre exige retribuição... Um amor de Alma, não um amor de ego.

Maridos e esposas, pais e filhos, professores e alunos; apenas papéis que homens e mulheres devem representar no teatro da vida. Pequenos ou grandes dramas – às vezes uma comédia –, período de um dia na vida da Alma... No fundo, somos todos irmãos e irmãs, filhos de um Único e Amoroso Pai.

Sobre a Indiferença e a Neutralidade

    Não existe nada mais prejudicial à evolução espiritual do que a humana indiferença, assim como nada mais indispensável do que a divina indiferença. Só o verdadeiro discernimento pode livrar a alma da prisão momentânea em que se encontra na Terra e voltar experiente à Casa do Pai, sua verdadeira morada celestial.

    O homem deve aprender a combater o mal sem desenvolver o ódio. Ele não pode ser indiferente às consequências do mal, nem se eximir da responsabilidade de combatê-lo, mas deve manter-se neutro ou divinamente indiferente em relação a si mesmo, pois ele deve saber-se uma alma imortal, não um ego transitório no jogo da vida, sob a pena de identificar-se com a situação, sentir-se ofendido e passar a odiar, causando assim um mal maior, pois ele é uma célula viva no corpo da humanidade, e tudo o que ele faz, sente, deseja ou pensa o afeta inevitavelmente.

    Sejamos mais explícitos. Citemos como exemplo a terrível crise por que passa atualmente a sociedade brasileira, "lembrando que os momentos de crise são também momentos de oportunidade e evolução". Muito grande é o mal causado por eminentes indivíduos das classes políticas, afetando maleficamente nossos poderes executivo, legislativo e judiciário, trazendo muitíssima indignação ao povo brasileiro e, às vezes, o ódio para muitos deles. É aí que se encontra o maior e mais maléfico problema. Sem dúvida nenhuma, as funestas ações destes irmãos caídos fazem muito mal a toda sociedade, mas quem pode medir o mal que o ódio faz à alma do nosso povo? Povo conhecido em todo mundo por sua hospitalidade e amorosidade?

    Meus irmãos, esses outros irmãos egoístas, ambiciosos, muitas vezes arrogantes e vaidosos não são culpados pelo ódio que muitos estão desenvolvendo por eles. São, sim, culpados de vários crimes, mas não do ódio – este assassino de almas. É o livre-arbítrio que permite ao homem amar ou odiar. Se ainda não possuímos a força para amar a todos, mesmo aos nossos inimigos "como ensinado pelo Cristo", busquemos dentro de nós a divina indiferença, a qual nos permitirá não nos sentirmos ofendidos como almas e sermos assim incapazes de odiar.

Vivemos em um mundo imperfeito, com miríades de almas em evolução, por isso mesmo inevitavelmente imperfeitas. Como evitar as desavenças, as brigas, as guerras com seus corolários de sofrimento e ódio a não ser vivendo como almas que a tudo perdoam, indiferentes às agressões do ego errático, veículo imperfeito de uma alma irmã ainda jovem e inexperiente?

Será que um dia a humanidade, os bilhões de Cristos individuais, conseguirá compreender as palavras do Cristo Cósmico quando disse 2 mil anos atrás: "EU não vim para buscar os virtuosos, mas para resgatar os pecadores?".

Meu Cavalinho

MANHÃ... Eu não me lembro muito bem da primeira vez que nos encontramos. Dizem que você era ainda uma pequenina semente a crescer no útero da Grande Mãe... Lembro-me vagamente da primeira vez que começamos a brincar juntos e eu olhava com curiosidade as suas pequeninas partes. Depois, começamos a aprender a andar juntos e, desajeitado, eu fazia você tropeçar e cair muitas vezes, até que me firmei no seu lombo tenro e começamos a explorar juntos o mundo ao nosso redor. Foi mais ou menos nesta época que comecei realmente a amá-lo, a tal ponto que passei a me confundir com você, achando que eu era você e que você era eu. Dias felizes preenchidos por brincadeiras, na ingênua segurança de um lar afortunado. Crescíamos juntos, amados e protegidos, no quintal da inocência. Um dia, não sei bem quando, achamos, eu e você, que nosso jardim tornara-se pequeno demais e saímos a explorar novos campos.

TARDE... No começo, nossa timidez fazia com que cavalgássemos devagar e atentos, vislumbrando receosos as imensas e inóspitas pradarias, as altas montanhas e o infinito horizonte. Exploramos cautelosos os arredores sem nos afastarmos muito do nosso quintal, com medo de nos perdermos e, depois, não poder voltar para casa. Foi nesse período que, atrevido, você tomou com os dentes as rédeas de minhas mãos e impôs sobre mim a sua vontade, obrigando-me a satisfazer seus desejos – o que certamente me causou muitos problemas... Mas isso tudo me alegrava, pois, agora, totalmente perdido em você, eu fizera da sua vontade a minha vontade. Juntos fizemos loucuras... A coragem e a robustez do seu corpo jovem e a curiosidade da minha jovem alma nos levaram cada a dia uma nova experiência; a viver cada momento como se fosse o único, e a achar que a energia e a força eram ilimitadas. Ainda não havia o medo do futuro e a angústia ainda não nos havia tocado a sua gélida mão... Ah! Cavalinho amado, como lhe agradecer o suficiente pelas magníficas aventuras? Como recompensá-lo pelo modo descuidado com que eu lhe tratei muitas vezes, esporeando-o quando sentia cansaço, alimentando-o mal e negando-lhe repouso?

NOITE... Retiro com delicadeza o cabresto que machuca sua boca... Passo devagar a mão pelo seu longo pescoço... Já não somos mais escravos – eu de você e você de mim –, mas amigos. Não preciso mais de rédeas para guiá-lo no caminho, pois minha vontade passou agora a ser a sua vontade, e o meu mais leve pensamento é para você uma lei. Seguro com dificuldade uma lágrima de gratidão, que teima em me descer pelo rosto... Deixo-o trotar devagar, no seu próprio ritmo, embora a saudade, às vezes, nos leve a cavalgar... Já não há mais pressa... E caminhar é mais importante do que chegar.

Ah! Cavalinho amado! Vejo com ternura seu claudicante caminhar, as suas articulações inchadas e o seu casco fendido pelas loucas disparadas... Agrada-me a sua lentidão, que agora me permite prestar mais atenção aos campos que me rodeiam do que na estrada que ainda nos espera, além de permitir-me de olhos fechados caminhar por outros caminhos...

Ah! Meu amado cavalo branco, faço-lhe agora uma solene promessa: até que o tempo aqui embaixo amadureça e eu tenha de voltar à Casa do Pai, ei de tratá-lo com amor e brandura, respeitando os seus limites e ajudando na sua purificação, para que assim também você possa um dia juntar-se a mim no seio infinito do Absoluto.

Pensamentos Soltos 3

"Como amar a Deus e transformar em atos esse amor, senão ajudando e agindo compassivamente com todas as criaturas por Ele criadas e nas quais habita, sejam elas do reino humano ou não?"

"Aquele que não possui amor dentro de si e procura fora o amor alheio é apenas um cego de olhos abertos à procura de luz."

"O olho é consequência da luz, não o contrário. Embora haja muitos olhos que perderam a sua luz, brilha eterna a Luz Original."

"Muitas pessoas acham que têm de renunciar ao mundo para se tornarem espirituais. Ledo engano! O que se torna cada vez mais difícil – até se tornar cada vez mais impossível – é manter antigos vícios, apetites e errados hábitos reconhecidos pela mente, após ser iniciada com sinceridade a busca interna. Por isso, venham todos que aspiram ao espírito, mesmo envoltos em sólidas penumbras, pois assim como se ilumina um quarto escuro ao abrir-se a janela para o sol externo, se ilumina naturalmente o ego ao abrir-se a janela para o sol interno."

"Por que esse sentimento de fracasso, meu irmão? Nenhum ego jamais conseguiu satisfazer todas as aspirações da alma, cujos sonhos são bem maiores do que os seus sonhos. O sucesso está em procurar seguir seus ditames e fazer o que for possível de acordo com as possibilidades e circunstâncias do momento. Das sementes lançadas ao vento somente algumas germinam, e mesmo destas apenas algumas sobrevivem para frutificar. Mas se o sucesso é muitas vezes incerto, a impossibilidade do fracasso pode sim se tornar uma coisa certa, pois jamais fracassa aquele que não se acovarda com os obstáculos e tenta com o máximo das suas forças. Todo esforço sincero sempre frutifica, se não no plano físico, certamente nos planos sutis, os quais também fazem parte do homem. Não é preciso ser um sol para beneficiar o mundo com um pouco de luz."

"Os maiores problemas no desenvolvimento da espiritualidade, nestes primórdios da era aquariana, são a desinformação e as falsas propagandas feitas conscientemente pelas forças contrárias à evolução. Se junta a isso o tremendo mal inconsciente causado por sinceros, porém ingênuos, buscadores da verdade influenciados pelo enorme astralismo (em razão da atual polarização da maioria de homens e mulheres no corpo astral, em prejuízo do corpo mental que se queda atrofiado sem o poder de conduzir o ego) que assola a humanidade. A facilidade de divulgação dessas errôneas informações, principalmente pela internet, causa grande mal aos verdadeiros buscadores que iniciam a sua Busca. Quanto aos primeiros, pouco podemos fazer além de tentar desmascarar a sua falsidade. Já os segundos, deveriam ser alertados do mal que produzem inconscientemente, tomando como verdades a serem divulgadas ilusões elucubradas por um frágil corpo mental, dominado por um poderoso corpo astral, lembrando que sentimentos e emoções, sem o farol da mente, tendem a levar o ego à vaidade ou ao complexo de santo."

Sobre a Ofensa

Pouco tempo antes da sua morte, Gandhi, em uma entrevista internacional, respondeu assim à pergunta se ele tinha conseguido perdoar aos muitos que lhe fizeram tanto mal, principalmente o governo inglês, que o perseguiu e prendeu várias vezes durante sua vida: "Eu nada tenho a perdoar, pois jamais alguém me fez algum mal!" Estaria ele mentindo, sendo um hipócrita, para aumentar a sua estima e popularidade? Não! Ele assim agiu porque já vivia verdadeiramente como alma, não como ego, e as ofensas mundanas são incapazes de ferir uma alma, embora possam ainda machucar um ego sensível.

Também Gurdjieff, em um dos pilares dos seus esotéricos ensinamentos, nos diz para não nos identificarmos e, assim, nos sentirmos ofendidos ou enganados pelas opiniões ou conceitos não oriundos do nosso Eu Interno. A verdadeira paz e alegria vêm sempre de dentro, não de fora.

Toda crítica deve ser analisada pelo ego sob a luz da alma, para assim ninguém jamais se sentir ofendido. Só existem dois tipos de crítica – a falsa e a verdadeira –, sendo a primeira imediatamente descartada sem causar danos, após uma análise sincera sob a luz da alma, e a segunda aproveitada com humildade no crescimento pessoal.

Como já foi dito em algum artigo anterior, deveríamos morder de volta um cachorro que nos mordeu? O homem é um ser dual – um corpo animal habitado por uma alma espiritual – e muitas vezes é apenas o animal momentaneamente sem a influência da alma que agride e o revide neste caso seria insensato.

É por isso, também, que toda crítica, mesmo justa, só deve ser feita com amor, pois um ego ofendido pode fechar-se na defensiva, impedindo que a luz da razão possa iluminar o erro, dificultando assim a vida da alma que luta para controlar o ego.

Toda verdade perde um pouco da sua força quando dita com raiva ou com outra intenção que não seja iluminar o caminho do irmão, que caminha e tropeça no escuro, como acontece com a maioria da humanidade nesta trevosa era de escuridão em que vivemos atualmente – a Kali-Yuga. Felizmente, a nova Era de Aquário vem trazendo a aurora de um novo tempo de amor e luz para uma humanidade demasiadamente sofredora.

Procuremos todos nós vivermos cada vez mais como almas, tornando-nos imunes às ofensas inevitáveis de um mundo em evolução, com uma humanidade adolescente, que como todo jovem comete tolices com impulsos irracionais, machucando os outros e nós mesmos em tropeços na ânsia pela vida.

Sobre o Perdão

O homem precisa se conscientizar de que mora, vive e experimenta em um mundo material; de que seus corpos sutis, astral e mental, também são materiais, embora feitos de um material muito mais tênue, que não pode ser detectado pelos grosseiros sentidos do corpo físico concreto, ou seja, nossas emoções e nossos pensamentos são compostos de substância. Nossos corpos astrais, onde moram nossas emoções e desejos, e nossos corpos mentais, onde moram nossos pensamentos, possuem formas e cores que podem ser vistas por aptos clarividentes. O que quero dizer com tudo isso? Apenas que, assim como nós cuidamos da higiene e da beleza do nosso corpo físico, deveríamos fazê-lo com os nossos corpos mais sutis – o corpo astral-emocional e o corpo mental.

Se, assim como um clarividente astral, as pessoas pudessem ver o estado dos seus corpos astrais, ficariam perplexas com as cores escuras e opacas que se apresentam, em vez de cores mais claras e brilhantes de um corpo astral saudável. Isso ocorre pelo baixo grau de vibração dos desejos e sentimentos e, principalmente, pelo lixo astral acumulado por ódios, amarguras e mágoas. O que fazer então neste triste estado que tende a trazer a infelicidade, já que a felicidade é uma característica de um corpo astral-emocional saudável? É preciso uma grande limpeza de todo material espúrio e inútil que acumulamos durante a vida... É preciso perdoar.

Em primeiro lugar, é preciso saber que o maior beneficiado pelo perdão é aquele que perdoa, porque ele se alivia do veneno da raiva, que suja e escurece o corpo emocional. Em segundo lugar, ele alivia o perdoado do sentimento de culpa, que também suja e escurece o corpo emocional. Pratica assim o amor incondicional, que é a maior dádiva e alimento da alma em evolução.

Ah! Meu amigo, por que tantas mesquinharias? Por que se sentir ofendido por pequenas desatenções, que muitas vezes não têm nada a ver conosco, quando outras preocupações abrumam nosso irmão? Por que nos identificarmos com pequenas ofensas sem sentido ou intenção, feitas sem a devida lucidez mental em momentos de desequilíbrio emocional, aos quais todos nós, às vezes, estamos sujeitos? Por que não relevarmos imediatamente a crítica injusta ou o golpe daquele que está momentaneamente cegado pela insensatez? Seria sensato revidarmos com uma mordida a mordida de um cão que nos ataca? Pois muitas vezes é a parte animal do homem que sobrepuja a sua parte espiritual em instantes fugazes ou duradouros de loucura.

A você, meu jovem amigo, "que não pediu para nascer" e culpa os seus pais por muitas mazelas da vida, ou talvez serem a causa de sua infelicidade, eu digo: foi você, ainda nas incorpóreas dimensões sutis, em um colóquio de almas, que lhes pediu para aceitá-lo no seio da sua família humana, e teve assim um campo propício onde pudesse experimentar e crescer. Será que o justo e infalível Carma errou e você merecia coisa melhor? E, se porventura, eles cometeram falhas por fraqueza ou por incompetência – por serem seres humanos como você –, não mereceriam eles o perdão libertador?

E você, meu irmão, que não culpa outros ou o mundo pelo seu infortúnio, mas se tortura em culpas vãs: por que é capaz de perdoar os outros, mas nega a si mesmo este bálsamo? É, porventura, maior ou mais divino a ponto de não precisar da misericórdia do perdão? Antes, não seria uma vaidade a se esconder atrás de uma falsa humildade? Somos todos fetos do Espírito a crescer na Vida, seres ainda incompletos, sujeitos a falhas e erros, que nos mantêm de olhos abertos na senda que nos conduz ao infinito. Em um planeta cuja evolução está sempre sujeita a erros, a vida seria impossível sem o redentor PERDÃO.

Sobre Pequenos e Grandes Erros

A você, meu irmão, que percorre sua estrada curvado, sob o peso de pequenos e grandes erros, que carrega inutilmente cadáveres, que já deveriam ter sidos velados e enterrados, não carregados até o final da jornada, eu digo: a vida do homem é como um jardim único, que deve ser cuidado como oferenda à beleza do universo. Cada nova semente plantada, cada pequena plantinha ou grande árvore deve ser cuidada com o amor de pai que zela pelo filho.

Por que, meu irmão, recusa-se a podar a rosa morta e fertilizar a roseira que ainda tem tantas rosas a formar? Se por descuido passageiro mutilou uma pétala, ou foi ferido por um espinho, não pode a próxima rosa nascer mais bela pelo cuidado que faltou à primeira?

Enquanto o homem, habitando corpos ainda tão pesados e imperfeitos, não tiver a liberdade e a leveza do anjo, é-lhe impossível não pisar algumas margaridas ou mutilar alguns galhos de uma árvore maior... E nada há a fazer então, senão após alguma lágrima ou um pranto maior e mais justo pedir perdão, perdoar-se e seguir em frente. Pois a morte de uma planta não justifica a morte de um jardim.

A você, minha irmãzinha, que se tortura em infinitas dores pela semente arrancada de seu útero, achando que matou uma alma, eu digo: quem é o homem ou a mulher capaz de matar um imortal filho de Deus? Morre o homem quando é queimada a sua casa? É a casa feita para o homem ou o homem feito para a casa? É mais difícil para o Artista-Mor criar a caixa que abriga a joia, mais do que a própria joia? Se, porventura, errou ou não – tolo é aquele julga –, acha que o Amoroso Pai condenaria um inocente? Certamente arranjaria para o filho temporariamente renegado uma casa mais bonita em um lugar diferente, ou no mesmo lugar agora mais florido, sob as águas do remorso e do sofrimento.

Saiba sempre, meu irmão ou minha irmã, que cada vez que corta um dedo por falha ou descuido um gemido percorre todo o espaço... Toda vez que apunhala o outro ou a si mesmo, sangra um pouco a humanidade... Pois somos todos Um. Seu erro é meu erro e seu acerto é meu acerto, mesmo que não saiba disso conscientemente. A cada passo que dá avante me leva junto com você e paro ou recuo cada vez que titubeia...

Escute, meu irmão ou minha irmã, não basta reconhecer o galho quebrado ou a flor pisada, é preciso remover e enterrar os resíduos para que eles sirvam como adubo para o novo que deve nascer e ocupar o espaço vazio... E isso só é possível com o perdão. Todo homem deve pagar pelos pequenos ou grandes erros que cometeu, mas jamais ser condenado excessivamente por outro homem ou por si mesmo. Não existe condenação eterna no universo, somente em mentes doentias ou perversas. O infinito amor a tudo permeia.

Busque o amor e o perdão da sua alma, meu irmão ou minha irmã! O ganho não pertencerá apenas a você, mas a toda humanidade, que geme quando cai e sorri cada vez que se levanta... E persiste!

Sorria! O sorriso iguala as pessoas.

O Novo Grupo de Servidores do Mundo

Preste atenção... Apure o ouvido interno... De onde vem este som angelical?
Escute, guerreiro, a voz do silêncio que brota do coração.
"Aquieta-te e sabe – Eu Sou Deus!"
Acorde, guerreiro, no meio de escura e tenebrosa noite,
quando, nos estertores finais da negra era, o mal junta suas forças
e lança seu ataque final.
Geme a humanidade, sob o peso da fúria descomunal,
da ensandecida loucura, que não quer morrer.
O exército da luz não convoca ou emite convites
e só aceita os autoconvocados que por amor se sacrificam,
sob a ingratidão e os escárnios daqueles que eles procuram ajudar
e que caminham cegos tropeçando a cada passo.
Vista, humilde soldado do exército do Cristo,
a armadura da coragem e da abnegação que o protegerá
das flechas do inimigo... e daqueles pelos quais está disposto a morrer.
Nada importa a não ser o alívio do sofrimento do irmão,
que perdido nas brumas do egoísmo e da ignorância, machuca a si mesmo
e aos seus irmãos de caminhada.
Ah! Desconhecido herói! Guerreiro anônimo da Hierarquia.
Segure firme com a mão direita a espada da sua mente
e com a mão esquerda, a clava do sentimento puro.
Monte o cavalo de guerra do seu corpo e galopa para a batalha...
Pensamento, sentimento e ação são indispensáveis à vitória.
Ah! Guerreiro do Deus interno!
Em vez de flores... pedras;
de gratidão... escárnio;

de incentivo... reprovações.
E a recompensa?
A recompensa acha-se escondida do mundo,
atrás do enigmático sorriso no rosto sereno,
daqueles que verdadeiramente amam e trabalham...
Em silêncio.

* O novo grupo de servidores do mundo foi criado em meados da década de 30 do século XX pela Hierarquia Espiritual comandada pelo Cristo, e compõe-se de Iniciados, discípulos aceitos ou probacionários e homens e mulheres de boa vontade, conscientes ou não das suas missões. O seu número só aumenta desde então para sorte da humanidade.

A Casa

Qual é a casa que preparará, neste vale ainda sombrio, para o viajante das estrelas acostumado à luz?

E qual é o jardim para embelezar seu desterro, e o pomar que o alimentará e também às suas irmãs?

Toda alma é príncipe ou princesa nos reinos de luz aos quais pertence, mas é escrava do mundo, escola onde aprende a ser...

Deus!

É o abacate que no final justificará o abacateiro, e a rosa, a roseira...

Por mais que tente explicar o gosto do fruto ou descrever a beleza da flor, a verdade só será conhecida quando penetrá-lo pela boca ou pelos olhos e passar a fazer parte de você... E em você parte do Infinito.

Para que tanta vaidade, tanto orgulho e tanta hipocrisia?

Para que tantas palavras vãs?

O homem só poderá ser sendo, não falando... Uma parte absorvida da alma.

É a casa construída para o habitante, ou o habitante feito para a casa?

Não é a casa feita de barro e ao barro tornará?

Não é a alma feita de luz e à luz tornará?

Não é o espírito feito de Deus e a Deus tornará?

Mas, ah! Sublime mistério...

O barro, a alma, o espírito e Deus são todos... UM!

Sobre a Inofensividade

A primeira coisa a se saber neste tema é que a ação não é perpetrada só pela atitude física, mas também pela atitude emocional e a atitude mental. Sei que é difícil para muitos considerar a materialidade da substância emocional, assim como da substância mental; mas assim é. A diferença entre elas é apenas os graus de sutileza. Como nos ensinou O Buda, "É preciso primeiro pensar corretamente, depois sentir corretamente, para que finalmente a ação possa ser correta".

Como nos ensina a Gnose, desde os primórdios da humanidade, o Espírito cria o pensamento; o pensamento cria a energia; e finalmente a energia cria matéria. O Espírito é a forma mais sutil de matéria e matéria é a forma mais densa de Espírito. Tudo que existe é Deus em manifestação. Hoje, a ciência moderna já provou que matéria é energia; está provando (por meio de máquinas e robôs movimentados pela mente) que a energia segue o pensamento (um axioma ocultista) e, em um futuro ainda distante, constatará que pensamento é uma manifestação do Espírito.

Enganam-se redondamente todos aqueles que possuem sentimentos e pensamentos vis, de lascívia, inveja, preconceito ou ódio e acham que não causam nenhum mal, desde que não os pratique no plano físico. Os planos sutis em que também vive todo homem são lugares muito reais, onde o homem age, experimenta e inevitavelmente produz carma com as suas ações, assim como no plano físico. Leiam com atenção esta história contada por um instrutor nos meus primeiros anos de busca espiritual:

"Há muitos anos, quando eu era jovem, costumava frequentar a casa de um casal amigo de infância, o qual eu muito estimava e pelo qual também era muito estimado. Num fatídico dia, minha amiga sofreu um terrível acidente de carro no qual veio a falecer. Pouco tempo após o acontecido, ela me apareceu em um sonho muito nítido (é comum o encontro entre pessoas vivas, ou mesmo entre pessoas vivas e mortas no plano astral, embora muito poucos se lembrem do acontecido) com uma expressão muito brava. Um pouco assustado, eu lhe perguntei a causa de expressão tão agressiva e imediatamente apareceram, como em um filme no éter circundante, as lascivas imagens que eu havia criado entre nós dois no escuro das minhas noites solitárias. Ela tinha considerado isso, com toda razão, uma traição minha a ela e ao marido, o qual me amava como um irmão. Tremendamente envergonhado e triste eu lhe pedi perdão (embora nunca tenha tido coragem de fazê-lo com meu amigo). Um amoroso sorriso seu, após meu sincero arrependimento, mostrou-me que ela havia me perdoado e permitiu-me seguir em frente com esta valorosa lição aprendida com tanta dor". Para aqueles que torcem o nariz para histórias como esta eu pergunto: o que seria esta misteriosa "nuvem" em que são recuperadas as informações apagadas dos nossos computadores? Se coisa assim pode acontecer na densidade maior dos planos físico e etérico, o que não poderia acontecer com a matéria muito mais sutil e maleável do plano astral? Akasha, eis o nome sânscrito deste livro da vida no qual "Nenhum fio de cabelo cai da cabeça do homem sem ser registrado por Deus (Bíblia Sagrada), e em que qualquer informação do passado pode ser consultada ou recuperada por aqueles que conseguiram este direito.

A inofensividade deveria ser aplicada não só aos irmãos do reino humano, mas também aos irmãos dos outros reinos, os quais são usados de forma utilitarista e sem nenhuma gratidão pelos membros egoístas de um reino superior – no tempo, não na essência. "Toda natureza sofre dores de parto à espera da glória do filho do homem" (Bíblia Sagrada).

Ah, se o homem pudesse enxergar a sujeira, o horror e o caos que as formas-pensamento por ele criadas formam nos planos sutis! Que guerras, catástrofes e epidemias são precipitações no plano físico causadas mormente por sentimentos e pensamentos egoístas criados durante milênios pela falta de amor endêmica da humanidade! Que o mal causado ao outro é um mal causado a si mesmo! Que o autoesquecimento não é o esquecimento de si mesmo, mas, sim, a lembrança de si como uma pequeníssima, porém fundamental, parte do Todo... Uma célula viva e imortal no Corpo do Absoluto Um!

Sorria! O sorriso iguala as pessoas.

Sobre a Intuição

Falaremos agora sobre um assunto do qual as pessoas que não vêm acompanhando este blog dificilmente compreenderão alguma coisa. Teremos de considerar novamente a possibilidade para uns e a certeza para outros das várias dimensões em que vive o homem total – Espírito, Alma e Ego. Novamente contarei com o apoio da Teoria das Cordas, a mais aceita hoje pela grande maioria dos físicos modernos, a qual aponta a existência de 11 dimensões para harmonizar a teoria da relatividade de Einstein – que explica o macro – com a física quântica – que explica o micro –, abordando assim cientificamente a realidade.

Além das dimensões conhecidas por todos, existem ainda a dimensão astral, a dimensão mental, a dimensão intuitiva (búdica), a dimensão átmica, a dimensão monádica e a última, a dimensão divina. A intuição é um conhecimento que vem exatamente, como diz o nome, da dimensão intuitiva, que fica imediatamente acima da dimensão mental. Por isso, este tipo de conhecimento não vem do ego, que vive em dimensões inferiores, vem da alma que habita dimensões superiores (embora afete o ego, o qual habita as dimensões inferiores). Resumindo, a intuição é um conhecimento que vem direto da alma, não do ego, que obtém conhecimento por meio da mente inferior ou concreta.

O homem hoje chama, erradamente, de intuição a sensação sem uma explicação mental, que vem diretamente do corpo astral (o corpo das emoções, sentimentos e desejos) e que é mais comum às mães, pois o fato de gerar dentro de si o futuro corpo do ego cria uma ligação astral muito profunda, que geralmente dura toda vida. Lembremos que todos os corpos do homem têm sua própria vida e consciência, e podem sobreviver independentemente uns dos outros e "morrem" separadamente no tempo e no espaço (ler o artigo "Sobre o Carma", p. 148). Um espectro (fantasma) visto por um clarividente é somente o ego sem um dos seus corpos – o físico. O ego é a síntese das consciências dos corpos físico, astral e mental, formando assim uma consciência una e maior, o veículo para a experiência da alma nestes planos (dimensões) mais densos.

Aproveitemos a oportunidade para tocar, apenas tocar (deixemos para o futuro este assunto tão apaixonante para muitos), sobre o que é um demônio. Quando um ego muito antigo, com milhares e milhares de encarnações, em razão de uma larga experiência na matéria, e, por isso mesmo, com potentes e refinados corpos (físico, astral e mental), usando seu sagrado livre-arbítrio escolhe viver apenas materialmente e não espiritualmente sob a vontade da sua alma, após vidas e mais vidas de tentativas vãs da alma em recuperar o controle do ego (que por conta do livre-arbítrio deve ser consensual), ocorre aquilo que de mais triste pode acontecer no universo – o fracasso de uma alma. Isso faz com que ela se desligue do ego rebelde para sempre, perdendo assim o trabalho de milhões de anos, e volta para o seio da Anima Mundi, de onde partiu um dia para a experiência na matéria, deixando para trás um ego sem alma, um demônio, que durante ainda muito tempo (pois grande é a energia da vida material) servirá de desgraça e prova para si e para outros até que, por intermédio do renascimento em criaturas cada vez mais abjetas, vai se dissolvendo aos poucos até a completa aniquilação. O inferno de Dante, infelizmente, não é uma grotesca ficção. Felizmente, esse horror ocorre muito raramente.

O Corpo Etérico
(Corpo Vital)

Assim como todos os planos (dimensões), o plano físico é dividido em sete subplanos: plano sólido, plano líquido, plano gasoso e quatro planos etéricos, sendo cada um pouco mais sutil que o anterior. O quarto, e mais denso dos quatro, está começando a ser estudado pela ciência moderna, explicando assim alguns fenômenos antes misteriosos. É no primeiro e mais sutil deles que se encontra o átomo físico permanente (os átomos permanentes de todos os corpos do homem sempre se encontram no primeiro e mais sutil subplano de cada plano), onde o Carma grava as informações para a construção do futuro corpo físico, que vai ser habitado pela alma em uma nova encarnação (ler artigo "Sobre o Carma", p. 148).

O corpo etérico é o molde em energia prânica ou vital, que depois é preenchido pelas matérias mais densas dos sétimo, sexto e quinto subplanos (sólido, líquido e gasoso), e que começa a desfazer-se assim que a pessoa "morre", no mesmo ritmo do corpo físico. É aquela névoa no formato do antigo corpo físico que fica flutuando sobre o túmulo e vai se desfazendo aos poucos, perdurando até que só restem os ossos, e que é vista por certos clarividentes (os pseudofantasmas) amiúde em nossos cemitérios. Ao desprender-se do corpo físico após a morte, ainda resta um elo magnético que perdura até a sua dissolução total – menos os ossos – podendo durar várias semanas. Por isso, a cremação é indicada nos ensinamentos esotéricos, pois o fogo o dissolve imediatamente.

A ciência moderna nos diz que apenas 13% da matéria que compõe nosso universo é matéria convencional, os outros 87% são o que os cientistas chamam de "matéria escura". Ela é assim chamada por não refletir a luz, tornando-se assim invisível aos nossos olhos. Quanta coisa nossos olhos ainda não podem ver, meu Deus? Hoje em dia e cada vez mais no futuro, algumas das nossas crianças estão nascendo com a visão etérica, o que é possível com uma pequena modificação genética no olho físico, não tendo nada a ver com a visão astral, que é muito mais rara.

O corpo etérico preenche todo o corpo físico e vai além dele por alguns centímetros, formando uma aura energética de cor violeta-claro, a qual percorre milhares de canais chamados nadis. Cada minúsculo nadi tem a sua contraparte física em um nervo e a medicina chinesa, principalmente por meio da acupuntura, consegue aí as suas curas. Existem sete grandes interseções desses canais, formando os sete grandes chacras conhecidos da literatura esotérica, existindo ainda muitos outros secundários, os quais se comunicam com o mundo etérico ao redor. O nosso corpo etérico é apenas uma pequeníssima parte do corpo etérico de Gaya – nossa mãe Terra. Muitas doenças do corpo físico estão conectadas com a sub ou a supervitalização do corpo etérico, embora não tanto quanto as influências do corpo astral, responsável pela maioria delas. A grande maioria da humanidade ainda é regida por desejos e sentimentos, os quais subjugam o mental que deveria estar no comando.

A saúde do nosso corpo etérico está ligada a uma boa alimentação e à exposição à luz solar. A saúde do corpo físico denso depende completamente da qualidade do corpo etérico, que recolhe o prana (vitalidade) do sol e dos alimentos, principalmente dos vegetais, que são mais ricos em prana. Um corpo desvitalizado tende a "vampirizar" outros corpos, o que pode explicar às vezes um certo mal-estar causado pela presença de algumas pessoas. Tanto a aura etérica quanto as auras astral e mental podem influenciar o outro, principalmente a mais forte delas – a aura astral – por estar a grande maioria dos homens modernos polarizada neste corpo.

O Corpo Astral (Corpo Emocional)

Apesar de estarmos hoje na quinta sub-raça da quinta raça raiz (Ariana), a grande maioria da humanidade se encontra no estágio da quarta raça raiz (Atlantiana), juntamente a uma minoria restante no estágio da terceira raça raiz (Lemuriana). Cada raça raiz é responsável por desenvolver um dos corpos do homem para herança de toda a humanidade. Na época lemuriana foi desenvolvido o corpo físico, no período atlantiano foi desenvolvido o corpo astral-emocional e, agora, na etapa ariana está sendo desenvolvido o corpo mental. Infelizmente, a humanidade está um pouco atrasada, com a sua maioria polarizada ainda no corpo astral-emocional, quando deveria estar polarizada e desenvolvendo mais profundamente o corpo mental. Os desejos e as emoções ainda hoje dominam a maioria dos homens, quando deveriam dominar a mente. Temos muito tempo e trabalho à nossa frente.

O plano (dimensão) astral, assim como todos os outros, se divide em sete subníveis, sendo os últimos os mais grosseiros e os primeiros os mais sutis. Após a morte do corpo físico, o homem passa a habitar o plano astral, ainda mantendo todos os seus outros corpos, menos o físico.

Muitas religiões chamam os últimos subníveis do astral de inferno; os intermediários de purgatório; e os superiores de céu. Em A *Divina Comédia*, o iniciado Dante descreve sua jornada pelo mundo astral, descrevendo locais e habitantes muito reais para quem lá está provisoriamente vivendo, embora tudo possa parecer ser ficção para os que habitam o plano físico.

Para a consciência imortal que habita todo ser, tudo é maya (ilusão), inclusive o plano físico, criado apenas para a experiência na matéria. O fato de o plano astral parecer ser tão bizarro se deve à razão de que lá todo pensamento molda imediatamente uma forma. Por ser a matéria astral muito mais sutil e maleável do que a física, tudo se mistura com facilidade (por isso a água é seu símbolo) e nesse plano tudo é muito caótico, com os desordenados pensamentos dos homens sendo comandados por desejos e emoções descontrolados. Assim como num filme de horror, lá se encontram bizarras criaturas, verdadeiros monstros criados pela fértil imaginação popular. Os loucos e os lunáticos dos nossos manicômios, que por causas cármicas ou pelo uso de drogas destruíram a trama do corpo etérico (que também tem a função de separar o plano físico do plano astral), são uma prova da loucura e do caos em que se encontram os subníveis mais inferiores. O homem é um aprendiz de Deus (ler artigo "Sobre a Imaginação", p. 191).

A aura do corpo astral que permeia o corpo físico se projeta por vários centímetros, às vezes por metros (dependendo do grau evolutivo do indivíduo), e possui várias e mutantes cores dependendo dos desejos e emoções do momento, sendo as cores mais escuras e opacas para baixas emoções e desejos e cores mais claras, mais sutis e brilhantes, para as mais elevadas. Assim como a aura etérica, também a aura astral influencia para o bem ou para o mal o seu meio ambiente. O cinza da depressão, o vermelho do desejo, o rubro faiscante da cólera, assim como o azul-claro da espiritualidade são facilmente vistos pelo clarividente astral.

O Corpo Mental
(Homem = Man = Mente)

    Falaremos agora do último e mais importante corpo do ego ou personalidade, veículo para a experiência da alma, nas dimensões mais densas. É aqui que a mais relevante missão do homem deve ser realizada pelo bem de todo o planeta – a ligação dos três reinos superiores aos três reinos inferiores –, pois "Toda natureza sofre dores de parto aguardando a glória do filho do homem" (Bíblia Sagrada). Abramos, então, nossa mente e nossa intuição para a eterna Gnose.
    Assim como os outros corpos, o corpo mental também possui sete subníveis e aqui é encontrado um dos grandes mistérios da vida. Esse plano, ao contrário de todos os outros, é dividido em dois: os três níveis superiores compõem a mente superior ou abstrata e os quatro níveis inferiores a mente inferior ou concreta. O primeiro usando mais o lado direito do cérebro e o segundo usando mais o lado esquerdo (a ciência moderna já comprova como o pensamento lógico usa os neurônios do lado esquerdo, enquanto o abstrato usa mais os do lado direito).
    A Mônada (Espírito), na sua jornada de descida à matéria, vai se "vestindo" de matérias cada vez mais densas até alcançar o terceiro subnível (de cima para baixo) do plano mental de onde não consegue mais "descer". Como já foi citado em artigos anteriores, nosso *Logos* (Deus) planetário é apenas um em meio a centenas de bilhões de Deuses, que evoluem no Universo por meio de um planeta. Como Eles ainda estão evoluindo, são imperfeitos, por isso, contam com a ajuda de Irmãos ainda maiores e mais experientes. É aí que O *Logos* Solar (O Deus Maior do sistema em que vivemos) envia, em ajuda à Terra, Nirvanis Solares (Mônadas vencedoras de um sistema anterior, que em antigos aeons já passaram pelo reino humano). Esse magnífico Ser é o Anjo Solar ou

Anjo da Guarda de cada ser humano (por favor, leiam o artigo "O Anjo Solar I", p. 309, antes de continuar este estudo), que se sacrifica por milhões de anos em um planeta menor e mais atrasado para ajudar na sua evolução.

Há 18 milhões de anos, na metade da raça lemuriana, no mais espetacular acontecimento da evolução da humanidade, o homem animal da época se individualizou, destacando-se da sua alma-grupo para adquirir uma alma individual, tornando-se assim o primeiro homem completo (espiritual e material) na face da Terra. Foi quando, então, o primeiro Anjo Solar, nossa Alma Espiritual ou Eu Superior, doou uma molécula de Si mesmo que, depositada no terceiro subplano do plano mental, criou o ainda efêmero corpo da alma humana – Hércules –, que, como nos diz o mito, com o fogo roubado do céu se tornaria um Deus ao final dos seus 12 árduos trabalhos. Deus jamais abandona seus filhos e todo filho pródigo um dia há de voltar para a Casa.

Em síntese, a divina função de todo homem – Dharma – é construir a Ponte de Arco-Íris (Antakarana) com a ajuda do seu Anjo Solar entre o quarto subplano mental (mente concreta inferior) e o terceiro subplano mental (mente abstrata superior), ligando assim aquilo que está embaixo Àquilo Que Está no Alto. E como ele faz isso? Por meio do serviço e da meditação; trabalhando pelo bem do todo, cuidando e alimentando seus corpos com matéria cada vez mais pura e sutil, dos subplanos superiores de cada plano, principalmente matéria do mais alto subplano mental egoico, o quarto. Pois como foi dito: "Ninguém chega à câmara da sabedoria sem antes passar pela câmara do conhecimento".

Eu sei que este assunto é um pouco abstruso, embora muito fosse deixado sem ser dito. Como nos conforta um amadíssimo Instrutor Maior – O Tibetano –, Augusto, mensageiro da Hierarquia: "Todo esforço para o alto é visto e valorizado mesmo que não consigamos assimilar tudo o que estudamos. Algumas sementes sempre ficam gravadas no inconsciente prontas para germinar no futuro". Lembremo-nos sempre de que pensamento é matéria mental e que nosso corpo mental precisa também do alimento sólido do adulto, não só do leite da criança.

Pensamentos Soltos 4

"A verdade é um desenho abstrato feito na tela do espaço-tempo, cujo grau de nitidez vai de zero ao infinito dependendo dos olhos de quem a vê. A pobre avaliação humana vai apenas de zero a dez. Cabe ao homem defendê-la com unhas e dentes sem se esconder atrás da sua relativa pequenez, mas respeitando sempre toda visão alheia e tendo a humildade de absorver todas as novas nuances que conseguir captar da visão do outro."

"O caminho do meio sempre é o mais certo e todos deveríamos saber servir e ser servidos. Tanto humildade quanto aceitação são necessários em ambos os casos."

"Não critiquem minha falta de ambição! Sou um rei em meu próprio reino. São diferentes os tesouros e relativos os valores, e cada um é responsável pelo que acumula ou deixa de acumular."

"Rendo-me ao benefício e a algumas vantagens do livro eletrônico. Mas segurar em mãos um livro é como segurar a mão de um amigo... Passar-lhe a página é como deslizar a mão em sua nuca e ter-lhe na mesinha ao lado da cama é manter constante a presença amada."

"A evolução do homem é como abrir caminho em meio à densa e tenebrosa selva. Existem aqueles (a grande maioria) que ao encontrarem um obstáculo um pouco maior param, e só voltam a se mover quando a pressão dos que vêm atrás os empurra irremediavelmente para a frente. Existem aqueles (muito poucos) que ao encontrarem um obstáculo, seja qual for o tamanho dele, se lançam sobre ele com todas as forças, manejando com fúria e determinação seu facão, abrindo caminho para si e para aos que vêm atrás. E, finalmente, existem aqueles (um número menor do que os primeiros, mas maior do que os segundos) que sem a preguiça, a covardia ou a incapacidade dos primeiros, porém sem a força dos segundos, mesmo cientes das suas limitações, lançam sobre o obstáculo todos os golpes que conseguem, sabendo que assim facilitarão um pouquinho o trabalho dos que vêm atrás."

"A nova Era de Aquário, ora iniciada, veio para acabar com muitos males que assolam a humanidade por muitos séculos: o egoísmo individual, o corporativismo (egoísmo grupal) e o nacionalismo (egoísmo nacional). Somente o humanismo será tolerado, e mesmo este será também renegado em uma época futura, quando o homem reconhecer toda a natureza como irmã."

"Existem três etapas na evolução do homem. Uma primeira etapa individual, uma segunda etapa dual e finalmente uma terceira e última etapa novamente individual. Na primeira, o homem é necessariamente egoísta por se identificar completamente com o seu ego. Na segunda, o homem é um dualista por se identificar, ora com o ego, ora com a alma. E, na terceira, ele é um verdadeiro espiritualista, por se identificar somente com a alma. Primeiro, ele precisa saber em qual etapa se encontra e, depois, saber respeitar a etapa em que se encontra o outro, pois cada etapa traz seu próprio e necessário ensinamento."

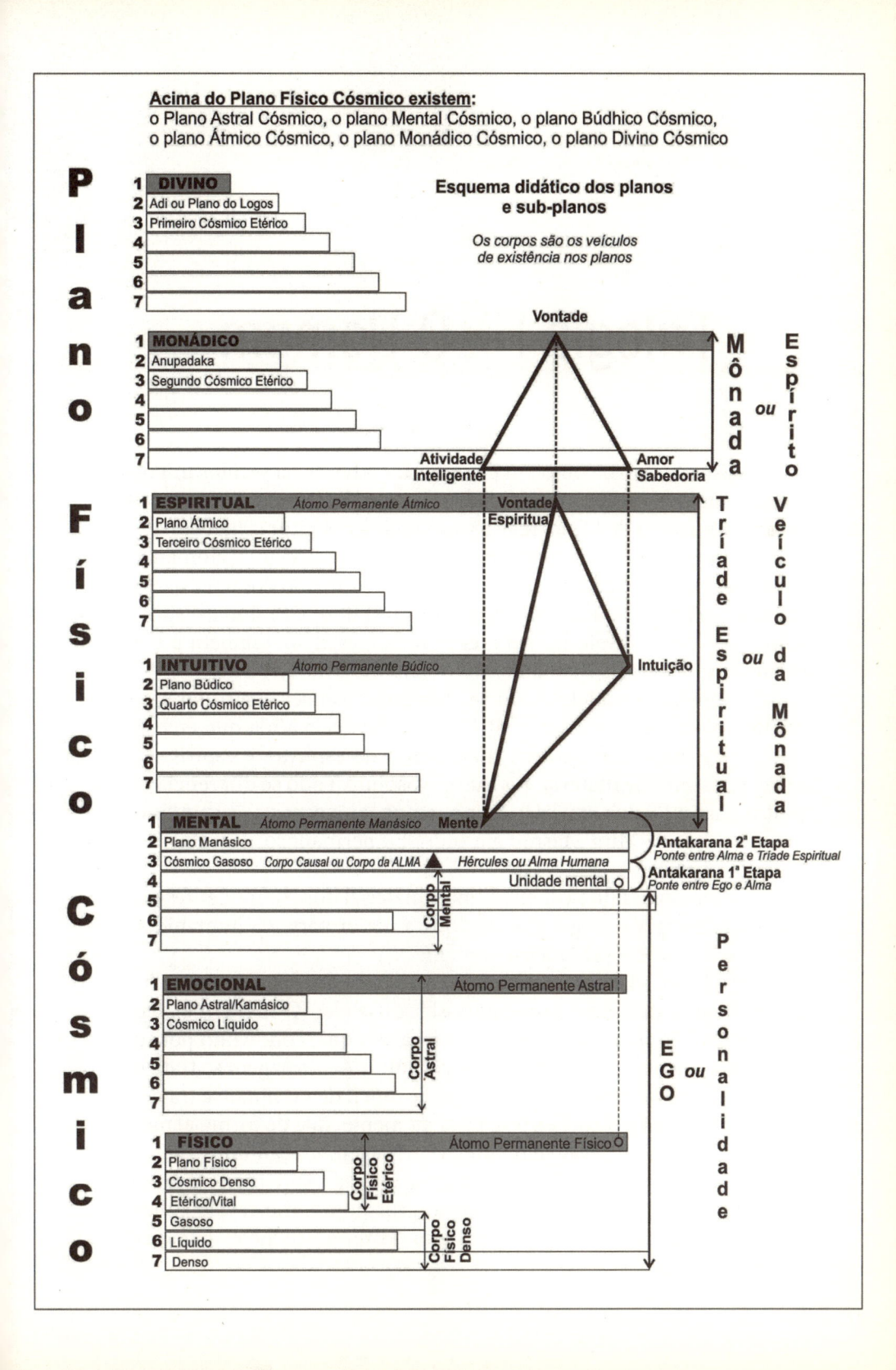

Acima do Plano Físico Cósmico existem:
o Plano Astral Cósmico, o plano Mental Cósmico, o plano Búdhico Cósmico,
o plano Átmico Cósmico, o plano Monádico Cósmico, o plano Divino Cósmico

Plano Físico Cósmico

Esquema didático dos planos e sub-planos

Os corpos são os veículos de existência nos planos

DIVINO
1. DIVINO
2. Adi ou Plano do Logos
3. Primeiro Cósmico Etérico
4.
5.
6.
7.

MONÁDICO
1. MONÁDICO
2. Anupadaka
3. Segundo Cósmico Etérico
4.
5.
6.
7.

Vontade — Mônada ou Espírito
Atividade Inteligente — Amor Sabedoria

ESPIRITUAL — Átomo Permanente Átmico
1. ESPIRITUAL
2. Plano Átmico
3. Terceiro Cósmico Etérico
4.
5.
6.
7.

Vontade Espiritual — Tríade Espiritual ou Veículo da Mônada

INTUITIVO — Átomo Permanente Búdico
1. INTUITIVO
2. Plano Búdico
3. Quarto Cósmico Etérico
4.
5.
6.
7.

Intuição

MENTAL — Átomo Permanente Manásico — Mente
1. MENTAL
2. Plano Manásico
3. Cósmico Gasoso — Corpo Causal ou Corpo da ALMA — Hércules ou Alma Humana
4. Unidade mental
5.
6.
7.

Corpo Mental

Antakarana 2ª Etapa *Ponte entre Alma e Tríade Espiritual*
Antakarana 1ª Etapa *Ponte entre Ego e Alma*

EMOCIONAL — Átomo Permanente Astral
1. EMOCIONAL
2. Plano Astral/Kamásico
3. Cósmico Líquido
4.
5.
6.
7.

Corpo Astral

EGO ou Personalidade

FÍSICO — Átomo Permanente Físico
1. FÍSICO
2. Plano Físico
3. Cósmico Denso
4. Etérico/Vital
5. Gasoso
6. Líquido
7. Denso

Corpo Físico Etérico
Corpo Físico Denso

Trilogia I – O Homem

"Assim embaixo como em cima" – nos adverte há séculos um dos maiores instrutores da humanidade, Hermes Trismegisto. O homem foi feito à imagem de Deus, registra as sagradas escrituras há vários séculos. Assim como o Macrocosmo (Deus), o microcosmo (Homem) é triplo, nos ensina a verdadeira Gnose desde o princípio dos tempos. Assim como o triplo Deus Shiva (Pai), Vishnu (Filho) e Brahma (Espírito Santo) são Um, o triplo homem, ego, alma e espírito, também é Um, gritam os verdadeiros ensinamentos do oriente e do ocidente.

O homem completo é um ser humano, um ser espiritual e um ser divino ou ego, alma e espírito, permeados pela Vida que envolve todos, pois matéria é a forma mais densa de espírito, e espírito é a forma mais sutil de matéria. Eis que o Absoluto Todo se diferencia em muitos para a Divina experiência no tempo e no espaço. "Infundindo uma partícula de Mim Mesmo em tudo, Eu permaneço" (Sri Krishna, *Bhagavad Gita*).

Falemos agora do primeiro e mais material dos componentes desta sagrada trilogia – o ego –, aquilo que a maior parte da humanidade infante acha que é o verdadeiro homem.

Foi Platão, mais ou menos 500 anos antes de Cristo, que melhor nos explicou o que era o homem. Assim dizia ele: "O homem é como uma carruagem puxada por um fogoso cavalo que, conduzido por um cocheiro, transporta um importante viajante". A carruagem se trata do corpo físico do homem; o cavalo fogoso e difícil de dominar se trata do corpo emocional; e o cocheiro se trata da mente, que de forma afanosa luta para dominar o cavalo e manter a carruagem no caminho, ou seja, o tríplice ego. Dentro do bojo da carruagem, calmamente sentada, se encontra a alma. Até que o cocheiro consiga dominar o cavalo e mantê-lo sob as rédeas, não é possível à alma dizer ao cocheiro por quais caminhos seguir.

Simbolicamente, diz-se que o homem precisa de 777 vidas (encarnações), antes de voltar à casa do Pai (na verdade, milhares para a maioria), sendo 700 vidas nos caminhos da ignorância, 70 vidas nos caminhos da aprendizagem e 7 vidas nos caminhos da sabedoria. Aproveitando o maravilhoso quadro de Platão, podemos dizer que é somente quando o homem começa a trilhar os caminhos da aprendizagem, quando ele já domina com certa facilidade o cavalo, é que pode "virar para dentro" da carruagem e começar a ouvir a voz do eminente passageiro, antes prisioneiro dos solavancos do árduo caminho e da luta entre o cocheiro e o cavalo. Somente agora o ilustre passageiro (A Alma) pode determinar os corretos caminhos ao cansado cocheiro.

O verdadeiro perigo nessa épica história do homem se encontra no fato de que, após as 700 jornadas nos caminhos da ignorância, o cocheiro, orgulhoso do seu sucesso em controlar razoavelmente a carruagem e o cavalo, começa a usar suas 70 jornadas nos caminhos da aprendizagem, aprendendo de soturnos viajantes da mesma estrada, e não do nobre passageiro que deveria servir. Assim acontecendo, são perdidas as sete derradeiras e mais importantes lições das últimas jornadas, que trariam o filho pródigo de volta à casa do PAI. Um fracasso que pode durar éons, antes de uma nova oportunidade, que sempre há de vir, pois o Amor do Pai jamais poderia permitir a existência de um inferno eterno.

"Escuta, tu que te chamas homem, o eco milenar da voz do Cristo – SOIS DEUSES!"

Trilogia II – A Alma

O que é Deus? Deus é aquilo que de maior e de melhor um ser pode conceber no atual estágio evolutivo em que se encontra.

Para falarmos deste segundo aspecto do Homem Completo é preciso recorrer à antiga Gnose, revelada nos mitos de Hércules e Prometeu. Como é bem conhecido, Hércules é um semideus lançado por Júpiter (o chefe do panteão dos Deuses gregos) à Terra para que, após a realização com sucesso de 12 penosos trabalhos, pudesse novamente subir aos céus como Imortal. Prometeu é aquele que, por roubar o fogo dos céus e dá-lo ao homem, foi lançado à Terra e acorrentado a uma rocha, onde tinha o seu fígado comido pelos abutres durante o dia, só para tê-lo restituído pela manhã em um sofrimento eterno.

O que significam, então, durante a noite, esses dois importantíssimos mitos? Apenas que a alma humana (Hércules) é obrigada a permanecer na Terra durante o tempo necessário – alguns ou muitos milhares de vidas – até completar satisfatoriamente e com sucesso os 12 trabalhos a ela designados. Já a Alma Espiritual (Prometeu) tem também, como castigo, de permanecer na Terra por uma longa eternidade (até a ascensão de Hércules) por "seu crime de roubo", uma alusão a ter ofertado a Hércules uma faísca do fogo divino em si mesmo, para que ele pudesse se acender com esse "fogo roubado" e ascender ao Céu, resgatando assim a sua divindade.

No atual estágio da maioria da humanidade moderna, a alma humana (Hércules), a síntese das consciências dos corpos físico, emocional e mental, é resumida em uma personalidade una, ou seja, o ego, tem como Deus a sua Alma Espiritual (Prometeu), um ser não terrestre, um Anjo Solar. Ah! Se o homem apenas valorizasse o fato, não o mito, do Anjo da Guarda... Um Hércules vencedor de um éon muito anterior em outros mundos, um habitante do Sol que magnificamente se imola durante milênios num planeta sofrido e atrasado para resgatar os Hércules terrestres que lutam desesperadamente pela imortalidade, até que após um tão longo tempo ele possa entregar o filho ao seu Pai no Céu – o Espírito ou Mônada –, seu verdadeiro Deus e, só então, voltar para a Casa, maior e mais experiente por mais esse Serviço Cósmico, pois mesmo os Deuses evoluem... Mas isso é outra história a ser contada na última parte da Trilogia.

Trilogia III – O Espírito ou Mônada

Tudo é vivo no Universo. Tudo no Universo, do mais simples átomo da química moderna ao maior e mais complexo átomo cósmico – um Sistema Solar –, possui uma consciência compatível com seu grau de evolução.

Um *Logos* (Deus) Solar ou Planetário é composto por bilhões de células, Mônadas humanas, Mônadas angélicas e outros Seres impossíveis de serem compreendidos pela limitada mente da humanidade terrena. Um raio de Sol certamente não é igual ao Sol em onipotência, mas certamente o é em essência. A Mônada (o filósofo Leibniz foi o primeiro a usar este nome) humana é uma célula no corpo espiritual de Gaia, nossa Mãe Terra, que, assim como o homem, também possui os outros corpos mais materiais.

O ego é o veículo para a alma nos planos inferiores e a alma é veículo para a Mônada nos planos mais sutis, sendo os três envolvidos pela VIDA que a todos permeia.

Cristo foi a primeira, não a única, Mônada humana terrestre que voltou ao seio do Pai (nosso *Logos* Planetário – Deus), após longa jornada. Por isso, Ele foi chamado de "O Primogênito". Assim como prometeu há 2 mil anos, Ele permanece na Terra (em corpos sutis, obviamente) como chefe da Hierarquia Espiritual da Terra, comandando outras almas libertas, "até que o último e cansado peregrino retorne à Casa do Pai". Ele, após muito tempo trilhar a jornada no caminho da ignorância, passou para o caminho probatório de aprendizagem e, finalmente, se libertou após o caminho da sabedoria, tornando-se um Mestre Ascencionado, exemplificando assim, como Irmão Maior, a grande jornada legada ao homem no Caminho de Retorno.

Como disse anteriormente, tudo evolui no Universo e mesmo nosso *Logos* Planetário almeja o *Logos* Solar, que almeja AQUELE SOBRE O QUAL NADA PODE SER DITO, que almeja...

Assim, meu irmão humano que é também espiritual, com renovadas energias do conhecimento adquirido e com a força da Divina Promessa, ergamos aos ombros nossa cruz de matéria, dando as mãos àqueles que tropeçam ao nosso lado e, de cabeça erguida, mirando a luz dos nossos Irmãos Maiores que marcam a estrada à nossa frente, sigamos em direção à nossa Herança Divina.

Ave, Marias!

Ave, Maria! Quando vejo tua silhueta vindo ao meu encontro,
quando amanhece o dia,
empurrando teu carrinho ainda vazio de latinhas e papelão.
Lixo para uns e luxo para ti.
Maria, cujo sorriso oblitera com a tua luz a luz do amanhecer,
competindo com Deus,
quando olhas faceira a notinha de 20 que sempre guardo para ti.
Que jamais falte ao mundo notinhas de 20...

Ave, Maria! Que corres para mim arrastando dois rebentos quase nus,
com um sorriso que oblitera o dia,
gritando: "– Seu Dilon! Seu Dilon!" e esticando para mim
a mão suja, apertando
notas feias e rasgadas dizes: "– Óia o que eu consegui! Não é roubo não!
Eu vivo ensinando pr'esses dois que roubá é muito errado.
Quando eu vi o caminhão das sucata entrando pela boca da cidade,
eu corri feito *doidcha* o dia interim,
juntando os ferro veio que o povo num qué mais...
Num precisa roubá não seu Dilon... É só trabaiá!"

Ave, Maria! Mãe do Roginaldo, quando me para na rua
com dois olhos de estrelas molhados de gratidão,
mostrando-me o santinho do Padre Pio descorado
e riscado de branco pelo fervor das preces...
"– Faz mais de um mês que o Roginaldo não bebe!
Graças ao santo Padre Pio e o projeto,
ele não põe nem mais uma gota de álcool na boca.
Ah, seu Dilon! O sinhô não sabe como eu tô feliz!
Nunca mais eu vou vê meu filho estirado na rua."

Ave, Maria! Que com os olhos baixos me chamas no canto e dizes:
"– Seu Dilon, eu quero te contar uma coisa...
No dia *inhantes* de eu entrar no projeto, eu tinha botado na cabeça de que se eu num conseguisse serviço,
eu ia botá o Zé no asilo por causa dele num tê as pernas.
Ia pegá minha menina e dá ela p'ra Lurdinha, minha vizinha,
que chora todo santo dia por num pudê tê um fio.
Ia pegá uns chumbinho de matá rato e tomá tudo.
Ah! Seu Dilon, eu morro de vergonha de pedi esmola!"

Ave, Marias! Que com braços de ferro em corpos mirrados
seguram com força a mão do Carma,
impedindo que a justa espada caia sobre a humanidade,
restaurando assim o equilíbrio da balança.
Ave, Marias! Que mesmo dormindo em colchões sujos
com vários Josés bons e maus,
mantêm no coração a pureza virginal...
Que alimenta a Compaixão de Deus.

Um Pensamento sobre Carma

O que é um gene, um cromossomo, o DNA ou uma espiral genética? A ciência nos diz que são estruturas compostas de proteínas, que compõem o código genético ou código da vida, o qual a perpetua por meio da herança genética. É uma ótima explicação material para se entender a parte física do assunto, mas o que faz com que alguns seres humanos nasçam com certas características diferentes dos outros, mesmo nascendo dos mesmos pais? O que é realmente um cromossomo, que por um defeito, uma falta e até mesmo um excesso é causa de tão tremendas consequências ao futuro habitante do corpo que ele constrói?

A sagrada Gnose, ensinada desde os primórdios dos tempos em que o homem aprendeu a pensar, nos revela o seguinte: o Espírito cria o pensamento, que cria a energia, que, finalmente, cria a matéria. Matéria é a forma mais densa de Espírito e Espírito é a forma mais sutil de matéria. Todos são partes do mesmo Um em diferentes estados do mesmo Ser.

Como foi citado em artigos anteriores, após o homem descartar sequencialmente seus corpos compostos de matéria física, energética e mental, ele preserva os chamados átomos permanentes, que são como microchips preservados no corpo da alma humana, para que ela, com a ajuda dos Senhores do Carma (Anjos Registradores da bíblia cristã), possa criar ao redor deles (que agem magneticamente atraindo matéria de maior ou menor qualidade de acordo com o merecimento de cada um) os futuros corpos em que a alma deverá reencarnar-se para futuras experiências e ensinamentos na Terra. É exatamente aí, neste ponto, que o Espírito pensa, seu pensamento recolhe energia (por isso se diz que a energia segue o pensamento) e a energia se transforma em matéria, formando assim os corpos com matéria retirada do reservatório mundial e para o qual deve retornar após seu uso: "Nada se perde, nada se cria, tudo se transforma".

O que são então as mal vindas doenças hereditárias ou os bem-vindos dons hereditários, a não ser o funcionamento da inexorável Lei do Carma? Lembremos, todavia, que o carma sempre é o resultado das ações do homem, boas ou más, e esse resultado pode vir nesta vida ou nas próximas, pois o que o homem chama de vida e morte é apenas um dia e uma noite ou um período de vigília ou sono da Alma imortal.

O mesmo que acontece com o corpo físico acontece também com os corpos sutis, ou seja, o corpo astral-emocional e o corpo mental. É por isso que eu sempre bato na mesma tecla em meus ditos e artigos: O HOMEM NÃO É SOMENTE RESPONSÁVEL POR AQUILO QUE FAZ, MAS TAMBÉM POR AQUILO QUE SENTE E DESEJA, ASSIM COMO PELO QUE PENSA.

Existem muitos erros evitáveis ou inevitáveis cometidos dentro DAQUELE EM QUE NÓS VIVEMOS, NOS MOVEMOS E TEMOS NOSSO SER e, certamente, todos eles serão punidos, assim como todos os acertos são recompensados – nesta ou em outra vida. Podem também acontecer acidentes, que possam parecer injustiça no tempo e no espaço, pois nosso Deus Planetário é ainda um dos bilhões de Deuses ainda imperfeitos que evoluem no Universo, mas eles serão inevitavelmente remediados no futuro, pois não existe injustiça no Universo.

Sobre o Compartilhamento

Disse o mestre tibetano: "Cuidado com vossos pensamentos, pois está chegando o tempo em que todo pensamento será público".

Fico pensando, às vezes, em quão pouco as pessoas se dão conta de que tudo que acontece nos mundos fenomênicos são apenas efeitos de causas internas. Quantos sabem da verdade de que a nossa internet é um passo anterior desta profecia do nosso amadíssimo Mestre Djwhal Khul, a qual constata que a humanidade é una e que o homem é apenas uma célula no corpo da humanidade, tudo o que a ele pertence, a todos há de pertencer? O que seria a misteriosíssima "Nuvem" tão essencial à internet, senão uma parte do corpo mental desta tremenda entidade chamada humanidade, que é somente uma das mais importantes partes da natureza e a qual é apenas o corpo físico do nosso *Logos* "Deus" Planetário? É preciso aprender a compartilhar e, mais do que isso, é preciso aprender a compartilhar corretamente.

E então, meu irmão, você anda melhorando ou piorando o coletivo corpo mental da humanidade, quando obrigatoriamente o municia com seus pequenos pensamentos? Você aumenta a felicidade geral com seus alegres pensamentos ou a deprime com os tristes? Enriquece a humanidade com pensamentos altruístas ou a empobrece com pensamentos egoístas? Aumenta a sua glória com a luz do seu amor ou a escurece com as trevas do seu ódio?

Uma das maiores lições a ser aprendida na entrante Era de Aquário é aquela que permitirá ao homem praticar a verdadeira fraternidade, a qual não tem nada a ver com a fidelidade familiar ou partidária de qualquer um dos muitos grupos em que se ajuntam os homens – geralmente por um egoísmo grupal. A verdadeira fraternidade é aquela praticada por homens que vivem como almas e que são unidos pela cola do amor universal, não por objetivos – por mais belos que possam ser – que excluam quem quer que seja. Um irmão momentaneamente perdido continua sendo um irmão – uma parte de nós mesmos.

Uma das principais causas dos milhões de fracassos matrimoniais em todas as partes do mundo é exatamente esta – o não compartilhamento. O homem e a mulher não são apenas marido e esposa, são almas irmãs colocadas juntas durante um período, para se ajudarem mutuamente, além de também beneficiarem a evolução de toda a humanidade, pois qualquer atitude, solitária ou em grupo, sempre afeta o Todo. Outro dos principais motivos de fracasso vem do fato de a convivência diária fazer com que se conheça melhor o outro e, assim, se conhecem defeitos arduamente escondidos ou subconscientemente ignorados. É fundamental ao sucesso do casamento aprender a amar nosso parceiro não só pelas suas virtudes, mas também pela oportunidade de ajudá-lo a vencer seus defeitos, compreendendo suas limitações e usando-as como oportunidade para desenvolver a paciência, a caridade e o altruísmo. Carma sabe muito bem o que faz quando junta duas pessoas diferentes para formarem um casal, e triste é aquele que se acha merecedor de um companheiro ou companheira melhor, perdendo assim oportunidades de redenção – própria ou do outro –, pois, afinal, é também uma parte de si mesmo. Não quero dizer com isso que o casamento deve ser mantido a qualquer custo, mas que todo parceiro merece continuar sendo amado como um irmão, que ainda verdadeiramente permanece sendo, após uma separação.

Pode a folha crescer ou manter-se viva fora do galho? Pode o galho, independentemente da quantidade ou da qualidade das folhas que possui, crescer ou manter-se vivo fora do tronco? Pode o tronco crescer ou manter-se vivo fora do solo que a tudo nutre?

Homem, família e humanidade... Partes de partes do Único Todo.

Sobre a Paz

A irritação é a semente da raiva; a raiva é a semente do ódio; o ódio é a semente da guerra; a guerra é a semente do caos; e, finalmente, o caos é o assassino da paz. Esta é uma verdade tanto para o homem grupal – a humanidade – quanto para o homem individual – o ego. Mate a primeira semente que alimenta o mal, que tem como objetivo criar o monstro ante o portal do paraíso, para tentar impedir que o homem chegue a sua divina herança.

Há mais ou menos um ano e meio, iniciei uma série de centenas de artigos e pensamentos soltos sobre a espiritualidade. Na maioria deles, de uma forma ou de outra, procurei enfatizar a verdade aquariana de que o homem é um conjunto de energias em diferentes graus de sutilidade, comandadas por uma vontade central; que matéria é apenas a forma mais densa de Espírito; e Espírito é a forma mais sutil de matéria. Que o ego é o veículo para experiências da alma nos planos mais densos e a alma é o veículo do Espírito nos planos mais sutis. E, finalmente, que o Espírito que habita cada homem é uma fagulha do Espírito Universal – o Deus Imanente – que, juntamente ao Deus Transcendente, forma o Absoluto Uno. "Depois de infundir uma partícula de Mim Mesmo em tudo que existe – EU permaneço" (*Bhagavad Gita*).

Os ódios individuais e os ódios das nações impedem hoje a paz no mundo. Os vários tipos de guerras, físicas, emocionais e mentais, grupais ou individuais, cobrem como nuvens negras a luz do sol; tanto o sol do planeta como o sol do homem – a alma. Gemem de dor e sofrimento a natureza e o homem em meio à escuridão. O que fazer em tão angustiante situação?

Pouco pode fazer o homem individualmente em relação à paz mundial, a não ser orar com devoção e escolher melhor os seus líderes. O poder invocativo coletivo da oração pode evocar poderes planetários e além, jamais imaginados pelo mais fervoroso santo, e o voto consciente pode ser a diferença entre um tirano e um libertador.

Quanto à paz individual, o homem pode fazer muito. Em verdade, a sua paz vai depender exatamente disto – das suas ações. Nenhum homem tem o direito de aspirar a um mundo melhor, se antes não aspirar a ser um homem melhor. A paz nada mais é do que uma das consequências do amor. E assim como uma pequena chama pode botar fogo em um campo, um homem que ama pode incendiar com a mais divina energia o grupo a sua volta; já um pequeno grupo pode incendiar um grupo maior... Até que um grande incêndio possa acordar aqueles que dormem intranquilos na escuridão.

Àqueles que aspiram e amam eu digo: ajam! Pois nem o menor ato de amor é esquecido por Aquele que amou pela primeira vez. Deve a semente desistir por se sentir pequena demais? Deve a pequenina chama esquecer que é uma partícula de Sol destinada a criar uma nova Estrela, juntamente às suas irmãs? Deve crescer impune a pequena erva escura da irritação no jardim do homem descuidado, até se tornar uma árvore forte demais para ser derrubada?

Acorde, meu irmão, e volte a assoprar a chama, que tremeluz perigosamente, ameaçando se apagar dentro de você, antes que possa prevalecer a escuridão. É a chama do amor que mantém aceso o Universo.

"Amai-vos uns aos outros como a si mesmos." "O homem é aquilo que ele pensa no coração." (Jesus Cristo)

Pensamentos Soltos 5

"Cuidado! Mais importante do que praticar a justiça é não cometer injustiça. Mais cuidado ainda para não deixar o medo de errar paralisar a ação que deve ser tomada. O fundamental discernimento à evolução humana obriga o homem a trafegar entre o céu e o inferno. São inevitáveis as quedas, quando se caminha sobre a lama e, no final do caminho, o homem não será julgado pela sujeira das suas roupas, mas pela limpeza do caráter conquistado e preservado em meio à imundície."

"O sucesso da evolução humana depende basicamente de duas coisas: a primeira é reconhecer o fato da existência do bem e do mal e aceitar sua inevitabilidade na aquisição e no desenvolvimento do discernimento fundamental ao crescimento da alma. A segunda é a correta escolha e valorização do bem em detrimento do mal, o qual deve morrer aos poucos por falta da atenção do ego, pois como afirma o axioma esotérico – a energia segue o pensamento."

"Nesta nova Era de Aquário, a mais importante função da educação é substituir na mente humana a competitividade pela cooperação. Dá para imaginar como seria o mundo se toda a energia gasta na competição egoísta fosse usada na cooperação grupal, para o bem do todo?"

"Existem algumas consciências que precisam tocar a dureza do gelo, para reconhecer o espírito da água. Muitas conseguem vê-lo na liquidez de rios e mares. Já outras conseguem percebê-lo na sutileza de vapores e nuvens. Muitos homens precisam da solidez da matéria para perceber Deus e, assim, Ele se reveste da beleza do sol e da natureza para satisfazer os pequeninos. Outros já o procuram escondido em elevadas emoções e ainda outros em elevados pensamentos. São muitas as roupagens que o Pai usa para ser reconhecido pelos seus filhos. Mas, só quando o homem reconhece que ele mesmo é uma roupagem, ele conhece e se reconhece... Deus."

"A palavra crédito origina-se da palavra acreditar. Assim como um banco, o homem egoísta oferece seu crédito, financeiro ou de confiança, acreditando apenas no lucro. Já o homem bom oferece seu crédito, financeiro ou de confiança, acreditando apenas no outro. Enquanto o primeiro crê apenas com a mente sem a influência do coração, o segundo crê com o coração sob a influência da mente."

"Se, no meu leito de morte, perguntassem-me quais seriam as minhas últimas palavras ao meu irmão – o homem –, eu diria: respeite o reino mineral, pois nele a vida palpita tanto quanto no reino vegetal. Cuide de uma árvore ou de uma planta como de um animal de estimação. Trate um animal como a um ser humano. Enxergue sempre um ser humano como alma. Ame uma alma como se fosse Deus. Pois tudo isso são verdades eternas que permeiam o nosso mundo."

"Viva a vida com simplicidade! Não se leve assim tão a sério! Um pouco de humor é o melhor remédio para as adversidades que sempre hão de vir, pois as sombras são indispensáveis à manifestação da luz. Muito mais importante do que os sucessos materiais constituídos de pó, que se desfazem na brisa passageira de uma vida, são as atitudes dignas de serem preservadas na eternidade da alma. Paciência e equilíbrio. Tudo passa... A dor maior vem da não aceitação. Aceite com humildade e sobriedade tanto os presentes como as palmadas que a vida lhe dá. Sucessos e fracassos são como a perna direita e a perna esquerda, sem as quais o homem não poderia caminhar. Mais importante que o resultado é a atitude. Enfim, não desperdice a divina oportunidade de viver neste mundo vivendo apenas como ego, enquanto deveria viver também como alma."

Sobre a Espiritualidade

    Muitas pessoas pensam que a espiritualidade e a materialidade são coisas muito diferentes e antagônicas – ledo engano! Tanto o espírito quanto a matéria são "substâncias ou energias" divinas, criadas pela abstrata Mente Universal, para a Divina Experiência no tempo e no espaço, e matéria é apenas a forma mais densa de espírito e espírito a forma mais sutil de matéria. Tanto o materialismo quanto o fanatismo espiritual são coisas maléficas, pois divinizam a si mesmos, enquanto tentam anular o outro.

    É realmente muito triste ver grande parte humanidade dividida entre os incoerentes e ultrapassados ensinamentos de religiões que teimam em ficar estagnadas, presas a dogmas seculares, e o vil ateísmo, os quais tiram do homem a sua divindade, fazendo da vida um mero joguete de forças cegas e caóticas. No vácuo entre essas duas correntes tirânicas lutam bravamente as almas daqueles que acordaram sob as benéficas influências de Aquário, as quais vieram salvar o homem preso entre a prepotência teológica e a prepotência niilista.

    A valorização do sofrimento como expiação dos pecados, para agradar um deus iracundo e distante, anulou o Deus Amoroso e Imanente em toda natureza, especialmente no coração dos homens. "Temei a Deus" tornou-se muito mais importante do que "Amai a Deus", e zelosos e ignorantes homens passaram a julgar e a condenar irmãos, os quais achavam estar ofendendo a Deus. Para agradá-Lo, e assim receber egoísticas recompensas, não hesitavam em causar muitos sofrimentos a quem não compartilhava de suas distorcidas opiniões. Hoje, mais do que nunca, é preciso retirar o Cristo agonizante da cruz, enterrar seu corpo mutilado, que como todo corpo é pó que ao pó deve voltar, e passar a enxergá-Lo como Ele verdadeiramente é: um Espírito vitorioso, que cumpriu com honras a sua divina missão como protótipo do homem ideal, exemplo a ser seguido por toda a humanidade, até a consumação da Divina Ideia na Mente de Deus.

Ser espiritual implica certamente não ser materialista, mas, definitivamente, não significa renegar a matéria e perder, assim, os muitos e necessários ensinamentos que ela proporciona. Como saber o gosto da maçã a não ser comendo-a? Como conhecer o gozo dos amantes a não ser amando? Como obter os ensinamentos que a riqueza e a pobreza têm a nos oferecer, senão sendo ricos ou pobres na mesma ou em outras vidas vividas pela alma, ao habitar diferentes egos? A sabedoria é o conhecimento vivido e o homem só será dono daquilo que ele vive agora ou do que já viveu antes.

Escute agora com atenção, meu confuso irmão, o que tem a lhe dizer um dos muitos que verdadeiramente viu e escutou de dentro, diretamente do seu próprio Eu Superior, não de fontes egoicas exteriores, bem ou mal-intencionadas: Tudo é Deus! Toda experiência é sagrada, quando feita sob a luz da alma, e só existe fracasso quando a lição não é aprendida. Infinitos são o amor e a paciência d'Aquele que observa Silencioso o crescimento dos seus filhos no útero passageiro do Espaço-Tempo. É impossível, absolutamente impossível, que alguém ou alguma coisa possa ofender a Deus, o Qual após doar uma Partícula de Si Mesmo a cada coisa que existe, permanece Absoluto, Intocável e Eterno, como canta a canção do Senhor – o *Bhagavad Gita*.

Luz, Amor e Paz são os verdadeiros frutos da Espiritualidade. E toda árvore há de vir a ser conhecida pelos seus frutos. Hei de encontrá-los no final da nossa caminhada conjunta, meu cansado e persistente irmão guerreiro, junto a uma vitoriosa humanidade, que será então uma frondosa e fecunda árvore, pronta a distribuir seus frutos até os confins do Universo, onde o Pai possui outras inumeráveis moradas.

Culpa

Tu que já aprendeste a perdoar,
por que não aprendeste ainda a perdoar-te?
Não sabes que a culpa é um bisturi que fere para curar,
não uma faca que fere para matar?
Que a culpa é apenas um aviso da alma,
não uma condenação do Espírito?
Por que te maltratar tanto assim com as falhas,
se os erros são degraus fundamentais à subida?

E tu, quando aprenderás que teu filho
não é teu filho, mas, sim, teu irmão?
Que a vida dele pertence à própria alma,
um verdadeiro filho de Deus?
Seriam um pai ou uma mãe do corpo físico,
melhores do que o Pai-Mãe do corpo espiritual?
Quem é o homem ou a mulher capaz de julgar corretamente
o que é apenas sofrimento e não também ensinamento?

O homem sofre muito e sofre mal,
quando a dor não é dor de crescimento.
O homem sofre pouco e sofre bem,
quando aprende a lição que a dor traz.
Culpa é o cutelo ensanguentado,
que não deixa a ferida cicatrizar.
Culpa é a herança maldita,
de quem não aprendeu a perdoar.

O Chamado

Não se engane, meu irmão! Nem uma voz externa pode fazer a Divina Convocação. Muito mal já foi feito ao mundo apesar da boa intenção. O verdadeiro chamado só pode vir da voz d'Aquele que vive no mais profundo de você – a voz do seu Eu Superior.

Na passada Era de Peixes, quando o sexto grande raio da Devoção regia a vida do planeta, muito dessa Divina Energia concentrada no homem pela Alma foi deturpado em fanatismo pelo homem sedento de satisfazer a Deus. Foi tentado impor à força esse conceito, provocando muita dor e sofrimento ao outro, além de vaidades absurdas àqueles que imputavam a ferro e fogo a "vontade de deus" – um deus onipotente, distante, iracundo e vingativo, que mantinha seu poder por meio do medo.

Eis a maior glória da entrante Era de Aquário: trazer ao homem a verdade do Deus onipresente, não só no interior do homem, mas também no interior de todas as coisas, e que mantém o seu poder não por meio do medo, mas do amor. "Depois de preencher todo o universo com fagulhas de Mim Mesmo, Eu permaneço." (*Bhagavad Gita – A Canção do Senhor*).

Escute com atenção, meu irmão! Nenhum evangelista, nenhum guru, nem mesmo um verdadeiro santo têm o direito ou o pseudodever de influenciar o livre-arbítrio do homem que, mais do que um direito, é um dever inerente a cada filho de Deus. Somente na pureza interna do coração pode-se escutar a "Voz do Silêncio" e as mentiras ou enganos do mundo não podem entrar. Em relação ao chamado espiritual, só uma convocação é verdadeira – a autoconvocação.

Somente no diálogo interno entre a mente e a Alma pode o homem encontrar a certeza e a força que o levarão à vitória no caminho espiritual – o verdadeiro caminho –, pois o homem é, antes de tudo, Espírito. Somente aqui, no silêncio do coração, a mente inteligente que é capaz de enganar todo o mundo é incapaz de enganar a si mesma. Somente aqui, a fé é transmutada em certeza e a paz é encontrada na consciência. Por que criar ou acreditar num deus imaginário, quando o verdadeiro Deus habita em você? "Sois Deuses", gritou Jesus Cristo mais de 2 mil anos atrás.

Por favor, meus irmãos, parem por apenas alguns minutos e, com os olhos fechados, pensem em como seria o mundo se todos enxergassem o Deus dentro de si, assim como o Deus dentro do outro. É nisso que se baseia a profecia do "Céu na Terra". Utopia, diriam muitos... Pois saibam que muito mais do que possa imaginar a mais inteligente mente humana, o "Céu na Terra" profetizado pelo Cristo é ainda mais belo na Mente Divina, onde é preservado o arquétipo daquilo que virá a ser. É assim que tudo é criado: o *Logos* pensa, a Palavra é expirada e os grandes Arcanjos "Elohim" se juntam à outras miríades de vidas, para concretizarem os Divinos Planos. Primeiro uma nova nebulosa aparece nos céus... Depois é tudo uma questão de tempo, o qual é apenas uma ilusão ou um sonho no seio da Eternidade.

Sobre Lições e Provas

Eis um aviso e um alerta fundamental àqueles que escutaram o chamado da própria alma e, finalmente, optaram pela vida espiritual: a primeira coisa a acontecer na vida do recém-desperto peregrino é a chegada de muitas e variadas provas que, no início, trarão confusão e inevitáveis sofrimentos, principalmente emocionais, pelo fato de a alma começar a retirar os amortecedores (como os chama Gurdjieff, que, de certa forma, protegiam o ego de um prematuro reconhecimento dos seus muitos e sérios defeitos, o que certamente o levaria a uma profunda depressão, às vezes, comprometendo toda uma encarnação). As novas energias liberadas pela alma não só trazem à luz muitas virtudes antes desconhecidas, como também iluminam os cantos escuros, onde se escondem os vícios e os defeitos que devem ser eliminados. É preciso muita paciência e compaixão nesses momentos iniciais.

As provas acontecem mais ou menos assim: o indivíduo resolve parar de comer maçã porque descobriu que ela faz mal não só a si mesmo, como também a outros. Em um dia, já pela manhã, o vizinho vem lhe oferecer um cesto de maçãs recém-colhidas da sua macieira. À tarde, no parque em que levou seu filho, ele insiste que experimente a deliciosa maçã do amor, que acaba de comprar-lhe. À noite, ao visitar a sua mãe, ela o recebe com uma torta de maçã, ainda quentinha, que tanto ama. Assim que decide tomar uma atitude de cunho espiritual, o mundo vem com as suas tentações... E, por favor, não reclame. É esta a verdadeira função do mundo: ser o campo de experiências e provas para a evolução da alma.

Serei mais realista, relatando a duríssima prova pela qual eu e muitos outros irmãos brasileiros estamos passando na atualidade. A enorme corrupção, a impunidade e o descaso daqueles que deveriam cuidar e proteger a já muita sofrida nação brasileira fazem com que o ódio seja o caminho de menor resistência a ser seguido. É preciso muita ajuda da alma para não desejar uma grande vingança, se possível enforcamentos em praça pública, daqueles que nos trazem tanto sofrimento. Mas é necessário confiar e ajudar a nossa ainda capenga Justiça e, principalmente, reconhecer que somos todos cúmplices dos seres maléficos, que colocamos no poder usando nossas escolhas erradas. A história antiga e a recente nos mostram que a simples eliminação da causa física não resolve o problema. O sucesso só pode vir com a mudança de consciência e, também, com a livre escolha entre o material e o espiritual. O ódio nunca pode ser justificado sob a pena de se conseguir vingança e não justiça. Dura lição e terrível prova a ser vencida.

Realmente, no começo, torna-se mais difícil a vida daquele que resolve seguir o caminho espiritual – o caminho da alma. E, em razão do livre-arbítrio do ego, a alma não pode fazer muito, enquanto o ego não se conscientizar de que ele é uma parte da alma imortal, não um efêmero indivíduo a passear pela Terra, a colher de forma egoísta a flor de um dia. São muitos os exemplos de indivíduos que, ao resolutamente optarem pelo caminho espiritual e passarem os primeiros obstáculos, vivem hoje na paz interna da alma, enquanto o ego cumpre seu papel no drama da vida.

O planeta Terra é uma escola e o homem é um aluno. Aquele que não aprende as lições e não passa pelas provas há de repetir os anos indefinitivamente. Já aquele que aprende as lições e passa pelas provas, vai para escolas cada vez mais adiantadas, em planetas cada vez mais evoluídos, até se tornar habitante do próprio Sol.

Sobre a Hierarquia Espiritual da Terra

"... E tudo que estava escondido será revelado, e a verdade será gritada de cima dos telhados" (Jesus Cristo). Esta é a bendita profecia sobre a Era de Aquário.

Odilon, você fala e escreve tão frequentemente sobre os Irmãos Mais Velhos, sobre a Hierarquia Espiritual, tem você algum contato pessoal com algum desses maravilhosos Seres?

Contato pessoal ninguém pode ter com qualquer desses Irmãos, pois, como foi citado em artigos anteriores, os amados Mestres Ascencionados não possuem corpos físicos nem mesmo almas, pois vivem como Mônadas, puríssimos Espíritos no seio do nosso *Logos* Planetário. São seres de quinta ou maior Iniciação e, como foi citado em outro artigo anterior, o maior acontecimento da quarta Iniciação é o fato de o corpo causal (o corpo da alma ou Templo de Salomão onde durante milhões de anos habita a Divina Chispa no *Santum Sanctorum*) ser destruído com os três átomos permanentes, físico, astral e mental, impedindo assim que pudesse ocorrer a encarnação, pois é exatamente esta a função dos A.P. – formar com todas as informações das vidas anteriores os novos corpos do ego. Isso não impede um Mestre de ainda manter contato com o mundo material, pois com seus novos poderes pode construir o *mayavi-rupa* (corpo de ilusão), criado com matéria da atmosfera circundante (tudo é energia como prova a ciência moderna), ou usar provisoriamente o corpo de um discípulo (como vocês acham que Jesus apareceu para Maria Madalena e para os outros discípulos em outras ocasiões depois da morte do seu corpo físico?). Difícil acreditar que um corpo pode ficar de pé com um coração perfurado e sem sangue, além de membros destroçados.

Como prometeram há 2 mil anos, o Cristo e sua Igreja (vários graus de seus discípulos) continuam esperando (e ainda esperarão milhões de anos) até que o último peregrino torne à Casa do Pai. Se o Cristo não estava mentindo e ninguém "o viu" nesses últimos 2 mil anos, onde se encontra então esse amado Irmão Maior? Ele, com toda Hierarquia, vive e trabalha incansavelmente nos planos sutis do nosso planeta.

Na Era de Peixes, a Hierarquia trabalhava por intermédio de uns poucos discípulos encarnados em diferentes locais e países (os grandes homens que marcaram e impulsionaram para a frente a humanidade), ou até Eles mesmos encarnados (diferentemente do normal, obviamente). Na atual Era de Aquário, trabalha principalmente a Hierarquia do Novo Grupo de Servidores do Mundo (ver artigo com o mesmo nome, p. 56), composta de vários graus de discípulos e Iniciados, assim como também de milhões de homens de boa vontade guiados por suas próprias almas – atenção –, e estas sim guiadas pela Hierarquia com ou sem o conhecimento do ego.

No livro *Iniciação Humana e Solar*, escrito por Alice A. Bailey sob a "Inspiração" do Mestre D.K., o Tibetano, encontra-se um esquema da nossa atual Hierarquia com os nomes dos seus dirigentes principais. É preciso dizer que assim como tudo no universo nossa Hierarquia Planetária continua evoluindo, com vários Grandes Seres indo "estudar" e evoluir em outros Orbes, e entrando muitos novos iniciados vindos das fileiras de uma humanidade em evolução. O Cristo escolheu o caminho mais árduo e sacrificou-se permanecendo na Terra para comandar nossa Hierarquia, apesar de, muitos milhares de anos atrás, ter conseguido o direito de "Estudar" em planetas muito mais evoluídos. "Várias são as moradas na Casa do Pai" (Jesus Cristo).

Pensamentos Soltos 6

"Não se iluda! Não desperdice seu tempo nem seus esforços na procura de um guru fora de si. Esse Instrutor, que ansiosamente procura, é apenas um irmão igual a você, que finalizou a própria senda individual e se Iluminou, adquirindo assim o poder e o dever de ajudar o verdadeiro Guru dentro de cada um, seu próprio Mestre – a sua Alma imortal. Esses Irmãos Mais Velhos não atendem aos geralmente egoístas pedidos do ego, apenas aos apelos sinceros da Alma."

"Não deixe a indignação levá-lo ao ódio. Milhares como você, verdadeiramente, desejam ver enforcados em praça pública os algozes, que usando mal ou casuisticamente o poder terreno, que momentaneamente lhes foi ofertado, despertam a ira escondida em cada um. A história do homem nos conta como grandes homens, muitos deles Iniciados, se perderam no caminho e macularam irreversivelmente a verdadeira missão de suas Almas em razão de orgulho, vaidade, arrogância e outras vis ambições do ego. Napoleão, Fidel Castro, Hugo Chávez, Lula, ministros de Supremos Tribunais e muitos outros nos confirmam esta triste realidade. Confie, aguarde e ame... A vitória do Bem já foi decretada e o mal agoniza em seus estertores finais."

"Difícil é a sina da espiritualidade neste nosso mundo tão materialista, pois em terra de cegos quem enxerga é louco ou doente. Sua loucura ou doença deve ser tratada ou extirpada, para que sua aberrante capacidade de ver não prevaleça, perturbando assim a paz cega dos cegos."

"Enquanto o homem não descobrir a Divindade dentro de si mesmo, Deus será apenas um conceito teórico externo e longínquo. O Deus imaginado da Era de Peixes deve tornar-se o Deus vivido da Era de Aquário."

"Digo-vos que deveis ter religião, que deveis abraçar uma religião, que deveis acolher todas as religiões e finalmente não ter nenhuma. Tereis uma religião, quando compreenderdes que estais em busca do Absoluto ou da Verdade. Abraçais uma religião, quando tiverdes decidido a seguir um caminho para lá chegar. Acolhereis todas as religiões, quando o amor ao próximo houver despertado em vós o suficiente, para admitir que os caminhos dos vossos semelhantes também levam à Verdade. Finalmente, não tereis nenhuma, quando o desapego do pequeno 'eu' deixar lugar para a Luz ou Verdade Absolutas, nas quais estareis para sempre integrados – H'Sui Ramacheng."

"QUEM É MAIS ESTÚPIDO: O HOMEM OU A GALINHA? Diante de um amarelo grão de milho e de uma pequena pepita de ouro do mesmo tamanho, certamente a galinha escolheria o milho e o homem o ouro. Embora os apressadinhos e os de mentalidade muito rasa possam escolher o milho dizendo que este se pode comer ao contrário do ouro, a mínima inteligência leva à escolha da pepita, que pode comprar mais alimento. Nesse caso certamente a galinha é mais estúpida que o homem. O que acontece com todas as galinhas, mas não com todos os homens, quando já se possui a quantidade de milho ou de ouro suficiente para satisfazer muitas vidas de ambos? A galinha sossega a sua busca de alimento e aproveita a vida na abundância, enquanto alguns homens continuam ambiciosamente a sua busca por mais ouro, desperdiçando a sua curta vida. Conclusão: o homem pode às vezes ser mais estúpido do que uma galinha."

Sobre a Morte (o Antes)

A MORTE NÃO EXISTE! Só existem estados de consciência nos planos em que evolui a alma humana. A grande maioria dos homens só consegue registrar no cérebro físico a consciência do estado de vigília ou de um pouco do estado de sono, ao se lembrar de algum sonho. Alguns poucos irmãos – geralmente almas mais antigas e experientes – conseguem manter aquilo que é chamado de continuidade de consciência e vivem ao mesmo tempo em diferentes dimensões. Outros, em razão de circunstâncias especiais, conseguem penetrar outros planos e guardar no cérebro físico algumas experiências de então. Por exemplo, nos casos de quase morte, em que o fio da vida – o Sutratma – não foi definitivamente rompido. Ainda outros conseguem penetrar em diferentes estados de consciência por meio da meditação, culminando com o mais profundo estado de Samadhi dos místicos orientais ou do Êxtase dos santos ocidentais. Na verdade, isso tudo é muito mais comum do que se pensa. Acontece, apenas, que aqueles tocados pela abençoada mão do Inominável penetram por alguns instantes nos mistérios de uma Realidade Maior e guardam para si tão extraordinária experiência. Esses, por uma incapacidade de transmitir em palavras o sublime ou com receio de profanação do espiritual por céticos de mentes cristalizadas, silenciam-se.

De acordo com os ensinamentos esotéricos difundidos por Mestres e Discípulos da Hierarquia Espiritual, nos próximos 150-200 anos a alma será cientificamente provada e, com isso, o medo da morte retirará suas sufocantes garras sobre a humanidade. Pode-se imaginar o tempo quando a morte, este evento importantíssimo na vida do homem, for tão ou mais comemorada do que o nascimento ou a data de aniversário, quando então a família e os amigos reunidos, alegres e em paz, aguardam a libertação da pessoa amada para novas e maiores experiências, sem a limitação de um corpo físico doente ou desgastado? Natural é uma pequena e ligeira melancolia, quando nos despedimos da pessoa amada antes de uma longa viagem, pois é disso que se trata – uma viagem. É o apego que nos causa tanto sofrimento; apego à forma antes tão amada; apego a sentimentos tão acariciados; apego a ideias ou a ideais, por mais nobres que eles possam ser.

Ah! Meu irmão, que ainda sofre preso às peias do passado, veja bem: a luz do crepúsculo é a mesma luz do amanhecer. Existe beleza ao anoitecer tanto quanto ao amanhecer e os dois fazem parte do sagrado Girar da Roda. Não existe passado, presente ou futuro para a alma que vive no Eterno. Este mundo em que agora vive como homem, apesar de ter antes representado papéis bem mais humildes, é somente um imenso teatro e apenas atua no drama do momento. Muitos dramas, comédias e novelas hão de preencher ainda suas futuras performances. A vida do homem é apenas um jogo de Luz, em que as sombras formam as formas para a Divina Experiência.

Sobre a Morte

A VIDA DO HOMEM É APENAS UM DIA NA VIDA DA ALMA. Como a alma mantém o controle do ego, seu veículo para as experiências neste planeta? Na verdade, todo processo é muito técnico e científico, e toda ligação entre a alma e o ego é feita por meio de fios energéticos (e como todos sabem, energia é o componente sutil da matéria). O Sutratma ou fio da vida (chamado de cordão prateado na Bíblia) é um fio duplo de energia, do qual um dos filamentos, que sai do corpo causal (corpo da alma), se ancora no centro da cabeça do homem, ou seja, na glândula pineal. Esse é o fio da consciência. O segundo filamento sai do corpo causal e ancora no coração, exatamente no misterioso nó sinusal, que permite os batimentos cardíacos, os quais permitem a circulação do sangue (e como é corretamente citado – sangue é vida) – esse é o fio da vida. É possível ao corpo humano permanecer vivo após a ruptura ou algum sério defeito no fio da consciência (como acontece em graves contusões cerebrais ou com doenças hereditárias ou cármicas como a idiotice), mas é impossível a continuação da vida após a ruptura do cordão da vida. É isso o que é chamado erroneamente de morte pelas pessoas comuns, pois o que morre é apenas o corpo físico (pó que ao pó deve retornar), quando então o verdadeiro homem – a Alma – transfere sua consciência para os planos sutis, onde continua vivendo e evoluindo. Na verdade isso acontece todas as noites, com a única diferença de que o fio da vida não é rompido nestas ocasiões, enquanto o fio da consciência é retirado e levado para outro plano ou dimensão, onde o verdadeiro homem continua vivendo e evoluindo, ou então permanece inconsciente, se ainda pouco evoluído. A grande maioria dos homens não registra isso no cérebro físico ao acordar, talvez apenas fragmentos confusos, que são rapidamente esquecidos. Já um discípulo ou iniciado de certo grau continua plenamente consciente e até mesmo tomando lições do seu Instrutor, que são perfeitamente registradas no cérebro físico e lembradas ao acordar.

Quando o fio da vida é arrancado do coração, o verdadeiro homem abandona definitivamente o corpo físico e passa a viver no plano astral, por mais ou menos tempo, dependendo da evolução de cada um. Geralmente, as almas mais jovens e menos evoluídas reencarnam mais rapidamente, enquanto as mais experientes demoram mais tempo, refletindo e absorvendo mais inteligentemente as experiências do plano físico e também recebendo novos ensinamentos, os quais são ainda incompatíveis com almas menos evoluídas.

Após um período mais ou menos curto no plano astral, a alma sofre uma segunda "morte" abandonando o seu corpo astral, que assim como o corpo físico vai se dissolvendo aos poucos, e transfere sua consciência para o plano mental. É nesse plano que se encontra o Dhevacam dos teosofistas ou o céu dos cristãos, onde a alma extasiada passa um período mais ou menos longo (novamente dependendo do nível evolutivo) descansando das agruras da encarnação, vivendo um período de total esquecimento e felicidade de acordo com seus desejos ou ideais.

Lembremos, como foi ensinado antes, que ao descartar seus corpos materiais, a alma guarda de cada corpo aquilo que é chamado átomo permanente, que como um microchip guarda sinteticamente toda informação das vidas do homem quando encarnado e em torno do qual a Alma, com a ajuda dos Senhores do Carma, "Anjos Registradores da Bíblia", formará os novos e mais adequados corpos com que a alma retomará suas lições na Terra.

Resta apenas dizer que a saída definitiva da alma do corpo é diferente e de acordo com o seu nível evolutivo. A alma do homem comum e menos evoluído sai por uma abertura causada na trama etérica do plexo solar; a alma do homem um pouco mais evoluído, que procurou amar também o outro além de si mesmo, sai por uma abertura na trama etérica do plexo cardíaco. E, finalmente, a alma do homem mais evoluído e inteligente, como um discípulo ou iniciado, sai pelo chacra coronário sobre a cabeça.

Sobre a Memória

Existem duas maneiras de se abordar este tema: uma usando o conhecimento exotérico atual fornecido pela nossa ciência contemporânea e a outra usando o conhecimento esotérico fornecido por meio de discípulos e Iniciados da Eterna Gnose, desde os primórdios dos tempos. A nossa ciência atual nos diz que nossa memória provém de certos lugares específicos localizados dentro do nosso cérebro e que lesões nessas partes poderiam comprometer para sempre nossa memória. O conhecimento esotérico não nega tudo isso, apenas afirma que o cérebro é um instrumento receptor, ou de captação, da memória guardada na mente – um dos corpos sutis que interpenetra o cérebro e se projeta muito mais além, estando em contato (quase sempre inconscientemente) com todas as outras mentes, por todas elas fazerem parte da Mente Universal – a mente do nosso *Logos* (Deus). Os cérebros humanos, assim como os computadores, têm diferentes capacidades de armazenamento, as quais são as origens dessas informações? De onde elas são acessadas e onde elas são guardadas? Para ciência moderna a resposta é na misteriosa "Nuvem", para o esoterismo Akasha, é na memória da Mente Divina – de onde alguns Iniciados tiram toda a informação do passado da nossa Terra (Veículo ou Corpo de expressão do nosso *Logos* Terrestre). É aí que se escondem os mistérios das vidas passadas da alma reencarnante – "Nem um fio de cabelo cai da cabeça do homem sem ser notado por Deus". Todos os atos do homem, grandes ou pequenos, são anotados no Livro da Vida pelos Anjos Registradores (Senhores do Carma). Nada pode ser escondido da Onisciência de Deus.

Se o homem é um ser que reencarna centenas ou milhares de vezes, por que ele não se lembra das suas vidas anteriores? Porque elas são guardadas no Akasha "Mente Divina", não na pequenina e momentaneamente separada mente humana. Um iniciado pode recorrer a essa Memória Universal e retirar daí informações úteis à sua própria evolução ou às evoluções dos seus discípulos, por já terem atingido um nível de desapego e de não separatividade ainda longe de ser atingido pelo homem egoísta comum. Como as almas geralmente encarnam em grupos por causa dos carmas terrestres, nacionais, familiares e individuais, dá para imaginar a confusão e o caos na vida do homem comum se soubesse que em uma vida anterior foi assassinado por um irmão; que foi casado e amava perdidamente a atual esposa de um amigo; que sua mãe foi outrora um amigo muito querido, etc. Sapientíssima é a Mente Divina, que esconde momentaneamente os fatos passados, marcando subconscientemente com "tendências" a ainda errática alma humana em processo evolutivo.

O que é um êxtase? É a entrada da pequena mente humana na infinita Mente Divina. Por um momento mais ou menos longo, o invólucro que separa a gota do oceano, que a circunda, é retirado e a mente assombrada do homem percebe O Inominável. Palavras apenas escondem e frustram vãs tentativas de trazerem compreensão humana... Como colocar o oceano dentro de uma ínfima gota? No entanto, tanto a gota como o oceano são compostos da mesma Água... Tudo é Um. A ilusória separação (Maya) é fundamentalmente necessária à Divina Experiência na matéria – um dos Divinos Experimentos do Universo. O que busca o verdadeiro Yogue na verdadeira meditação? Nada além do Samadhi (momentânea ou perene diluição no Todo).

E assim evolui o homem passo a passo, sintetizando toda uma vida em "tendências" para a próxima, sob a inexorável mão do Carma, que nunca esquece a menor ação humana. Ação física, ação emocional e ação mental. Cada semente plantada pelo homem inevitavelmente brotará, para o bem ou para o mal.

E você, meu irmão, está atento aos passos que delinearão seu futuro? Cada palavra escrita no livro da sua vida atual formará o enredo do seu próximo drama nas suas vidas futuras, as quais sempre virão, até você ter se tornado uma estrela capaz de habitar o céu, onde brilha a luz dos Vencedores. E lembre-se sempre de que é seu livre-arbítrio que permite as improvisações, as quais hão de enriquecer ou empobrecer sua atuação no teatro de Maya, criado para suas atuações e as de seus irmãos, em peças conjuntas ou em solo.

Embora possa titubear a pequena e limitada memória humana, nada é esquecido pela Memória Divina, e cada mal ou cada bem há de trazer o cálice de fel ou de ambrosia, não no intuito de castigo ou prêmio, mas como aviso ou incentivo na humana jornada que leva à divindade.

Poema à Maioridade

Bem-vindas, nuvens passageiras no céu da minha vida;
anos que sempre foram dourados, quando eu achava os tesouros,
escondidos nas dobras dos seus mantos...
Tempos que marcaram mais a minha alma do que a minha face,
quando olhava de frente para a Eternidade,
sem medo das rugas, abstratos desenhos,
que marcaram o meu rosto extasiado pelo assombro
da beleza das cores e formas da Divina Experiência.

Ah! Morte, mãe da vida, espera ainda mais um pouquinho,
enquanto aproveito meus derradeiros momentos,
brincando no meu jardim...
Calma! O bocejo que prenuncia o meu sono
ainda é menor do que o sorriso e a alegria
que sinto ao jogar com o destino,
esquecido de ti, mãe querida; que espera...
Antes de guiar-me pela mão de volta para Casa.

A Santíssima Trindade

O mistério da Santíssima Trindade é um dogma de quase todas as igrejas que, como uma sólida montanha rochosa, oculta o Sol da visão do homem, permitindo apenas que pequena parte da sua Luz seja captada para amenizar um pouco a sede agonizante em que vive. Deus é um mistério insondável à mente humana – grita-se a milhares de gerações de pais e sacerdotes, para o desespero da alma aflita. O que chamamos de mistério é apenas aquilo que ainda não é conhecido pela mente ou reconhecido pelo coração e que, como uma cortina de névoa que vela a visão, dissolve-se pelo calor e luz dos raios do sol. Como tudo no Universo é ascendente e hierárquico, subamos, degrau por degrau, desvelando aos poucos o véu de Ísis, a Deusa da Verdade, que se mostra um pouco mais ao corajoso buscador, que se recusa a permanecer estagnado em degraus mais baixos, seguro por correntes dogmáticas feitas por homens comuns, que se dizem mensageiros de Deus.

Deus Pai, Deus Filho e Deus Mãe (ou Espírito Santo como rotulou a preconceituosa Igreja primitiva) no Ocidente. Shiva, Vishnu e Bhrama na Igreja Oriental. Vontade, Amor e Inteligência ou 1º, 2º e 3º Grandes Raios – para os esotéricos. Não importa como, mas o homem sempre reconheceu que a Divindade se manifesta de forma tríplice neste mundo. E como nos ensina Hermes Trismegisto: "Assim, em cima como embaixo", constatamos que o homem feito à imagem de Deus aqui embaixo também é tríplice – corpo mental, corpo astral e corpo físico.

Qual é a função ou o verdadeiro serviço do homem na Terra? A Sagrada Gnose nos ensina que o maior dever do homem é irradiar. Irradiar o quê? Inteligência ou Luz por meio do seu corpo mental. Amor por intermédio do seu corpo astral. E finalmente ações por meio do seu corpo físico. É muito claro que o homem cumpre ainda muito mal o seu destino, mas, no final, em resultado dos muitos milhares de anos de evolução, o homem enfim se assemelhará ao Divino Arquétipo guardado na Mente Divina.

Ah! Humanidade, humanidade... Quando reconhecerá sua divina missão? Quando o homem reconhecerá que a luz a ele doada não é apenas para iluminar-lhe o caminho, mas para também clarear os caminhos daqueles que possuem uma chama menor do que a sua ou que caminham na escuridão? Quando aprenderá que o amor, assim como a chama de uma vela, não diminui quando acende a vela apagada do seu irmão? Quando aprenderá que o que faz não deve ser feito apenas para si, mas para o todo do qual é apenas uma pequenina parte?

Pai! Paizão amado... Escute esta minha sincera prece. Que o desejo deste e dos seus outros filhos pródigos de voltar para a Casa jamais seja maior do que a vontade de não voltar sozinho.

Sobre os Prazeres da Vida

O que faz o homem entrar no Samsara, "Roda da Vida", por milhares e milhares de vezes? O desejo. E qual é a maior recompensa do desejo? O prazer.

É o prazer que faz o ego confundir necessidade com amor. É a necessidade do alimento material e do prazer emocional que primeiro desenvolve o amor Porneia (de onde vem pornografia), um amor egoísta no qual se usa o outro sem se preocupar com retribuição. Depois, o homem em crescimento desenvolve um amor um pouco mais evoluído – o amor Eros –, que procura recompensar o outro com um amor ainda egoísta, que muitas vezes se transforma em ódio quando não correspondido. Então o homem, um pouco mais maduro, desenvolve o amor Philos (Philo-sofia = Amor à Sabedoria), um amor mais evoluído, mas que ainda escolhe o que deve ser amado. Finalmente, o homem descobre o amor Ágape, que ama não só o homem, mas também toda a natureza de uma forma livre, espontânea e sem exigências de retribuição.

Nesses quatro tipos de amor, o prazer é a motivação fundamental. O prazer do alimento físico e emocional sem retribuição. O prazer físico e emocional com retribuição. O prazer físico, emocional e mental. E finalmente o prazer do amor espiritual expressando-se livremente por meio da alma: servindo a si mesma; servindo ao outro; servindo ao Universo. AMAI-VOS UNS AOS OUTROS COMO A VÓS MESMOS. Como poderia amar corretamente ao outro se não ama corretamente a si mesmo?

Justo é o prazer do amor Porneia na ignorância da infância. Justo é o prazer do amor Eros nas lutas cegas em meio às dúvidas inevitáveis da adolescência. Justo é o prazer mais refinado do amor Philos, iluminado por uma mente madura. E mais justo ainda é o prazer do amor Ágape, iluminado por uma alma em plena expressão. Correto é descobrir o prazer em todas as formas de amor. Mais correto ainda – na verdade o grande segredo da existência humana – é descobrir a essência do verdadeiro amor – o Amor Ágape.

Você, meu irmão, que já desfrutou justamente do amor Porneia, do amor Eros e do amor Philos e que já se empaturrou desses doces frutos sancionais, quando aprenderá que somente o pomo dourado do amor Ágape é destinado ao Armazém Universal, que alimenta os imortais Espíritos, os quais vagueiam pelo Universo de escola em escola em busca da perfeição? Quando deixará de acumular mais pó, para o seu já saciado corpo de pó, enquanto ao seu lado definha de fome um pequenino... E definha de luz sua alma?

A você, meu irmão, que diz que acumula por medo do futuro, eu digo: sensato é o homem que se prepara adequadamente para a vida, assim como para a morte. Esperta é a velhinha que guarda a própria latinha de biscoitos... Prudente é o beduíno, que diz com sabedoria: "Eu confio em Alá, mas à noite eu amarro o meu camelo". Pois dias e noites hão de compor a sua jornada e as jornadas dos seus muitos outros irmãos. Enquanto não se tornar um espírito liberto, que por amor e sacrifício se prende ainda à escuridão, deve com humildade cuidar de si mesmo, para não ser mais uma fonte de tristeza neste já tão sofrido mundinho. Mas jamais se esqueça, meu precavido irmão, de que não caminha só. Toda humanidade caminha ao seu lado e cada passo que dá à frente ela com você avança um pouquinho, mas a cada queda sua ou de outro irmão ela se atrasa um pouquinho também. Somos todos células de um mesmo corpo, por isso, meu irmão, caminhe o mais seguro possível. Em um braço carregue alimento, mas não somente para si. Mantenha o outro braço livre para ajudar os muitos que tropeçam em meio à escuridão. Descubra o amor que não acumula apenas para si, pois somente assim o excesso de um não será a falta do outro. Descubra o maior prazer do mundo... O prazer de servir.

Ser Bom ou Ser Feliz?

Há mais de 4 mil anos, grande parte da humanidade foi e ainda é obrigada a permanecer entre a cruz e a espada em razão de esta maldita herança judaico-cristã, que prega ser impossível o reino dos céus sem terríveis sofrimentos, privações e estúpidos sacrifícios em nome de Deus. Felizmente, o fundamentalismo islâmico, judaico, cristão e ateu – "Sim, o fanatismo de muitos adoradores da matéria causa tremendo sofrimento à humanidade com seu egoísmo doentio" – está caminhando juntamente à Era de Peixes para o seu inevitável fim, enquanto entra a Era de Aquário com sua nova e redentora religião – a Igreja Universal do Amor Fraterno.

Tudo na vida evolui. Os livros sagrados da Antiguidade foram feitos para uma humanidade infantil e teimosa, e tiveram sua utilidade em uma época selvagem e sem leis. Ainda existem muitos diamantes em meio à areia e seixos desses rios que correm do passado, mas os casuísmos de antigos governantes, o fanatismo de muitos guias despreparados e as várias traduções e interpretações equivocadas sujaram irremediavelmente suas águas.

Como podem, ainda, pessoas adultas e inteligentes abrirem mão da lógica, do discernimento e do tremendo conhecimento adquirido a alto custo pela parte mais brilhante da humanidade? Se a evolução mental e espiritual do homem não era da vontade divina, por que Deus não parou no animal amente? Eu não sou a favor de se jogar no lixo as sagradas escrituras, pois, como disse anteriormente, existem nelas muitos tesouros escondidos, mas sou a favor de tirá-las do pedestal dogmático em que se encontram e trazê-las à realidade do homem garimpeiro, que separa na bateia da mente o ouro das alegorias.

Às vezes, eu me pergunto: por que na Bíblia não há um momento sequer em que Jesus, um ser considerado a essência do amor universal, aparece sorrindo, brincando ou se divertindo com amigos, discípulos ou outros conhecidos, que tanto o amavam e, sem dúvida, gostariam de homenageá-lo? Não acho que o meu amor e admiração por esse Ser tão único e especial diminuiria um grama sequer se ele tivesse tomado uma ou duas taças de vinho, rido ao ouvir a última piada do dia sobre os fariseus ou mesmo dado alguns "amassos" na Maria Madalena, já que ambos eram solteiros na época. Por que a humanidade escolheu a imagem cruel de um Cristo sofrido, preso e sangrando no madeiro, em vez de um Cristo alegre e vitorioso? Nossos evangelistas, principalmente Paulo, eram muito soturnos e mal-humorados, à exceção de João, que talvez por isso tenha sido o discípulo favorito.

Você, meu irmão, que ainda acha que Deus é um ser antropomórfico, iracundo e vingativo, que aprecia e recompensa seu sofrimento, eu pergunto: pode um pai verdadeiramente amoroso se regozijar mais com um semblante triste do seu filho do que com seu sorriso? "Amai-vos uns aos outros como a vós mesmos." Como cumprir este sagrado mandamento, amando ao outro, se não ama a si mesmo? Seja bom... E assim será mais feliz ainda.

Pensamentos Soltos 7

"O sofrimento passa, mas o haver sofrido, com a sua dor e preciosos ensinamentos, permanece eternamente como inestimável tesouro na herança da alma."

"Todos concordam que a sabedoria é um tesouro. E o que é a sabedoria senão o conhecimento vivido? Antes da vivência do prazer e da dor, o gozo e o sofrimento são apenas conceitos teóricos sem nenhum valor prático. Não só a alegria, mas também os sofrimentos formam os tesouros da alma, e ambos são indispensáveis à aprendizagem e à evolução. Não são as lembranças da dor ou do gozo as joias a serem preservadas, mas os ensinamentos que elas trazem. Como nos lembra um axioma ocultista: 'O homem só é dono daquilo que ele vive e experimenta.'"

"Tudo é Deus. Assim, a verdade pode vir das mais insuspeitas fontes. De um Buda iluminado ou de um humilde camponês. Ficai sempre atento, com o coração magnético e a mente aberta. Muitas pérolas e diamantes já foram descartados como seixos sem valor, empobrecendo cada vez mais o homem descuidado."

"A cada dia basta a sua tarefa. Façamos hoje o melhor que nos é possível, aguardando sempre o melhor. O bom pensamento atrai coisas boas, porém o inverso também é verdadeiro. O mundo sempre continua a sua evolução desmentindo os pessimistas. Cada tropeço do homem deve servir como impulso para ir mais além, mas se, porventura, a queda for inevitável, deve servir como aprendizagem e fortalecimento, não como desculpa e estagnação. O segredo do sucesso, ou da paz dos que fazem o que podem, depende de onde colocamos as nossas energias mental e emocional, usando-as para maximizar o bem conseguido ou minimizar o mal resultado. Entre os altos e baixos inevitáveis na vida do homem, o segredo da felicidade ou da paz depende mais da aceitação dos erros e derrotas, do que dos acertos e vitórias – dualidades fundamentais ao aprendizado e à evolução humana."

"De todas as palavras humanas, 'renúncia' é talvez a mais incompreendida. Isto acontece porque muitas vezes o homem confunde a entrega com a perda. A opção consciente de se deixar possuir pode significar mais a abertura de espaço para novas e mais importantes coisas do que a perda de algo antes possuído. Uma mente, um coração ou um corpo apegado ao passado são como uma página rabiscada em cada linha, sem espaço onde o novo possa ser escrito. Só com desapego e renúncia pode-se criar espaço para o novo. Sem o novo, a vida é irremediavelmente detida. E uma vida detida é apenas outro nome para morte."

"Vivemos em uma era materialista em que os homens sabem o preço de quase tudo e o valor de quase nada. Em que ser rico ou ser pobre não depende da própria capacidade de se ter o suficiente para satisfazer os próprios desejos e necessidades, mas de estúpidas comparações no grupo ao qual o indivíduo pertence. Em que ser feio ou bonito depende menos de como você se enxerga do que como os outros enxergam você. Em que a felicidade efêmera do ego elogiado vale mais do que a paz da própria alma. Em que a opinião que vem de fora vale mais do que a opinião que vem de dentro. Em que a falsa estética da moda do momento vale mais do que o gosto pessoal. Em que os sucessos do ego valem mais do que as vitórias da alma."

Uma Verdade Esotérica sobre o Natal

"Buscai a verdade e a verdade vos libertará" e "Que vejam aqueles que têm olhos para ver e ouçam aqueles que têm ouvidos para ouvir" (Jesus Cristo).

A ingênua e infantil humanidade da Era de Peixes deve transformar-se no jovem curioso e inteligente da Era de Aquário. O ensinamento, antes excessivamente lúdico e fantasioso (para a maior parte da humanidade, já que as escolas dos Mistérios sempre existiram, mais ou menos ocultas, para os mais evoluídos), deve agora tornar-se mais explícito, por causa do razoável aumento da capacidade de entendimento da humanidade.

O grande Iniciado, Jesus, nasceu com a grande missão de dramatizar para a posteridade a grande aventura do homem no seu retorno à Casa do Pai. A sua extraordinária vida foi desde o começo o símbolo épico desta jornada. Todo homem, nos períodos finais do caminho evolutivo, precisa passar por cinco grandes iniciações para se tornar um Deus e, assim, ser capaz de reintegrar-se ao Reino Divino. Esses cinco magníficos eventos, que acontecem durante as últimas dezenas de vidas na evolução normal do homem, foram magnificamente dramatizados por Jesus em apenas 33 anos de vida, ou seja: Primeira Iniciação – Nascimento; Segunda Iniciação – Batismo; Terceira Iniciação – Transfiguração; Quarta Iniciação – Crucificação; e Quinta Iniciação – Ascensão. Estes são os nomes das cinco Iniciações finais, as quais permitem ao homem sair do Quarto reino humano e adentrar no Quinto reino espiritual, gravadas em letras de ouro na Sagrada Gnose ensinada desde os primórdios dos tempos.

É aqui fundamental lembrar que o Iniciado Jesus sempre se intitulou como (o filho do "homem", pois sabia quem era – um homem nos períodos finais da conquista espiritual maior – não ainda um Deus.

Na verdade, Ele era um Iniciado de terceira Iniciação e tornou-se um Iniciado de Quarta ao morrer crucificado e só após a Quinta Iniciação, em uma vida posterior, Ele tornou-se um Mestre Ascensionado e terminou sua jornada como homem, tornando-se um Deus sem mais nada a aprender na Terra, mas nela permanecendo para ajudar a humanidade. Mas muito mais importante para Ele que sua evolução pessoal era sua Divina Missão: tornar-se o veículo para manifestação do Avatar do Amor – O Cristo –, que de tempos em tempos "desce" à Terra para aliviar um pouco o sofrimento do mundo e também ensinar novos caminhos para a humanidade. Esse imenso Ser Divino já tinha feito isso anteriormente, há centenas ou milhares de anos como: Krishna, Rama, Zoroastro e outros grandes nomes não registrados pela atual civilização. O homem e suas civilizações já habitavam a Terra muito antes do que constata a ciência atual, e ancestrais mais antigos do que Lucy (fóssil de 4 milhões de anos) ainda serão descobertos.

Então, como aconteceu esse milagre da vinda do Cristo? Aos 30 anos o homem Jesus foi "Batizado" nas águas do rio Jordão por outro Iniciado, que veio um pouco antes para preparar o caminho do Cristo – João Batista – e, então, neste sublime momento, o Avatar do Amor – o Cristo –, com a devida permissão do seu discípulo Jesus, tomou posse do seu veículo físico (o qual, como consciência, permaneceu na Divina Aura do Cristo pelos três anos finais da sua curta vida terrena). Sim! Em raras e especiais circunstâncias podem ocorrer Divinas Obsessões, as quais têm sempre um objetivo evolutivo e o total consentimento do dono do veículo físico, ao contrário das pequenas obsessões egoístas perpetradas por seres maléficos, que trazem inevitavelmente terríveis retornos cármicos ao obsessor.

A grande missão de Jesus durou dos 30 aos 33 anos, após seu "Batismo" no Jordão? Mas onde estava Jesus no período entre os 12 e os 30 anos – período sobre o qual a Bíblia emudece? A Gnose nos diz que ele estava estudando "e crescia em Espírito como nos diz a Bíblia" em escolas iniciáticas no Egito e na Índia.

Enfim, qual deveria ser o verdadeiro objetivo do Natal? Um período de festas pelo nascimento de Jesus para alguns e do aniversário do papai Noel para a maioria ou um período para se relembrar o verdadeiro objetivo da humanidade, magnificamente dramatizado por Jesus – a conquista da Primeira Iniciação ou o nascimento do Cristo no coração do homem –, quando então se cumpriria a mais bela promessa jamais feita ao nosso sofrido Planetinha: a profecia do estabelecimento do Reino de Deus na Terra?

Observação: a palavra Cristo significa "O Iluminado". O grande ser que usou o corpo de Jesus entre os 30 e 33 anos foi o primeiro homem da humanidade terrestre a se iluminar e conseguir a liberação da "escola" terrestre, mas, como prometido, aqui continuou para ajudar a humanidade como chefe da Hierarquia Espiritual da Terra "Até que o último peregrino torne à Casa do Pai." Por isso foi chamado "O Primogênito". Depois d'Ele, muitos outros se iluminaram com a Sua ajuda, inclusive Jesus, o qual após a sua liberação permanece na Terra, em grande sacrifício, como um Mestre de Sexta Iniciação. A maioria dos outros Mestres Ascensionados continua evoluindo em "Escolas" mais avançadas em outros Orbes. Verdadeiramente existem muitas Moradas na Casa do Pai!

Espiritualidade, Filosofia e Ciência

A Espiritualidade é a mãe da Filosofia, que é mãe da Ciência. Foi uma explicação para os mistérios da vida e um entendimento maior da natureza, assim como uma tentativa de subjugação do medo, que levaram o homem a pensar mais e, consequentemente, a desenvolver seu corpo mental.

Os primeiros tempos da humanidade foram caracterizados por uma espiritualidade infantil e devota às forças da natureza, até que há alguns milhares de anos seus expoentes começaram a especular abstratamente, iniciando assim a criação da sua hoje robusta filosofia. Há apenas poucos milhares de anos, aquilo que podemos chamar de ciência, um ramo experimental da filosofia, nasceu para ajudar o homem na sua evolução. E não é que hoje, arrogantemente, o orgulhoso último rebento tenta desmerecer seus antepassados e progenitores dizendo-se o único dono da verdade? Só aquilo que eu posso provar é real e verdadeiro – gritam do alto de suas cátedras as arrogâncias vestidas em togas e vestes professorais.

Seria correto classificar, com ares superiores, tudo aquilo conhecido hoje como forças espirituais como meras superstições? O fato de que, apenas pouquíssimas centenas de anos atrás, a eletricidade não fosse conhecida anularia a possibilidade da luz elétrica, da televisão e do avião? Quem é o homem para estabelecer como fato apenas aquilo que ele constata com seus parcos recursos, mesmo com a ajuda de maravilhosas extensões aos seus humildes sentidos? Quem poderá dizer que são quimeras os muitos milhares, talvez milhões, de experiências místicas relatadas nestes últimos poucos milênios? O que pensar da resposta do mestre Plotino ao discípulo Porfírio, quando ele não só respondeu positivamente à possibilidade do êxtase, como também relatou ele mesmo ter tido esta maravilhosa experiência? O fato de não se conseguir explicar para um cego o que é o azul, o verde e o vermelho, anularia a possibilidade da existência das cores? Vaidades, vaidades, nada além de vaidades!

Felizmente, o atual advento da física quântica veio chacoalhar os mais fortes alicerces da ciência tradicional, a qual se baseava em sólidas e imutáveis leis físicas, que provaram ser incapazes de tudo explicar e que a realidade é muito mais ampla do que pode conceber a mente humana. Tudo na vida é uma questão de probabilidade, como advoga hoje a própria ciência moderna. Quem poderia afirmar, então, que a visão mística por meio do coração é menor do que a visão lógica por intermédio da mente? Por que o fato de não se conseguir explicar (até mesmo por falta de vocabulário) uma experiência pessoal deve rotulá-la como fantasiosa ou como *nonsense*? O orgulho e a vaidade que o conhecimento às vezes pode trazer a uma mente soberba tendem a cristalizá-la, impedindo assim a sabedoria, que só pode plasmar-se em mentes fluidas e humildes.

A estúpida guerra entre a ciência e a espiritualidade (dois dos maiores atributos doados à humanidade) anda envenenando os ares em que poderia florescer a rara flor da filosofia (*Philo* = Amor + *Sophia* = Sabedoria). Por que hoje uma sociedade acrescentada de bilhões de seres e milhares de anos de evolução não consegue produzir mais nenhum Sócrates, Platão ou tantos outros que tanto engrandeceram as suas épocas com a verdadeira sabedoria, enquanto abundam gigantes do conhecimento que engrandecem o corpo e empequenecem a alma?

Sorria! O sorriso iguala as pessoas.

Sobre a Homo e a Heterossexualidade

Recentemente, li um artigo sobre o carnaval de Salvador, cujo autor atribui a degeneração da maior festa brasileira aos gays e às lésbicas que dela se apossaram. Concordo sim que a degeneração do carnaval é um fato, não só na Bahia, mas também em todo Brasil; porém, por motivos muito diferentes dos citados pelo autor.

Em primeiro lugar, há que se perguntar se a má ação de alguns membros de um grupo deve inevitavelmente condenar todo o grupo. Deveriam todos os gays e lésbicas serem julgados ou sofrerem as consequências das más atitudes perpetradas por uma minoria? Porque, se assim for, todos os heterossexuais deveriam ser condenados por crimes muito mais funestos, como o feminicídio e o estupro cometidos por aqueles que usam mal ou se orgulham da sua virilidade, ou outras agressões e humilhações perpetradas por aquelas que se orgulham da sua feminilidade... Dá para entender agora o grande movimento mundial do orgulho gay? Que aqueles que foram tão maltratados, humilhados e até mesmo mortos não aceitam mais esse tipo de coisa no mundo moderno? É estúpido todo aquele que reclama o "dia do orgulho hétero", pois todos os dias anteriores poucos anos atrás a eles pertenceram. Nenhum ser humano deveria se orgulhar da sua sexualidade, nem mesmo da sua humanidade, por pertencer a um reino mais adiantado do que os outros, mas, sim, de ser uma alma em evolução na busca da sua divindade.

Quando defendo a liberdade e os direitos LGBT, certamente não defendo a libertinagem, os excessos da permissividade e da promiscuidade, os quais pertencem também ao mundo hétero. Os vícios sempre foram, e ainda serão por muito tempo, um dos maiores obstáculos à evolução humana. Enquanto o egoísmo e a ambição forem maiores do que o amor e a compaixão, as trevas ainda prevalecerão. Infelizmente, hoje, o amor Porneia (de onde vem pornografia – um amor possesivo e egoísta) ainda é muito maior do que o amor Ágape (um amor puro e incondicional).

Eis um grande motivo para nos abstermos de julgar nosso irmão ou nossa irmã: o Mestre Tibetano (Djwhal Khull), um dos grandes mensageiros da Hierarquia, nos ensina nos Seus volumosos ensinamentos que a escolha da alma entre um corpo masculino ou feminino antes de encarnar depende dos objetivos perseguidos nesta determinada encarnação; e esses objetivos serão alcançados com mais facilidade em um corpo masculino ou em um corpo feminino, dependendo de cada caso. Geralmente são alternadas essas escolhas, mas acontece, às vezes, em virtude de um objetivo mais específico, que a alma precise ou dependa mais longamente ou da energia masculina ou da energia feminina. Isso faz com que a alma opte por um mesmo tipo de corpo por algumas ou várias encarnações seguidas, o que momentaneamente (o tempo não conta na evolução da alma) desequilibra a harmonia entre estas duas energias, fazendo com que em sua próxima encarnação futura – em um corpo diferente do anterior – ela tenha dificuldade (em consequência de um conflito de energias) no controle deste corpo, causando um transtorno (nesta encarnação) em que um ego masculino tenha tendências femininas, ou vice-versa. A perfeição ainda não existe na Terra e o nosso *Logos* ainda tem as suas dificuldades.

Foi-me perguntado, como um heterossexual que sou, se eu seria capaz de me relacionar sexualmente com um homossexual. Disse que não. Disse porque sou um homem comprometido em um casamento feliz, que me completa e satisfaz, e não arriscaria a minha felicidade e principalmente a felicidade da minha companheira com efêmeros relacionamentos extraconjugais, sejam eles homo ou heterossexuais. Ah! Mas respondi sim; que me casaria com um homossexual se fosse solteiro e o amasse. Pois o verdadeiro amor é coisa da alma e não do ego. E as almas não possuem sexo.

Sorria! O sorriso iguala as pessoas.

Às Minhas Irmãzinhas sem Rosto

Ontem, eu tive um sonho...
Nele eu levantava o feio véu que te cobria o rosto,
E via pela primeira vez a tua face linda e triste.
A profundidade dos teus grandes olhos negros
Rimava com a cor na profusão dos teus cabelos.
E eles me contaram a mais triste história do mundo...
Chorei copiosamente!
Primeiro por compaixão,
E depois, por vergonha e raiva.
Vergonha do meu gênero machista e cruel.
Raiva pela impotência ante tanta maldade.
Hipócritas! Hipócritas!
Que oferecem sacrifícios a Deus com a mão esquerda,
Enquanto espancam suas mulheres com a mão direita.
Homens violentos e cruéis que vivem fazendo guerras,
Por não saberem fazer amor.
Que escondem o próprio rosto atrás de barbas desgrenhadas e sujas,
E o das suas mulheres sob véus horrendos e humilhantes.
Dizei-me, ó insensatos! Como podem aguardar mil virgens no paraíso,
Enquanto criam o inferno aqui embaixo para mil meninas?
Já não basta para elas um inferno na Terra,
Para desejá-las ainda um inferno no céu?
Que deus é esse que cria escravas na Terra e no Céu,
Para satisfazer os desejos imundos de um filho vil?
Ah! Minha irmãzinha sem rosto e sem vida,
Escrava em um mundo feio e cruel,

Deixai-me dividir contigo a tua dor,
Nas sofridas lágrimas das minhas preces.
Hei de sonhar contigo novamente amanhã,
Com uma coroa, em vez de véu, na cabeça.
A Rainha... Que verdadeiramente tu és.

Sorria! O Sorriso iguala as pessoas.

Espiritualidade e Religiosidade

No início de 2019, o maior e mais respeitado prêmio mundial de espiritualidade foi entregue a um grande cientista brasileiro (Marcelo Gleiser – físico teórico, professor universitário e escritor). Marcelo é um agnóstico, que respeitando todos os pensamentos humanos, procura achar o link entre ciência, religião e filosofia (formas irmãs na busca por uma compreensão maior da vida e de Deus). Todas três são caminhos para a espiritualidade, a qual é muito maior do que todas elas. Por quê? Porque todas três são especulações da mente concreta e a espiritualidade é coisa da mente abstrata. A mente concreta liga o homem ao mundo do ego (os planos físico, astral-emocional e mental inferior, como explicado nos artigos Trilogia I, II e III) e a mente abstrata o liga ao mundo da alma.

Uma das coisas mais tristes que pode acontecer a um homem no decorrer da vida do ego – que é apenas um dia na vida da alma – é ele se tornar um ateu (felizmente, a grande maioria que se rotula assim é agnóstica não ateia), geralmente por uma vaidade tola de liberdade individual, quando na verdade o homem é apenas uma célula de uma entidade muito maior – a Humanidade. Triste, não porque ele será castigado por um Deus antropomórfico, iracundo e vingativo, mas porque deliberadamente, usando o seu livre-arbítrio, ele cerra a sua mente ao Númeno vivendo apenas o Fenômeno, ou seja, ele acredita e vive apenas no mundo material – que sem dúvida também é divino –, apenas uma pequeníssima parcela do Todo. A realidade é muitíssimo maior do que podem constatar nossos humildes sentidos, mesmo com inteligentes extensões criadas pela ciência. Há somente uma coisa mais triste do que isso: o fanático religioso, o qual também fecha sua mente ao Todo em doentia devoção a uma religião específica, considerando inimigos todos aqueles que não pensam igual à sua estreita mente, criando guerras religiosas estúpidas, matando e causando muito sofrimento em nome de Deus. Agora, vejam bem! Eu não sou contra as religiões, mesmo porque elas atualmente ainda são muito necessárias à grande maioria da humanidade e, também, respeito o livre-arbítrio do ateu, embora abomine o ateísmo que limita o homem à pequenez de uma visão materialista.

Quando um ateu, por diversos motivos, geralmente por uma grande decepção na vida, se torna um religioso, isso é muito bom, pois abre sua mente para coisas além da matéria, desde que, é claro, não se torne um fanático. Quando um fanático se torna um agnóstico (um homem que não acredita em nenhum Deus de qualquer religião, mas não fecha a sua mente para alguma coisa além da matéria, misteriosa e maior do que ele mesmo), geralmente por uma grande decepção religiosa, isso também é muito bom, pois ele liberta a sua mente antes escravizada por dogmas.

Como nos ensinou o Mestre Jesus: "São vários os caminhos que levam ao Pai". Jesus não era um religioso, pois apesar de ter nascido como judeu, apenas uma vez foi ao templo em Jerusalém (e causou muito tumulto nesta única visita como nos relata a Bíblia), além de viver às turras com fariseus e saduceus. Certamente Ele não era um agnóstico, pois como Ele mesmo dizia: "Eu e o Pai somos Um". Não sei se Ele estaria satisfeito com a grande religião que inspirou com Seus exemplos e ensinamentos, que embora simples, foram extremamente deturpados pelas mentes de teólogos e eclesiásticos (em sua maioria bem-intencionados), preocupados mais com a forma do que com o espírito da Sua doutrina.

Encerro este artigo com uma profecia do Mestre Tibetano, feita na primeira metade do século XX: "Uma nova religião está a caminho, nesta nova Era de Aquário que já adentra. Uma religião sem eclesiásticos e sem dogmas, e cujos templos serão encontrados no coração de cada homem – o *Sanctum Sanctorum* onde Deus habita. E só uma lei guiará o destino do homem – a Lei do Amor".

Sorria! O sorriso iguala as pessoas.

Sobre a Encarnação

Pergunta a Odilon: Quais são as fontes de onde você retira os conhecimentos para os artigos deste blog?

Resposta: Mais ou menos 90% vêm de livros (várias centenas, sendo muitos deles estudados muitas vezes) de ciência, filosofia, religião e outros de cunho puramente espiritual. Mais ou menos 9% vêm sob a inspiração direta da minha própria Alma e, finalmente, o 1% restante por meio de irmãos bem mais avançados do que este humilde estudante. Existe hoje no mundo um grupo composto de alguns milhões de indivíduos, em todos os países, sem exceção, chamado "O Novo Grupo de Servidores do Mundo", que faz a ponte entre a humanidade e a Hierarquia (ver artigo com o mesmo nome, p. 56). A Hierarquia, por intermédio dos seus Mestres, Iniciados e Discípulos de vários graus, se aproxima cada vez mais da humanidade. "Bata e abrir-se-á, peça e ser-lhe-á dado" (Cristo, o Cabeça da Hierarquia Espiritual da Terra).

Encarnação nada mais é do que o revestimento da substância de cada plano (dimensão) pela consciência abstrata e amorfa em sua peregrinação pela matéria. É preciso lembrar sempre que cada um dos sete subplanos dos sete planos onde vive o homem completo – Mônada (Espírito), Alma e Ego – são compostos de substâncias em vários graus de sutilidade. Esses sete planos de cima para baixo são: Divino, Monádico, Átmico (Vontade), Búdico (Amor), Manásico ou Mental (Inteligência), Astral e Físico.

No primeiro plano (Divino ou Logoico) não há separação e tudo é Um. No segundo (Monádico), acontece a primeira separação das Chispas Espirituais (Mônadas), as quais vão encarnar na matéria para a "Divina Experiência". Os planos terceiro (Átmico), quarto (Búdico) e quinto (Manásico ou Mental, com matérias apenas dos primeiro, segundo e terceiro subplanos) fornecem as substâncias para formar a Tríade Espiritual, ou seja, o veículo usado pela Mônada para "experimentar" nos planos espirituais. O sexto plano (Astral), juntamente ao sétimo (Físico), mais as matérias restantes do quarto, quinto, sexto e sétimo subplanos do quinto plano (Manásico ou Mental) formam o Ego, ou seja, o veículo usado pela Tríade Espiritual ou Alma Espiritual para "experimentar" nos planos mais densos do Universo (ver artigo "Sobre Carma", p. 148). "Assim em cima como embaixo" (Hermes Trismegisto).

Milhares de vidas e mortes do ego compõem a longa experiência da Alma Espiritual, mas Ela também – assim como o ego – não é imortal. A Alma morre apenas uma vez (depois de milhões de anos habitando milhares de egos), sendo finalmente absorvida pela Mônada (Espírito), esta, sim, imortal. A Alma e, consequentemente, a Mônada (uma puríssima Partícula de Deus), jamais poderiam saber o gosto de uma maçã ou o prazer de um orgasmo, se não fosse pelo ego. Não existe mágica no Universo e Deus precisa do homem para "experimentar" aqui embaixo. É por isso que Jesus Cristo (conhecendo o homem total) disse: "Sois Deuses".

O ser humano é apenas uma etapa – a etapa intermediária – entre a pedra e Deus. Não podemos nos esquecer nunca de que uma Mônada passa pelos reinos mineral, vegetal e animal antes de chegar ao reino humano. Antes da individualização do homem, a Mônada sempre encarnava em almas grupais nos reinos mineral, vegetal e animal. Tudo é Deus em manifestação e absolutamente nada está fora d'Ele. O fato de o homem ser mais inteligente do que os irmãos dos outros reinos abaixo do seu, e possuir o livre-arbítrio, não faz dele um ser maior do que os demais, assim como também ele não é um ser menor do que os irmãos dos reinos superiores. O Pai ama igualmente todos os seus filhos. Será que Ele amaria mais um filho Seu que está na faculdade do que outro que se encontra no jardim de infância?

Não existe morte. Existe apenas trocas de corpos, os quais se tornaram limitações para a Consciência em evolução, que necessita sempre de veículos mais adequados e eficientes para novas e maiores experiências na Vida. VIDA nada mais é do que a concretização da VONTADE Divina, permeada pelo Seu AMOR, por meio da Sua INTELIGÊNCIA.

Sorria! O Sorriso iguala as pessoas.

A Exteriorização da Hierarquia

"Tudo que estava escondido será revelado e a verdade será gritada de cima dos telhados" (o Cristo). Esse mesmo Cristo – o Chefe da Hierarquia Espiritual da Terra – pede que Seu retorno com a sua Igreja (Mestres, Iniciados e Discípulos) seja divulgado o mais amplamente possível, para que todos se preparem para Sua chegada.

A Hierarquia jamais convoca ninguém. Todo colaborador deve obrigatoriamente se autoconvocar, ou seja, seguir os apelos e ditames da própria alma, a essência crística dentro de cada um. Ninguém pode tornar à Casa do Pai por ameaça ou medo, e somente o amor e o sacrifício autoinduzido pavimentam o caminho de retorno.

Durante as muitas centenas de milhares de anos da existência da humanidade, ela sempre foi ajudada pela Hierarquia, que mandava Seus Mestres e Iniciados para guiá-la ou comandá-la (muitas histórias e lendas de governantes e reis de ascendência divina ficaram marcadas na memória de muitos povos e civilizações, por exemplo, a indiana, a egípcia e a grega). O retorno do Cristo trará de volta também as escolas de mistérios, maiores e menores (como o de Elêusis), em que os processos de Iniciação poderão ser novamente perpetrados no plano físico sem precisarem ser ocultados do público em geral.

Os impulsos hierárquicos em ajuda à humanidade sempre existiram. Por exemplo, há 2.500 anos, com a vinda do grande Avatar Buda e muitos outros Iniciados, maiores ou menores, entre os quais Platão, Sócrates e outros no Ocidente e, Confúcio, Lao tze e outros no Oriente. Há 2 mil anos tivemos a vinda do Avatar Cristo e alguns dos seus discípulos na Galileia. Nos anos 1.500 d.C., finalizando a Idade Média, naquilo que ficou conhecido como o Renascimento, Mestres de vários Asharams e de diferentes Raios enviaram vários dos Seus discípulos iniciados, tais como: Leonardo da Vinci, Cristóvão Colombo, Shakespeare, Lutero, assim como vários outros "gênios" de outras áreas do desenvolvimento humano, para "chacoalhar" a humanidade de então, estagnada por séculos de ignorância e escuridão. Nos tempos atuais, após o final da Segunda Guerra Mundial, uma grande preparação aconteceu – e continua acontecendo – no seio da Hierarquia, para o retorno d'Aquele que, como prometido, jamais deixou a Terra, apenas continuou trabalhando incansavelmente nos planos internos do nosso planeta. Ele – O Cristo –, embora ainda não encarnado em corpo físico já influencia a humanidade por meio das Suas auras etérica, astral, mental e espiritual. Uma grande onda do seu imenso amor varreu o mundo nas décadas 1960-1970, causando grandes mudanças positivas, como os movimentos de direitos humanos, ecológicos, filantrópicos, inclusive com a criação de milhares de grupos e ONGS em defesa do homem e da natureza. Muitos grupos, como alguns do movimento hippie, não usaram muito bem a tremenda energia do amor (que é sempre neutra como todas as outras energias) liberada pelo Cristo, captando-a com o plexo sacro, em vez do plexo cardíaco, confundindo assim um amor que deveria ser altruísta com um amor puramente sexual. Felizmente, o amor sempre produz algum bem mesmo quando não usado corretamente, e a conquista de uma maior liberdade feminina, assim como a de uma maior igualdade entre os sexos, foi, sem dúvida nenhuma, um avanço para a humanidade.

Abram bem os olhos e o coração todos vocês que amam o Cristo e Seus ensinamentos. Nenhum desejo do coração torna-se realidade sem ação. "Estarão dormindo e com a chama da sua vela apagada no meu retorno?" (o Cristo).

Sorria! O sorriso iguala as pessoas.

Pensamentos Soltos 8

"Todo medo é um fosso a ser transposto na senda espiritual. E neste inexorável caminho a ser trilhado por todo homem o medo de amar é, sem dúvida, o mais largo e profundo deles. Pois o amor é o combustível que permite ao homem tornar à Casa do Pai e recuperar a sua divindade perdida por largo tempo nas ilusões da divina experiência na matéria. É o tolo medo de ser tornar refém do outro que impede a doação deste fogo de vida, como se o acender ou aumentar a chama do amado pudesse diminuir a chama do amante. E o homem se torna mais forte não mais frágil quando ama, pois assim como o espelho retorna a imagem transmitida, o coração reflete o amor recebido, iluminando mais não só a face do doador, mas também a face do mundo. Ai de ti, escuridão, quando todo homem descobrir que além de chama é espelho. O planeta Terra não apenas refletirá a luz do Sol, mas produzirá também a sua própria luz... E será mais uma estrela a distribuir Vida no céu do Universo."

"DESÂNIMO – Des = Contra + Ânimo = Anima ou Alma. Por que fica contra a sua alma, meu irmão? Por que não aceita com equanimidade tanto suas lições dolorosas como as prazerosas? Pois ambas são indispensáveis professoras na escola da vida. Não existe fracasso quando a lição é aprendida; lição que sempre voltará até que a tenha compreendido com a mente e aceitado com o coração."

"Somente o ego humano entra em depressão. A alma – nossa parte espiritual – jamais se desconecta da sua Mônada ou Espírito e, por isso, sabe-se imortal e intocada pelo mal. É exatamente essa desconexão entre ego e alma que não permite que a luz da alma chegue ao ego, deixando-o momentaneamente na escuridão, ou seja, em depressão. São vários os motivos deste triste acontecimento; alguns claros e outros misteriosos. Alguns justos e outros que nos parecem injustos. Alguns evitáveis e outros inevitáveis em razão inexperiência da alma em evolução ou do livre-arbítrio do ego. A não aceitação e o não perdoar – às vezes a si mesmo – são motivos de muitas evitáveis depressões. Algum tipo de sofrimento é inevitável a todo homem que nasce em um planeta cármico e evolui entre tentativas e erros, mas a depressão é incompatível com a luz da alma."

"O tremendo sofrimento e a vida caótica do homem comum no mundo moderno só acabarão quando o braço da balança onde são avaliados os valores materiais e os valores espirituais, definitivamente, pender para o prato onde se encontram os segundos. Só quando a verdadeira psicologia, ou seja, a lógica da psique ou alma escolher o que é certo em uma situação em que o errado possa trazer grandes benefícios materiais, ela conseguirá a paz que pode levar a uma vida plena e feliz. A verdadeira felicidade do ego depende muito mais do que vem de dentro do que vem de fora, e uma réstia de luz que vem da alma brilha muito mais do que uma montanha de ouro mundano. Palha! Palha! Tudo é palha! Já gritava o grande rei Salomão em seus provérbios há milhares de anos."

"É impossível conhecer Deus. Conhecimento é coisa da mente, a qual se localiza várias dimensões abaixo da primeira dimensão divina. Deus apenas pode ser percebido pelo coração e vivido pela alma. A verdade final só é encontrada nas Profundezas do Absoluto. Por isso, o silêncio foi a resposta de Jesus Cristo a Pôncio Pilatos à mais importante pergunta a ser respondida pelo homem: – 'O que é a verdade?'"

"Eis a grande síntese a ser feita pelo homem: pensar com a mente, sentir com o coração e viver com a alma."

"Por que a teologia está destinada a desaparecer na Era de Aquário? Porque Theo = Deus e Logia = lógica, e Deus não pode ser conhecido pela raciocínio mental, apenas sabido pela alma. Bem-vinda a sagrada Teosofia – Theo = Deus e Sofhia = Sabedoria, trazida pelos Irmãos Mais Velhos que sabem o que é Deus por viverem n'Ele imersos."

A Páscoa do Incêndio

A Páscoa deste ano de 2019 será lembrada no futuro como a Páscoa do incêndio de Notre Dame. Naquela sexta-feira santa, apenas alguns dias após a tragédia, as imagens fortíssimas das chamas consumindo o corpo deste magnífico símbolo da Igreja Cristã medieval ainda assombram o espírito de milhões ao redor do mundo. Poderia algum bem ser retirado desta terrível catástrofe?

Como enfatizado em muitos artigos meus, assim como em milhares de outros escritos em todo o mundo, estamos (ou deveríamos estar) nos preparando para a volta do Cristo, prometida por Ele mesmo 2 mil anos atrás. Ele também nos advertia nessa mesma época: estaremos nós acordados, com a chama do pavio das nossas velas acesas, ou estaremos dormindo, com a nossa vela apagada no Seu retorno? Como nos lembra um venerável Mestre da Hierarquia: "Não é a morte sofrida na cruz pelo Cristo que salva o homem, como ensinam erradamente muitos, mas a prática dos seus ensinamentos".

Como sabemos (por meio da Bíblia), Jesus Cristo não era muito de templos; gostava de conversar com Seu Pai sozinho e em silêncio em meio à natureza. A única vez que adentrou um templo – o grande templo em Jerusalém – na sua vida adulta, causou tremenda confusão e saiu rapidamente antes de ser linchado por uma turba de irados comerciantes. Como Ele mesmo disse: "Hipócritas, que se ajoelham contristados para mostrarem humildade e serem admirados pelos outros, enquanto maquinam maldades assim que daqui saem. Recolham-se com humildade na solidão dos seus quartos, quando quiserem se dirigir ao Nosso Pai no Céu".

Como sabemos, a entrante Era de Aquário – com a adoração do Deus Imanente – veio substituir a Era de Peixes, com sua adoração ao Deus Transcendente, que, sem dúvida nenhuma, continua existindo em toda a Sua Onipotência. Deus deve ser buscado hoje dentro, e não fora e distante da natureza ou do coração do próprio homem – o Seu Sanctum Sanctorium. O homem não é um pecador destinado às chamas do inferno, a menos que adore e satisfaça todas as vontades e manhas de um deus criado pelas mentes pequenas e egoístas de sacerdotes e governantes casuísticos, de uma época de escuridão e ignorância.

Hoje, mais do que nunca, é preciso que a imagem sofrida de um Cristo agonizante na cruz seja substituída pelas lembranças dos ensinamentos de quando Ele vivia – não morria – pela humanidade. Para um Ser liberto das agruras do mundo, voltar a viver como homem é muito mais difícil e doloroso do que qualquer tipo de morte.

Naquela Páscoa que se iniciou nessa Sexta-feira Santa, a minha mais profunda e sincera prece em favor da humanidade: que as chamas que engoliram Notre Dame possam engolir também o Deus antropomórfico, iracundo e vingativo que nunca existiu, a não ser nas mentes doentes, malévolas ou ingênuas de homens fanáticos ou casuisticamente mal-intencionados que criaram a teologia (*Theo* = Deus + *logia* = lógica), como se a pequena lógica da mente humana pudesse captar a sabedoria destinada apenas à pureza de um coração humilde. Que essas mesmas chamas queimem também a cruz e o Cristo agonizante nela, pregado pela humanidade que agora, felizmente, despertada pela aurora da Era de Aquário, não o vê mais pregado no madeiro, mas estampado no rosto de cada irmão que luta arduamente pela sua própria Cristificação.

Sorria! O sorriso iguala as pessoas.

Sobre a Mente

Vi na televisão, em uma feira mundial de tecnologia, uma definitiva demonstração do poder da mente sobre a matéria. Tratava-se do controle de um drone, que voava comandado por pessoas da plateia por meio de um capacete sem fio, por onde ondas cerebrais controlavam diversos movimentos dele.

Como nos ensina a Gnose há milhares de anos, e é confirmado pela ciência moderna, a matéria é energia concentrada. Essa mesma Gnose nos diz que a energia é pensamento concentrado, o que agora está sendo confirmando pela ciência moderna. E, finalmente, a Gnose nos diz que o pensamento é espírito concentrado, o que será comprovado pela ciência em um futuro não muito distante, pois "A matéria é a forma mais densa de espírito, e o espírito é a forma mais sutil de matéria", e, como profetizou um amado Mestre da nossa Hierarquia Espiritual – Djwhal Khul –, responsável pela nova versão da eterna Gnose: "Nos próximos 200 anos a alma será cientificamente provada". Ele disse isso entre os anos de 1919 e 1949 nos seus preciosíssimos ensinamentos legados à humanidade por intermédio de Alice Bailey, o que nos leva a aguardar até no máximo 2150 por este magnífico evento, que mudará para sempre, para o bem, a humanidade.

É muitíssimo interessante, hoje, observar o estrondoso e rápido desenvolvimento mental da humanidade graças à moderna tecnologia, que por meio do computador e da internet nos brinda com um imensurável conhecimento que une a humanidade como se fosse uma mente única. E o que é na verdade o conhecimento? O conhecimento é matéria mental disponibilizada por uma mente para ser absorvida por outras mentes. E onde fica armazenado todo esse conhecimento ou matéria mental? Uma parte na memória humana, outra parte na memória dos computadores e a maior parte na misteriosa "nuvem". E o que é essa "nuvem"? Há alguns milhares de anos, já nos ensinava nos seus aforismos de yoga um dos maiores yogues de todos os tempos – Patanjali – "Após a verdadeira concentração e domínio de chitta, toca-se a nuvem de coisas cognoscíveis". Em sânscrito chitta significa mente ou matéria mental. Seria mera coincidência a ciência moderna e Patanjali usarem a mesma palavra "nuvem" para significar a mesma coisa neste contexto? Não seria essa "nuvem" uma parte do corpo mental desta imensa entidade "Em que nós vivemos, nos movemos e temos nosso ser", como nos diz a Bíblia, conhecida como *Logos* Planetário por uns e como Deus para a maioria? Certamente isso é uma coisa muito importante para refletirmos. Ao contrário dos animais, que aceitam todas as coisas sem reflexão por possuírem uma mente apenas em embrião, o homem tem a obrigação de raciocinar e refletir sobre os acontecimentos da vida.

Sobre o Vegetarianismo

    Muitas tolices têm sido divulgadas e muitos discursos desnecessários têm ocorrido entre as partes conflitantes sobre este controverso tema, em razão do pouco respeito que o homem comum tem sobre a opinião alheia. Procuremos sintetizar, da forma mais clara possível, o que nossos Irmãos Maiores da nossa amada Hierarquia Espiritual têm a nos dizer sobre este assunto, difundido nos seus preciosos ensinamentos a uma humanidade ainda jovem e ignorante dos preceitos espirituais.

    A primeira coisa a saber é que, de acordo com os planos evolutivos do nosso *Logos* Planetário (um dos bilhões de Deuses ainda imperfeitos que evoluem no Cosmos), a natureza foi feita de tal forma que o reino superior se alimente do reino inferior, que se sacrifica ao próximo reino, do qual se tornará parte num futuro aeon; ou seja, o reino vegetal se alimenta do reino mineral e, por sua vez, torna-se alimento do reino animal, que, por sua vez, torna-se alimento do reino humano, que, de uma forma ainda incompreensível pelo homem, se torna alimento para o reino espiritual.

    Então! É absolutamente normal o homem se alimentar da carne dos seus irmãos do reino animal? Sim e não. Isso vai depender do grau de evolução do homem no reino humano. A grande maioria da humanidade ainda se encontra no estágio em que sente a necessidade de se alimentar de carne, embora isso não seja fundamental para a manutenção da vida. Mas, hoje, muitos estão abandonando este hábito por diversos motivos: alguns com pensamentos egoístas de melhor saúde, outros por comiseração do mundo animal, outros por motivos ecológicos, outros por egoístas pretensões espirituais, ainda outros por um justo chamamento das suas almas, as quais precisam ser veículos com vibrações mais altas (o que é prejudicado pelas baixas vibrações da carne, geralmente obtida pelo sofrimento dos animais mortos), para um desenvolvimento espiritual maior e, finalmente, aqueles que são obrigados a isso pelos processos de Iniciação ao se tornarem discípulos de algum dos Mestres da Hierarquia. Não esqueçamos que muitos, assim como eu, se encontram em posições intermediárias entre um nível e outro.

Você, que ainda curte os "prazeres da carne", por que chama de fanático e desrespeita seu irmão que abre mão daquilo que para ele é supérfluo na busca do crescimento espiritual? E você, que se diz "espiritual", por que condena e culpa seu irmão, imputando-lhe o sofrimento do mundo por sua "perversa atitude imoral"? Seria o Cristo um imoral por mandar seus discípulos lançarem a rede em buscas de peixes? Ou de ter transformado a água em vinho para alegrar momentaneamente a difícil lida dos seus irmãos?

A Sagrada Gnose nos ensina que a humanidade se encontra hoje na quinta sub-raça da quinta raça raiz (uma sub-raça evolui em alguns ou vários milhares de anos), e que quando chegarmos daqui alguns milhões de anos na apoteose da evolução humana – a sétima sub-raça da sétima raça raiz –, não possuiremos mais um corpo físico e viveremos sobre um planeta Terra muito mais sutil, encarnados em um corpo etérico que se alimenta de luz. Duvidam todos vocês que afirmam que a vida é inerente à matéria? Expliquem-me, então, como uma humilde planta, de um reino inferior, ao se alimentar da luz solar, produz os açúcares que energizam o fruto que o alimenta? É por meio da fotossíntese, responderão. Mas será que um ser humano de um reino muito superior não poderá no futuro fazer uma "fotossíntese" ainda maior? E o que dirão sobre vários irmãos humanos (santos para muitos), alguns com comprovação científica, que vivem entre nós sem se alimentarem de matéria de espécie alguma? Como foi muito bem dito 2 mil anos atrás: "O importante é o que sai, não o que entra pela boca do homem" (o Cristo).

Oração de Agradecimento

Obrigado, Pai, por não me dares tudo o que quero,
mas não deixares faltar nada de que preciso.
Obrigado, Pai, por proteger-me de mim mesmo,
quando quero possuir aquilo que me deixaria mais gordo
e mais lento, na longa jornada de volta à Tua Casa,
que certamente é o Lar do meu Espírito.
Obrigado, Pai, pelas dores que me mantêm acordado,
impedindo-me de dormir às margens do caminho,
quando cansado pela caminhada
sou iludido por quimeras.
Obrigado, Pai, pelos companheiros de jornada,
não só os bons que me abençoam com o seu amor,
mas também os maus que exercitam
a minha capacidade de amar irrestritamente.
Obrigado, Pai, pelos momentos de solidão,
quando me tiras da algazarra e do barulho,
para vislumbrar mais uma vez a tua amada Face,
perdida no tumulto de rostos transfigurados.
Obrigado, Pai, pelas longas e escuras noites,
pelo frio e tropeços em meio às trevas,
que me fazem valorizar a luz e o calor,
que colocaste bem dentro de mim.
Obrigado, Pai, pela oportunidade de saber-me Teu filho,
e irmão do meu irmão,
quando colocas a meu lado aquele que sofre,
despertando em mim a compaixão.

Sobre o Conforto e o Luxo

Quando foi dito sobre Einstein e sua teoria da relatividade que nem mesmo o grande gênio da Física compreendia a fundo a magnitude da essência da sua teoria, uma grande verdade estava sendo dita. Tudo é relativo no universo; e isso não só no plano físico e material, mas também em todos os outros planos abstratos em que o homem cresce e evolui, como os são os planos (dimensões) emocional, mental e espiritual. Sabendo bem disso e respeitando todas as opiniões alheias, vou colocar humildemente o que penso sobre tema tão controverso.

Prezo e gosto muito do conforto, mas entre o desconforto e o luxo eu prefiro o desconforto. Acho que o homem merece as benesses que a vida moderna oferece àquele que, à custa de muito sofrimento e árduo trabalho, conseguiu dominar o hostil meio ambiente em que foi posto a evoluir. Mas acho que, assim como desenvolveu e aplacou seus desejos e apetites materiais, o homem deveria desenvolver e aplacar também seus desejos e apetites espirituais para se tornar completo; e isso é impossível com o desperdício e a indiferença que o luxo traz.

Ah! Dirão alguns, mas não são o luxo e o conforto relativos, e o que é conforto para uns é luxo para outros e vice-versa? Sim, isso está de acordo com a teoria da relatividade e, por ser uma verdade, é, antes de uma teoria, uma lei universal. Mas não é verdade relativa! Alto brado da humanidade, desde os primórdios dos tempos.

A grande verdade sobre a verdade é que o homem sempre se escondeu atrás da sua relatividade, usando isso como desculpa para não agir de acordo com a única verdade importante no momento – a sua própria verdade. É um dever do homem e, antes disso, um direito inalienável, agir. O homem só evolui e cresce na ação, seja física, emocional ou mental, e mesmo que a sua verdade momentânea seja uma mentira, ele deve agir, pois o sofrimento e a aprendizagem do erro são movimento, e vida e a inércia – física, emocional ou mental –, morte. Este assunto é abordado pela humanidade há milhares de anos, como nos mostra a Bíblia Sagrada cristã, citando palavras do Senhor dos Exércitos: "Eu vomito os mornos. Porque não sois quente nem frio, eu vos afasto da minha presença". Como é óbvio, a sua verdade deve sempre estar embasada naquilo que de mais nobre pode ser adquirido dos seus próprios atributos físicos, emocionais e mentais, mais as análises sinceras das verdades alheias.

O fato de eu preferir o desconforto ao luxo é que o primeiro afeta o ego individual, enquanto o segundo afeta a alma coletiva, que nunca esquece que é uma parte da alma planetária – a Anima Mundi, que sempre ama a sua contraparte no outro, seja esse outro um membro da humanidade ou de qualquer outro reino. O desperdício e a indiferença sempre afetam de forma negativa toda natureza. É uma grande pena quando o homem faz do excesso uma necessidade, pois como dita uma das maiores leis universais – a Lei da Economia – que faz com que o universo cresça e evolua sem perdas nem sobras, o excesso de um é a falta do outro. Este erro pode até trazer efêmeros momentos de felicidade para o ego, mas há também de trazer, irrevogavelmente, num futuro próximo (ainda nesta vida) ou num futuro mais distante (em outra vida), uma das maiores dores já impostas ao homem – o fastio – que é pior do que a fome, a qual às vezes pode ser saciada, ao contrário do fastio que entope e sufoca a alma.

Afinal, o que é luxo para você, meu irmão?

Um Alento a uma Brava e Cansada Humanidade

Preste muita atenção, exausto guerreiro, enquanto ainda luta com bravura e coragem as batalhas nos campos de Marte, o que tem a dizer a ele Aqueles que agora vivem na paz dos Campos Elísios: triste e sem esperança, meu querido irmão, parece-lhe a vida, pois curta e limitada é a sua visão enquanto guerreia nas planícies, e turvada pelo sofrimento e ignorância encontra-se a luz dos seus olhos. Permita-me lhe mostrar um pouco da visão d'Aqueles que galgaram a montanha da Iniciação e podem agora enxergar do seu cume o antes, o agora e o depois.

O ANTES – Por acaso, meu irmão, pode lembrar-se do começo, quando, um pouco mais inteligente do que as feras que o rodeavam, vivia com medo e com frio na labuta diária do alimento do dia? Depois, um pouco mais inteligente, saiu dos bosques e florestas e se juntou a outros irmãos em pequenas vilas, para sentir-se mais seguro, só para constatar que seu próprio irmão iria se tornar a maior besta de todas e, que pelo mais abjeto egoísmo, o tornaria escravo das suas ambições? Ah! Quanto chorou acorrentado em meio às suas desgraças e às de sua família! Ah Idade Média... Idade das Trevas. Estúpidas e sangrentas guerras sem sentido nenhum, além do orgulho e da ambição... Fanáticas e cruéis perseguições religiosas em que o Mal cometia as suas loucuras em nome de Deus. Um pouco mais tarde, quando o homem já se achava civilizado, o que aconteceu? A mãe de todas as guerras... A terrível guerra mundial, em que a energia do amor quase desapareceu sob o ataque impiedoso do ódio. Ah! Se soubesse da tensão e das lágrimas de sangue dos Irmãos Mais Velhos, encarnados ou não, para segurar a mão do Mal no intuito de ceifar todos os ganhos de civilidade alcançados pela humanidade. Quão perto você chegou do fracasso...

O AGORA – Hoje, meu irmão, esquecido e incapaz de julgar os méritos de milhões de anos de lutas, derrotas, mas principalmente vitórias, se acha um fracassado... Escute bem o que tem a lhe dizer Aqueles que, diferentemente de você, podem manter intactas e unidas as lembranças das milhares de vidas vividas pelo Espírito imortal dentro do homem, por meio da continuidade de consciência, assim como um fio de ouro junta milhares de pérolas no mais precioso e maravilhoso colar: "A humanidade progrediu muito, e ainda continua progredindo, mais do que era esperado pela Hierarquia Espiritual da Terra. Tanto que Aqueles que Observam tiveram de adaptar favoravelmente os planos de ajuda em razão desse inesperado avanço". Vejam bem! A humanidade venceu! Ainda existem focos de resistência do mal e muita coisa a ser reconstruída, principalmente a alegria de viver. Mas estamos no caminho certo, apesar dos muitos tropeços que existem pela frente. Continua viva a promessa que o Cristo fez há 2 anos, quando disse que não abandonaria este planeta até que o último e cansado peregrino tornasse à Casa do Pai.

O DEPOIS – O último e cansado peregrino, o último filho pródigo, chega de volta ao Lar... Recebe do Pai, juntamente a seus outros irmãos, a Herança prometida... Todo teatro é desfeito e o grande homem dos céus – a Humanidade Conjunta – parte vitoriosa em direção ao Infinito, em busca de maiores aventuras e experiências em outras das "Várias Moradas que Existem na Casa do Pai" (Bíblia Sagrada).

Sobre o Ateísmo

Meu querido irmão, recebi de você um vídeo em que um ateu defendia com muita inteligência e convicção o seu ponto de vista sobre aquilo que chamamos Deus. Em primeiro lugar, gostaria de dizer que respeito muito o ponto de vista de cada um e sou um adepto do livre pensamento, sem o qual o ser humano não seria um ser humano. O maior problema, e o que causa mais desarmonia nesta área, é o fato de o homem moderno ou aceitar de forma ingênua e preguiçosa aquilo que lhe é imputado dogmaticamente, ou rejeitar de forma enfática aquilo que a ciência moderna não consegue comprovar concretamente.

Bem, meu irmão, gostaria de propor uma experiência mental que talvez ajudasse aos livres-pensadores que rejeitam a ideia de alguma coisa além da matéria a entenderem o ponto de vista daqueles que pensam de forma diferente. Imagine a dificuldade daqueles, nascendo com dois olhos perfeitos e que conseguem vislumbrar as maravilhosas cores e nuances entre sombra e luz que o universo lhes brinda, em explicar para um ser que nasceu cego o que seria o amarelo, o verde, o azul, etc.

Gostaria de fazer uma pergunta! Foi a luz feita para olho ou o olho feito para luz? Nascesse o homem sem olhos, como alguns seres que vivem nas escuridões das cavernas ou no fundo dos oceanos, deixaria a luz de brilhar? Será, meu irmão, que "conhecendo" todas as informações que a ciência nos trouxe sobre o sol, nós "saberíamos" o que é o sol?

Irmão, Deus não foi feito para ser "conhecido", mas "sabido" por aqueles que o vivenciam, não com órgãos especiais dados a alguns escolhidos, mas com órgãos espirituais latentes em todos os filhos dos homens, que são filhos de Deus. Por que relevar como sonhos e quimeras as milhares de experiências místicas ou sutis vivenciadas por milhões de seres, durante milhares de anos, muitos deles que se diziam ateus até aquele momento, só porque não tivemos ainda a sorte de vivenciar instantes tão sublimes? Seria correto um homem do século XVIII negar a possibilidade da televisão ou do avião só por acreditar na impossibilidade de tais eventos?

Meu irmão, não lhe escrevo no intuito de polemizar, mas no intuito de lhe dizer que respeito o seu ponto de vista, porém, advertindo-o para sempre manter a mente aberta para o novo.

Caminhares

Antes, apenas silêncio, esquecimento...
Depois caminhei apenas com os olhos,
enquanto meu corpo caminhava
nos braços da minha mãe.
Então, engatinhei e de quatro desbravei o lar.
Tudo era novo, confuso e sem sentido,
Quando a porta da rua se abriu para mim...
Espanto.
Trôpego, em apenas duas pernas,
descobri haver vida além de quatro paredes e
que o mundo era tão grande!
Aprumei o corpo, firmei as pernas
e realmente caminhei pela primeira vez.
Tudo era belo e a vida desabrochava a cada passo.
Descobri que podia correr.
Corri desvairadamente...
Quase não tinha tempo de absorver alentos,
que passavam como ventania.
Agora... A calma.
Preparo-me para caminhar de três aqui embaixo,
enquanto asas começam a nascer em mim.
A pressa desvai-se em sossego,
enquanto aprendo a voar...

Mudança

E aí, meu irmão, como vai lidando com estes fortes ventos (furacão?) de mudança, que em raras ocasiões vêm mexer profundamente em nossa vida, deixando pouca coisa em pé? Posso dizer que não há tempestade que não passe, noite escura que permaneça ou vendaval que dure para sempre, principalmente quando estamos no auge da batalha contra forças que achamos serem invencíveis... Mas assim é!

Desilusão... Palavra nobre, tão pouco compreendida pela humanidade, que acha que pode evoluir sem estas podas que a vida nos faz para que possamos continuar crescendo como almas, mesmo quando o ego agoniza na dor... Mas há alguma coisa que possamos fazer para mitigar a dor aguda destes momentos iniciais antes que o Tempo cicatrize a ferida?

Espero, meu irmão, que consiga o Silêncio necessário nestes momentos iniciais, para que a voz do seu Eu Interior possa ser ouvida em meio às caóticas vozes do seu emocional ferido, do seu mental ofendido ou mesmo de amigos bem-intencionados, que com os mais variados "conselhos" tentarão ajudá-lo, aumentando assim o caos e criando oportunidades para ações equivocadas ou inoportunas. Evite nomear culpados – o outro ou você mesmo –, sabendo que o ser humano é sempre falível e que numa relação humana erros sempre são cometidos. Não ocupe sua mente ou seu coração com lembranças passadas, boas ou ruins, pois o bem já está armazenado na Alma e o mal está destinado ao esquecimento, ao contrário, deixe livre sua mente e seu coração para o novo, que há de vir a enriquecer ainda mais sua vida e amealhar tesouros para sua Alma em evolução. Coragem, meu irmão, ainda tem muito a crescer e evoluir, para a sorte dos que caminham junto a você.

Uma Verdade sobre o Amor

O amor nunca se perde ou acaba. O que verdadeiramente acontece com aqueles que dizem que o amor acabou é que eles deixaram acumular muito lixo no coração, dejetos de ações, sentimentos ou pensamentos egoístas próprios daqueles com os quais convive, os quais podem esconder por um período mais ou menos curto o brilho da joia. É esta carga inútil que maltrata e sobrecarrega um coração amargurado e que o faz exclamar: que peso sinto no coração! Só o perdão pode dissolver a massa escura que é capaz de esconder a luz de uma joia, a qual após ter sido criada jamais pode ser destruída ou desperdiçada pelo Universo, pois não é uma criação do ego, mas da alma que o habita, e o Pai jamais rejeita o mais lindo presente que um filho pode lhe dar.

Todo homem nasce com uma sementinha de luz no coração, uma partícula do amor de Deus, e cabe a ele durante a vida cuidá-la e alimentá-la, até que o coração se torne pequeno demais para contê-la e, numa explosão de luz, a barreira é rompida, tornando assim o mundo um pouco menos escuro.

São as capas que o homem adquire para tentar se proteger que escondem cada vez mais a sua luz interior. O medo, o egoísmo, a agressividade, o isolamento, o desdém e muitos outros são capas que o afastam ou isolam do seu irmão. Somente a luz conjunta da humanidade é capaz de resgatar o homem da escuridão em que foi posto, para aprender a ser um criador de luz à imagem do seu Pai.

"O homem é aquilo que ele pensa no coração" (o Cristo). O que anda pensando no seu coração, meu irmão? Acha que pode esconder a mais dissimulada ação, o mais leve sentimento ou o mais sutil pensamento d'Aquele que mora em você? Daquele que realmente você é? Pode a ostra formar um seixo em vez de uma pérola ao enganar a si mesma?

Mais uma vez eu repito o que o meu Anjo um dia me soprou aos ouvidos: "O amor é aquilo que o amor faz. Não existe amor inerte que diz "eu te amo" e não confirma com atos o que a boca proclama. Assim como a energia elétrica só tem valor quando produz trabalho, calor ou luz, o amor só tem valor quando constrói, ajuda ou vivifica. O verdadeiro amor não foi feito para ser sentido ou pensado, mas praticado. Ele não deveria ficar estagnado no coração dos poetas, ou nas mentes dos filósofos, mas transformado em obras pelas mãos do ego trabalhador, servidor do Deus interno, e este sim Servidor do mundo".

Você, meu irmão, que diz que a chama se apagou; que quebrado foi o vaso e o precioso líquido se perdeu; que o espelho foi quebrado e que jamais poderá vir a ser restaurado, digo: o amor é imortal e tão grande é o seu poder, que assim como a pequenina chama pode multiplicar-se e incendiar todo um campo, uma partícula sua pode multiplicar-se e incendiar o mundo. Jamais menospreze a maior força do universo, meu cético irmão.

Todo homem nasceu para amar. Jamais prive o mundo da beleza e da luz que existe em você. Homens, animais e plantas gemem no escuro à espera do seu amor.

Sobre Carma

Neste artigo, teremos que novamente entrar no ainda controverso assunto de dimensões, mas o faço sob as bênçãos dos novos conhecimentos científicos, como a física quântica, que tem as dimensões como arcabouço fundamental no avanço das novas teorias. Hoje a teoria das Cordas é a mais respeitada e aceita por nossos físicos modernos, a qual nos afirma a existência de 11 dimensões para harmonizar a física do macro – a relatividade de Einstein – com a física do micro – a física quântica.

Tudo no universo tem uma causa que precede a sua existência; do mais simples átomo da química moderna ao mais complexo átomo cósmico – um sistema solar. Tudo que compõe as miríades de formas concretas (e as infinitas formas sutis) é efeito de uma causa anterior: a mente de um *Logos*, de um Deva ou de um homem, os três únicos seres que podem criar. A lei do Carma ou a Lei de Causa e Efeito regula tudo isso.

Como já é aceita por todos a verdade de que nada se perde, nada se cria, tudo se transforma no universo, e como já sabemos que matéria é energia congelada, fica fácil aceitar que nossos corpos são feitos de matéria estelar, que compuseram o veículo físico de um *Logos* Solar bilhões de anos atrás. A matéria dos nossos corpos físicos têm um passado muito longo e um "Carma" com todos os criadores, que a usaram nas divinas e humanas criações.

Como não possuímos a capacidade de analisar o carma de um *Logos* ou de um Deva (Anjo), falemos então do malfadado carma humano; malfadado pelo fato de o homem geralmente enfatizar os efeitos psêudonegativos, considerando-os como castigo, quando na verdade são ensinamentos, e de não valorizar adequadamente o carma positivo.

Muito bem, se o homem morre e seu corpo físico vira pó e ao pó voltará, como nos ensina a religião cristã, como pode ser ele castigado ou abençoado em um novo futuro corpo? Se ele não se lembra da sua última encarnação, como pode ele pagar por erros que não se recorda de ter cometido? Onde é guardado o registro de tudo isso?

Como foi dito nos artigos Trilogia I, II, e III, o homem total – o ego, a alma e o espírito ou mônada – possui vários corpos, ou veículos, com os quais pode viver e experimentar em várias dimensões. Cada dimensão (plano) é composta de sete subníveis ou subplanos, com diferentes graus de sutileza, sendo o primeiro subplano de cada plano composto da matéria mais sutil desse plano; e é exatamente aí que se localiza aquilo que é chamado de átomo permanente.

O que seria então esse átomo permanente e sua função? O átomo permanente é aquele "microchip" composto da matéria mais pura de cada plano (primeiro subplano), onde são registradas sinteticamente todas as vidas de uma alma reencarnante. É a alma que sempre reencarna, o ego morre milhares de vezes deixando apenas o átomo permanente de cada um dos seus corpos – físico, astral e mental –, posse eterna da alma e que permite aos Senhores do Carma (ou como diz a Bíblia – Anjos Registradores), imensas Entidades Cósmicas responsáveis pelo "Livro da Vida", ditar as leis que formarão os novos corpos do ego de acordo com o merecimento de cada um.

Na morte, o ego vai descartando seus corpos sequencialmente e em tempos diferentes. Ele morre primeiro no plano físico e descarta o seu corpo físico (menos seu átomo físico permanente) e passa a viver no plano astral um tempo mais ou menos longo, de acordo com seu nível evolutivo; depois, morre no plano astral, descartando seu corpo astral (menos o átomo astral permanente) e passa a viver no plano mental, também um tempo mais ou menos longo; após viver o tempo necessário no plano mental de acordo com o Carma, ele morre também no plano mental, descarta seu corpo mental (menos o átomo mental permanente) e passa a existir somente como alma, no corpo causal (o corpo da alma), até que a inexorável lei do Carma o obriga a reencarnar, agora com novos corpos mortais mais aptos a novas experiências e novos deveres, com dons e dívidas adquiridos da vida passada. Assim, o homem vai adquirindo corpos cada vez mais refinados e propícios às mais refinadas experiências físicas e espirituais. Isso se chama... EVOLUÇÃO.

Sobre o Arrependimento

Todo Hércules (Alma Humana), ao encarnar nesta terra para cumprir seus 12 trabalhos, recebe do seu Prometeu (Alma Espiritual) uma arma escolhida pelo futuro guerreiro para auxiliá-lo nas árduas batalhas que terá de enfrentar na guerra pela imortalidade e, assim, deixar de ser um semideus para se tornar um Deus como seu Pai. Desse modo, como ele escolheu a clava, entre muitas outras armas (lança, arco e flecha, etc.), eu também escolhi a minha – a clava do arrependimento.

Explico-me! Em um planeta como o nosso, regido pela lei do Carma, onde a lei da causa e efeito dirige a vida do homem e os erros são inevitáveis, como vencer se não reconhecermos nossos erros e os emendarmos? E como podemos emendá-los sem o arrependimento, esta luzinha vermelha que se acende dentro de nós alertando-nos do perigo?

A grandessíssima maioria da humanidade fracassa constantemente em sua luta, não por cometer grandes e óbvios erros, fáceis de enxergar, permitindo assim o reconhecimento, o justo sofrimento e o redentor perdão. Mas ai daquele que possui a força para pedir perdão pelos grandes erros, mas não possui coragem ou sensatez para pedir desculpa pelos pequenos, pois, assim como os minúsculos vírus matam muito mais do que os grandes ferimentos, também os pequenos descuidos matam mais do que os grandes (difíceis de esconder ou de não serem notados). Esses pequeninos e, às vezes invisíveis (pelo desatento), males do dia a dia destroem muitos mais lares e relacionamentos do que as grandes faltas e, assim, famílias e mais famílias são destruídas, sangrando dessa forma a humanidade.

Somente o psicopata não possui arrependimentos, pois ele é um doente maior ou menor da alma (*Psique* = alma – *pathos* = doença). Existem muitos graus de psicopatias, sendo o maior deles aquele que faz com que o Anjo Solar (nossa Alma Espiritual que ajuda na formação da nossa alma humana até que ela se torne também espiritual), após muitas tentativas de emendar o ego, às vezes durante muitas encarnações, é obrigado a dele se desligar para sempre, criando assim o que a humanidade chama de demônio – um ego sem alma. Sim, até os Deuses fracassam às vezes. Inexorável é a Lei do Carma, nem os Deuses escapam dela. Geralmente são apenas bravatas da grande maioria de egos vaidosos quando dizem: Eu não me arrependo de nada!

A você, meu irmão, que diz que agora já é tarde, que o vaso está quebrado e nada mais se pode fazer, eu digo: pare de chorar como uma criança em dia chuvoso, por não saber valorizar o Tempo! Aja como um adulto que sabe que um dia chuvoso é apenas um dia chuvoso, que o sol não se apagou e que ainda haverá muitos dias ensolarados... Não cerre a janela do seu quarto e entre na penumbra da depressão, pois o sol continua brilhando lá fora. Ajunte e cole os cacos do seu vaso quebrado, pois ele ainda que remendado pode carregar a água da vida. Faça agora a sua parte e aprenda a desculpar-se! E se isso não for o suficiente no momento, certamente será a cola que restaurará o coração partido – vaso de amor e perdão.

Ah! Se as pessoas aprendessem que são os grandes atos que movem o mundo, mas que são dos pequenos a força que o empurra, e que são os dois juntos que o mantém vivo, em constante movimento e evolução. Pequenos atos praticados constantemente transformam de maneira mais profunda a vida do que grandes e inconstantes arroubos. "Desculpe-me!" certamente não tem a mesma força retórica de "Perdoe-me!", mas sem essas humildes palavras, o sangue da vida escoa-se gota a gota.

Pensamentos Soltos 9

"No caminho espiritual, o discernimento do essencial é uma virtude imprescindível ao sucesso da jornada. O homem sábio – peregrino terrestre e andarilho das estrelas – não carrega em sua mochila o supérfluo, que pesará seu ombro e atrasará sua jornada, enquanto os tolos fazem do excesso uma necessidade."

"É abissal o mistério do Mal Cósmico e a finita mente humana é incapaz de compreendê-lo. Mas a cada homem cabe a missão de transmutar a atávica porção do mal que lhe foi imputada ao nascer, oriunda dos seus erros passados desta e de outras vidas, assim como pela sua parcela como célula viva no corpo da humanidade. Eis o conselho de antigos guerreiros cobertos de cicatrizes das várias batalhas travadas nesta épica guerra entre o Bem e o Mal: a melhor forma de se vencer a escuridão é abrindo a janela para a luz da própria alma."

"O homem é a semente de uma ideia de extraordinária beleza criada pela Mente Divina e de inconcebível compreensão pela ainda limitada mente humana. É sua missão não só romper a própria casca, mas também perfurar o solo... A humanidade é como uma frondosa árvore de cabeça para baixo, cuja copa haverá de abençoar com sua sombra e o seus galhos com seus frutos uma Terra ainda árida de amor e faminta de compaixão, enquanto suas raízes penetram o Universo."

"Senhor! Dá-me Luz, Coragem, Amor e Força. Luz para ver. Coragem para enfrentar os monstros que a Luz revela – monstros que eu mesmo e meus irmãos criamos com nosso egoísmo. Amor para redimir, transmutar e resgatar com seus raios mágicos de compaixão e misericórdia. E Força para vencer todos os obstáculos que dividem e separam aqueles que só podem realmente viver em união."

"Podem vocês imaginar o dia em que a humanidade será regida por apenas uma lei – a Lei do Bom Senso? Enquanto for necessário ao homem ser controlado por uma miríade de regras e leis oriundas de fora, um caos maior ou menor é inevitável. Somente a lei que vem da própria alma é imediatamente compreendida e aceita pelo ego, embora infelizmente nem sempre praticada. Como exorta o Mestre Tibetano: 'O homem precisa aprender a imaginar'. A utopia de hoje pode ser a realização do amanhã. E tudo que o homem puder imaginar já foi, é ou poderá ser, pois a Realidade é sempre muito maior do que qualquer imaginação humana."

"Parem de sentir inveja uns dos outros! Quem somos nós para julgar o merecimento do nosso irmão! É a alma de cada um que escolhe o papel de rei ou de mendigo no teatro da vida, e a cada um é dado aquilo de que necessita para sua performance de um dia. O que realmente vale é a aprendizagem acumulada pela alma, não os tesouros acumulados pelo ego. Presentes e castigos são apenas ilusões passageiras. Viva a sua própria vida sem se preocupar com a vida alheia, a menos que possa dar-lhe alguma coisa de valor ao seu crescimento; e jamais cobice os seus valores – materiais ou outros."

"Façamos o que é possível, desejemos o correto e imaginemos o sucesso; o pessimismo só leva ao fracasso, pois como nos diz o axioma esotérico: 'A energia segue o pensamento'. Como nos ensina um Mestre Maior, O Buda: 'Só após o pensamento correto, magnetizado pelo desejo correto, a ação correta será alcançada'. 'O homem precisa imaginar mais', nos ensina o Tibetano – Mestre Djwhal Khul".

Sobre a Comensurabilidade

Este artigo se destina principalmente a dois tipos de pessoas: aquelas que se acham muito espiritualizadas e, por isso, estão já no finalzinho do caminho evolutivo, talvez na sua última encarnação; e aquelas que se acham mais valorosas e inteligentes que outras, orgulhosas da sua "superioridade". Eis aqui uma má notícia para esses Hércules ingênuos ou vaidosos, que acham que já cumpriram bem seus 12 trabalhos e estão prontos para requisitar sua merecida divindade.

Desde sua primeira encarnação, o homem tem que percorrer e superar três caminhos: o caminho da aprendizagem, o caminho do conhecimento e, finalmente, o caminho da sabedoria, que o levará ao próximo quinto reino, ou seja, o reino espiritual (existem ainda outros reinos superiores a serem conquistados). No primeiro e mais longo caminho, o da aprendizagem, que dura milhões de anos e milhares de vidas, se encontra mais de 90% da humanidade. No segundo caminho, o do conhecimento, que dura milhares de anos e centenas de vidas, se encontra 9,9% da humanidade. Somente 0,1% da humanidade se encontra nos estágios finais do caminho da sabedoria, que pode ainda durar várias vidas, dependendo dos méritos de cada um. Tudo vai se acelerando no final e, tecnicamente falando, ao entrar no caminho da sabedoria, o agora Iniciado de Primeiro Grau ainda tem dezenas de vidas até chegar à sua única e última encarnação – como iniciado de Quarto Grau – e se tornar, após a cerimônia da Quinta Iniciação, um Mestre da Sabedoria, adquirindo assim o direito de não se encarnar mais obrigatoriamente, pois já aprendeu tudo que este planetinha tinha a ensinar. O ascensionado Mestre encara, então, a decisão de escolher um entre os sete caminhos da Evolução Superior, que Lhe são oferecidos para continuar a sua jornada, sendo que em somente um deles continuará na Terra, em grande sacrifício e por amor à humanidade, como um membro adiantado da sua Hierarquia Espiritual. Um Mestre pode novamente encarnar, mas agora a serviço, não mais obrigado por Carma, em um corpo concreto ou sutil criado por ele mesmo.

Tudo na natureza evolui muito lentamente (para a consciência humana), pois ela trabalha na eternidade, não no tempo, e ainda haverá os muitos fracassos, que terão de ser reparados, pois não existe lixeira no Universo, e mesmo o maior demônio continua sendo parte de Deus.

Sejamos humildes e pacientes, meus irmãos, sem pressa e sem pausa, pois estamos sendo preparados para nossa divina herança e, um dia, num futuro ainda muito distante, estaremos vivendo e evoluindo como um *Logos* em seu próprio planeta, contribuindo para uma cada vez maior diversidade e beleza do Cosmo.

É bem verdade que temos uma consciência bem maior do que as consciências dos nossos irmãos dos reinos logo abaixo do nosso, mas temos também uma consciência muito menor do que nossos Irmãos dos reinos à frente. Embora um ser possa ter mais importância, pela experiência no tempo, todos têm a mesma importância no final, pois não existe nada que não seja uma parte de Deus. Somos todos elos de uma mesma e infinita corrente que vai de uma pedra ao maior sol, dando uma mão ao que está acima e a outra ao que está abaixo. Não existe maior ou menor, apenas vidas mais ou menos experientes cumprindo o seu papel no Maha Manvantara (grande período de manifestação) entre os Mahapralaya (grande período de descanso) na eterna respiração do ABSOLUTO.

Sobre a Humanidade I

O homem busca desesperadamente a paz. Não é tempo de paz! O tempo é de árdua luta, em meio a terríveis provas que decidirão o futuro da humanidade. Tornar-se-á ela mais espiritual ou afundará ainda mais no materialismo egoísta? Tornar-se-ão as nações mais nacionalistas, com a sua inevitável separatividade, ou a união entre os diversos blocos evitará as guerras por poder e posses? As Forças Espirituais aguardam com paciência o que ditará o livre-arbítrio da humanidade, para, então, agir com a ajuda necessária à evolução ou para minimizar o sofrimento dos inocentes. O mesmo que foi dito sobre as nações é válido também para o homem, individualmente. Cada nação e cada homem são responsáveis por seu próprio carma.

O homem precisa desesperadamente da serenidade. Ao contrário do que pensam muitos, a serenidade não é sinônimo de paz. Serenidade é a tranquila aceitação dos fatos da vida que se apresentam no momento presente, mais o sábio diagnóstico do inevitável, daqueles que se preparam corretamente para a luta, não a aceitação passiva dos fracos ou incapazes. Do que adianta a vã preocupação ou o medo que, como fissuras, deixam escapar a força imprescindível na batalha? O homem foi feito para a luta, para vencer os obstáculos que a vida sabiamente coloca em seu caminho, fortalecendo-se cada vez mais no objetivo de torna-se um deus.

Ah! Humanidade, quando vai cumprir com retidão a sua divina missão? Quando vocês, quarto reino da natureza, começarão, da sua estratégica posição, a unir os três menores aos três maiores, para juntos voltarem a ser o único e indivisível UM, o qual muitos se fizeram para a divina experiência no tempo e no espaço? Homem! Quando parará de explorar seus irmãos menores, enganar seus irmãos semelhantes e ignorar seus irmãos maiores, na sua ávida fome de matéria, simples invólucro da sua Essência, para que por algum tempo não voltasse a dissipar-se como tênue névoa no seio imaculado da Eternidade? Por que valoriza a casca e não preserva a polpa, enaltecendo o ego e humilhando a alma, esquecendo-se de que o valor está na pérola que habita seu interior? Quando aprenderá que o local onde nasceu e a nação a que pertence lhe foram designadas para que pudesse formar riquezas e dividi-las com os outros irmãos, não para adquirir armas para dominá-los e explorá-los como alimento para seu ego e desgraça para sua alma? Como pode malgastar sua fortuna, gastando milhões em prazeres vãos e premiando absurdamente aqueles que, com humildes dons materiais, alimentam seu corpo emocional e seu orgulho momentâneo, enquanto outro irmão desafortunado morre à míngua ao lado? Como pode aviltar o reino mineral transformando seu corpo em armas de morte, o reino vegetal, que o alimenta e veste, destruindo por avareza a sua casa, o reino animal por desavergonhada exploração escravagista, e mesmo o reino humano ao qual pertence, sujando-o com sua inveja e desmesurada ambição?

Ah humanidade! Quando sua virtude sobrepujará seu vício? Quando seu amor começará a construir sobre as cinzas do seu ódio? Só o homem tem capacidade de produzir tanto mal e só o homem possui tanto bem para redimi-lo. Deus jamais faz o trabalho que não lhe compete e cada degrau da escada de retorno deve ser escalado com as forças das próprias pernas. Por isso, avante humanidade! Todo o Universo aguarda o retorno do filho pródigo à Casa do Pai.

Sobre Mestres e Gurus

Durante esses meus mais de 40 anos de busca espiritual, tive muitas grandes e pequenas alegrias, mas só uma grande tristeza: não pude ajudar muitos irmãos (embora tivesse a alegria e a honra de ajudar alguns), que, assim como eu, buscavam com sinceridade e afinco o caminho espiritual, mas que pelo excesso de devoção (sexto raio) não se prepararam o suficiente para esta difícil caminhada ou entregaram seu sagrado livre-arbítrio a algum mestre ou pseudoguru. Como é triste ver tantos abandonarem o cármico dever de viver, entregando sua vida, achando que finalmente encontraram seu verdadeiro mestre! Tão cegos estão alguns, que a cada inevitável fracasso pulam de um guru a outro durante toda a vida.

Escute, amado e sofrido irmão, esta grande verdade ensinada por todo verdadeiro Instrutor: O ÚNICO E VERDADEIRO GURU É O SEU DEUS INTERIOR E O SEU ÚNICO MESTRE, A VIDA.

Embora isso possa doer-lhe um pouco, eu tenho de lhe dizer que você não é um escolhido; sabe por quê? Porque Deus não escolhe ninguém, é você quem escolhe Deus, usando o inalienável livre-arbítrio, que foi obrigado a aceitar quando nasceu. É preciso o risco de um demônio para se obter um Deus (mesmo sabendo que esse demônio há de ser resgatado em um distante aeon).

É verdade que, assim que resolutamente iniciamos a Busca, uma grande ajuda nos é oferecida, por intermédio dos ensinamentos ou da ajuda concreta de alguns dos Irmãos Maiores, encarnados ou não. Como Eles mesmos nos dizem, toda ajuda é feita por meio da e com a concordância da Alma ou Eu Superior. Nem mesmo um Mestre Ascensionado como Jesus ou Buda interfere no livre-arbítrio imputado ao homem, por Aquele que é maior do que todos Eles.

A palavra religião vem do latim *religare* (ligar novamente), significando que o objetivo de toda religião deveria ser a religação do homem com a sua parte divina, momentaneamente perdida (por causa do homem, não do Pai, o Qual aguarda com infinita paciência o retorno do filho pródigo) no difícil processo evolutivo. Façamos do reto pensamento a nossa religião e do mundo nossa igreja, pois como nos foi ensinado, Deus não se confina em templos de pedra feito pelo homem, mas existe em toda a natureza e de forma especial no coração do homem.

Ah! Meu lutador irmão, que tropeça nas pedras dos seus próprios erros e que levanta com os pés sangrando disposto a sempre seguir em frente: se ao menos pudesse enxergar Aqueles que invisíveis aos seus olhos mortais permanecem ao seu lado, ajudando-o de uma forma ainda incompreensível para você, com os olhos cheios de ternura e o coração cheio de compaixão.

A você, irmão, que bate no peito e grita aos quatro ventos que é seu próprio deus e que não depende de nada ou ninguém, saiba que está cometendo um grande erro, que fatalmente o levará ao fracasso, pois a voz que assim grita orgulhosa é a voz do seu ego, não a voz do seu Eu Superior, que cresce sem alarde no sagrado Silêncio.

Como já foi muito bem dito: "Assim que o discípulo estiver pronto, o mestre aparece". Procuremos estar prontos, pois quando a verdadeira hora chegar nada pode impedir o sagrado direito da Ajuda. A melhor forma de nos prepararmos é nos esquecendo de nós mesmos, na entrega do amor ao próximo.

Médicos sem Fronteiras

Daqui ainda algum tempo, quando esta tenebrosa era de desamor passar e as forças de Aquário novamente abrirem o coração do homem, um novo mito se estabelecerá entre os homens – o mito daqueles irmãos que mantiveram viva a chama trazida à Terra por Esculápio, cumprindo integralmente o juramento feito a Hipócrates, seu discípulo-mor. Assim são forjadas as lendas e mitos, não em heróis imaginários, mas em seres muito reais que entregaram suas vidas à elevação do homem, sendo muitas vezes imolados no altar de sacrifício à humanidade, marcando assim para sempre o subconsciente desta.

Os livros de história de então contarão às nossas crianças como certos homens e mulheres abandonavam o conforto, o ganho material e a família em prol da família maior – a humanidade –, ajudando os irmãos menos afortunados, que tanto sofriam pelo abandono e descaso da outra parte da humanidade rica, que os oprimia e, às vezes, os matava, de fato ou por omissão em razão da ganância material. Ah, Humanidade, Humanidade! Até quando Caim matará Abel? Até quando aqueles que não são nem Caim nem Abel continuarão assistindo ao que acontece bem ao seu lado, clamando inocência por não segurarem a clava que castiga e mata, enquanto deveriam segurar a mão que a manipula, se já não estivessem com as mãos ocupadas e cheias por pseudotesouros materiais e o coração vazio de amor?

Ah! Amados irmãos guerreiros dos Médicos sem Fronteiras, que convocados pela própria alma lutam terríveis batalhas físicas e psíquicas. Não só os lamentos de dor chegam aos ouvidos atentos do Alto; a voz silenciosa da sua ação abnegada é música oferecida ao Universo pela parte mais nobre da humanidade que, mesmo pequenina em tamanho, pesa suficientemente o prato direito da balança, contrabalançando a tremenda massa disforme que ocupa o prato esquerdo, nivelando os braços da balança, segurando assim a mão do Carma e impedindo que a espada inexorável separe já a humanidade em duas... Ainda não é chegado o tempo da colheita e muito joio ainda pode se tornar trigo.

Ah! Amados irmãos guerreiros, pouca é a minha ajuda material, talvez insuficiente a ardência das minhas preces, mas imensa é a minha gratidão e daqueles que reconhecem seu verdadeiro valor. Como agradecer suficientemente seu amor e sacrifício? Como comer a comida ou tomar o remédio, sem antes nos lembrarmos do alimento e do remédio que levam sob o risco de morte aos nossos outros irmãos famintos e doentes? Como abraçar nossos filhos e beijar nossos cônjuges, sem nos lembrarmos do amor que levam aos abandonados? Como viver nossas vidas, sem nos lembrarmos das milhares de vidas que arrebatam dos braços da morte? Como suportar tanta desgraça, sem o exemplo da sua compaixão?

Ah! Amados irmãos guerreiros, pouco sei das coisas do mundo e menos ainda das coisas do Espírito, mas a fé dos sinceros de coração me permite enxergar o futuro daqueles que como vocês, podendo ser os primeiros, tornam-se os segundos, os terceiros e... até os últimos, na esperança de minorar o sofrimento do mundo. Tornam-se assim como uma estrela nas trevas do espaço, um ponto de luz e esperança em meio à penumbra em que ainda é obrigada a viver a humanidade.

Sobre o Pensamento, o Sentimento e a Ação

"Pense corretamente; sinta corretamente; e aja corretamente" (O Buda – O caminho óctuplo).

É ainda muito difícil, para a maioria da humanidade, entender que nosso pensamento e nosso sentimento são substâncias, matérias assim como a matéria física, apenas muito mais sutis e impossíveis de serem detectadas pela ciência moderna, embora haja um número cada vez maior de pessoas clarividentes nos planos ("dimensões") etérico, astral e mental.

Alguns anos atrás, o japonês Masaru Emoto (vejam seu trabalho e as lindíssimas fotos na internet) comprovou cientificamente o fato de nossos pensamentos e sentimentos afetarem de forma inequívoca as moléculas da água. Em resumo, ele separava vários frascos com água comum e depois pedia a várias pessoas diferentes para lançarem sobre parte deles pensamentos e sentimentos positivos (amor, gratidão, alegria, orações, etc.), e sobre outros, pensamentos e sentimentos negativos (ódio, raiva, xingamentos, etc.). Depois, ele congelava os frascos, retirava o gelo formado e o fatiava, colocando-o em lâminas, que eram levadas a um microscópio eletrônico que aumentava as imagens centenas de vezes e, finalmente, as fotografava. É verdadeiramente espantoso os resultados alcançados, quando vemos perfeitos e simétricos cristais formados por pensamentos e sentimentos positivos, e feios, assimétricos e incompletos cristais formados por pensamentos e sentimentos negativos. Lembremo-nos de que 70% do nosso corpo físico é composto de água...

A coisa mais importante a se dizer sobre este assunto é que não só nossas ações no plano físico, mas também nossas ações no plano astral e mental criam carma em razão da lei de causa e efeito, e o homem é responsável não só por tudo que ele faz, mas igualmente por tudo que sente ou pensa. Meu Deus! Como somos irresponsáveis com nossos sentimentos e nossos pensamentos. Quanto mal provocamos ao mundo, sujando-o, e afetando negativamente não só os outros homens, mas também toda a natureza (no futuro, os homens saberão da sua participação na criação de certos vírus e insetos maléficos). Nos planos sutis, onde não possuímos a couraça de um corpo físico, a matéria é muito mais fluida e mais fácil de ser misturada ou absorvida, aumentando assim a contaminação.

É por isso que somos alertados para não odiar, invejar ou maquinar egoisticamente. É por isso que as orações contemporâneas, com as suas afirmações mentais positivas e sentimentos inegoístas de amor impessoal, são mais eficazes do que os pedidos sentimentais egoístas ou ingênuos do passado. Como já foi dito antes, há somente três tipos de criadores no universo: um *Logos*, um Deva (Anjo) e um homem. O que estamos criando nós, homens, feitos à semelhança de Deus e possuidores de tal magnífica herança?

Quando nós comemos um alimento sólido alimentamos nosso corpo físico; quando praticamos o amor ou o ódio alimentamos nosso corpo astral; quando adquirimos conhecimento, alimentamos nosso corpo mental; e, finalmente, quando praticamos a compaixão e a caridade alimentamos nosso corpo causal (espiritual). O corpo físico do homem é aquilo que ele come; o corpo astral do homem é aquilo que ele sente ou deseja; o corpo mental do homem é o conhecimento e sabedoria que ele adquire; o corpo espiritual do homem é o bem que ele faz em milhares e milhares de encarnações, pois todo bem é armazenado para sempre na alma e todo o mal é destinado ao esquecimento e à aniquilação, após sua compensação cármica.

Pensamentos Soltos 10

"É verdade que o rio corre para o mar, mas seremos nós água corrente ou água estagnada a apodrecer por preguiça ou medo em alguma das muitas poças que mantêm o homem na ilusão de ter encontrado o mar?"

"O homem não foi feito para competir, mas para cooperar... É a competição e a comparação que o prendem na rocha da normalidade e o limitam à terra, quando, na verdade, ele foi feito para voar..."

"O homem cresce e evolui em ciclos. Ciclo de um dia, ciclo de uma semana, ciclo de um mês, ciclo de um ano, ciclo de três anos, ciclo de sete anos, ciclo de dez anos e, finalmente, o ciclo de uma vida. A vida do ego é apenas um dia na vida da Alma; e a vida da Alma é apenas um dia na vida do Espírito. O ego vive e morre milhares de vezes. A Alma vive apenas uma vez por um longuíssimo tempo até cumprir sua missão e "morre", sendo sua essência eternamente absorvida pelo Espírito (isso acontece na cerimônia da Quarta Iniciação, quando o corpo causal – o corpo da alma – é destruído e a colheita de milhares de vidas em milhões de anos é absorvida pela Mônada – o Deus em cada um de nós). O ego é um veículo passageiro para a Alma, e a Alma é um veículo passageiro para o Espírito. Somente o Espírito é imortal – uma fagulha de Deus – e permanece para sempre."

"A alma é a luz. A mente é a lanterna. E o cérebro é a placa que registra. A somatória desses três é conhecida como homem. Quando a lanterna espalha a luz rapidamente com falta de atenção, sem nunca focar os objetos, a placa não pode registrar e o momento passa incólume... E assim é perdido o ensinamento que toda experiência pode proporcionar."

"É somente a tremenda ignorância espiritual do homem em relação à sua divindade interior, juntamente à hipervalorização do material, que faz com que ele desvalorize uma das maiores forças planetárias, capaz de ajudá-lo a transformar o mundo – a força da oração.

A verdadeira aspiração consegue reunir dentro do coração quantidade suficiente de amor – a energia mais forte do universo – capaz das maiores transformações. Ah! Quão diferente poderia ser o mundo se o homem soubesse da sua divina herança e aprendesse a orar de olhos fechados e coração bem aberto... Tremendo é o poder da prece sincera de uma alma aspirante."

"O homem deveria envelhecer desabrochando um pouco mais a cada dia até a floração final da última primavera. É muito triste ver rosas fenecerem ainda em botão, ou com pétalas atrofiadas pelo medo de se abrirem ao novo, desperdiçando oportunidades que se apresentam a cada dia. A Alma é roseira fecunda que nunca envelhece."

Sorria! O sorriso iguala as pessoas.

O Maior Segredo da Alegria

Muito foi falado sobre a alegria da alma e a felicidade do ego em artigos anteriores, de uma forma mais filosófica. Coloquemos hoje este assunto tão caro ao coração humano de maneira mais prática.

Quando o Mestre Jesus nos exortou a amar nossos irmãos, "Amai-vos uns aos outros como a vós mesmos", ele não estava falando de um ideal difícil de conquistar; ele falava da verdade universal de que, embora o ego seja individual, a alma é grupal (uma célula da Anima Mundi) e que quando amamos o outro, estamos amando outra parte de nós mesmos. Ele nos dizia, dessa forma, para vivermos como almas, não como egos. Sabia que, embora o ego pudesse conquistar momentos efêmeros de felicidade, a duradoura alegria só podia ser encontrada na alma. Como então conquistar essa alegria da alma? Vivendo como almas, de uma forma inegoísta, solidária e, principalmente, sendo úteis. Úteis a nós mesmos, procurando evoluir para o bem do Todo; úteis aos outros irmãos; úteis à natureza; pois, só assim, seremos úteis ao Universo, justificando assim a criação do homem. Não é verdade o dito popular que fala que é impossível ser feliz sozinho, pois a efêmera felicidade pode ser alcançada pelo egoísta, mas é impossível ser alegre sozinho, pois a alma nunca perde a consciência de se constituir como um ser grupal. Como é triste, e verdadeiramente uma perda, quando um homem experiente, cheio de aprendizagens de uma vida fecunda, se isola, achando que pode afastar-se do mundo para finalmente alcançar alegria e paz. Momentos de solidão, às vezes, são muito úteis para o encontro interno, mas lembremos que mesmo o Buda e o Cristo sempre voltaram para o mundo após períodos de isolamento.

Vou aqui abrir um raro parêntese para falar de mim mesmo, justificado pelo amor da partilha, não pela vã vaidade. Muitos me perguntam como eu e minha esposa, após vários anos de convivência, conseguimos viver tão harmoniosamente e de forma tão carinhosa e pacífica, parecendo dois eternos namorados. A resposta é muito simples e singela: me eu preocupo muito mais com ela que comigo e ela preocupa-se muito mais comigo que com ela. Recebemos assim as benesses do amor, que se perderia se o usássemos apenas em proveito próprio. Amando-se a si mesmo mais do que ao outro é impossível ter a alegria da alma, pois o amor é doação, não posse. A maioria das pessoas confunde amor com necessidade e chama de amor a falta que o outro lhe faz. O amor é pleno em si mesmo e brilha mais quando uma fagulha do seu fogo desprende-se e toca o outro, que também passa a brilhar um pouco mais.

É isso, meu irmão! Ser útil é ser participativo, é ser parceiro da Vida que está sempre em movimento, crescendo e evoluindo, enquanto a inércia é morte. Isso foi-nos ensinado pelo Cristo na parábola dos talentos, quando o senhor premia tanto o servo que lhe trouxe lucro com os talentos emprestados, como o servo fiel que tentou multiplicá-los para o seu senhor, mas os perdeu nessa tentativa. Mas castiga com severidade aquele servo que, por medo de agir e perder os talentos do Senhor, mantém-se inerte. Viver é agir! E não há forma melhor de agir do que sendo útil a todas formas de vida.

Sobre Vaidades

    Escute-me você, que, assim como eu, é uma pequeníssima parte da árvore da Vida. Por que quer ser parte da flor, parte do fruto ou parte da folhagem? Não sabe que a raiz que cresce humilde na escuridão é a base que sustenta e a boca que alimenta? Por que insiste mais em aparecer aos olhos do que ser percebido pelas almas? Vaidades, vaidades... Nada além de vaidades!

    Preste atenção, meu irmão, no que proclama a voz de um Irmão Maior: maior serviço está na irradiação da alma do que na ação do ego. É o tirar de muitas capas inúteis, não o adquirir de mais uma capa brilhante, que permite o refulgir da Luz. A verdadeira Luz que ilumina e aquece está encoberta por mantos e mantos adquiridos pelo homem no intuito de se fazer maior, mais bonito ou mais importante. Quanto mais desnuda a alma, maior o esplendor de Luz. É a pureza que conta, não o brilho das joias.

    Ah! Meu ingênuo irmão, que a cada dia aumenta o peso do seu fardo com inutilidades que chama de tesouro, dificultando ainda mais a caminhada... Se apenas soubesse do atraso causado por cada grama de matéria adquirida sem necessidade; e mais ainda, se soubesse que o peso que o atrasa e machuca o ombro é o alimento que fortaleceria o irmão que desmaia ao seu lado...

    Você, que se encanta com o som da própria voz, com o poder herdado ou adquirido, que se orgulha do berço em que nasceu ou do sangue que corre em suas veias, saiba que tudo lhe foi dado por Carma para que possa experimentar, saber e evoluir, não para que subjugue ou menospreze os irmãos menos afortunados, os quais trilham a mesma estrada junto a você, mas aprendendo outras lições.

    Ah! Meu esquecido irmão, se apenas se lembrasse da época em que era uma pedra no reino mineral, uma planta no reino vegetal ou mesmo um bichinho no reino animal, certamente não seria tão cruel e utilitarista, achando que a Terra foi feita apenas para o seu usufruto e dos seus irmãos do reino humano, mas amaria a toda natureza como uma parte de si mesmo – o que verdadeiramente ela é. Todos somos UM, partes iguais do mesmo TODO, momentaneamente diferenciados e separados no tempo e no espaço para a Divina Experiência. Não existe maior nem menor, apenas vaidades, vaidades... Nada além de vaidades.

Sobre a Alegria da Alma

Em escritos anteriores, muita ênfase foi dada à grande diferença entre a efêmera felicidade do ego e a duradoura alegria da alma. Reflitamos, agora, um pouco sobre o mais importante – a alegria da alma.

Algum tempo atrás eu estava lendo sobre uma importante pesquisa a respeito do nível de felicidade da população mundial, feita em um grande número de países, na qual foi constatada, com alguma surpresa, que em muitos países mais pobres e em desenvolvimento o nível de felicidade era maior. O Brasil estava muito bem cotado, nas primeiras posições, e o mais surpreendente é que nas comunidades periféricas e favelas, geralmente esquecidas pelo poder público, mas certamente não esquecidas por Deus, o resultado obtido era melhor do que nos bairros e localidades mais ricas e mais bem servidas pelo mesmo poder. O que dizer sobre esse aparente paradoxo?

Em primeiro lugar, gostaria de confirmar, embasado na minha larga experiência de dezenas de anos em trabalhos sociais, a verdade desses resultados. Sempre me assombrou um pouco como que, com escassos recursos materiais básicos, a alegria e o sorriso podiam fazer parte da vida de "pessoas tão necessitadas". Apenas posso dizer o que penso de tudo isso.

Eu acho que a verdadeira alegria é a recompensa daquele que vive sob a influência da alma, não sob os ditames do ego. Acho que cada ser humano nasce com certos objetivos na vida "Dharma" e quanto mais perto ele chega desses objetivos, mais satisfeito com a vida ele fica. Acho terrível como as pessoas são dirigidas, ou no mínimo influenciadas, pelas coisas que vêm de fora em vez das que vêm de dentro. Quantas necessidades supérfluas são gritadas todos os dias aos nossos ouvidos por uma propaganda materialista, dizendo que você precisa disso ou daquilo para ser feliz? Por que se sujeitar a padrões cada vez mais difíceis ou dispendiosos, para presumidamente satisfazer as expectativas sociais, se aquilo que lhe dará a paz é cumprir as expectativas do seu próprio Eu Interior? Como nos ensina o sábio oriental "Mais vale cumprir mal o seu próprio dharma do que tentar cumprir bem o dharma alheio".

A população que habita essas comunidades geralmente são almas mais jovens, que na luta diária pela sobrevivência obtêm os ensinamentos de que necessitam, não tendo tempo a perder com supérfluos, os quais alimentam a vaidade e o orgulho, servindo assim à alma e não ao ego e, por isso, recebendo mais alegria como pagamento.

Por que as pessoas preocupam-se mais em parecerem felizes do que realmente serem felizes? A resposta clara é que elas preferem satisfazer mais as expectativas dos outros do que as expectativas da sua própria alma. Se eu tenho um corpo saudável que me satisfaz bem, por que me sentir feia ou feio com opiniões alheias estandardizadas por uma opinião pública dominada por mídias falsas e interesseiras? Que obrigação tenho eu de trocar minhas roupas e meus bens, por que mentes fracas ou perversas dizem que estou fora de moda? Por que invejar um irmão mais beneficiado por Carma, por ser ele mais bonito ou mais rico, sabendo que cada um nasce com os atributos necessários às suas próprias experiências?

Ter momentos fugazes de felicidade é uma coisa boa e prazerosa, mas é a alegria da alma que nos dá a força necessária para fazer a vida valer a pena. Não deixe o desempenho do seu time, o tamanho do seu busto ou seu traseiro, a fria segurança de uma conta bancária ou a opinião de quem lhe quer mal para se sentir bem ditarem o seu humor. É dentro, e não fora, que se encontra a alegria de viver.

Sonhos e Pesadelos

A vida do homem é apenas uma noite de sono da alma,
que durante o dia vagueia em meio à claridade das estrelas
e à noite tem sonhos ou pesadelos na penumbra da Terra,
esquecida das glórias dos céus a que pertence...

E tu, homem, és um belo sonho ou um angustiante pesadelo,
na curta jornada de uma noite?
És um herói, um tirano ou um mero figurante,
no teu curto papel no teatro da vida?

Tu, homem, és uma semente que há de formar um frondoso carvalho
ou um atrofiado espinheiro?
Uma bela lembrança que viverá eternamente na memória da alma
ou um mero refugo destinado ao esquecimento?

Na verdade, homem, tu és Hércules e tua alma, Prometeu.
Por amor a ti, ela acorrentou-se à rocha da matéria;
para que tu, antes um sonho, pudesses tornar-te um ser imortal.
Um sacrifício à vida... Uma ideia viva na Mente de Deus.

E tu, homem, és sonhador em sonho alheio,
que presunçoso sonha que és separado,
enquanto és pequeníssima parte do Todo.
Tola folha que imagina poder viver fora do galho.

Sobre Milagres I
(uma visão mística)

Esta é a visão mais fácil de ser captada pela grande maioria dos homens comuns, que vivem majoritariamente polarizados nos seus corpos emocionais, ao contrário de uma minoria que já vive polarizada no corpo mental, por isso possui uma visão diferente, uma visão ocultista, da qual falaremos no próximo artigo. Esta é a visão dos grandes místicos do passado, que viviam, porém sem compreender, experiências metafísicas que chamavam de milagres.

Como já enfatizado em artigos anteriores, sabemos que o homem total vive em várias dimensões (planos) em corpos mais densos ou mais sutis. A matéria mais densa de cada plano (matéria do sétimo e último subplano) é ligeiramente modificada para servir de matéria-prima para a construção do plano imediatamente inferior, formando assim o elo entre as dimensões, o que permite um mergulho ininterrupto da consciência em planos cada vez mais materiais.

A grande devoção dos místicos do passado, que tinham corpos astrais-emocionais muito desenvolvidos, em contraste com os pouco desenvolvidos corpos mentais (São Francisco era analfabeto e, inclusive, era contrário ao estudos dos membros da sua ordem), fazia com que um "atalho" fosse criado entre o quarto plano astral e o sexto plano espiritual (de baixo para cima) sem passar pelo quinto plano mental. O que se chama milagre nada mais é do que a influência de um plano superior em um plano inferior e, nestes casos, quando não há o entendimento da mente, o fato é considerado "um milagre". É o divino dentro de cada um de nós, ou dentro de um outro ser mais evoluído, que o permite. Sim, tudo isso é muito real. A firme vontade energizada por um forte desejo atrai as forças da construção (os elementais da terra, da água, do ar e do fogo, os quais preenchem as formas-pensamento criadas pelo homem, ou seres superiores, com a sua própria essência). Todo feito externo tem sua causa interna. Como já enfatizado, há somente três criadores no universo, ou seja, um *Logos* (Deus Planetário), um Deva (Anjo) ou um homem, que, como diz a Bíblia, foi feito à imagem de Deus. "Sois Deuses!", afirmava Jesus em suas pregações.

As curas espirituais e outros "milagres" de vários tipos, quando evolutivos e inegoístas, são perpetradas pelo Eu Superior de cada um – com ou sem a consciência do eu inferior – ou por outros Seres Espirituais de maior ou menor grau. Já os "milagres" egoístas e não evolutivos são perpetrados por magia negra, trazendo sempre grande retorno cármico e muito atraso na evolução. Falaremos mais disso no próximo artigo, quando abordaremos a visão ocultista.

Na visão mística, diz-se que é a fé que cura – o que é uma verdade parcial –, pois é a fé, juntamente ao direito cármico, que permite a abertura para o alto e a possibilidade do "milagre", que é sempre feito pelo Eu Superior do próprio indivíduo ou por outro Ser Espiritual já liberto das leis físicas. O homem comum sabe muito pouco da realidade cósmica, pois está limitado pela sua mente inferior que abarca apenas os planos mais densos. Com a chegada de almas mais evoluídas, nesta propícia era aquariana, muitos mistérios serão elucidados. Hoje em dia, muitas das nossas crianças já nascem clarividentes etéricas, astrais ou com visão ainda superiores. Como nos profetizou O Cristo 2 mil anos atrás, "Tudo o que é oculto será revelado e a verdade será gritada de cima dos telhados".

Continuaremos este assunto brevemente em outros artigos. A brevidade e a síntese são fundamentais nos dias de hoje.

Sobre Milagres II (uma Visão Ocultista)

Esta é a visão mais fácil para uma minoria ocultista – aqueles que estão polarizados no seu corpo mental – e que usam mais a mente para entender as experiências metafísicas por meio da gnose, da ciência e da filosofia, enquanto o místico usa mais o conhecimento e as experiências religiosas. Todo místico um dia – geralmente em outra encarnação – se tornará um ocultista, e todo ocultista terá de possuir no seu corpo causal (corpo da alma) experiências místicas para se tornar completo.

Como já dissemos em outro artigo, pela devoção (um profundo sentimento e, por isso, um atributo do corpo astral-emocional), o místico constrói uma ponte direta do sexto plano (contando de baixo para cima) espiritual ao quarto plano astral-emocional; já o ocultista usa seu corpo mental para fazer a ligação do superior com o inferior por meio do seu amor à ciência e ao conhecimento. O ocultista liga, assim, a sua quarta dimensão astral à sua sexta dimensão espiritual por intermédio da quinta dimensão mental, obtendo portanto, como o místico, as suas experiências espirituais, porém não as considerando milagres, mas consequências lógicas do poder adquirido com a evolução espiritual.

Todos os acontecimentos metafísicos obtidos pelo ocultista são conseguidos por meio de uma mente aplicada e poderosa, e tanto o mago branco como o mago negro usam a disciplina e a meditação para conseguir seus objetivos, e é somente este fator – o objetivo – que faz a grande diferença entre os dois, os quais criam formas-pensamento para o bem ou para o mal. Enquanto o primeiro usa os poderes adquiridos para a evolução do todo, o segundo os usa de forma egoísta para si mesmo, atrasando em muito sua evolução. Assim como existe a Loja Branca (a Hierarquia Espiritual da Terra comandada pelo Cristo), existe a

Loja Negra, comandada por Adeptos da Mão Esquerda. A dualidade é essencial para a manifestação neste nível tridimensional em que vive o homem, e é disso que a Bíblia fala quando diz que Deus permitiu a Satã um certo período na Terra, antes de ser novamente expulso.

Hoje, está cientificamente provado que matéria é energia; está-se provando (o que foi sempre conhecido pelos iniciados da época) que a energia segue o pensamento; e, no futuro, saber-se-á que o pensamento é criado pelo Espírito – o verdadeiro Pensador nos níveis internos do ser. "Matéria é Espírito em seu grau mais denso e Espírito é matéria no seu grau mais sutil", como nos ensina a eterna Gnose.

Existem, hoje, no mundo três tipos de magia para se alcançar os "milagres": a magia branca criada conscientemente pela Loja Branca; a magia negra criada conscientemente pela Loja Negra; e a magia cinza criada inconscientemente pela maioria esmagadora da humanidade. É nisso que se baseiam hoje as inúmeras sociedades e instituições assentadas na manipulação do pensamento – algumas positivas, muitas negativas e outras ingênuas ou inócuas. Há pouco tempo, a Loja Negra tentou influenciar negativamente a humanidade, com um movimento mundial de larga escala chamado "O Segredo", o qual tentou conquistar novos adeptos da magia negra mediante o uso incorreto da mente, com o propósito de adquirir benefícios egoístas e ilegítimos. Felizmente, muito pouco resultado foi conseguido, por se achar ainda num grau infantil a maior parte da humanidade, incapaz de usar de forma correta a mente. A preguiça e a falta de disciplina impediram a grande maioria daqueles que tinham a possibilidade de alcançar algum êxito. Cumpramos da melhor forma possível nosso Dharma, aceitando com humildade nosso Carma, sem procurar enganar a sábia Mãe Natureza. "Cuidemos das coisas do Espírito que o resto nos será acrescentado" (o Cristo).

Sobre Milagres III
(uma Visão Pessoal)

Os últimos dias foram para mim um pouco difíceis, de muito silêncio e reflexão, pois não sabia se devia continuar esta série de artigos, que inevitavelmente chegariam a este ponto em que eu precisaria falar de mim e de experiências muito pessoais. Primeiro, porque a impessoalidade deve ser a tônica deste blog; segundo, porque arrisco a me expor ao ceticismo e a injustas críticas dos mais materialistas; terceiro, e o mais preocupante para mim, é a possibilidade, por causa da heterogeneidade dos leitores, de ser considerado uma pessoa esquisita, diferente ou especial. Mas, durante a minha caminhada desta manhã, a paz voltou-me com força após o seguinte pensamento: "Tudo que é feito por, ou com amor, deve ser tentado. A cura de erros ou mal-entendidos está na sua própria energia; além disso, toda verdade tem a sua própria força".

Na passada Era de Peixes (que ainda exerce muita influência), a grande maioria da humanidade, polarizada no corpo emocional, recebia as experiências metafísicas de uma forma errada e pessoal, o que fazia com que desenvolvesse o "complexo de santo", que dificultava muito a inspiração e os ensinamentos da Hierarquia ou do próprio Eu Superior da pessoa. Hoje, o homem aquariano (embora a maioria da humanidade ainda seja pisciana) não leva estas experiências de uma forma pessoal e as considera fatos normais no processo evolutivo. O Novo Grupo de Servidores do Mundo, composto de milhões de pessoas – Iniciados, discípulos e, em maior número, homens de boa vontade, inspirados pela própria alma – trabalha incansavelmente, anônimos e silenciosos, pelo resgate da humanidade e pela evolução do planeta; alguns conscientemente, mas maioria de forma inconsciente.

Com muita humildade e resignação, iniciemos esta pequena série de artigos com o humor que caracteriza o aquariano (o pisciano é geralmente muito sério e circunspecto). Obrigatoriamente, apenas alguns acontecimentos serão revelados por motivos muito pessoais e, principalmente, porque a mente crítica e separativa rejeita o metafísico. Abramo-nos à intuição que "sabe" de um modo distinto da mente...

"Quando eu tinha 7 ou 8 anos, um grupo de familiares adultos comemorava algum acontecimento em volta de uma grande mesa de mármore branco no centro da copa da nossa saudosa casa, na rua Boa Esperança. As crianças da família, impedidas de participar e apreciar as muitas guloseimas, foram colocadas contrariadas na cama em seu habitual horário das 20 horas. Após algumas horas, meu espírito inconformado com tal injustiça tomou o seu corpo astral, deixando em sono profundo o seu corpo físico, e flutuou até a um enorme lustre negro de ferro colocado acima e bem no centro da mesa. E assim ficou, apreciando os acontecimentos e conversas durante um certo tempo. No outro dia pela manhã, ingenuamente contei à minha mãe as muitas conversas que havia escutado e relatei fatos acontecidos no ambiente. Ah! Sabem o que aconteceu? Tomei um puxão de orelha e fui dormir de castigo mais cedo naquela noite por ficar acordado, escondido e metido com coisas de adultos."

"Este outro engraçado episódio aconteceu em 1975, nos Estados Unidos, quando eu tinha 17 anos e fazia intercâmbio naquele país. Eu estava lavando as louças do jantar com a minha 'mãe americana', que era uma religiosa fervorosa da Igreja Presbiteriana do bairro e que gostava muito de comer bem e, por isso, era uma matrona muito gorda e pesada. Ouvia com paciência a sua conversa fiada de como ela era gorda por causa do Demônio que a fazia comer em excesso. Após algum tempo de muito bla-bla-blá, tomei as dores do pobre capeta injustiçado e, num acesso de sinceridade, comecei a falar que a culpa era dela, não de um pobre desterrado, o qual não podia se defender. De repente, as luzes começaram a piscar, o lustre a balançar perigosamente no teto e um grande barulho a ser ouvido. A pobre senhora, assustada, pegou as chaves do carro, atropelou o cachorro da família que se achava no caminho, escancarou a porta e foi direto para a sede da Primeira Igreja Presbiteriana de Lakewood buscar o pastor para exorcizar o estrangeiro possuído que partilhava a sua casa. Pois bem, após algum tempo, entra na casa um respeitável ancião vestido de negro, seguido de perto pela lastimável senhora com o pano de prato na boca. Finalizando... após uns 30 minutos de agradável conversa, o pastor chamou a minha 'mãe', que escutava a conversa escondida na outra sala, dizendo que não havia nada de errado comigo e que, ela sim, deveria fazer um regime, se não quisesse visitar o Senhor mais cedo."

Sobre Milagres IV
(um Êxtase)

Com a aprovação da minha Alma e o incentivo dos irmãos, sigamos em frente. Pois, como bem disse a querida irmã: "A época é de Testemunho, não de pregação". A verdade deve impor-se por si só.

O ano é 1991. O local, um confortável hotel em uma cidade média do Japão, onde o time de futebol em que trabalho fará um jogo do campeonato japonês. Teria início a noite mais importante da minha vida – a noite entre os dias 20 e 21 de março.

"Eram mais ou menos 20 horas, e eu já estava recolhido ao meu quarto, estudando a Bíblia cristã pela 3ª vez, pois ainda não tinha contato com a Gnose transmitida em muitos livros modernos, escritos por Discípulos e Iniciados da Hierarquia (a Bíblia cristã também tem muitos ensinamentos trazidos por antigos Iniciados, embora escondidos em meio ao lixo casuístico de religiosos da época, principalmente no Velho Testamento). Este início da minha busca espiritual foi como garimpar um pouco de ouro entre enorme quantidade de inúteis pedregulhos. Valeu a pena!

Após algum tempo garimpando, senti uma presença incorpórea no quarto onde me encontrava. Nessa época ainda sentia um pouco de medo dessas coisas e, depois de um pequeno e angustiante tempo, tive uma reação pouco comum. Uma raiva tremenda me acossou e comecei a gritar com Deus: 'Pô, Pai, por que essas coisas acontecem comigo? Eu estou aqui estudando, buscando resposta para tanta coisa sem sentido, e agora mais isto! E você! Quem é você que está aqui? Apareça, covarde! Está com medo da luz?' Então, apaguei todas as luzes do quarto, atirei a Bíblia contra a parede e deitei muito irritado na cama querendo esmurrar a tal entidade incorpórea. Aí, tudo aconteceu...

De olhos bem abertos na escuridão, aguardando a resposta para o meu desafio, aos poucos fui me acalmando. No começo, era apenas uma ardência no centro do peito (nessa época eu ainda não sabia nada sobre os sete chacras no corpo etérico do homem e da verdade do Anjo Solar em cada um). Depois, essa ardência começou a aumentar tornando-se um gozo cada vez mais forte. Perguntei-me o que estaria acontecendo, quando então uma voz muito clara dentro da minha cabeça disse: 'Aquieta-te e aguarda, está tudo certo'. Aquietei-me e aguardei bastante surpreso com os acontecimentos.

Um calor cada vez mais forte juntamente a um gozo cada vez mais proeminente tomava conta do centro do meu peito, quando uma luz oniabarcante começou a surgir por todo o quarto tornando-se cada vez mais forte, até que me encontrei no centro de uma luz avassaladora que tudo anulava. Lembro-me bem da tremenda e profunda paz que sentia, juntamente a uma alegria indescritível que tomou todo o meu ser, fazendo-me exclamar: 'Isto é que é Paz! Não o pequeno sentimento que os homens sentem e chamam de paz'.

Uma enorme sensação de expansão começou então a ocorrer. Eu saí do meu corpo, planei sobre o globo terrestre e me identifiquei com tudo que estava nele contido. Eu era as árvores, eu era os animais, os mares, os rios, as outras pessoas, o céu, etc. Então, uma voz cristalina dentro de mim disse: 'Isto é você' – uma luz oniabarcante, sem centro ou bordas, onde só uma paz indescritível existia... 'Você não é nada disso', – mostrando-me o meu corpo físico estirado na cama, assim como também outras miríades de formas do mundo denso. Fiquei assim extasiado por um certo tempo, que me pareceu apenas alguns minutos. Quando abri novamente os olhos, a luz de uma linda manhã banhava todo o quarto, pois não tinha fechado as cortinas na noite anterior."

Como escrevi no artigo "Sobre o Ateísmo", descrever essas coisas é como tentar explicar para um cego de nascença o que é o azul, o verde, o vermelho, etc. Deus é impossível de ser descrito, Ele deve ser vivido para ser realmente conhecido. Essa possibilidade se encontra em todo homem, não apenas em poucos "escolhidos".

Sobre Milagres V (os Devas ou Anjos)

Antes de entrarmos no tema do título, vamos falar um pouco desta importantíssima evolução paralela à humana. Teremos antes que falar novamente das dimensões ou planos (agora que já estão mais familiarizados por causa dos artigos anteriores), onde está "Encarnado" nosso *Logos* Planetário. É preciso lembrar sempre que os sete planos em que evolui o Espírito humano – sendo o Divino o primeiro deles – são apenas subplanos do plano Físico Cósmico. O nosso *Logos* Planetário possui ainda corpos mais sutis nos planos: Astral Cósmico, Mental Cósmico, etc. "Assim em cima como embaixo" (Hermes Trismegisto). Abramo-nos à nossa intuição!

É no plano Monádico (o segundo de cima para baixo) que, pela primeira vez, o nosso *Logos* Planetário (Deus) começa a se dividir em muitos – e ainda permanecer – para a experiência na matéria. São centenas de bilhões de Mônadas (Espíritos ou Divinas Fagulhas), pois no primeiro plano (O Divino) tudo é Um, Absoluto e sem separação. Nesse elevado plano espiritual, entre outros misteriosos Seres, foram criadas 60 bilhões de Mônadas humanas e 300 bilhões de Mônadas angélicas. A Bíblia anuncia isso quando fala do filho pródigo (a humanidade) e o filho que permaneceu com o Pai (o reino angélico). Ao contrário do homem, o anjo nunca esqueceu da sua origem, e, por isso, sabe-se Deus, mantendo a pureza e muitos poderes do Pai.

Há muitos e muitos milhares de anos, os dois irmãos (o homem e o anjo) viviam e evoluíam juntos, mas, por causa do egoísmo e da ambição que se desenvolveu na humanidade, as duas evoluções tiveram de ser separadas e assim continuam até hoje, embora exista a cooperação entre alguns deles, de forma consciente ou inconsciente. A boa notícia é que esse relacionamento de cooperação está destinado a voltar nesta Era de Aquário. Muitos esforços têm sido feitos entre a Hierarquia Humana e a Hierarquia Angélica, e as próximas décadas verão uma aproximação cada vez mais estreita entre elas. Toda cura espiritual é feita pelos anjos ou pelo Eu Superior ou Anjo Solar (ler o artigo "O Anjo Solar", no qual se encontra muito ensinamento esotérico para aqueles intuitivos que têm olhos para ver...). O Reiki e outros processos de cura com a ajuda angélica já mostram esse processo, embora de forma ainda incipiente, em virtude da pouca pureza ou fé do parceiro humano.

Embora as duas evoluções tenham sido separadas, existem ainda algumas pontes de comunicação entre elas, sendo o reino vegetal uma delas, além de uma parte do reino animal, os pássaros. Não é à toa que os anjos são representados com asas. Isto ficará muito mais claro quando eu partilhar as minhas abençoadas experiências com estes Irmãos, nos próximos artigos.

Os corpos dos Anjos são feitos de pura e luminosa energia elétrica (a palavra Deva significa Ser de Luz), é por isso que a Hierarquia nos adverte, em razão das futuras aproximações, do perigo dos incautos e ingênuos que os tentam atrair com mantras ou cerimoniais, dos quais não possuem nenhum controle. Assim como a humanidade, eles possuem indivíduos em várias etapas de evolução, além de que os elementais (futuros Devas) se encontram ainda no processo involutivo, ao contrário dos Anjos, os quais, assim como os homens, se encontram em processo evolutivo.

Aguardemos com esperança e cautela os novos tempos. Quando formos mais puros e sinceros, quando aprendermos a amar verdadeiramente, nada poderá nos separar destes irmãos mais velhos.

Sobre Milagres VI (os Anjos e as Curas)

Continuando nossos estudos sobre este apaixonante tema, repassarei a vocês minhas experiências com o reino angélico e as curas espirituais, que tive a sorte de obter por intermédio desses irmãos maiores.

"O ano é 2001. Após muita luta externa e interna, depois da incompreensão de muitos, até que eu conseguisse mudar radicalmente de uma vida agitada e glamorosa para uma vida simples e silenciosa da busca espiritual, eu me encontro na pequenina cidade do interior de Minas Gerais, Carmo da Cachoeira, caminhando ao amanhecer de um domingo, em direção a uma cachoeira escondida, aonde gosto de ir para comungar com uma natureza ainda virgem. Algumas centenas de metros antes de entrar em uma mata fechada, em direção à cachoeira, comecei a sentir uma dor na região lombar direita. Lembrei-me das terríveis dores que eu sentia no mesmo local, dez anos antes, quando precisei fazer uma difícil cirurgia no meu ureter do rim direito, o qual inchava e dobrava de tamanho, por não poder escoar a urina, em decorrência do seu fechamento por um nódulo benigno de tecido conjuntivo. Imediatamente, percebi as tremendas complicações que viriam se estivesse tendo uma recidiva, não só uma nova e cara cirurgia, com um longo período de recuperação, mas também o fato de eu ter que voltar para BH.

Havia pouco mais de dois meses que eu estava morando em Carmo e frequentando Figueira, um centro espiritual, motivo de eu ter-me mudado para esta específica cidade que ainda não conhecia. Pensava em como, depois de tanta luta, deveria voltar e abandonar meus tão sonhados planos. Antes que eu começasse a amaldiçoar a minha sorte, uma paz repentina se estabeleceu em mim e eu disse: 'Pai, cumpra-se a sua e não a minha vontade. Em ti eu confio e em ti eu espero!'. Continuei confiante minha caminhada.

Cheguei à solitária cachoeira, sentei-me sobre minha pedra amiga e aquietei-me. Após alguns minutos, um imenso beija-flor (o maior que já vi em minha vida) começou a voar, rodopiar ao meu redor e a fazer estranhos movimentos de descida e subida bem rentes aos meus olhos, os quais fitava fixamente com seus olhinhos de diamantes. Alguns minutos se passaram e meu amiguinho se foi, deixando-me com um profundo sentimento de gratidão, porque eu sabia que aquele pequeno show particular não era uma coisa normal (embora nada conhecesse na época sobre anjos, curas ou sobre o relacionamento dos anjos com os pássaros).

Continuei ainda algum momento semiextasiado, quando, de repente, deu-me uma forte vontade de fazer xixi. Levantei-me e comecei a fazê-lo. Então percebi que uma urina negra, parecendo Coca-Cola, saía em grandes volumes. Pensei comigo mesmo: 'Ai meu Deus, meu rim estourou e o sangue coagulado está saindo pela urina'. Corri, então, para casa e liguei para minha cunhada que trabalhava em um conceituado hospital e pedi que marcasse para mim uma consulta urgente com um urologista amigo dela, pois sairia na madrugada seguinte direto para o hospital. E assim foi feito. Durante toda a noite, mal dormi pois monitorava minha urina, observando a sua cor em um copo de vidro, para ver se a coisa melhorava um pouco. Ao acordar com o despertador, às cinco da manhã, após um leve cochilo, fui fazer a minha higiene pessoal e checar mais uma vez a cor da minha urina. Que grande surpresa! Ela se tornara tão límpida e transparente quanto água de nascente.

Ao final daquela manhã de segunda, já no consultório do médico que analisava atento e surpreso a bateria de testes e exames aos quais me havia submetido com urgência, recebi dele a excelente notícia de que meu rim estava ótimo, que o ureter se encontrava completamente desobstruído, que ele não poderia explicar o que havia ocorrido e que era absolutamente normal, alguns anos após a cirurgia, um quisto de tecido conjuntivo se formar no lugar onde ela tinha sido realizada, o que fatalmente levaria a uma nova cirurgia. Que a urina negra provavelmente era sangue coagulado, mas, por Deus, quem teria desobstruído e limpado o canal, o qual estava agora em melhor estado do que o canal do outro rim? Só um milagre podia explicar o que havia acontecido. Então, e só então, eu lhe relatei o que tinha ocorrido..."

Sobre Milagres VII (os Anjos e a Cura)

Antes de continuarmos nosso tema, gostaria de enfatizar que todos os "Milagres" por mim partilhados nestes artigos foram fatos acontecidos no plano físico em plena consciência vigílica. Muitos outros aconteceram no plano astral (existem sonhos e sonhos durante o sono, quando a consciência se encontra mais livre e propícia a experiências e ensinamentos não sujeitos ao muito limitado plano físico).

"O ano é 2002. Eu estava em meio aos preparativos para mudar-me para minha nova casinha adquirida em Carmo da Cachoeira. Eu havia montado um formoso e singelo jardim na casa que alugara e resolvi levar comigo algumas plantas, às quais tinha me apegado (começara nessa época a desenvolver um amor mais universal, que passava a incluir todos os reinos). Ignorante na arte da jardinagem, tentei remover certo arbusto, removendo-o de forma errada sem as suas raízes de alimentação, deixando apenas as suas grossas raízes de sustentação. Replantei-o em frente à minha nova casinha e, mantendo sempre o mesmo cuidado, aguardava seu desenvolvimento. Para minha ingrata surpresa, a plantinha começou a definhar perdendo a cada dia as suas folhas até que, uma semana depois, não possuía mais nenhuma. Ao vê-la morrendo por minha culpa, um avassalador sentimento de compaixão se apossou de mim. Lembrei-me, então, dos novos conhecimentos sobre o reino angélico e o fato de toda planta ter sido criada por seres elementais, guiados por um Deva responsável pela alma-grupo a qual toda planta deve pertencer (nos reinos inferiores ao humano, os indivíduos não possuem uma alma individual como os humanos). Fiz então uma rápida e sincera prece ao Deva guardião da plantinha, lastimando a minha ignorância e pedi que, por favor, não a deixasse morrer. No outro dia, para minha grata surpresa, uma linda florzinha azul pendurada entre alguns galhos já secos (não o galho em que ela estava, claro) sorria para mim... Soube, então, que minha amiguinha iria sobreviver. Com lágrimas nos olhos, agradeci ao meu Irmão do reino angélico e segui em frente para minha caminhada."

"Estava eu juntamente com Beth, minha esposa, num sábado à tarde curtindo uma cervejinha gelada e escutando uma boa música, quando meu celular tocou e uma triste notícia me chegou, deixando-me muito abalado. Bastante chateado, levantei-me e fui para a varanda que dava para um bem cuidado gramado num nível um pouco abaixo. Em silêncio, apoiado no parapeito da varanda, fiquei bem juntinho abraçado à minha fiel companheira por alguns instantes, quando algo muito incrível aconteceu. Aos poucos, foram chegando vários pássaros de espécies diferentes, de diferentes tamanhos e cores e começaram a pousar no gramado bem à nossa frente. Em pouco tempo, todo o gramado estava completamente lotado por várias dezenas de pássaros, em tremenda algazarra. Beth, assustada, agarrou-se ainda mais ao meu braço, olhando-me silenciosamente nos olhos em muda pergunta. Sorrindo e enxugando as lágrimas de gratidão (pois agora eu já sabia), disse: 'Nossos irmãozinhos do reino angélico vieram me consolar!'"

Os Devas sempre estão atentos aos puros e sinceros sentimentos e jamais deixam de agir, mesmo quando ignorados pelos homens (isso é inevitável nesses momentos de parcial separação). Eles mantêm a pureza que, um dia, voltará a fazer parte da futura humanidade.

Sobre Milagres VIII (as Esferas Luminosas)

Vamos falar agora sobre os "Milagres" mais comuns, pois são vistos e confirmados por muitos, inclusive atraindo a atenção da ciência moderna, que tenta desesperadamente desmitificá-los com explicações materialistas, que são verdadeiras para alguns poucos eventos, mas não conseguem explicar a maioria deles e, quando algum cientista de mente aberta os confirma, a grande mídia simplesmente o ignora. Nesta trevosa e confusa época em que vivemos (Kali Yuga), a maioria das mídias se encontra nas mãos de forças involutivas, que lutam para manter o homem na ignorância espiritual, para permanecerem por mais tempo no poder, já que sabem que a grande ilusão (Maya) tem seus dias contados.

Como já foi bem enfatizado em artigos anteriores, a consciência é amorfa e constrói corpos cada vez mais materiais para experiências nos planos mais densos. Algumas delas que já não possuem esses corpos, mas ainda prestam serviço nos planos materiais, às vezes se "vestem" de corpos de luz para se comunicarem ou prestarem alguma ajuda. A luz é a matéria mais sutil que ainda pode ser captada pelo olho humano (embora alguns já possuam a visão etérica, herança futura de toda a humanidade), mas para essas Consciências já se tornou matéria grosseira. Poucos desses Irmãos de outros planos (dimensões) são extraterrestres. A grande maioria deles ainda faz parte do nosso esquema terrestre, vivendo e evoluindo nos planos sutis do nosso planeta (assim como alguns Seres Angélicos ou outros Seres da nossa Hierarquia Espiritual).

Como testemunho, sou obrigado a dizer que já os vi algumas vezes (em formas esféricas de luz). Durante certo tempo, os vi quase diariamente, quando precisava de apoio para cometer a "loucura" de deixar uma vida privilegiada e normal em busca de uma vida espiritual ainda incerta. Apenas citarei duas ocasiões que mostram como Eles se evadem da mera curiosidade e como, às vezes, interagem telepaticamente.

Pouco tempo após me mudar para Carmo da Cachoeira, um grande amigo veio me visitar. Orgulhoso, contei a ele da minha nova vida e de como eu tinha a ajuda dos Irmãos Maiores, convidando-o para um show no céu naquela noite... Pois bem! Depois de mais de uma hora de espera e com dores no pescoço eu, muito envergonhado, tive de lhe pedir mil desculpas pela ausência dos meus Amigos. Ai! Como doem às vezes certos ensinamentos...

Mais ou menos nessa mesma época, minha filha e uma amiga vieram também me visitar, e eu mais calejado as convidei após o jantar para ver o lindo céu que se apresentava lá fora... Após uns 20 minutos sob um céu estrelado e alguma "desprentesiosa" conversa sobre outras vidas no universo, minha amiga desagradou-se da conversa, "pois não acreditava nestas bobagens", e entrou para se recolher. Um minuto depois uma imensa bola de luz passou devagarinho bem próximo no céu sobre as nossas cabeças (minha e da minha filha), e eu entusiasmado gritei para que minha amiga viesse correndo; em vão. Olhei empolgado para minha filha, esperando algum comentário e para minha grata surpresa, ela simplesmente disse: "Não sei por que tanto alarde! Eu sempre acreditei nessas coisas!"

Não poderia finalizar este artigo sem antes mencionar os maiores fenômenos neste ramo – os Crop Circles. Sobre eles eu digo: a internet, assim como a Bíblia, é um riacho com muitos pedregulhos inúteis, mas escondidos no seu leito encontram-se muitos diamantes. Busquem e estudem sem preguiça que o tesouro será de vocês.

Pensamentos Soltos 11

"Somente duas coisas me espantam mais do que a maldade humana: a assombrosa capacidade de perdoar de um coração mutilado pela dor ou injustiça e a sua capacidade de amar em meio ao ódio. Entre estes dois pilares de mármore polidos pelo sofrimento, pende a alma salva do abismo escuro da desesperança e falta de fé."

"A mente humana tem uma natureza dual, composta da mente concreta, em relação com a parte esquerda do cérebro, e da mente abstrata, em relação com a parte direita. A primeira é lógica e dedutiva, enquanto a segunda é subjetiva e intuitiva. Ao ego pertence à mente concreta, que só pode acumular conhecimentos. À Alma pertence a mente abstrata, que só pode acumular sabedoria. Deus não foi feito para ser conhecido pelo ego, mas sabido e vivido pela Alma."

"Calma, meu irmão! Os erros e os acertos não são as coisas mais importantes na ação. O que verdadeiramente interessa é o que passamos a enxergar com a experiência. Fundamental é a aprendizagem. Sucessos e fracassos são apenas professores temporários na evolução da Alma e ambos têm valor. A experiência é sempre positiva, mesmo quando envolve frustração ou dor. O que é ruim agora pode se tornar uma coisa boa no futuro. O inverso também é verdadeiro. O importante é não ter medo de agir."

"Eis aqui mais uma informação esotérica que deve tornar-se exotérica, confirmando a profecia do Mestre Jesus: 'Breve chegará o tempo em que tudo que estava escondido será revelado e a verdade será gritada de cima dos telhados'. Ele estava falando da entrante Era de Aquário. Hoje, existem encarnados na Terra alguns milhões de Iniciados de Primeira e Segunda Iniciações (membros menores da Hierarquia Espiritual da Terra comandada pelo Cristo), embora a grande maioria deles não esteja consciente disso. Mas uma coisa é certa: se alguma pessoa diz que é um Iniciado, certamente não é. Existem também encarnados muitos Iniciados de Terceira e Quarta Iniciações, esses sempre conscientes disso, pois todos eles mantêm a continuidade de consciência ao movimentarem-se pelos diversos planos (Dimensões), enquanto trabalham pela evolução planetária. Até pouco tempo, se sabia de alguns Mestres de Quinta e Sexta Iniciações encarnados, mas em virtude de muitas especulações e falsas informações de pseudodiscípulos, hoje não se sabe se existe algum deles encarnado. A grande maioria dos membros da Hierarquia vive e trabalha nos planos sutis da Terra. Eles fazem parte do grande Ashram de Sanat Kumara – nosso *Logos* Planetário (Deus) –, que além deles conta com outros Iniciados de Graus maiores, a grande maioria vinda de planetas muito mais evoluídos do que a nossa humilde Terra, pois Ela ainda não produziu nenhum Iniciado maior que o Cristo, que tem a Sétima Iniciação. Um *Logos* (o qual tem no mínimo a Sétima Iniciação) precisa de Discípulos também de Oitava e Nona Iniciações para ajudá-lo a reger um planeta (lembremos que Iniciações são Graus cada vez mais altos de consciência). Alarguemos nossa consciência para absorver o Maior e o Novo.

Sobre a Imaginação

Tudo, absolutamente tudo, que puder ser imaginado é ou pode se tornar realidade. Todo o Universo manifestado foi antes um pensamento na mente do *Logos*, que se tornou realidade após a emissão da palavra sagrada... "E no princípio era o Verbo." Tanto o inferno quanto o céu de Dante são uma realidade nos planos sutis, criada pelas mentes de bilhões de seres humanos durante os 18 milhões de anos desde que o primeiro – o pensador – homem apareceu na Terra.

Pois então, imaginemos...

Em um tempo que não teve começo nem fim – a Eternidade –, um Divino Viajante Cósmico acordou de um longo período de descanso e, com ânsias de manifestação, fechou os olhos e em profunda meditação imaginou... Depois de um período nem curto nem longo, pois o tempo ainda não tinha sido criado, Ele expirou o Som e o primeiro raio de luz desvirginou o negro útero da mãe – o Espaço. O tamanho do "círculo-não-se-passa" da esfera criada não comportava a totalidade do Criador. Então, ele separou de Si Mesmo bilhões de partículas e as enviou à momentânea prisão esférica para a Divina Experiência.

Durante a queda, a ilimitada e puríssima centelha sem forma foi se revestindo com roupagens cada vez mais densas, em formas cada vez mais limitadoras, até que a momentânea separação trouxe o necessário esquecimento que permitiria o Divino Experimento.

Éons foram se passando e, completamente esquecida da sua divina origem, a centelha mergulhada na matéria ia experimentando, sofrendo e crescendo, sem saber que os outros personagens no teatro da vida eram também divinas centelhas irmãs e, por isso, com elas competia selvagemente por papéis mais proeminentes.

Houve, então, um período em que a fagulha cansada das lutas, dos sofrimentos, das derrotas e do fastio das vitórias jogou fora a sua clava, embainhou sua espada e retirou sua armadura. Sentiu-se leve pela primeira vez e, com o tempo roubado às lutas, começou a pensar, a meditar e a recordar... Recobrou a consciência, retirou os véus e enxergou pela primeira vez a luz que se irradiava dela e de tudo e todos à sua volta. Tudo era vivo e a luz brotava até da mais humilde pedra no caminho. Viu que tudo era Um, e que a mais humilde erva era sua irmã e soube assim, pela primeira vez, o que era compaixão – a energia do amor fluindo e a tudo permeando. Um novo olhar varava toda casca ou armadura e percebia a luz em cada um – fagulhas, fagulhas e mais fagulhas.

Grande, muito grande é a vontade de voltar... Porém, a compaixão é maior. "Pai, que me fizeste límpido como água de nascente; que me obrigaste a correr pelo leito do destino, lambendo sujeiras às margens da vida, tornando-me cada vez mais turvo; permite que mesmo escuro pelos defeitos; que mesmo impuro pelo pecado, eu possa irrigar o campo árido e formar a flor... Antes que este teu filho pródigo possa voltar à Casa do Pai"(singela oração de um jovem anônimo).

Sobre a Persistência

A você, meu irmão guerreiro, verdadeiro Hércules a lutar bravamente no cumprimento da sua imensa tarefa de completar com honra seus 12 trabalhos, que a cada vez que cai com os murros da vida busca novas forças dentro de si, levanta com o rosto sangrando, agarra com firmeza a sua clava com suas mãos calosas e, determinado, parte para cima dos obstáculos que o separam da sua divina herança, eu escrevo estas palavras.

Persista! Por mais duras que sejam as batalhas, o divino Carma com a sua inalienável justiça muniu-o com forças e armas suficientes à vitória, e de você depende sair da condição de semideus e tornar à casa do Pai como um Deus mais experiente.

Você, meu amado irmão, que sofre e luta nas garras dos vícios, lícitos ou ilícitos e se culpa desnecessariamente pela sua fraqueza, escute o que eu tenho a lhe dizer.

O chefe da tríade que compõe o ego (corpos físico, astral-emocional e mental) – a mente – é como um disco de vinil em que milhões de sulcos são formados pelas diversas experiências desta e de outras muitas vidas. Cada vez que renasce neste mundo, traz profundamente marcadas dentro de si, as tendências adquiridas pelas forças de bons e maus hábitos, os quais servem para sua ajuda ou empecilho, a ser transmutado, pois toda virtude é um vício ao contrário.

Não se culpe tanto assim, meu irmão! Pois as suas muitas dificuldades são heranças seculares, que muito dificilmente serão curadas em uma só vida. Cada pensamento, desejo ou ato que marcam o ego constroem, para o presente ou para o futuro (nesta ou em outra vida), um veículo melhor e mais propício para sua alma em evolução. Se não consegue liquidar de uma só vez aquilo que atrapalha sua caminhada e atrasa sua vitória, mantenha com vontade o pensamento correto, deseje com força a cura definitiva e, finalmente, aja de acordo com as forças que possui no momento, pois tudo isso são pequenos passos que o levam para a frente. O alcoólatra que consegue ficar um dia sem beber, o viciado em drogas que com muito custo consegue usar suas finanças em alguma outra coisa benéfica e os amantes de prazeres vis que conseguem barrar seus impulsos por amor ao próximo ou a si mesmos, todos esses encontram-se um pouco mais atrás, mas permanecem no caminho certo.

Persista meu cansado irmão! Pois santo é o pecador que nunca desistiu.

Sobre o Sexo: uma Visão Global

Como tudo nesta idade das trevas em que estamos vivendo (Kali Yuga), também o sexo se encontra em meio ao caos e à confusão. Tentemos abordar este tema sob a luz dos ensinamentos esotéricos ensinados pelos nossos Irmãos Maiores e, depois, de uma forma pessoal em outro artigo.

Foi necessária à evolução do nosso *Logos* Planetário (até os Deuses evoluem), muitos milhões de anos atrás, a separação do divino hermafrodita em macho e fêmea, para que fosse criada a dualidade que possibilitaria novas e necessárias experiências à Sua evolução. A esta benéfica energia sexual, uma subsidiária da maior e mais forte energia do nosso Sistema – o Amor –, foi dada a função de atrair macho e fêmea para a criação de formas que habitariam as consciências em evolução.

Infelizmente, essa divina energia foi e, continua sendo, muito malgastada em excessos perpetrados de forma egoísta pelo homem desde os primórdios da sua criação. O puro amor ágape (universal) foi transformado no amor porneia (de onde se originou a palavra pornografia). Isso está bem explicado no artigo "Falando de amor com minha filha", quando foram expostos os quatro tipos de amor mundano e os chacras (locais no corpo etérico) envolvidos na capitação desta divina energia.

Ao contrário do que dizem muitos puritanos e fanáticos ascetas, o celibato não é uma necessidade fundamental à evolução espiritual, pelo contrário, ele pode prejudicar, e muito, quando este dom divino é reprimido, causando muitos males físicos e psicológicos (que o diga a Igreja Católica, que de forma desumana obriga muitos buscadores do Espírito a se perderem no caminho com o celibato obrigatório). O sábio Caminho do Meio do Buda deve ser sempre buscado na senda que leva à evolução espiritual. Existe o tempo certo para tudo, e é muito perigoso contradizer o Carma quando Ele diz que ainda é preciso viver certas experiências na carne. Isso não quer dizer que muitas almas antigas, que já tiveram muitas experiências em vidas anteriores, dediquem à esta vida em especial toda energia do amor de uma forma espiritual e não carnal.

Como sabemos, a energia (inclusive a sexual) é indestrutível e ela nunca desaparece, apenas toma forma ou caminhos diferentes. É extremamente perigoso tentar bloquear o seu caminho e a catástrofe aguarda quem tenta fazê-lo, por exemplo, a destruição de tecidos corpóreos de vários órgãos, inclusive o tecido cerebral. O ensinamento esotérico nos ensina que esta potente energia criativa deve ser usada de maneira comedida e normal pelo homem comum ou, sublimada, transferindo-a do chacra sexual, na parte inferior da coluna vertebral, para o chacra da garganta, situado na altura da região cervical (o chacra da criatividade humana, responsável pelas maravilhosas e benéficas criações do homem em vários e diferentes campos).

Como nos ensinam as várias religiões do mundo: "Tudo foi feito para a glória de Deus". Usemos com sabedoria e parcimônia todos os dons que nos foram oferecidos pela Divina Misericórdia, para nosso crescimento espiritual.

Sobre o Sexo: uma Visão Pessoal

Antes de começar a escrever este artigo, gostaria de frisar bem que eu sou um livre-pensador e um liberal sobre assuntos e preferências sexuais, respeitando sempre todo aquele que usa sua liberdade, respeitando a liberdade dos outros, e não abusa dos pequenos, que ainda não apresentam discernimento para possuírem sua própria liberdade.

Sou um heterossexual e a única coisa que me desagrada na homossexualidade, ou na plurissexualidade, é também a única coisa que me desagrada na heterossexualidade, ou seja, a promiscuidade, além do desvalor com que alguns lidam com os relacionamentos com o outro. É preciso lembrar sempre que existe uma alma irmã habitando aquele corpo que nos atrai.

Sou monogâmico por opção, não por medo de um castigo de um deus iracundo (ou um cônjuge mais iracundo ainda). Sou-o também não por ser um amante da justiça, que preza e respeita direitos iguais num relacionamento, mas principalmente porque estou convencido de que a monogamia é para mim o melhor caminho neste mundo de excessos (aceito bem que não o seja para muitos e respeito sempre o livre-arbítrio de cada um). Sei também, como nos ensina o axioma esotérico, que a energia segue o pensamento, e que o homem verdadeiramente sábio controla com mãos de ferro seus impulsos e pensamentos, para que eles não conduzam, sob as asas de um desejo descontrolado, o submisso corpo físico a atos dos quais possa se arrepender no futuro.

Sou radicalmente contra a pornografia; não por causa de ingênuos pensamentos religiosos ou pseudoespirituais, mas porque sei do mal que os pensamentos lascivos de milhões de mentes em todo o mundo podem causar no plano mental, um dos três planos em que cresce e evolui o homem (planos físico, astral e mental). Se aqui no plano físico já sabemos do poder dos "memes", que rapidamente viralizam na internet, imaginem como o plano mental de Gaia (nosso planeta, onde todos nós possuímos nosso corpo mental) está infectado pelos milhões de memes pornográficos criados pelas mentes dos homens, que afetam de forma tão negativa e obsessora as mentes mais fracas ou mais jovens.

Como escrevi nos artigos "Sobre a Mente", p. 133, e "Sobre o Valor da Ciência", p. 276, a física quântica nos mostra a tremenda responsabilidade não só dos nossos atos, como também dos nossos sentimentos e dos nossos pensamentos, pois somos unos com todas as almas, não só as da humanidade, mas igualmente às dos habitantes dos outros reinos, que compõem unidas a *Anima Mundi* (Alma do Mundo). Tudo o que fazemos, sentimos ou pensamos afeta todo o mundo. Será que somos conscientes da enorme responsabilidade de viver?

Àqueles que me taxam de puritano, digo que não acho que a fidelidade seja o único caminho para felicidade a dois, mas certamente sei que ao dividir desejos e fantasias com minha companheira, ambos ganhamos muito; além, é claro, de eu dormir todos os dias com a mulher que eu amo... E desejo.

Sobre a Arrogância e a Prepotência

Tu, que nasceste em berço esplêndido
ou que forjaste teu sucesso com virtudes que o Carma te proporcionaste
e por isso te encontras em situação mais afortunada que teu irmão,
escuta o que eu tenho a dizer-te.
Achas que, porque foste colocado um degrau acima,
nos milhares de degraus da longa escada a ser galgada pelos homens,
podes olhá-los com orgulho como se fosse maior,
enquanto estás apenas momentaneamente um pouco mais alto?
Não sabes tu que o acréscimo na altura
foi para que pudesses enxergar mais longe,
para discernir melhor o caminho
e **não**, para arrogante, separar-te do teu irmão,
achando-te melhor do que ele?
Tu, que te encontras a alguma distância à minha frente
no caminho que nos separa do Sol
e olhas com desprezo o meu atraso e minha lentidão:
O que são alguns metros na imensa jornada que nos espera?
O que realmente importa é olhar o Sol de frente, caminhar na sua Luz
e não perder a rota, ao dar-Lhe as costas
e caminhar, assim, na escuridão da própria sombra.

Sobre Viagens

Eu já fiz muitas e grandes viagens na minha vida. Comecei aos 17 anos fazendo um intercâmbio nos Estados Unidos, que durou um ano. Depois veio o Catar, o Japão (duas vezes) e a Arábia Saudita, que duraram alguns anos, assim como muitas outras com menores durações. A única coisa comum a todas elas era a indescritível sensação de felicidade ao voltar para casa, cheio de saudades... "Minha alma canta...", como imortalizou nosso amado Tom Jobim em uma das suas mais famosas canções. Hoje, ao passar dos 60, ainda aguardo muitas pequenas viagens, embora sabendo que as voltas serão um pouco menos dramáticas.

Se todas essas viagens, pequenas ou grandes, fazem a alma cantar na volta, como deveria Ela se sentir na derradeira volta ao Lar, de onde saiu sob as ordens do Pai, para aprender nas escolas da vida? Por acaso, não é o homem um trabalhador em terra alheia, a colher e acumular os frutos da experiência ao final de cada dia? Por que deveria a Alma sentir-se oprimida e com medo antes do verdadeiro Encontro, ou melhor, Reencontro? Ah! Se toda Alma apenas soubesse o que a espera após cada entardecer de um cansativo dia de trabalho! Toda cidade, assim como o Rio de Janeiro, tem um Cristo Redentor (embora em diferentes roupagens) a aguarda o peregrino filho pródigo de braços bem abertos.

Ah! O período de espera dentro do avião da nossa saudosa Varig... A bela refeição regada a um bom vinho francês... E a certeza da gloriosa chegada.

Por que tantos homens sofrem nessa derradeira viagem? Por que manter os olhos fechados ou, então, embriagar-se pelo excesso de bebida e comida, enquanto corre o tempo sob as asas do avião que nos leva de volta? Por que desperdiçar as mais belas paisagens, que só das alturas de uma vida bem vivida podem ser contempladas, fechando as janelas do momento? Descanse... Curta e aproveite esses instantes sem a pressa da juventude ou do chicote da ambição, que obriga a acumular sem necessidade.

Escute com atenção, meu irmão! Jamais tema a derradeira viagem, pois aquilo que é chamado morte por aqueles que ignoram a Vida é vida mais plena para aqueles que conhecem a morte. Não é verdade que jamais alguém voltou para contar o que existe do outro lado, pois embora, como dita a Boa Lei – Carma –, o esquecimento seja necessário, o antigo veículo é pó que ao pó deve voltar. Muitos já conseguiram abrir a janela que ocultava a Luz, mas não encontraram palavras para descrevê-la. Irmãos mais velhos e experientes, iniciados nos mistérios do Desconhecido e que já viram assombrados as luzes e cores de um mundo mais real, não podem explicar a um cego de nascença o que é o verde, o azul ou o vermelho. É preciso comer o alimento para sentir seu gosto.

Ah! Meu irmão, aproveite com alegria e confiança o crepúsculo do dia que agora finda. Mantenha os olhos bem abertos à luz que míngua aos poucos e aguarde uma luz maior que há de vir. Pois assim deve ser a vida do ego, atenta e desperta do amanhecer ao anoitecer... Apenas um dia na vida da Alma.

Meçam Seus Exércitos

"Antes de entrarem na batalha, meçam seus exércitos" (Jesus Cristo).

Um dos maiores erros ao se entrar no caminho espiritual é se adquirir uma falsa noção de força e invencibilidade, o que traz muito sofrimento ao buscador, até que ele supere essa ilusão, que no fundo é uma vaidade escondida – o complexo de salvador do mundo.

É bem verdade que quando o homem acorda para A Busca, sua Alma manda muita ajuda em novas energias, as quais, no começo, são muito mal usadas pelo ego entusiasmado, em virtude do novo afluxo de força que o inebria momentaneamente, achando-se dono da verdade e tentando impor a outros suas ainda pequenas visões dela. É preciso muita humildade, paciência e cautela, para não causar um caos em sua vida e, às vezes, nas vidas daqueles que o cercam ou o amam.

Os primeiros momentos nesta Jornada são geralmente muito sofridos, pois a primeira coisa que a Alma nos faz é tirar nossos amortecedores psíquicos e emocionais, para que possamos enxergar os nossos erros, emendá-los e abrir espaço para nosso crescimento espiritual. Sempre é muito dolorido tomarmos consciência dos nossos defeitos e limitações, quando a Alma "nos puxa pelos cabelos" e muitos entram em choque ou mesmo em depressão, quando são obrigados a enxergar o próprio Morador do Umbral (monstro que nós mesmos criamos com nossos erros e maldades durante muitas vidas), que se interpõe no caminho, atrasando, assim, a inevitável evolução, pois, mais cedo ou mais tarde, a Alma sempre vence, embora um ego renitente possa dificultar em muitas vidas o seu progresso.

Ah! Meu bem-intencionado irmão, que luta bravamente para realizar seu novo e belo sonho, muito cuidado, para que cegado pela inebriante visão não atropele ou machuque aqueles que caminham junto a você. Toda mágica, toda transformação, acontece enquanto caminha, sofre e aprende com os seus irmãos de caminhada, pois o homem jamais caminha só, e caminhar é muito mais importante do que chegar. Não há pressa na Eternidade, onde O Pai em sua Morada aguarda com infinita paciência a volta do filho pródigo. De todas as ambições a pior é a ambição espiritual, que tudo anula em sua pressa de chegar, e cada abandono de uma mão estendida em apelo por ajuda é um fosso a atrasar ainda mais a jornada.

Ah! Meu irmão, que sua alma o guie pela mão no seu caminho. Que sua outra mão esteja sempre livre e o seu braço sempre estendido, alerta aos passos trôpegos dos irmãos que caminham com dificuldade ao seu lado. Que seus olhos estejam tão ocupados em vigiar os pequeninos, que se esqueçam da Visão. Que suas pernas sejam mais ligeiras ao acudir do que caminhar sempre à frente. Que o seu amor ao próximo seja maior do que o amor ao seu sonho. Que perdido em ânsias de compaixão, esqueça até mesmo da meta sagrada. Pois assim chegará mais rápido, para a sua própria sorte e a sorte daqueles afortunados de caminharem junto a você. Essas são as minhas preces para você, meu irmão e companheiro. "Os últimos serão os primeiros" (o Cristo).

Pensamentos Soltos 12

"O caminho evolutivo é longo e pouquíssimas pessoas sabem o ponto em que estão. A esperança e a fé são fundamentais enquanto não chega a certeza, e ela só vem com a vivência. Necessário é o conhecimento para abrir portas, mas o homem só se torna dono daquilo que ele vive. Deus não foi feito para ser conhecido pela mente, mas vivido pela alma. Sim, orar é fundamental, lembrando que a força da oração não está nas palavras, mas nos desejos sinceros do coração."

"A melhor receita para se lidar com as dificuldades que a vida nos obriga a engolir é tomá-las com um copo de bom humor, sabendo que elas são apenas remédios amargos para o nosso crescimento."

"Acorde, meu irmão, acorde! Até quando ficará limitado pelo falso sentimento de futilidade que encobre como um manto negro a luz do seu próprio Dharma? Poderia a humanidade existir se ao diminuto óvulo ou ao minúsculo espermatozoide fosse negada a chance de formar uma vida, pela descrença de que um dia poderiam formar o extraordinário corpo físico do homem? Poderia o poderoso carvalho existir sem sua preciosa semente? "Sois deuses", gritou o Cristo mais de 2 mil anos atrás. Até quando sufocará sua divina herança, por se achar muito menor ou muito maior do que verdadeiramente é? Todo ser humano, por mais humilde que seja, envolvido por limitações cármicas, físicas, emocionais ou intelectuais, tem sua grande ou pequena tarefa a cumprir neste mundo! Até o mais limitado ser humano ainda pode fazer uma prece sincera, a qual certamente será ouvida por Aquele que o observa e aguarda dentro de si mesmo. Por conta do livre-arbítrio, sem a ação do homem, até Deus tem que esperar... Embora a Vontade Divina sempre há de prevalecer em algum momento, independentemente da fraqueza, da preguiça ou do orgulho do ego."

"Por que a maioria dos homens aguarda a inevitável morte com angústia e medo, enquanto alguns a aguardam com alegria e confiança? Por que para a maioria a morte é um salto no escuro e para alguns ela é uma sonhada volta para casa, após uma longa jornada no estrangeiro? A fé não é o prêmio de orações, egoístas ou não, mas a certeza daqueles que fizeram o contato com o seu Eu Superior."

"É verdade a relatividade entre o certo e o errado. Mas verdade maior é o fato de o homem ter nascido para agir, experimentar, aprender e evoluir. Os erros são inevitáveis, porém a lei do Carma sempre volta a equilibrar a balança. 'Eu vomito os mornos. Porque não fostes nem quente nem frio eu te afasto da minha presença' (Bíblia Sagrada)."

"Eis os dois maiores trunfos a serem conquistados na nova Era de Aquário: o primeiro é a descoberta do Deus Onipresente, Imanente no interior do homem e presente em toda a criação, além do já conhecido Deus Onipotente e Transcendente da Era de Peixes. 'Depois de doar uma Partícula de Mim Mesmo a tudo que existe, Eu Permaneço' (*Bhagavad Gita*). E o segundo é a conquista pelo homem da Fraternidade Universal entre todos os seres, de todos os reinos."

A Maior Lição da Minha Vida

Sempre ouvi falar que temos de estar muito atentos na vida, pois o ensinamento pode estar nas coisas ou nos seres mais simples. O nosso orgulho humano muitas vezes nos impede de aprendermos com os seres dos reinos "inferiores" como os vegetais e os animais, esquecendo-nos que Deus habita tanto dentro deles quanto dentro de nós e que não deve ter professor melhor que ELE. Mas assim é... E foi assim que tive a maior lição da minha vida, de uma cachorrinha chamada Nina, que, vira-lata abandonada "ou obrigatoriamente largada" pela mãe, foi achada filhote chorando dentro de um bueiro aberto em uma pequena cidade do interior.

A história começa assim: o meu vizinho Sergio salvou a Nina de dentro de um bueiro, cheio de água, em um dia chuvoso, quando voltava para casa ao entardecer. Ele ouviu o seu chorinho fraco e, por compaixão, levou-a para casa e adotou-a como animal de estimação. Como nessa época não havia muro separando as nossas casas, Nina adotou o tapete da minha porta da frente como cama, e este se tornou o seu lugar favorito na área. Tomou posse do meu jardim e depois do meu coração.

Assim, naquela época como hoje, por ser eu um ermitão moderno extremamente disciplinado e tendo alguns férreos hábitos, como o de acordar todos os dias as cinco horas da manhã, meditar por mais ou menos duas horas, e depois sair para uma caminhada de seis quilômetros em meio a natureza – faça chuva ou faça sol. A Nina nessa época era minha fiel companheira nessas fecundas caminhadas.

Houve alguns dias nessa época em que eu andava meio meditabundo, mal-humorado, chateado com a vida e meio aborrecido com Deus, por permitir tanta maldade e sofrimento neste mundo, mas mesmo assim a disciplina... e a Nina, obrigavam-me a caminhar.

Quero abrir um parêntese, para dizer àqueles que nunca tiveram a sorte de amar um animal, que esses irmãozinhos menores, que não sabem sorrir com a boca, sorriem com os olhos de tal forma, que enfeitiçam os seus donos e conseguem tudo que querem.

E foi num desses dias lindos e leves, que eu, com o coração pesado, iniciei minha habitual caminhada em direção a uma pequenina praia branca às margens de um córrego da região. Depois de mais ou menos 30 minutos de caminhada (e 30 anos de pensamentos trevosos) cheguei mal-humorado a prainha branca, que margeava um córrego de águas claras em meio à densa vegetação.

Estava eu em pé e descalço em frente a uma pequena queda d'água, ruminando revolta, indignação e raiva, quando o milagre aconteceu.

A Nina começou a correr como louca até a rasa beirada do córrego, chapiscava-se com a água cristalina e voltava como um raio passando entre as minhas pernas, que logo ficaram todas molhadas. Ela repetiu isso várias vezes, até me tirar do transe maléfico, e me trazer para o real lugar em que estávamos – um pedacinho do paraíso.

Em câmara lenta eu vi a Nina chapinhando e atirando milhares de diamantes ao céu, depois pegar os dois maiores com os olhos e correr para junto de mim novamente, e com o maior e mais puro sorriso do mundo, parou junto aos meus pés, olhando-me profundamente nos olhos. E foi aí, nesse solene momento, olhos nos olhos, alma na alma, que eu fiz a pergunta: Nina, como você pode ficar tão feliz com este pequeno passeio e com um momento tão fugaz? E ela me respondeu com os olhos de Deus: "Eu vivo estes pequenos momentos com a força da eternidade".

E foi assim, que a pequeNINA me ensinou a viver cada momento como se fosse único, e a valorizar os pequenos diamantes em meio aos cascalhos da vida.

Sorria! O sorriso iguala as pessoas.

Sobre o Mal I

"Não desafieis o mal!" (Jesus Cristo).
É preciso muita reflexão, conhecimentos exotéricos e esotéricos, ajuda dos Irmãos Mais Velhos e, principalmente, a luz da alma – não só da mente – para se chegar ao cerne deste importantíssimo ensinamento nos legado pelo primeiro ser humano da humanidade terrestre a se iluminar e abrir o caminho para que todo filho pródigo – o homem – volte à Casa do Pai. De acordo com o Mestre D.K., o Tibetano, um Mestre de 5ª Iniciação, livre das peias da Terra, somente após a 6ª Iniciação, então Chohan, torna-se apto ao conhecimento universal e discerne pela primeira vez o que é o Mal Cósmico.

Jesus Cristo nos diz para não desafiarmos o mal, não que não lutemos contra o mal, pois sabia muito bem que a evolução humana depende exatamente disso, da luta e da vitória sobre o Mal, que é somente tudo aquilo que não é o Bem, ou seja, Deus. Não desafiar o mal, porque o mal é permitido por Deus e, por isso, está muito além da vontade humana (como ensina a Bíblia Sagrada quando fala da permissão dada a Satã), e para que o homem, usando seu livre-arbítrio, escolha o Bem e não o Mal.

O mais importante nessa luta de Hércules (a alma humana), para conseguir a sua divina herança e se tornar membro do panteão dos Deuses, é lutar contra o mal sem odiar os veículos ou as formas que o mal usa para se manifestar, pois o ódio é sempre a maior vitória do mal. O ódio é o maior inimigo do Amor, o qual é o maior atributo do nosso *Logos* Solar – Deus. O terrível grau de atrocidades perpetrado pelo Estado Islâmico não tem como objetivo as conquistas territoriais, como possa parecer aos ingênuos – na verdade, isso até atrapalhou –, mas estimular o ódio em todo o mundo por meio de barbáries e covardes torturas. As terríveis forças malignas que obsidiam os maléficos líderes do Isis sabem muito bem da impossibilidade de tal califado do mal no mundo moderno, por mais caótico que o mundo esteja no momento. Não só o Oriente Médio, mas também o mundo inteiro passa hoje por uma importantíssima crise, em que sistemas políticos ultrapassados, como o nacionalismo, o comunismo e o socialismo populista, lutam para se manter vivos em meio à tremenda insatisfação humana. Como nos ensina a história da humanidade, o novo sempre vem após as dores e os sofrimentos causados pela luta inglória do velho em seus momentos finais. A nova Era de Aquário, com a sua fraternidade, justiça e consequente paz, já anuncia com os seus primeiros raios a aurora de um novo mundo.

Um dos mais árduos deveres do homem é não permitir que a justa indignação se transforme em ódio, com seu inevitável desejo de vingança, este ferro em brasa a cegar os olhos da razão. E, sem a luz da razão, toda justiça é cega. É possível destruir o mal sem deixar de amar aquilo pelo qual o mal vem. Toda forma é obrigada a carregar o carma da matéria, que usa para sua expressão terrena – matéria colorida pelas diversas experiências do passado no cumprimento da divina experiência da Criação. O que chamamos de pecados, falhas e erros são apenas tropeços, às vezes inevitáveis, ao trilharmos a senda que nos leva ao Infinito. E santo é apenas o pecador que nunca desistiu.

Kundalini

Lembrando o que foi escrito em artigos anteriores, os novos ensinamentos da nossa Hierarquia Espiritual tiveram sua primeira parte nos anos entre 1875 e 1890, pelos ensinamentos e livros da Iniciada Helena Petrovna Blavatsky. A segunda parte veio entre os anos de 1919 e 1949, com a Iniciada Alice A. Bailey, que escreveu os livros do Mestre Ascencionado Djwhal Khul, o Tibetano. E, a terceira parte, a partir de 1975, que continua até os dias de hoje por intermédio não só de Iniciados menores, mas também por meio de outros milhares de homens de boa vontade guiados pelas suas próprias almas (um efeito das novas energias de Aquário). Estou me referindo aos últimos esforços coletivos feitos pela Hierarquia como um todo, pois desde os primórdios da humanidade instrutores maiores ou menores se sacrificaram para trazer um pouco de luz em meio às trevas.

Prana é a Vontade de Deus solidificada em energia, a qual permeia tudo no Universo, trazendo Vida a todas as dimensões, inclusive a material. É Shakti Prana (Divina Energia) ou a "Serpente de Fogo", como simbolizada nos ensinamentos orientais, que enrolada no último Chacra "Roda de Fogo" na base da coluna traz vida ao homem material. Shakti é a Mãe (matter – matéria), a Deusa imanente não só no homem, mas também em toda a natureza, que finalmente há de se encontrar com o Pai no primeiro Chacra (Coronário) na consumação final do Divino Casamento. Embora essa consumação final só seja realizada no final da senda humana, podem às vezes ocorrer raros e fortuitos encontros passageiros, que mudam para sempre o destino da maravilhada testemunha – um Êxtase –, que é quando a pequena consciência humana mergulha na Consciência Divina e por um breve lapso de tempo participa da sua Onisciência. Isso é muito mais comum do que pensa a esmagadora maioria da humanidade, que nunca teve a sorte de passar por esta magnífica experiência. E isso não acontece apenas com os santos ou com persistentes iogues, mas também de forma inexplicável e repentina com muitas outras pessoas comuns (Ver artigo: Sobre Milagres IV – um Êxtase, p. 179). Este "Casamento no Céu" é a herança final de toda a humanidade, não apenas o prêmio dos poucos afortunados que conseguiram se adiantar no caminho. Todo filho pródigo há de tornar à casa do Pai, mesmo que ele atrase éons perdido na escuridão da matéria.

Como disse um grande Mestre Ascensionado: "Cuidado todos vocês que anseiam e labutam perigosamente para o encontro em iludido egoísmo espiritual, tentando despertar prematuramente a serpente enrolada na base da coluna. Não há saltos na natureza, por isso cumpram com humildade e paciência o trabalho de cada dia, fundamental ao correto despertar de Kundalini. A loucura e a morte aguardam os imprudentes e ambiciosos que reclamam sua divina herança antes do tempo". Esta advertência pontual e necessária alerta não só aos muitos seguidores da Hatha Yoga do Oriente, mas também ao número cada vez maior deles do Ocidente. Tremendo é o perigo, e muitas promissoras encarnações foram perdidas por aqueles que destruíram seus veículos físicos, queimando os órgãos internos, principalmente o cérebro, por meio de mortificações ou de perigosos exercícios de pranayama, ensinados por ambiciosos ou ignorantes instrutores, os quais jamais tiveram ao menos a bem-aventurança de um êxtase, que por si só não faz do felizardo um instrutor. Cheios estão os sanatórios – principalmente no Oriente – e também os cemitérios de ingênuos ou imprudentes buscadores da verdade. Hoje, mesmo na Índia existem vários "santos" que, por conta da queima prematura das redes etéricas que separaram os chacras ou pela sequência errada na subida de Kundalini do sétimo ao primeiro chacra (de baixo para cima) pelos canais da coluna vertebral Sushumna, Ida e Pingala, vivem perdidos em transes inúteis, assim como vegetais, tendo as suas necessidades básicas supridas por devotos e ingênuos discípulos, que acreditam estarem adorando uma divindade. Como frisei antes, com a ajuda das novas energias de Aquário, os Anjos Solares de cada um "puxam pelos cabelos" as almas humanas na direção da verdadeira espiritualidade.

Como disse o Mestre Jesus em um evangelho apócrifo: "João Batista os batizou com água, porém Eu os batizo com o Fogo do Espírito Santo", o fogo interno que dorme internamente em vocês e que deve subir até a cabeça para a comunhão com o Fogo Externo.

Como nos ensina as sagradas escrituras: NOSSO DEUS É UM FOGO CONSUMIDOR.

O Morador do Umbral

O símbolo do Infinito (Deus) é uma serpente, que em um círculo morde a própria cauda, significando com isso que o Universo é um sistema fechado, onde tudo que se expande volta ao começo. Espírito se transforma em pensamento, pensamento se transforma em energia, energia se transforma em matéria e, finalmente, a matéria volta a se transformar em Espírito, no final de cada Aeon. O Universo é Deus em manifestação.

Como tudo é Deus e nada pode ser descartado, onde fica o lixo momentâneo produzido pelas miríades de seres maiores ou menores e ainda imperfeitos, os quais vivem a divina e passageira experiência no tempo e no espaço? Em outras palavras: se tudo é Deus, o mal também é Deus, como o Absoluto lida com isso? Sobre o mal cósmico nada temos a fazer, além de sentir e lidar com seus maléficos efeitos com a ajuda de Irmãos Mais Velhos, pois como nos diz um amado Mestre: "Somente um Chohan de Sexta Iniciação tem consciência suficiente para compreender o Mal Cósmico". Agora, sobre a maldade humana podemos estudar o que nos diz os antigos e os atuais ensinamentos, oriundos da nossa Hierarquia Espiritual, por intermédio dos seus sábios Mestres e discípulos, além de contar com o conhecimento intuitivo, ou seja, que vem dos nossos níveis sutis superiores, por meio do Antahkarana – ponte entre a mente concreta egoica e a mente abstrata espiritual.

Se, como tantas vezes lembrado nestes artigos, somente o bem é guardado eternamente na alma e o mal é descartado, o que acontece com o mal? Institivamente a resposta já foi dada pela própria humanidade pela simbologia do anjinho e do capetinha que habitam o homem e que vivem em constante atrito; uma vez ganha um, outra vez ganha o outro, tumultuando e agitando a confusa vida do homem comum. O mal ou o lixo humano produzido pelo homem é acumulado e guardado pelo seu próprio Morador do Umbral – o capetinha – que habita em cada um. Este assunto só será resolvido (já que não existe aniquilação, pois tudo é

Deus) na longínqua Terceira Iniciação (Transfiguração), quando o Morador do Umbral é dissolvido, transmutado e absorvido pelo Anjo Solar de cada um.

Como colocado em artigos anteriores, o mortal ego humano é composto dos corpos físico, astral-emocional e mental. Seus corpos físicos e astrais possuem matéria de todos os sete subníveis, mas seu corpo mental apenas matéria dos últimos quatro subníveis, pois os três primeiros subníveis do plano mental são territórios da alma humana. É a mente abstrata (Alma) – por meio do Antahkarana – que emite flashes de intuição ou conhecimento direto, que momentaneamente iluminam a mente concreta (ego).

Tanto o Anjo Solar como o Morador do Umbral podem, às vezes, se materializar aos olhos do afortunado ou aterrorizado homem, em formas sublimes ou grotescas, como nos legam as lendas sobre anjos e demônios tão presentes no folclore popular. É no ponto mais alto da cerimônia da Terceira Iniciação que o assombrado Iniciado vê e registra em sua consciência a terrível batalha final, em que a tremenda luz do Anjo Solar desfaz e transmuta o grotesco monstro de sombras – o Morador do Umbral –, liberando o homem para viver apenas como Alma e não mais como ego. A luz dessa Terceira Iniciação é tão forte que chega a formar uma auréola de luz em torno da cabeça do Iniciado no plano físico. Isso foi o que aconteceu com o Iniciado Moisés, que ao descer da montanha três dias após a sua Terceira Iniciação, teve de colocar um saco de pano na cabeça para não assustar o seu povo, que ansiosamente o aguardava no sopé dela para receber as tábuas da lei. É também a causa das auréolas douradas das pinturas dos santos medievais.

Então, meu irmão, como tem vivido sua vida? Alimente e fortaleça de luz a sua Alma, ou alimente e fortaleça as trevas de seu Morador do Umbral. A você, e somente a você, depende o momento final em que a espada do Anjo desfaça o Monstro Sombrio, pois foi você mesmo que o criou com seus erros e maldades durante milhões de anos em milhares de vidas.

Na Terra temos a grande batalha entre Sanat Kumara, o Ancião dos Dias, *versus* Satã. No homem temos a batalha entre o Anjo Solar *versus* Morador do Umbral. A Guerra nos Céus e a Guerra na Terra. "ASSIM EM CIMA COMO EMBAIXO" (Hermes Trismegisto).

Momentos

No princípio nada existia
e o Tudo dormia no seio da sua Própria Eternidade.
Então... O sonho; a ânsia de vida; a vontade de Ser.
A tremenda vontade de manifestação cria o Espaço... O Tempo.
Nasce a Divina Experiência,
e da vontade de saber nasce uma consciência... O Homem.

E tu, divino filho da necessidade,
que uso fazes da preciosa oportunidade?
Como aproveitas os preciosos momentos,
filhos do tempo e da paixão pela vida?
Ama-os como únicas e verdadeiras joias do presente
ou os trai com lembranças do passado e quimeras do futuro?

Escuta, com atenção, a tênue voz do Espírito que em ti habita.
Abre os olhos, a mente e o coração para o instante que te rodeia,
Pois nada mais é importante.
O passado e o futuro só terão valor,
quando vividos no presente
e cada flor desabrocha somente no agora.

Nada é feito para nada
e tudo é feito para a consciência.
Quando os teus olhos estão cerrados,
um mundo inteiro deixa de existir
e Deus perde a oportunidade
de experimentar um pouquinho mais.

Sobre Humanidade II

A Humanidade é uma entidade grupal composta de bilhões de seres humanos, encarnados ou não, os quais são as células que compõem os diferentes órgãos que fazem dela um indivíduo único em uma sociedade universal de seres cósmicos, em diferentes graus de evolução, guiados por uma inteligência central única vagamente conhecida como Deus. Eis aí uma grande verdade esotérica, que está se tornando exotérica e que deveria ser gravada em letras de ouro na fachada da ONU em Nova Iorque.

A humanidade terrena é muito jovem relativamente à sua experiência no tempo, finitos momentos curtos ou longos na eternidade, e como todo jovem é imatura e voluntariosa, carecendo de virtudes como a paciência, que permite esperar com calma o aparecimento dos frutos que só o tempo pode amadurecer. E assim também é todo homem – parte ínfima do seu corpo.

Inevitavelmente, no caminho evolutivo, chega um momento em que o homem é obrigado por sua alma a desviar o olhar, que antes era direcionado apenas para fora, para dentro de si mesmo, para que se possa manifestar nele o axioma ocultista "Homem conhece a ti mesmo e conhecerás o Universo", sem o qual a evolução humana ficaria comprometida. Infelizmente, quando chega este crucial ditame da alma, a maioria dos homens como seres ainda imaturos de uma jovem humanidade tende a ignorá-lo, em virtude das perdas que acham que adviriam da entrada em uma vida espiritual mais plena, a qual os obrigaria a assumir definitivamente seus deveres e responsabilidades com o Todo, em detrimento da coisa mais importante antes – a sua própria felicidade.

Outra coisa que geralmente acontece nesses fundamentais períodos na evolução do homem é que aqueles que aceitam as novas regras e objetivos oriundos do seu Eu Superior não possuem a paciência para esperar com calma os acontecimentos que, certamente, haveriam de vir em função das mudanças e, por isso, se afligem ansiosos, querendo resultados mais imediatos e concretos. Assim que o homem acorda e começa a percorrer a nova senda, geralmente ocorre exatamente o oposto do que esperava e, justamente no momento em que se tornou mais espiritualizado, ele começa a ter mais dificuldades do que antes. Isso acontece porque são retirados os amortecedores (como define Gurdjieff), que são proteções criadas durante muito tempo, às vezes vidas, pelo ego egoísta, para não reconhecer inúmeros vícios e defeitos, os quais durante muito tempo o iludiram, dizendo que ele era uma "boa pessoa" e que eram muito "normais" suas muitas atitudes egoístas. Certamente é sofrida essa desilusão, mas é preciso reconhecer que, apesar da dor inicial, ela é apenas uma poda que a vida faz para que se possa continuar crescendo. Não se deve "colocar vinho novo em odres velhos", como nos ensinou o Mestre dos Mestres, e uma limpeza do campo tem que ser feita antes da nova semeadura.

Embora cada um tenha um diferente papel no drama interpretado pela humanidade no teatro da vida, é preciso lembrar sempre que no íntimo ele é um deus em evolução e que jamais deveria se identificar, como o faz a maioria, com o personagem ilusório e finito que é obrigado a interpretar no espetáculo de um dia. Pois, verdadeiramente, é isso que o homem é – um dia bom ou ruim na vida da alma.

Sobre o Suicídio

Nas últimas semanas, foi extensamente noticiado em todas as mídias americanas e mundiais um problema que se alastra não só nos Estados Unidos, mas também em todo o mundo – um alarmante aumento no número de suicídios. Em pouquíssimo tempo três grandes expoentes da cultura norte-americana (não me lembro dos nomes neste momento), uma renomada estilista de muito sucesso, um renomado chef de *cuisine* conhecido em todo mundo pelos seus programas de televisão e um famosíssimo astro do cinema se suicidaram no auge de suas famas e carreiras. O que teria levado essas pessoas ricas, bonitas e famosas, tão invejadas por muitos, ao tão radical ato de terminar suas existências de forma tão dramática? O que estaria por trás dessa tragédia que só aumenta nestes tempos tão estranhos e caóticos?

Como todos sabem, e eu venho enfatizando nos meus humildes artigos inspirados por minha alma, estamos numa tumultuada etapa de transição entre as eras de Peixes e Aquário, um período que necessariamente é muito confuso, por conta do grande conflito entre as novas energias entrantes e as velhas energias em saída. Uma era de religiosidade devota e emocional deve ceder a vez a uma era de espiritualidade racional e prática. Como está acontecendo tudo isso?

A primeira coisa que as energias de Aquário estão fazendo em relação à humanidade, "Ela age de forma diferente e especificamente em todos os diferentes componentes da natureza", é uma grande estimulação da parte mais nobre e sutil do homem – a sua alma. Quando falamos do desenvolvimento da espiritualidade, estamos falando do desenvolvimento da alma, pois um ego sem a influência dela é necessariamente um ser materialista, ou seja, um egoísta. Hoje em dia, dadas as energias de Aquário, as almas de todos os seres humanos estão muito mais poderosas e energizadas, por isso "Puxam seus egos pelos cabelos" para acordá-los de um sono materialista para uma nova realidade espiritual. Sem a alegria e a paz da alma, resta ao homem a busca das efêmeras felicidades do ego, coisa relativamente fácil para egos mais antigos e, por isso, com corpos materiais físicos, emocionais e principalmente mentais mais evoluídos, até que por meio do terrível flagelo do fastio "Pior do que a fome que às vezes pode ser saciada", ele se posta empanturrado, desanimado e sem novos objetivos, já que conquistou tudo que um ego ambicioso pode conquistar, e não resta a ele senão o desânimo, a depressão, a morte, ou... Descobrir novos valores para a vida... Descobrir aquilo que é de valor para a alma... Os tesouros espirituais.

Eu estou falando apenas desses suicídios que parecem inexplicáveis, contrariando a vida glamorosa de suas vítimas, pois existem muitos outros com diferentes explicações. O espaço deste artigo é muito curto para uma abordagem mais ampla. Resta apenas pontuar que muitas vezes a insana busca de prazeres cada vez maiores leva ao ilícito, frequentemente com o cometimento de crimes, os quais aumentam o carma negativo, que em um momento, nesta ou em outra vida, terá de ser resgatado.

Um ego sem a luz da alma afunda-se cada vez mais na escuridão.

Pensamentos Soltos 13

"Uma coisa fundamental a ser compreendida por todos aqueles que iniciam a Busca – a procura das verdades espirituais – é o fato de que tudo que se descobre no caminho são realidades sempre existentes, apenas não conhecidas ou sabidas, em razão das próprias limitações do seu atual estado de consciência. A revelação de tudo que Foi, É ou Será depende apenas da potência do farol que ilumina. 'Na tua luz enxergarás mais Luz!' e 'Nada de novo sob o Sol!' – são verdades ensinadas por grandes Faróis que viveram bem antes de nós."

"Todo sonho é uma utopia... Até se tornar realidade."

"Cada homem e cada mulher possuem a sua própria linguagem para expressar o amor. Uma palavra. Um toque. Um olhar profundo... Mas seu resultado é sempre mais eficaz quando expresso no idioma do outro. Neste tema, o doar sempre vale mais do que o receber. E assim como todo ambiente se beneficia com a luz refletida pelo espelho que a recebe, todo o mundo se beneficia com o amor espargido pelo coração."

"Qual a diferença entre o agnóstico e o ateu? Ambos vivem em uma pequena e isolada cidade no interior de um vasto mundo desconhecido. Enquanto o primeiro, com certa razão, não acredita em fabulosas histórias sobre uma vida mais plena em outras cidades maiores e mais ricas – embora existam muitas histórias reais –, o segundo apenas nega existência maior do que a sua. Ao primeiro resta sempre a esperança de um mundo maior e mais pleno, por manter aberta uma mente em constante desenvolvimento. Ao segundo, por possuir uma mente cristalizada, resta viver uma vida extremamente limitada por um intelecto incapaz de ver vida fora da matéria."

"Não é a crença nem o medo de um Deus antropomórfico, ciumento, iracundo e vingativo que há de formar um homem bom. Somente quando ele realmente conhecer a si mesmo; e reconhecer o Deus Imanente – além do Deus Transcendente – e respeitá-Lo também no outro, ele naturalmente, e sem esforço, revelará o bom e o belo existente em si mesmo."

"A vida é um pergaminho que deve ser desenrolado com calma e cuidado para que não se perca nenhuma palavra por descuido ou pressa desnecessária. É um caminho em que a cada passo deve ser dada a máxima atenção, pois cada momento é uma flor que só pode desabrochar sob o olhar interessado daquele que nasceu para ver, conhecer e finalmente... Saber."

"O ego é o cavalo, a alma o cavaleiro e o Espírito o 'Olho que Vê' por intermédio de ambos. Respeitemos o primeiro, honremos o segundo e amemos o Terceiro, que no seu Olhar traz luz à escuridão."

"Reclamações são pneus furados quando buscamos veículos mais rápidos no caminho evolutivo."

"Negação, aceitação e cura. Este é o caminho seguido pela humanidade 'normal'. Já o homem mais experiente releva a primeira parte e, decidido, não perde tempo nem energia em sentimentos de irritação, raiva ou depressão. Aceita. Perdoa – ao outro ou a si mesmo. Corrige o que tem que ser corrigido... E segue em frente sem olhar para trás."

O Fruto

Existem muitas árvores e arbustos no pomar de Deus. Muitos e diversos são os frutos que produzem...

A videira do amor é tão fecunda e tão abundantes são seus frutos, que são produzidos em cachos num êxtase de plenitude Divina. Pérolas de virtude que só em conjunto formam o mais precioso cacho.

Afeto... Bem-querer... Gostar... Preocupar... Ajudar... Aceitar... Perdoar... São apenas algumas das pedras preciosas que compõem a mais linda joia que existe – o Amor.

O homem, este feto de Espírito que cresce no útero azul de Gaia – Nossa Mãe Terra – em busca da semelhança do seu Pai, teima em entregar sua divina herança concebida para repartir, ofertando um a um os frutos individuais, que deveriam ser doados em cacho em todo o seu conjunto e plenitude.

A você, meu irmão, que ainda é incapaz de não mutilar O Sagrado Cacho, e pior, que ainda escolhe em egoístas desejos quem será o beneficiado, eu digo: vive ainda como ego separado, quando deveria viver como alma, a qual só pode viver em grupo, por saber-se pequenina célula no corpo do Uno, assim como toda alma irmã. Sofre porque divide e escolhe, até aprender a partilhar com todos, pois aquele que ainda é incapaz de amar é exatamente aquele que mais precisa do seu amor. São os cegos sem a luz da própria alma que tropeçam, caem e se machucam mais. Que mais agonizam nas penumbras da solidão egoísta. Que precisam mais do calor e da luz do seu amor. Abandonaria um verdadeiro irmão, digno deste nome, um irmão doente ou mais jovem, alegando que ele merece o seu destino, se soubesse como deveria todo homem saber que a vida do homem é apenas um dia na vida da alma, e que a idade da alma, não do ego, é que conta na maturidade do homem?

Ah! Meu afortunado irmão, que merecidamente possui, além da passageira felicidade do ego, a duradoura alegria da alma, frutos de vidas e mais vidas de sofrimento e aprendizagem na ilusão do tempo, passageiras nuvens no céu da Eternidade. Abra sua mente, seu coração, seus olhos e relembre-se da divina herança que também pertence ao seu irmão extraviado. Só será plena a alegria na Casa do Pai quando todos os filhos pródigos retornarem à Eterna Morada. Mesmo Aqueles que se adiantaram no caminho e agora vivem junto ao Pai labutam incansavelmente, até que o último e cansado peregrino cumpra a sua jornada.

Que a Divina Energia conhecida como magnetismo entre os minúsculos átomos, gravidade entre os imensos astros, amor entre os homens, possa manter unida toda a natureza na aventura maior da Divina Experiência... É a minha prece maior ao Universo.

Sobre a Eutanásia

Como já expliquei em um artigo anterior, nesta época de síntese tenho apenas o espaço de uma página para escrever cada artigo e resumir um tema que poderia preencher muitas páginas. Por isso sugiro que o leitor leia o que foi dito em dois artigos anteriores: "Sobre a Morte (o Antes)" e "Sobre a Morte", p. 99 e 101.

As grandes diferenças entre os vários países que compõem a nossa Terra se devem ao grau de maturidade das almas que lá encarnam, ou seja, os sucessos econômicos, culturais e civilizatórios dependem do tempo de experiência ou da quantidade de vidas na matéria que um divino filho de Deus tenha tido no processo da Divina Experiência. É função das almas mais experientes desenvolverem qualidades e atributos que no futuro pertencerão a toda humanidade. A aceitação da eutanásia como um processo correto e necessário é hoje uma lição a ser dada ao mundo pelas almas antigas que habitam os países do norte europeu.

A primeira coisa que um homem deve saber é que a morte não existe; que o corpo físico assim como os corpos astral e mental, "O tríplice ego", são apenas veículos feitos de matérias em densidades diferentes, pó que ao pó tornarão, a serem habitados temporariamente pela imortal Mônada ou Espírito, uma fagulha de Sol igual a sua Fonte em essência, mas não em onipotência.

Como explicitado nos artigos "Trilogia I, II e III", p. 72, 74 e 76, a alma humana habitada pelo Espírito se conecta com o corpo físico por meio do duplo fio da vida – o Sutratma –, que ancora uma ponta "Que permite a consciência" na glândula pineal, localizada no centro do cérebro físico, e a outra ponta "Que permite a vida" no nó sinusal que provoca o bater do coração. A morte do corpo físico ocorre quando o fio da vida é retirado do coração. Infelizmente, a vida pode continuar no corpo físico após a retirada do fio da consciência, o que fará com que o homem viva apenas como um vegetal, coisa indigna para uma alma que já passou por esta etapa há milhões de anos, muito provavelmente em outro planeta. "Muitas são as moradas do Pai" (Jesus Cristo). É exatamente aí, e em outros raros casos de inevitabilidade da morte em meio a terríveis sofrimentos, que a eutanásia deve ser praticada por compaixão.

De acordo com o Mestre Tibetano, nas antigas lamaserias do Tibete, é conhecido um método muito rápido e eficaz de se praticar a eutanásia. Trata-se de apertar por alguns segundos e ao mesmo tempo três diferentes pontos no corpo humano, quando então é interrompida a circulação do Prana "Energia da Vida". De acordo com Ele, esse conhecimento ainda não pode ser dado a esta humanidade até o momento egoísta e que o usaria mal ou irresponsavelmente.

A eutanásia jamais deveria ser usada como fuga de uma vida difícil ou por conta de um pesado carma, mas apenas como um ato sensato de misericórdia. Felizmente a raça humana, juntamente a sua ciência, evolui em direção não só a um bom viver, mas também a um bom morrer. Seria assim tão difícil de imaginar um tempo em que todo ser humano, assim como alguns experientes iniciados, depois de uma vida profícua e útil, juntasse seus entes queridos e pela última vez NESTA VIDA agradecesse e se despedisse deles em paz e em serenidade com um sorriso nos lábios?

Uma Resposta

"Odilon, quando me sobra algum tempo, gosto de entrar no seu blog e ler um pouquinho seus escritos, mas confesso que às vezes os acho repetitivos e não consigo compreender muita coisa, como este seu último pensamento. Não entendi a analogia da 'Árvore frondosa' para uma humanidade tão cruel e atrasada. Poderia me explicar melhor?"

Eis o pensamento:

"O homem é a semente de uma ideia de extraordinária beleza criada pela Mente Divina e de inconcebível compreensão pela ainda limitada mente humana. É sua missão não só romper a própria casca, mas também perfurar o solo... A humanidade é como uma frondosa árvore de cabeça para baixo, cuja copa haverá de abençoar com sua sombra, e seus galhos com seus frutos, uma Terra ainda árida de amor e faminta de compaixão, enquanto suas raízes penetram o Universo."

Minha cara ***, obrigado pelo seu *feedback*. A tremenda pressa, muitas vezes desnecessária, de um mundo caótico faz com que o homem viva uma vida superficial de satisfação do ego e de fome da alma. Raras vezes ele sai do conforto do seu mundinho e gasta tempo suficiente para tentar compreender o que pensa a alma do seu irmão. Geralmente usa o facho de luz da sua mente como uma agitada lanterna sobre as palavras, por poucos segundos, achando que absorveu a mensagem contida em seu cerne. Ledo engano... Uma alma nunca se manifesta em vão!

Primeira mensagem desse pensamento: tudo que existe no Universo manifestado é a solidificação material de uma ideia surgida na mente de um *Logos* Criador (Deus). O arquétipo do homem ideal na Mente Divina do nosso *Logos* Terrestre, que num futuro ainda distante habitará o planeta Terra, é um homem da sétima sub-raça da sétima e última raça humana (hoje nos encontramos na quinta sub-raça da quinta raça raiz, com cada sub-raça durando vários milhares de anos, ou seja, um Mestre de Quinta Iniciação), Aquele que por ter aprendido tudo que este humilde planeta tinha a ensinar evoluiu mais rapidamente e conquistou a apoteose da raça humana antes do pralaya (obscurecimento) da Terra.

Segunda mensagem: não basta ao homem vencer sozinho, é preciso ajudar os outros irmãos a consegui-lo, pois a vitória final jamais chega ao homem individualmente, apenas à humanidade conjunta.

Terceira mensagem: a grande entidade grupal Humanidade, composta de Ego e Alma, habita a Terra, mas seu Espírito habita o Infinito Absoluto.

Quarta e final mensagem: é a grande missão da humanidade, o quarto reino, servir de ponte entre os três reinos inferiores (mineral, vegetal e animal) e os três reinos superiores (espiritual, monádico e divino). "O homem é a ponte entre o animal e o super-homem" (Nietzsche. Como também diz a Bíblia cristã: "A natureza sofre dores de parto à espera da glória do homem". Um mundo sem amor e compaixão é um mundo árido e faminto. A semente desse pensamento, que gostaria de plantar nos corações das pessoas que o lerem, é a seguinte: "Estaria eu vivendo de acordo com a vontade da minha alma, a qual sempre procura cumprir a vontade do Espírito, ou estaria eu vivendo de acordo os desejos do meu ego? Pois isso é o que somos todos nós, seres humanos, uma mistura de ego e alma. Seria, como bem disse, a humanidade tão cruel e atrasada, se a balança pendesse para o prato direito da balança onde se encontra a alma?"

Minha querida ***, embora ame o espiritual e jamais me canse de falar do amor e das virtudes da alma, não é por isso que me repito nestes assuntos; é porque a repetição faz sulcos no disco da mente, evitando o esquecimento e acumulando conhecimento, matéria-prima fundamental à sabedoria. Este é apenas um das centenas de pensamentos escritos no blog e, como autor, ou melhor, como limitado intérprete da minha alma, posso afirmar que nenhum deles deixa de conter um leve sussurro ou um grito de alerta como incentivo aos irmãos que, assim como eu, caminham resolutos na senda de volta à Casa do Pai.

Mais uma vez, meu muito obrigado pelo tempo dedicado a este seu irmão de caminhada.

A Praia, o Mar e Quem os Criou

Embora todas as manhãs eu limpe meu pedacinho de praia,
sujeiras vão se acumulando ao longo do dia...
E nas penumbras das noites escuras,
o mar vomita de volta humanas sujeiras;
escórias a poluir novamente as minhas areias...

Como manter limpa a praia e branca a areia?
Onde há força para tão árdua labuta?
Como conter a maré escura que vem de fora?
Como parar as ondas escuras vindas de dentro?
Como livrar-me de tanta sujeira, Senhor?

Aquieta-te e sabe dentro de ti – Eu sou Deus!
Embora Eu chegue a ti em raios de Sirius,
também chego a ti nos mais abjetos dejetos.
E depois de doar uma fagulha de mim a tudo que existe,
Eu permaneço Íntegro e Puro.

Cada fagulha certamente não é Deus em Onipotência,
mas certamente o é em Essência...
E assim, pois, como pode Um Raio de Sol
macular-se com um raio de lua,
se Um é Luz e o outro sombra?

Assim como a chama permanece casta ao purificar a matéria,
puro permanece o Espírito ao purificar o homem.
E a Alma é o Ouro que sobra no cadinho,
após a alquimia nas fornalhas do Universo.
Miríades de Estrelas na infinidade de Deus.

O Homem e a Humanidade

Relativa é a individualidade do homem. Ele é apenas uma célula no corpo desta imensa entidade chamada humanidade. Somente a vaidade e a ambição, efeitos colaterais do livre-arbítrio, podem enganá-lo a tal ponto de fazê-lo crer que pode viver e ser feliz separado do corpo em que vive, e que o alimenta com os únicos alimentos que o permitem crescer e evoluir como alma e não só como ego – o amor universal e a cooperação fraternal partilhados com seus irmãos de todos os reinos. O ego, que egoisticamente procura ser feliz sozinho, acaba sempre como um demônio grande ou pequeno, ou seja, um ego que rompe definitivamente com a sua alma. Sem a luz da alma tudo é abismo... Escuridão.

Todas as experiências do homem e todas as virtudes ou vícios adquiridos tornam-se propriedades eternas da alma conjunta da humanidade sempre crescente, e mesmo esta grande alma é apenas uma parte da *Anima Mundi*, "Alma do Mundo". Assim como uma célula da perna, do coração ou do cérebro afeta a saúde de todo corpo, um homem afeta a saúde de toda a humanidade. Nenhum homem vive apenas para si mesmo.

Por mais virtudes e qualidades que um homem possa acumular, ele apenas possuirá uma ínfima parte de tudo o que ele pode alcançar, pois o que está fora sempre será maior do que aquilo que está limitado por estar dentro. Como existem milhões de outros seres na natureza, o homem só será completo e assumirá a sua herança como um deus quando se identificar com tudo na natureza, a qual é apenas a parte física do Todo. Apenas uma tênue e, momentaneamente, necessária película separa a gota do Oceano que a circunda e onde "Vive, move e tem sua existência", como nos ensina a Bíblia cristã.

A Divina Experiência só é possível com a momentânea dualidade em que a Mônada (Divina Fagulha Espiritual que habita a Alma, a qual habita o ego) é obrigada a viver enquanto encarnada na matéria. Eu e você, bom e mau, bem e mal, luz e sombra, feio ou bonito, etc. etc. são apenas Maya (Ilusão). Os sóis e planetas são apenas magníficos teatros armados no tempo e no espaço para a evolução da Consciência, pó que ao pó voltará, assim como a mais humilde das formas criadas pela Grande Ilusão – apenas um dos Sonhos de Deus.

Para aqueles que têm dificuldade em enxergar a humanidade como uma Entidade viva e em evolução, eu perguntaria o que acham o que seria o inconsciente coletivo e a sua maior dualidade – o subconsciente e o supraconsciente –, pedra central da psicologia da qual fala o iniciado Jung. Não seriam eles a mente dual da humanidade dividida, assim como a do homem, em duas partes? Não seria o subconsciente coletivo o equivalente ao morador do umbral no homem e o supraconsciente equivalente ao seu Anjo Solar? Até quando o homem conhecerá e temerá mais a Satanás (o morador do umbral da humanidade) do que conhecerá e amará mais Sanat Kumara (o nosso Grande Anjo Protetor e responsável pela redenção da humanidade)? (Ver artigos: "O Morador do Umbral, p. 212 e "O Anjo Solar I", p. 309.)

O símbolo da vida na Terra é uma imensa e frondosa árvore de cabeça para baixo, com sua copa, galhos e tronco a penetrarem a abóboda azul da Terra, e com as suas raízes a penetrarem a vastidão do espaço. A humanidade é apenas o galho mais grosso dessa árvore e o homem apenas mais uma humilde folha nesse galho. Poderia esse galho, orgulhoso, viver fora do tronco? Poderia a folhinha viver fora do galho? "Vaidades, vaidades... Nada além de vaidades", como bem disse o antigo Iniciado Salomão.

Ah, meu irmão! Quando aprenderás que quando me amas, a ti mesmo te iluminas, e que quando me odeias, a ti mesmo lanças na escuridão? Quando aprenderás que ao beijar-me, a ti mesmo acaricias e que ao me ferires, a ti mesmo machucas?

Fagulhas do mesmo Fogo. Filhos pródigos do mesmo Pai. Andarilhos cansados a trilharem o caminho de volta ao Lar após longuíssima viagem ao estrangeiro. Este é o destino do homem... Sempre há muita alegria na Casa do Pai a cada retorno de um filho pródigo, mas a grande festa só será realizada quando chegar o último e exausto peregrino.

Cuidado com o que Você se Acostuma!

Até algum tempo atrás e durante alguns anos, eu fazia um trabalho voluntário no canil de Lavras, ajudando a cuidar de mais de 500 cães abandonados que para lá eram levados. A maioria deles eram cães de rua, mas muitos eram simplesmente largados pelos seus antigos donos, por estarem velhos ou doentes. Após trabalhar como ajudante de pedreiro durante a construção do canil, coube a mim e a alguns outros voluntários uma árdua, porém gratificante, tarefa de limpar o canil durante alguns dias na semana. Dá para imaginar como ficava o chão de cimento liso todas as manhãs, após um dia normal na vida de centenas de cães agora bem alimentados? Como assim gratificante? – poderiam perguntar horrorizados muitos daqueles que lerão este artigo. Sim, respondo eu, muito gratificante e valoroso, porque acabei me acostumando com as adversidades e aprendi que não é possível existir nenhum tipo de aversão quando a tarefa, obrigatória ou voluntaria, é feita com amor. E também porque depois desta experiência todas as tarefas ficaram tão leves e fáceis, que o bom humor e a alegria de servir sempre me acompanham em qualquer trabalho que eu faça.

Também, algum tempo atrás, eu participava de outro trabalho voluntário, no qual ajudava centenas de pacientes oncológicos – a maioria deles vinda da zona rural ou de outras cidades vizinhas para usufruir do único hospital do câncer da região. Já de madrugada chegavam vários ônibus lotados de pacientes, alguns vindos de cidades a centenas de quilômetros de distância, que tinham de esperar horas a fio para fazerem seus tratamentos e que só voltavam para casa ao final da tarde, mesmo que fossem os primeiros a serem atendidos. Um prédio de apoio foi construído por uma ONG bem ao lado do hospital, onde eles podiam se alimentar e descansar antes ou após os severos tratamentos e, também, na espera das consultas. Como atendimentos psicológicos e tratamentos complementares (Reiki e outros) também eram oferecidos pela ONG, fizemos um pedido ao diretor do hospital, para que mudasse um pouco a forma de atendimento, na qual os pacientes eram atendidos pela ordem de chegada, para consultas com hora marcada, o que permitiria organizar os atendimentos voluntários da ONG. O pedido foi negado, "porque isso complicaria a vida dos vários médicos que ali trabalhavam", sem mais explicações. Acho que após vários anos trabalhando no hospital, o médico diretor e os outros médicos "se acostumaram" com a visão das várias pessoas, muitas moribundas, sentadas em desconfortáveis e duras cadeiras, aguardando resignadas as longas horas de espera ou passando mal após as quimioterapias. Como é triste constatar a facilidade com que o homem é capaz de se acostumar com o sofrimento alheio... O próprio sofrimento e o sofrimento daqueles que amamos muito raramente são esquecidos.

Ah! Humanidade, humanidade! Quando aprenderá que o verdadeiro amor não foi feito para ser sentido ou pensado, mas solidificado em atos de compaixão? Quando aprenderá que a verdadeira fraternidade não é construída por laços de sangue, mas por laços de alma, e que todas as almas são células vivas no corpo da Anima Mundi? Quando o homem aprenderá que na verdade não é filho do seu pai e da sua mãe terrenos, nem irmão do seu irmão ou irmã consanguíneo, porque só existe um Único e Verdadeiro Pai – Deus – e, apenas um único filho – a humanidade?

Enfim, meu irmão, com o que anda se acostumando nesta sua vida passageira?

Sobre o Alcoolismo e Outros Vícios

"The land of the hungers spirits" (a terra dos espíritos famintos). É assim que o plano astral é citado pelos Lamas tibetanos nos seus ensinamentos espirituais. Eles sabem que esse plano imediato ao plano físico, e para onde vão as consciências logo após a morte física, é um plano intermediário de expiação (o purgatório dos cristãos).

"Mata o desejo" – ensina o Buda, que sabia como ninguém que é o desejo que prende o homem ao Samsara (a roda de infindáveis renascimentos).

E o que são os vícios senão desejos exacerbados e sem controle?

A sagrada Gnose nos ensina que o tempo que um homem passa no plano astral depois da sua morte física vai depender do seu grau evolutivo e do seu desapego. Quanto mais apegado é o homem aos seus desejos, mais tempo ele passará no plano astral para deles se desapegar, e isso, às vezes, só é conseguido com muito sofrimento. A "fome", como nos ensina os Lamas, deve continuar até enquanto persistir os desejos, e o "teatro" armado no plano astral é muito diferente do "teatro" armado no plano físico, onde o homem possui um corpo denso que pode ser saciado (quem não se lembra de sonhos fabulosos e angustiantes quando foi dormir com sede ou com fome?). Se o homem conseguisse se lembrar adequadamente das suas experiências no mundo astral enquanto dorme (a grandessíssima maioria só lembra de fragmentos caóticos, embora existam aqueles que não só se lembram, como também trabalham e estudam, geralmente discípulos de Mestres Ascensionados), ele veria um mundo muito mais amplo e estranho, onde a mente plasma imediatamente em matéria astral qualquer desejo de um filho de Deus em evolução. A única diferença é que o homem agora não possui um corpo físico para mitigar o desejo, e a sofrida consciência plasma formas-pensamento cada vez mais elaboradas e vívidas, que ao serem "usadas" são incapazes de satisfazê-lo. É surpreendente, no plano astral, a quantidade de homens (pois o homem não é apenas o corpo físico) solitários, em grupos ou fraternidades, ávidos e famintos, que se juntam em antros de vícios, sofisticados ou humildes dependendo do grau de desenvolvimento de cada um. Pior do que isso é a visão, daqueles que possuem visão etérica ou astral, dos horrendos espectros daqueles pobres coitados em uma condição de "presos à Terra", que em enxames pululam nos milhares de antros de vícios em diferentes lugares do planeta. E mais triste ainda é o fato de alguns deles conseguirem obsediar, na sua ânsia de mitigar o vício, aqueles que estão vivos em corpos físicos degenerados por muitas vidas dissolutas ou de fraquezas incontroláveis, os quais possuem verdadeiros "buracos" na trama etérica que deveriam protegê-los de ataques de forças maléficas dos subníveis mais baixos do plano astral. Muitos males, até mesmo assassinatos, foram cometidos por outros que não o próprio dono corpo.

Muitos dos vícios que agora carregamos na vida não são frutos apenas desta vida (ver o artigo – "Como Evitar um Importante Efeito Colateral da Aposentadoria", p. 341). Existem vícios, principalmente o alcoolismo que maltrata a humanidade há milênios, que nada têm a ver com a fraqueza de caráter. São heranças malditas de erros cometidos no passado curto ou distante. Mas, certamente, cada um é responsável pelo vício que tem, e não adianta culpar hoje os erros do passado. Sempre podemos e devemos fazer o possível para no mínimo minimizar seu efeito. A primeira, e uma das coisas mais importantes a se fazer, é aceitar o fato de se estar doente, pois é isso que o vício é – uma doença que afeta nossa parte física, emocional ou mental, às vezes afetando as três ao mesmo tempo. A segunda coisa é ter a humildade de pedir ajuda profissional ou àqueles que amamos ou em quem confiamos. A terceira coisa é jamais desistirmos de lutar, medirmos nosso exército e valorizarmos pequenas vitórias, enquanto não conseguirmos vencer a guerra. É preciso lembrar que este é quase sempre um assunto de vidas e a diminuição das vezes ou do tempo em que estamos iludidos, pois no fundo é disso que se trata, é sim uma vitória, e nossas boas intenções são armas preciosas que levamos para o "outro lado" ao deixarmos a vida atual. A quarta e mais importante coisa é buscarmos a força dentro de nós mesmos por meio do contato com o Eu Superior que habita todo ser humano – santo ou pecador. A grande maioria dos homens não tem noção da força criada por uma oração sincera. Nenhuma justa luta deixa de receber ajuda DAQUELE que olha com amor e compaixão a luta dos Seus filhos na busca da sua divina herança.

Pensamentos Soltos 14

"A velhice tem suas idiossincrasias peculiares na relação com o tempo. Quanto mais fraco e inseguro se torna o caminhar no plano físico, mais forte e seguro ele deveria se tornar nos planos emocional e mental. Quanto mais longe e alto na inevitável subida, pois a evolução é um caminho íngreme para cima, mais puro e rarefeito é o ar que respiramos. Mas é preciso muito cuidado e atenção para não se pisar em flores, ou tropeçar em pedras, por estar-se excessivamente concentrado em chegar ao cimo. Os únicos tesouros que podemos levar conosco, e que nos pertencerão para sempre, são conquistados com as experiências e ensinamentos no caminho, e cada flor assim como cada pedra são inestimáveis professores."

"Ah, meu irmão, meu irmão! Quando aprenderá que o que chama vida é apenas uma experiência passageira da verdadeira Vida do seu Espírito? Quando deixará de se iludir com a experiência momentânea que faz na matéria? Por que busca segurança em efêmeros ganhos materiais, emocionais ou mesmo intelectuais, os quais nada mais são do que sulcos na memória da alma? Somente como alma obterá a paz e a segurança de quem se sabe imortal, herdeiro dos tesouros universais. 'Busque primeiro as coisas do espírito e o resto lhe será acrescentado' (Jesus Cristo)."

"Tanto o egoísmo – amor a si mesmo – quanto o nacionalismo – amor à própria nação –, e até mesmo o humanismo – amor à humanidade –, são incapazes de dissolver o caos e o sofrimento do nosso triste planeta Terra. Somente o verdadeiro Naturalismo – amor a toda natureza nos seus diversos reinos – é capaz de criar a irmandade que pode trazer a paz inerente à verdadeira Fraternidade Universal."

"Deixe de bravatas, meu irmão! Não existe ganho real na possibilidade de quimeras. Sucesso é a transformação de uma ideia em realidade, por mais humilde que ela seja. E mais vale a tentativa de um ato, do que a glória de um sonho apenas sonhado. Um passo dado conscientemente na senda espiritual por um pecador que busca leva mais longe do que o voo de um santo iludido. Humildade! Eis o verdadeiro combustível no caminho evolutivo."

"No caminho evolutivo, o que vale mais é a qualidade, não a quantidade. Um copo de água doce de sabedoria vale mais que um oceano de água salgada de conhecimento. Pois todo conhecimento só se torna sabedoria quando vivido, não conhecido, pela alma."

"Todo ideal é sempre uma tentativa do ego de concretizar uma ideia abstrata da alma. E um homem sem ideal é um homem sem alma."

"Entre os muitos ganhos obtidos por aqueles que trilham com seriedade a senda espiritual está a conquista da capacidade de não invejar. Quando o indivíduo verdadeiramente sabe do Deus interno que o habita, assim como a todo irmão, e que é esse mesmo Deus Quem dita por meio da Lei do Carma a fortuna de cada um, ele humildemente aceita sua sorte, assim como a sorte do seu irmão, e destrói para sempre essa potente arma das forças involutivas contra o amor incondicional."

"Se um homem fosse capaz de fazer uma viagem a Júpiter por meios completamente ignorados pela ciência moderna, e ao voltar fosse perguntado sobre sua aventura, dá para imaginar sua tremenda dificuldade em fazê-lo? Como explicar o como e o porquê de novos eventos físicos ou metafísicos a mentes acostumadas a raciocinar e analisar apenas com os conhecimentos que possuem em suas limitadíssimas memórias, tal qual a memória de qualquer homem? Ele pode explicar os passos dados anteriormente; a direção em que Júpiter se encontra; e até mesmo aquilo que aprendeu com conhecimentos científicos ou não, ou talvez algum novo conhecimento aceitável pela mente comparadora. Mas, certamente, não conseguiria explicar eventos nem sequer antes imaginados, e, por isso mesmo, incapazes de serem traduzidos em palavras. Assim acontece com as vivências espirituais. É impossível transmiti-las ao outro. A verdadeira conquista espiritual só é conseguida individualmente, no Silêncio Interior, quando então se torna sabedoria. E a sabedoria é nada mais, nada menos que o conhecimento vivido."

A Grande Lei

Tudo no Universo é movimento e constante transformação. Até na aparentemente dura e inerte rocha, prótons e elétrons dançam em tão grandes velocidades, que é impossível ao olho registrar o espetáculo. Espírito transformando-se em pensamento, pensamento em energia, energia em matéria, para finalmente a cobra abocanhar sua própria cauda (símbolo antiquíssimo do Universo) e a matéria voltar se a transformar em energia, a energia em pensamento e o pensamento em espírito. Tudo é Deus e Deus é tudo. Nada existe fora do Absoluto e até o mais humilde grão de poeira é Deus em manifestação.

O caos não existe, como suspeitam alguns dos mais renomados cientistas ao analisarem apenas os momentos, pequenos fragmentos de Eternidade, filhos do tempo, fantasma-mor do maior ilusionista que existe – a mente. É a flor uma beleza pronta quando enxergada em seu nível quântico, onde o caos parece dominar bilhões de subpartículas em loucas disparadas em infinitas direções? Para Aquele que vive dentro e fora da Sua criação, onde o tempo não existe e o passado, o presente e o futuro são apenas partes do eterno agora e onde o fim é enxergado desde o começo, o Universo já é uma joia pronta.

Qual é, então, a lei que coordena tudo isso? A lei que tudo que existe é obrigado a seguir? A grande lei da ação – a Lei do Carma. A Lei que dita, em seu primeiro e único parágrafo, que toda causa tem seu efeito. Que cada um é responsável pelos seus atos e que por eles serão julgados. Que nada pode ser escondido do Olho que Tudo Vê. Que a ação é a tônica do Universo.

Então, meu irmão, com qual das ações dos três servos da parábola dos talentos – legada por Jesus Cristo – se identifica mais e procura viver a sua vida? A ação do primeiro, que multiplicou por dez o talento que lhe foi dado pelo seu Senhor? A ação do segundo, que aplicou mal o seu talento e o dissipou? Ou a ação do terceiro, que com medo de perder o talento que lhe foi dado enterrou-o até a volta do Senhor? Pois saiba que antes mesmo de ser julgado pelos seus atos, será julgado pela sua coragem em agir. Tanto o servo que teve sucesso quanto o servo que falhou foram recompensados, enquanto o servo medroso foi punido. Tanto no sucesso quanto no fracasso há aprendizagem, crescimento e evolução. Inércia é outro nome para morte e, como foi dito, "A morte é um ato de fraqueza de quem não tem força para viver" – a morte da alma humana certamente, já que a morte do ego é sempre inevitável.

Sim! Todos nós devemos agir. Inevitáveis são os erros, as quedas e os sofrimentos causados a si mesmo e aos outros. Mas, tão fundamental quanto perdoar e pedir perdão pelos erros maiores, é também desculpar e pedir desculpas pelos erros menores, pois a humildade não se alimenta apenas em banquetes, mas vive também dos pequenos grãos recolhidos no caminho. E, sem humildade, o homem não pode completar a sua jornada. Por que manter sujas as mãos e pesado o coração, quando os perdões e as desculpas podem lavar toda sujeira e aliviar o coração?

Em um planeta cármico como a Terra, onde se aprende por meio de tentativas e erros, o sofrimento é inevitável, mas como foi dito: "Tudo vale a pena quando a alma não é pequena".

O Númeno e o Fenômeno – Deus e a Sua Criação

De acordo com a Gnose ensinada há muitos milhares de anos nas antigas escrituras hindus, o período de vida e atividade de um planeta (Manvantara) é de 4.320.000.000 anos, seguido por um período de descanso (Pralaya) com a mesma duração. Um ano de Brahman (Deus – o Absoluto) é a somatória de 360 Manvantaras mais 360 Pralayas. E uma vida de Brahman dura 100 desses anos, ou seja, 311.040.000.000.000 anos – um período de Manifestação Cósmica seguido de um período de Descanso Cósmico com igual período de tempo.

De acordo com a nossa ciência atual, nosso Universo tem em torno de 13.500.000.000 anos (quando ocorreu o Big Bang); e o nosso sol mais ou menos 5.000.000.000 anos. O que nos leva a concluir que o nosso Universo é bastante jovem nesta atual manifestação de Brahman, e o nosso sistema solar mais jovem ainda. Leva-nos também a concluir que o nosso Universo visível é apenas um dos inúmeros Universos que existem no Cosmos – o que já é aceito por inúmeros físicos modernos na Teoria dos Múltiplos Universos.

A única coisa que podemos ver do Cosmo, mesmo com o mais potente telescópio, é o nosso próprio Universo, e mesmo assim só a partir do seu nascimento – o Big Bang. Nada sabemos do antes, o qual já existia de acordo com a Gnose, onde provavelmente outros Universos irmãos, alguns dezenas ou mesmo centenas de bilhões mais antigos, viviam suas vidas particulares.

O que me leva a pensar... Não seria o Big Bang aquilo que ocorre do outro lado de um Buraco Negro? Para onde vai toda imensa quantidade de matéria e energia "engolida" por esta aberração cósmica? Pode alguma coisa simplesmente desaparecer no nada? E, como nos ensinou o sapientíssimo Iniciado Hermes Trismegisto – assim embaixo como em cima. Para onde vai o elétron que inexplicavelmente "some" e depois volta a aparecer em diferentes órbitas em volta do núcleo atômico? Não poderia ele estar sendo "engolido" por um minúsculo buraco negro e depois reaparecendo numa minúscula explosão de luz – um micro Big Bang? Não poderiam esses fenômenos ocorrer nas já aceitas, porém estranhas, dimensões da física moderna? Não seriam os buracos negros e os saltos quânticos gigantescos e minúsculos portais dimensionais?

Eis o que é para mim o conceito de Eternidade: o Númeno (Deus) se transformando no Fenômeno (Natureza), o qual no final de um período preestabelecido (Aeon) volta a ser absorvido no Númeno; ou como foi magnificamente colocado nos *Vedas*: os Infinitos Dias e Noites de Brahma (Deus em manifestação, não Brahman, o Imanifestado Absoluto).

Realmente, esse pedacinho intermediário da Natureza – o Homem – deveria valorizar mais sua sagrada missão como elo autoconsciente, que liga o subconsciente ao supraconsciente na corrente evolutiva, que une a mais humilde pedra ao mais magnífico Arcanjo. Somos todos Um – Minúsculas partículas ou gigantescos sóis com diferentes graus de consciências no tempo, mas iguais na Eternidade.

O Segredo

"O homem é aquilo que ele pensa no coração" (Jesus Cristo).

Há apenas alguns anos, as forças involutivas (reais e muito poderosas) lançaram com relativo sucesso uma campanha em todas as mídias, inclusive no cinema, tentando desvirtuar a mais poderosa força do homem moderno – a mente –, usando nesta campanha o mesmo título deste artigo. O homem ainda não tomou consciência da força deste dom presenteado por Deus a toda humanidade. O pensamento é a causa e a essência de tudo que existe no Universo, que afinal é apenas um Imenso Pensamento Divino materializado por Sua Vontade. O pensamento é magia, e a única diferença entre a magia negra e a magia branca usada por Magos Negros e Magos Brancos é o seu objetivo, e todos eles usam o pensamento na manipulação da energia para concretizar sua má ou boa intenção no plano físico. O perverso objetivo da Loja Negra com a sua campanha era desvirtuar o dom de criação do homem (EU faço o homem à minha imagem), para que ele usasse este tremendo dom em objetivos egoístas em contradição ao divino arquétipo humano (o qual pode ser atrasado no tempo por conta do livre-arbítrio humano, mas já é uma realidade na Eternidade). Felizmente, a ainda pouca capacidade mental da grande maioria da humanidade e a pouca vontade, ou muita preguiça daqueles que já possuem uma mente poderosa, impediram um mal maior e muito mais desastroso, carmicamente falando, para toda a humanidade.

A maior causa da tristeza e depressão atual da humanidade não é porque ela pensa errado, mas porque ela abriga o erro no coração; e o erro é inevitável no atual estágio evolutivo em que ela se encontra. É o desejo do coração que energiza suficientemente o pensamento e possibilita a sua manifestação no plano físico. Sem o desejo, o ato não pode ser criado. Se pudéssemos entrar na mente do nosso irmão maior – o Cristo –, ele certamente estaria nos perguntando: "O que anda pensando no seu coração, meu irmão?" Pois verdadeiramente o homem é aquilo que ele primeiro pensou, depois desejou e finalmente se tornou.

Sem a dualidade seria impossível a manifestação universal. Como nos ensina a física moderna, toda partícula possui sua antipartícula e as duas não podem ocupar o mesmo espaço, pois se anulariam e desapareceriam, e a vida assim não poderia existir. O amor também possui sua antipartícula – o ódio. Os dois não podem ocupar o mesmo espaço, e é este fato que faz da vida da grande maioria dos homens um caos, até que um dos dois se assente soberano no trono do coração. É vã a tentativa do homem de querer achar que assim como é correta a justa indignação, correto é o justo ódio. Não existe o justo ódio e o homem jamais encontrará a paz enquanto não descobrir esta verdade. Poderiam trabalhar juntas com um mesmo objetivo as mãos esquerda e direita se, porventura, se odiassem mutuamente? Pois verdadeiramente, é isso que o homem é: um dos membros que compõem o corpo da humanidade. Somente o perdão pode limpar o campo antes ocupado pela erva daninha do ódio, liberando assim o espaço onde podem ser semeadas novas sementes de amor.

Para pensar bem, o homem deve estar sempre consciente. E estar consciente é estar sob a luz da própria alma. Certamente, ficariam muito surpresos todos aqueles que pudessem constatar que a maioria dos seus pensamentos vem de fora, não de dentro, de si mesmos; que mentes mais poderosas do que as suas procuram, avidamente, influenciá-los pelos mais diversos motivos – geralmente motivos vis ou egoístas.

Irmãos, acordem! Tomem com força as rédeas do seu destino sob o olhar atento do seu Eu Superior, o qual aguarda paciente com as mãos cheias de bênçãos e o coração pleno de amor sincero pedido de ajuda e luz.

Escolhas (para Edu Lyra)

Sim, o ódio existe... Mas ele veio para falar de amor.
As TVs misérias e as rádios desgraças gritam em ouvidos
surdos as boas-novas, enquanto revistas e jornais pintam
de vermelho e negro a parte mais suja da humanidade.
Onde está a rádio esperança? Onde está a TV sucesso?
Dorme o sono injusto o Bem,
enquanto o Mal faz bem seu trabalho.
Ontem, eu ouvi o grito do herói da favela:
"Não importa de onde você vem,
o importante é para onde você vai".
A força do otimismo renasce do monturo
de misérias...
Renasce das cinzas a Fênix vitoriosa.
Sim, a lama suja exala seu pútrido odor,
mas ele veio para falar de perfumes e flores...
Para que gastar o olhar no feio,
quando o belo convida ao êxtase?
Obrigado, Edu, que tem Lyra no nome,
por levar música aos lugares onde antes
só havia gritos de discórdias...
E lamentos de dor.
Esperança... Onde o abandono e o desalento
tinham o seu quartel-general.
São pessoas como você que mantêm acesa a chama,
em meio ao frio e à escuridão.

Sobre os Complexos

A alma jamais possui complexos de inferioridade, de culpa ou outro complexo qualquer. Ela vive sempre na Realidade e, por isso, sabe – não imagina – como faz todo ego perdido nas brumas da sua pequena realidade. É a não aceitação do que verdadeiramente é que faz com que o homem imagine uma falsa realidade em que ele é maior ou menor do que aquilo que realmente é ou deseja ser. Assim como o orgulho e a vaidade trazem o complexo de superioridade, a culpa e a fraqueza trazem o complexo de inferioridade. Toda alma sabe que é igual às suas todas outras irmãs, e que as momentâneas diferenças entre os homens são apenas diferenças no tempo e no espaço – estas duas grandes ilusões criadas para a manifestação do Espírito na matéria.

Todo complexo sempre traz sofrimento e atraso à evolução, pois todo ego iludido por falsos pensamentos e sentimentos, mesmo sendo eles bons e justos na sua própria avaliação, tem de cair do pedestal ou sair da lama em que falsamente se colocou para que, finalmente, se torne um veículo útil para a alma. A grande lei do Carma pacientemente, mas também inexoravelmente, molda um ego cada vez mais propício para as novas e mais evoluídas experiências a serem vividas pelo Espírito encarnado.

Na passada Era de Peixes, principalmente antes do Renascimento, quando o homem sofria terrivelmente as agruras da Idade Média, uma humanidade emocional sob a tremenda energia de sexto raio (da Devoção) fez com que aspirantes, discípulos e até mesmo Iniciados de Graus menores (os Santos, e santos de todas as religiões) buscassem o sofrimento no intuito de sufocar e dobrar o ego – como se a humilhação e o complexo de inferioridade fossem virtudes necessárias à elevação da alma! Já na atual Era de Aquário, em que progride uma humanidade mental sob a influência do sétimo raio (Magia e Cerimonial – um raio propício ao intelecto), é o complexo de superioridade, em razão de orgulho e vaidade, que entrava o progresso do homem.

Tanto a supervalorização da espiritualidade em relação à materialidade da Era de Peixes quanto o inverso, na Era de Aquário, fazem muito mal ao equilíbrio entre Espírito e Matéria – Deus na sua mais alta e na sua mais baixa expressão –, tão necessário no atual estágio de desenvolvimento da humanidade. Certamente, no futuro, o Espírito prevalecerá, assim como a matéria prevaleceu no passado. Enquanto isso, aprendamos humildemente as lições que cada época tem a nos oferecer. Não é reprimindo que se vencem os vícios e defeitos, os quais crescem cada vez mais fortes na escuridão do subconsciente, mas os substituindo por virtudes a brilharem à luz do dia. A natureza sempre abomina o vácuo.

Os complexos não são grandes monstros que aparecem repentinamente; são mais como maléficos vírus que surgem muito lentamente, às vezes durante vidas, e aos poucos destroem todas as chances de sucesso. Tão fracassado como o fraco é o forte, que morre trabalhando apenas para si. O cínico sorriso de satisfação encontrado no rosto daqueles que se acham maiores não os salva de uma vida perdida em futilidades; pois fútil é tudo aquilo que não é construído para o Todo, do qual somos apenas uma infinitésima parte.

Ah, meus irmãos, meus irmãos! Por que alguns de vocês me olham com desdém, de cima de seus monturos de lixo – os quais chamam de tesouros –, enquanto outros de mim se escondem em escuros buracos cavados com as próprias mãos? Não sabem todos vocês que os homens, grandes ou pequenos, nascem para caminharem juntos, ajudando-se mutuamente nas dificuldades do caminho? Eu jamais invejo ou me orgulho das suas conquistas, nem jamais desprezo ou me envergonho das suas fraquezas, pois todos vocês são pedacinhos de Mim Mesmo; e continuo sempre os amando, quando sorrio ou choro por cada um de vocês, em suas vitórias ou derrotas.

Sobre o Poder da Prece

As pessoas, no geral, têm um conceito errado sobre o que é a prece e qual é seu real poder no mundo fenomênico. Antes de entrar nesta questão, é preciso lembrar – como sempre muito bem enfatizado em artigos anteriores do blog – que o homem é um aglomerado de forças e energias em constantes movimentos e mutações, comandadas por uma consciente vontade central. Que numa escala muito maior (assim em cima como embaixo), o Universo também é um caos – numa limitada perspectiva humana – comandado por uma gigantesca Entidade chamada Deus. Que existe apenas um só tipo de substância universal em constante modificação. Que Espírito é a forma mais sutil de matéria e matéria é a forma mais densa de Espírito. E, finalmente, que tudo é Deus.

A grande maioria das pessoas acha que o homem é apenas seu terço mais inferior, ou seja, o ego, o qual é triplamente composto pelo seu corpo físico, seu corpo astral-emocional e seu corpo mental. Na verdade, o homem completo possui mais dois "Corpos" sutis: a Alma, que usa o ego como veículo de manifestação no mundo tridimensional, e a Mônada (Espírito – uma Fagulha de Deus), que usa a Alma como veículo nos planos sutis (ver artigos anteriores: Trilogia I, II e III, p. 72 a 76). O poder da oração está ligado ao grau de integração desses três sagrados veículos para a manifestação Divina no Seu campo de experimento – o Universo.

Como nos diz um axioma ocultista, a energia segue o pensamento. Quanto mais poderosa a mente, maior o poder sobre a energia e a matéria. Esta é uma lei universal, tanto para o bem como para o mal; e tanto o Mago Branco quanto o Mago Negro usam o pensamento para manipular a energia e moldar a matéria, influenciando assim, positiva ou negativamente, o mundo. Um alto Iniciado, ao contrário do homem comum, não reza – Ele comanda. Ele não precisa de intermediarios, pois Sabe que é uno com "Seu Pai no Céu", como afirmava o Mestre Jesus. Já quanto à ainda infantil humanidade comum, ela, sim, precisa de intermediários, por isso as preces e orações são necessárias. Para aqueles que já possuem uma comunicação mais estável com seus Eus Superiores (uma minoria), a própria alma faz a ponte entre o ego e a Mônada – nosso Pai no Céu. Para os pequeninos (uma maioria), com pouco ou nenhum contato consciente com seus Eus Superiores, é necessária uma ajuda dos nossos irmãos do Reino Angélico, os quais recolhem as tremendas energias emocionais geradas pela sincera devoção e as levam diretamente aos pés do trono onde se senta O Altíssimo.

Na verdade, tanto um pensamento focado e corretamente dirigido de um homem mais evoluído, quanto a sincera devoção emocional de um "pequenino" chegam aos ouvidos do Vigilante Silencioso, que em paciente sacrifício vigia e aguarda tranquilamente por muitos eons o retorno dos Seus filhos pródigos.

Escutem-me todos vocês, sacerdotes de instituições laicas ou religiosas, os quais a vida colocou em pontos-chave não apenas para seu próprio engrandecimento, mas principalmente para guiarem com amor e justiça seus irmãos menores: realmente acham que Deus valoriza mais os 200 que conseguiram dois mil, do que os seis conseguidos dos dez, alcançados pela esforçada e humilde criança que cresce em meio ao tumulto? Nem um fio de cabelo cai da cabeça do homem sem ser percebido por Aquele que Tudo Vê; assim como não deixa de ser escutada a mais tênue voz em prece sincera por Aquele que Tudo Ouve.

Sobre a Relatividade da Vida

Na escola da vida, o prazer e a dor são dois dos seus maiores professores. Na verdade, os dois são metades complementares do mais cobiçado fruto a ser cultivado pelo homem – a Paz. Coitado daquele que se deixa identificar com qualquer uma das partes, impossibilitando assim a harmonia da fundamental dualidade que compõe o pomo dourado da sabedoria, pois isso o tornaria um escravo. Escravo de cantos cada vez mais inebriantes de sereias ilusórias ou escravo de garras cada vez mais fortes de ilusórios sofrimentos, pois tudo é ilusão quando não enxergado com os olhos da alma.

Todo excesso de prazer leva à dor e todo excesso de dor leva à morte. Tanto um como o outro são lugares a serem visitados, não locais onde o homem deva construir a sua casa, pois o homem é um peregrino na Terra e somente o movimento pode trazer oxigênio à vida.

Você, meu irmão ou minha irmã, que foi a flecha a ferir o peito – ou o peito a receber a flecha – por que se amargura ou se desespera? Na vida, às vezes, ferir e ser ferido é inevitável. Batalhas vencidas e batalhas perdidas são a tônica do jogo, e o que verdadeiramente importa no final não são as vitórias e as derrotas, mas a lição aprendida ou não. Embora egos matem e morram em sangrentas batalhas, a alma cresce cada vez mais com as experiências. Por isso, meu irmão ou minha irmã, aprenda a perdoar e ser perdoado. Jamais se esqueça! Nenhum homem é capaz de matar uma alma, embora possa destruir corpos e prejudicar momentaneamente sua própria evolução, assim como a evolução da alma ofendida – o que certamente trará um retorno cármico nesta ou em outra vida.

A empatia com a felicidade ou com a dor do outro é sempre uma consequência da alegria ou da compaixão da alma, pois toda alma sabe da sua unicidade com todas as outras; mas jamais se engane, meu irmão: nenhuma alma pode "salvar" a alma irmã do destino construído por ela mesma, pois um deus em evolução jamais interfere na evolução de outro deus. Apenas pode, compassivamente, fortalecê-lo com a força do seu amor. Cada um é responsável pela sua própria felicidade.

Tudo é relativo na vida, e quem poderia afirmar com toda segurança que a dor que traz o sofrimento não é também dor que traz o crescimento? Quem poderia julgar com justiça se a dor é dor de poda ou se a dor é dor de perda? O Homem que de forma obrigatória deve viver no presente, certamente, não pode renegar o passado e agir sem pensar no futuro, pois ele foi criado para viver no Eterno, onde o passado, o presente e o futuro são apenas elos de uma mesma corrente. Eternidade não é uma questão de tempo, mas uma questão de Ser.

A fórmula para o sucesso ao viver esta dualidade depende fundamentalmente de uma palavra: aceitação! Aceitação equânime tanto do prazer quanto da dor que a lição do momento traz, lembrando sempre que todo momento é fugaz e passageiro, mas a aprendizagem que ele permite perpetua-se na memória da alma.

Eis o meu conselho para você, meu arfante irmão de caminhada. Para que tanto peso inútil na mochila que ora traz às costas? Memórias de dores e prazeres são cascas inúteis que lhe pesam os ombros, pois todo o sumo e toda polpa já foram incorporados à alma e fazem de você o que é. Caminhe com leveza e atenção às árvores do caminho. Mantenha as mãos livres para colher os novos frutos que certamente aparecerão – não agarradas aos restos do que já passou. Os verdadeiros tesouros jamais são guardados em mochilas. Os verdadeiros tesouros são sempre guardados no coração.

Pensamentos Soltos 15

"Deus é Aquilo de maior, de melhor ou de mais poderoso que puder imaginar a limitadíssima consciência de cada um. Evolução é a capacidade cada vez maior desta mesma consciência de se identificar cada vez mais com o divino protótipo que foi capaz de conceber. E felicidade, independentemente da beleza ou do tamanho do ideal concebido, é o resultado da proximidade com que se é capaz de viver de acordo com os grandes ou pequenos ideais de cada um."

"Tão importante quanto defender a verdade em que se acredita é não impor ao outro a sua própria verdade. E, ainda mais, temos de nos perguntar antes se a verdade em que acreditamos não poderá fazer mais mal do que bem ao irmão colocado em seu próprio nível de entendimento. Ideias e pensamentos são alimentos para a mente, e mesmo o melhor alimento pode ser incapaz de ser digerido, tornando-se assim antes um mal do que um bem. Verdadeiramente, neste assunto não é a idade do ego o que conta, mas a idade da alma."

"Só no homem, em razão de livre-arbítrio, pode o mal existir. Fora dele existem apenas forças da natureza labutando incansáveis para concretizar na Terra o Divino Arquétipo na Mente de Deus; por mais difícil que isso possa ser compreendido."

"Enquanto o homem trabalhar para si mesmo ele exigirá reconhecimento e, frequentemente, se sentirá injustiçado. Assim que começa a trabalhar para o Todo, um sentimento de tranquilidade permeia todos seus atos e o reconhecimento humano já não o interessa mais. Aprende que a injustiça é um atributo humano, mas muitas vezes inevitável, porém temporário e, sereno, descansa na paz dos que fazem o que podem e confiam na infalível Justiça Divina."

"Tanto o puro místico quanto o puro filósofo são homens incompletos. Ao primeiro falta uma mente intelectual madura o suficiente para analisar, compreender e organizar os arroubos espirituais provenientes do seu Eu Superior. Ao segundo falta a humildade, por causa de uma mente hipertrofiada e orgulhosa, que nega a possibilidade do metafísico, impedindo, assim, que a luz do Eu superior possa chegar ao coração. Entre ambos labuta uma sofrida e cansada humanidade, que vivendo entre esses dois extremos busca um pouco de luz sobre uma realidade apenas intuitivamente percebida."

"Não se iludam! Jamais encontrarão a tão almejada segurança naquilo que é material, emocional ou mental, por isso mesmo, efêmero e passageiro na curta vida do ego. Somente no seu próprio e imortal Eu Superior, o qual evolui e cresce na Eternidade, pode o homem achar a segurança, a força e a esperança, que o ajudam a cumprir a sua divina tarefa na divina missão do Deus que nele habita."

"Eu realmente não sei o que me espanta mais, se o grau de maldade ou o grau de bondade a que pode chegar o ser humano. Não sei se me choco e emociono mais com a crueldade contra homens e animais ou com o amor incondicional de ONGs, como Médicos sem Fronteiras. Como seres de uma mesma espécie podem chegar a criar tantas desgraças e tantas maravilhas? Mas o que me entristece mais não é o ato maldoso do malvado ou o ato errado que algum dos bons, em razão de humanas limitações, às vezes, é obrigado a cometer. O que me entristece mais são os milhões de atos bons, corretos e necessários que são omitidos por comodismo, fraqueza ou preguiça por aqueles que nasceram para fazer o bem.

Sorria! O sorriso iguala as pessoas.

Sobre o Pensamento e o Desejo

Todo pensamento é uma semente ansiando pela vida. Todo desejo é a água que mata essa sede de vida. E o coração é o campo materno que aceita imparcialmente tanto as sementes de joio como as sementes de trigo. Cabe a cada agricultor escolher, plantar e cuidar da sua lavoura. E todo homem há de se alimentar do que cultivou, pois como nos ensinou o Cristo: "O homem é aquilo que ele pensa no coração".

Quando a Bíblia Sagrada cristã nos diz que Deus criou o homem à sua imagem, isso significa que Deus criou o homem com a mente, ou seja, com a capacidade de criar. O Carma obriga todo homem a ser responsável por tudo aquilo que ele cria. É preciso muito cuidado para não fazer do nosso coração um pasto de ervas daninhas pois, sem dúvida nenhuma, o primeiro prejudicado será o próprio homem.

Infelizmente, hoje o desejo é a maior força motivacional na vida do homem, fazendo com que ele – o desejo – domine a mente, quando na verdade a mente é que deveria reinar. A grande maioria da humanidade age por impulso do desejo, não sob direção mental, o que causa o tremendo caos em que vive o homem, o qual age contra a sua própria lógica, que foi atropelada pelo veloz corcel da emoção esporeado pelo desejo.

Todo homem (em inglês – *man* = mente), para ser feliz e equilibrado, deve primeiro cuidar da sua mente, depois das suas emoções e só no final das suas ações, pois como nos ensinou o grande Mestre Buda, primeiro é preciso pensar corretamente, depois sentir corretamente, para que no final a ação possa ser correta. Embora o instinto (embrião da mente futura no animal, o qual se prepara para avançar ao próximo reino – o humano) muitas vezes possa ser útil, geralmente ele causa mais problemas do que ajuda.

Nossa mente é como um disco, em que os pensamentos fazem os seus sulcos para poder futuramente ser tornar realidades no plano físico. É preciso muito discernimento e força de vontade para selecionar o mais rápido possível os pensamentos que nos chegam – de dentro ou de fora de nós mesmos –, para que somente os bons possam deixar marcas indeléveis na nossa mente e para que os maus sejam imediatamente descartados, pois é o tempo que os abrigamos em nossas mentes e em nossos corações que lhes permitirá futuramente fazer parte de nós mesmos. A ideia fixa é um profundo sulco que prende a nossa agulha mental em suas garras, impedindo-a de tocar a boa música de uma vida sã e equilibrada.

Então, meu irmão, com quais sementes anda sua mente semeando o sagrado solo do seu coração? Mesmo pequenas mesquinharias, quando muitas, preenchem o campo onde deveriam vicejar os pensamentos virtuosos, não só para seu próprio bem, mas igualmente para o bem maior – o bem de toda a humanidade, que hoje sofre tanto com as pragas plantadas não só por maldades antigas, mas também por descuidos de mentes egoístas que pensam apenas em si mesmas.

Sobre a Pornografia

Volto a este tema que já foi abordado nos artigos "Sobre o Sexo: uma Visão Global" e "Sobre o Sexo: uma Visão Pessoal", p. 195 a 197 porque este é um assunto importantíssimo e muito atual, principalmente no Brasil de hoje governado por forças conservadoras, após vários anos de uma governança liberal e, às vezes, de uma excessiva liberalidade prejudicial ao equilíbrio entre Espírito e matéria concernente ao tema da sexualidade.

Em primeiro lugar, devemos enfatizar que a sexualidade tem um papel fundamental na natureza criada por Deus e, por isso mesmo, é tão espiritual quanto tudo que por Ele foi criado em qualquer um dos reinos – inclusive o humano. São o livre-arbítrio do homem e os excessos por ele perpetrados que criam o "pecado", que nada mais é do que aquilo que é contrário à natureza. E, meu irmão, não existe nada tão contrário à natureza quanto esta criação horrenda do homem – a pornografia.

O maior mal da pornografia não é o ato libidinoso em si, que sem dúvida já faz um grande mal ao ego, afetando negativamente em conjunto os corpos físico, emocional e mental, mas como ela afeta a evolução da alma que habita esses corpos. Muito mais sérias e nocivas do que as óbvias doenças físicas causadas pelo descontrole da energia sexual são as doenças emocionais e mentais, as quais podem marcar por vidas os futuros corpos sutis do ego, dificultando enormemente a experiência da alma na matéria e tornando mais longo o seu retorno à Casa do Pai. Como muito enfatizado em artigos anteriores, que abordam a Lei do Carma, a síntese de cada vida do homem é gravada para sempre no átomo permanente de cada veículo, os quais são partes do indestrutível corpo causal – o corpo da alma, a qual habita milhares de egos (pó que ao pó deve voltar) antes de ser permanentemente absorvida pela Mônada (Espírito). Nenhum vício, assim como nenhuma virtude, é esquecido pelo Carma, e sempre renasce como tendência nos novos corpos a serem habitados pela alma no futuro. E lembremos sempre que o futuro do homem irremediavelmente depende de como ele vive o presente, "Nenhum fio de cabelo cai da cabeça do homem sem ser percebido por Deus".

O homem que cria, promove ou vive a pornografia não faz um mal apenas a si mesmo, mas também a toda a humanidade, da qual é uma célula viva, assim como todos os outros irmãos, inclusive os "pequeninos" citados na Bíblia por Jesus, que sempre são influenciados pelos irmãos mais velhos e experientes, os quais, por terem vivido um número maior de vidas, possuem um corpo mental mais evoluído, embora muitas vezes o usem para o mal. A grande epidemia atual de crimes sexuais não é culpa apenas daqueles que os praticam no plano físico, mas também daqueles que poluem os planos sutis – emocional e mental – com formas-pensamento pornográficas energizadas por desenfreados desejos, achando que serão incólumes ao retorno cármico por não os praticarem fisicamente. A realidade dos planos astral, mental e espiritual ainda não é uma verdade compreendida pelo homem comum. Um filme, um desenho ou uma fotografia, assim como um mau pensamento ou desejo criado ou mantido por uma mente mais poderosa, fazem dela uma coautora do crime sexual praticado por uma mente mais fraca por ela influenciada.

Jamais esqueçamos que o homem é responsável por tudo aquilo que ele pensa ou sente, tanto quanto por tudo aquilo que faz no plano físico. Aproveitemos com alegria todos os prazeres que a vida nos presenteia, usando corretamente, com equilíbrio e parcimônia, nosso corpo, nosso desejo, assim como nossa mente.

Um alerta: um sexopata é um indivíduo que nesta ou em outras vidas abusou da energia sexual, que há de marcar indelevelmente o corpo físico com doenças, como a sífilis e outras, o corpo astral, com insaciáveis e luxuriosos desejos, e o pior, o corpo mental, com profundos sulcos na memória que o impedirão de viver uma vida frutuosa, fazendo mesmo que ele se torne um ser infeliz obsediado por elementares (seres humanos desencarnados presos ao baixo astral – o plano das emoções e desejos – da Terra por insaciáveis desejos, os quais obsedam os mais fracos e doentes na sede insana de satisfazer perversos impulsos por meio dos veículos alheios). Muitos crimes terríveis, às vezes, não são cometidos pelos donos dos corpos (por isso, muitos criminosos não se lembram do acontecido, alegando um apagão mental).

Sorria! O sorriso iguala as pessoas.

Sobre a Omissão de Deus

"Odilon, tenho acompanhado seu blog e sempre li com atenção as centenas de artigos e pensamentos postados. A naturalidade com que você fala de Deus (ou *Logos* como gosta de chamá-lo) é surpreendente. Como você pode acreditar em um Ser Onipotente que assiste a tanto sofrimento sem fazer quase nada?

Em primeiro lugar, gostaria de dizer que a dúvida e o questionamento são os combustíveis que fazem o carro da evolução andar. O diretor do ego – a mente – só cresce e evolui quando desafiado a buscar soluções para as inquietantes questões humanas. Minha naturalidade vem da vivência de Deus dentro de mim mesmo, após árdua busca d'Ele fora e afastado do meu coração – o que certamente ajudou na pavimentação do meu caminho interno. Deus não pode ser conhecido ou transmitido, apenas vivido. Tudo que alguém pode fazer neste sentido é alertar sobre esta magnífica possibilidade aberta a todos os homens. Agora, sobre a "divina omissão", buscarei no mais profundo do meu ser uma síntese para um humilde artigo sobre este tema enciclopédico.

O homem é uma pequenina chama destinada a se tornar um Sol. Sim! Todos *Logoi* (plural de *Logos*) solares que povoam a imensidão do Universo um dia foram um homem, em humanidades diferentes da nossa, ou seja, essas inimagináveis e gigantescas Consciências Cósmicas passaram pelo reino humano antes de chegarem ao Reino Divino (EU faço o homem à minha imagem – Bíblia Sagrada). O verdadeiro homem não é o ego, como pensa a maioria, mas a sua Mônada ou Espírito, uma fagulha do Espírito Universal (Deus), que usa esse ego como veículo de manifestação nos planos mais densos.

Eis agora a grande pergunta: como pode o homem tornar-se um Deus sem o livre-arbítrio que também lhe possibilita tornar-se um demônio (por aeons, não eternamente)? Como evitar o sofrimento sem anular o livre-arbítrio? Certamente, Deus poderia fazer réplicas de si mesmo, puras assim como Ele, mas estas seriam apenas divinas cópias, não livres e verdadeiros Deuses. Meu irmão! Não foi Deus quem criou o sofrimento. Ele apenas, inevitavelmente, o permite para que assim novos Deuses possam ser criados e novas experiências sejam realizadas no Universo. Este é o motivo de toda criação e "Vida" é outro nome para a Divina Experiência. Experiência de quem? Experiência DAQUELE SOBRE O QUAL NADA PODE SER DITO (por não haver nenhuma Consciência capaz de contê-Lo) – PAI dos quadrilhões de Deuses, Anjos e homens que experimentam... e evoluem no Universo.

Agora, não se desespere, meu irmão! As regras desse divino jogo não podem ser mudadas, mas o homem – este feto de Espírito que se desenvolve para a Vida – sempre foi, é e sempre será ajudado, pois certamente Deus jamais se esquece dos Seus amados filhos. Mas, de fato, é uma ingenuidade achar que Ele cuida pessoalmente deles ou dos outros quadrilhões de seres sub-humanos, humanos ou supra-humanos, os quais são as células que compõem seu gigantesco corpo de manifestação – a Terra. Por isso, foi criada a Hierarquia Espiritual da Terra, a Qual na infância da humanidade era composta, em sua maioria, por seres mais evoluídos vindos de outros orbes (em ajuda ao nosso *Logos*), mas que hoje é composta em sua maioria por antigos seres humanos que chegaram ao fim da aprendizagem no reino humano e passaram ao próximo reino – o reino espiritual. Esses Seres "Iluminados" ascencionados ao reino superior, junto aos outros irmãos da Hierarquia Angélica, trabalham arduamente, há muitos milênios, sob a batuta do primeiro homem terrestre a consegui-lo – o Cristo (por isso, a alcunha de "O Primogênito" que, como prometeu, jamais deixará a Terra "até que o último e cansado peregrino torne à Casa do Pai"). Somente o Cristo, assim como outros grandes Seres de Iniciações superiores – encarnados ou não – têm contato direto com o Senhor do Mundo – o nosso *Logos* Planetário.

Sem dúvida, esse Deus tem a capacidade de intervir diretamente no mundo, mas só o faz em raríssimas ocasiões, como já o fez há pouco mais de 18 milhões de anos – quando foi individualizada a primeira alma –, criando assim o reino humano na Terra; e também há centenas de milhares de anos, quando a quase totalidade da quarta raça humana que vivia naquela época, juntamente ao continente no qual habitava, fora destruída naquilo que ficou gravado como uma lenda na memória humana – o Dilúvio Universal –, pois havia a possibilidade da vitória da Loja Negra (o que atrasaria em milênios a evolução da humanidade). Por muito pouco, Ele não atuou pela terceira vez na Segunda Guerra Mundial, quando grandes seres do mal, antigos componentes da Loja Negra Atlantiana, reencarnaram na Terra com funestos objetivos nas maléficas forças do Eixo, que a eles abriram a porta. Por muito pouco eles não ganharam a guerra. Nosso *Logos*, assim como toda a Hierarquia da Luz, espera o máximo possível antes de interferir na evolução da humanidade, a qual precisa aprender a partir dos seus próprios erros. Esses grandes Iniciados quase sempre trabalham por trás das cenas, anônimos ou incógnitos, por meio dos seus discípulos encarnados, olhando sempre a evolução da alma, apesar das agruras do ego.

Como pode ver, meu irmão, não há omissão alguma, apenas o respeito ao livre-arbítrio e suas consequências. Carma sempre ajusta as coisas para o bem, embora esse bem possa ser visto como mal pelo homem ainda ignorante dos objetivos divinos. E, ao contrário das forças das trevas (para seu próprio mal), as forças da luz jamais desrespeitam as leis divinas.

A ajuda superior nunca faltou nem nunca faltará. O que acontece é que a pequenina visão do homem enxerga apenas o momento, enquanto Cristo e sua Igreja enxergam na eternidade.

Sorria! O sorriso iguala as pessoas.

A Alma e o Silêncio

A alma é um pássaro que só pode cantar no silêncio...
Silêncio de um corpo físico sempre em busca de prazeres.
Silêncio de um corpo astral-emocional, quase sempre em meio a imensas tempestades.
Silêncio de um corpo mental sem foco, descontrolado como um macaco brincalhão, impossibilitado de aquietar-se por um momento sequer em um único galho, desperdiçando pensamentos que formam a consciência.
Como o raio do Sol pode chegar ao fundo do lago, em meio ao caos do turbilhão das águas?
Há aqueles que escutam, mas preferem os ruídos do mundo...
Aqueles que apreciam, mas não dividem a alegria na captação da beleza...
Aqueles que não dividem os tesouros, tornando-se novamente surdos à música celestial...
Ah, Prometeu, que roubou o fogo do céu para iluminar a escuridão, onde Hércules combate valentemente em busca da sua divindade...
Quando será quebrada a corrente que o prende à rocha da matéria, onde abutres devoram-lhe as entranhas?
Valerá a pena seu enorme sacrifício, ou Hércules sucumbirá às provas, deixando-o de mãos vazias no retorno ao Infinito?
Ah, Divina Fênix, que renasce depois de cada descida ao inferno, resgatando das cinzas a matéria em infinito ir e vir, pois sabe que tudo é Um, e o menor grão de poeira é Deus, e que o Pai jamais abandona Seu filho.

Os Avatares

Um Aviso Importante: como foi dito em um artigo anterior e em virtude da entrante Era de Aquário, assim como de acordo com a profecia do Cristo de 2 mil anos atrás, "Chegará um tempo em que tudo que estava escondido será revelado e a verdade será gritada de cima dos telhados", a Hierarquia Espiritual da Terra iniciou um grande esforço conjunto para trazer mais luz à humanidade. Fazendo parte desse esforço, foram trazidos à Nova Era que emergia novos ensinamentos, assim como antigos revestidos em uma nova linguagem, os quais foram divididos em três etapas principais. A primeira etapa ocorreu entre os anos de 1875-1890 com a discípula iniciada H. P. Blavatsky; a segunda etapa ocorreu entre os anos de 1919-1949 com os livros do Mestre Tibetano Djwhal Khul, o Mensageiro da Hierarquia, transcritos por Alice Bailey. E, finalmente, a terceira etapa que começou nas décadas de 1970 e 1980 e continua até hoje, não apenas por meio de uma fonte única e específica, mas também por milhares de pessoas – Iniciados, discípulos, assim como homens de boa vontade, contatados pelas próprias almas. Meus irmãos, hoje existem no mundo milhões de pessoas com contato consciente com a própria alma, inclusive este que humildemente lhes escreve. Minhas fontes são externas (como os livros citados juntamente a centenas de outros) e internas. Como disse O Cristo: "Bata e ser-lhe-á aberta, peça e ser-lhe-á dado". Existem hoje no mundo milhões de pessoas com contatos conscientes (maiores ou menores) com as suas almas. Àqueles poucos que me incentivam com belas palavras, eu digo: assim como um veneno usado com cuidado e parcimônia em pequenas doses pode se tornar um remédio, o elogio pode ser usado para motivar e ajudar um homem; do contrário, ele apenas alimentará o ego e intoxicará a alma com um dos maiores venenos que existe – a vaidade. Sugeriria para uma leitura o artigo "Sobre Mestres e Gurus", p. 158.

"Toda vez que a dor torna-se muito grande e o mal tenta prevalecer – EU apareço" (*Bhagavad Gita*). Esta é uma antiga promessa do nosso *Logos* Planetário. Agora, seria muito ingênuo, como já disse antes, e mesmo impossível, que esta imensa Entidade Cósmica simplesmente aparecesse em toda sua glória às minúsculas partículas que compõem Seu corpo – trilhões delas nos reinos sub-humanos e bilhões no reino humano. ELA simplesmente manda seus Divinos Mensageiros – os Avatares (como conhecidos nas antigas escrituras orientais). Esses Grandes Seres podem ser Avatares maiores como O Cristo e O Buda, Avatares médios como Confúcio e Lao Tzé, ou Avatares menores como alguns dos grandes filósofos da Antiguidade. Além deles, grandes discípulos Iniciados de Graus inferiores ao quinto (o Grau de um Mestre liberto), como Abraham Lincoln, Leonardo da Vinci, Lutero, assim como muitos outros reconhecidos em nossos livros de história – expoentes da política, da arte, da religião ou de qualquer outra atividade criada para o desenvolvimento humano. Muitos viveram e morreram no anonimato, muitos foram incompreendidos e sofreram bastante nas mãos de homens ignorantes, pagando, às vezes, com a própria vida. Sempre existiram santos e mártires em todas as culturas e civilizações do Oriente e do Ocidente, não apenas nas religiões.

Eis agora uma importantíssima informação que foi pedida ser divulgada pela Hierarquia da Luz: O Cristo (conhecido como Maytreia no Oriente), como prometeu, nunca abandonou seu povo, pelo contrário, continua trabalhando arduamente como o cabeça da Hierarquia nos planos sutis do planeta, sob ordens diretas do Seu Pai no Céu. Ele, desde meados do século passado, após a Segunda Guerra Mundial, vem se aproximando cada vez mais da humanidade. Primeiro através do plano espiritual em contato direto com as almas das pessoas. Depois por intermédio dos planos mental e astral, preenchendo o plano mental com novas ideias da Nova Era e o plano astral com sentimentos de boa vontade, tanto para o homem – humanismo – quanto para a natureza – ecologia –, além do seu gigantesco amor. Existe até a possibilidade de uma encarnação física nos tempos atuais, como nos lembra a profecia do retorno do Cristo e sua Igreja (Mestres, Iniciados e Discípulos de vários graus – A Hierarquia). Isso, é óbvio, ainda depende de muitas circunstâncias, principalmente da resposta da humanidade aos estímulos atuais feitos nos planos mental e astral. O Cristo já encarnou muitas outras vezes antes como: Zoroastro, Rama, Krishna e muitos outros nomes desconhecidos da humanidade atual.

A grande maioria da humanidade não sabe ainda da importância dos tempos atuais. Sofre terrivelmente nestes dias de muita escuridão

(Kali Yuga – idade das trevas), mas institivamente aguarda a promessa feita por Deus de sempre aparecer nas horas mais escuras. Cristo está cada vez mais perto do plano físico, como sabem aqueles que já o reconhecem nos planos internos e são estimulados nos seus corpos sutis.

Finalizemos este artigo com estas duas máximas, atualíssimas, do Cristo: "Busque a verdade e a verdade vos libertará" e "Deixe brilhar a sua luz" – a Fagulha Espiritual no centro de cada homem.

Sorria! O sorriso iguala as pessoas.

Sobre o Reto Pensar

Um dos principais objetivos deste blog é trazer à mente concreta do homem a realidade do ser ternário que ele é – Espírito, Alma e Ego. O ego, como foi exaustivamente colocado em vários artigos anteriores, é composto de três corpos que se interpenetram com matérias cada vez mais sutis – o corpo físico, o corpo astral (emocional) e o corpo mental. Todos eles são corpos vivos e em constante mutação, para o bem ou para o mal, de acordo com o cuidado que a eles dispensamos. A saúde desses corpos depende da qualidade dos alimentos a eles fornecidos, assim como da limpeza e higiene a eles dispensadas. Como andam cuidando dos seus corpos – veículos para a manifestação das suas almas –, meus irmãos?

Infelizmente, a maioria da humanidade, não só os mais humildes como também da elite, se preocupa muito mais com o corpo físico do que com seus outros corpos sutis. Muitos se preocupam mais com o mau odor físico do que com o mau cheiro de sentimentos e pensamentos preconceituosos. Acreditem, para muitos, um comentário ou uma piada preconceituosa contra um irmão de outra cor ou religião fede mais do que o mau odor corporal e, certamente, o "piadista", que é incapaz de ofender o nariz alheio, o faz com órgãos sutis muito mais sensíveis.

Nossa mente, como um magnífico computador que é, trabalha com algoritmos, e assim como a primeira palavra digitada em um programa de computação busca ideias afins, nosso primeiro pensamento busca pensamentos semelhantes, os quais se encadeiam na formação do raciocínio lógico. E, a não ser quando se trata de uma mente doentia e desconexa, ela consegue seu objetivo na transmissão da ideia. Agora, o mais importante! Com qual tipo de pensamento foi iniciada a corrente algorítmica? Um pensamento de ódio, de amor ou neutro? Pois, como todos sabem, o semelhante atrai o semelhante. É por isso que é muito importante nosso primeiro pensamento e sua intenção. O homem descuidado que deixa uma emoção negativa guiar o seu primeiro pensamento, em geral acaba caoticamente e de maneira infrutífera uma conversação, que de outra forma poderia ser útil. Quando o primeiro pensamento é amoroso, até a discórdia pode trazer benefícios. É por isso, também, que ao dormir com algum mau pensamento (de raiva ou até mesmo de uma leitura ruim ou inadequada) geralmente temos pesadelos. Nossa mente é deixada consigo mesma, quando no sono profundo nossa alma retira o fio da consciência (na glândula pineal), embora mantenha o fio da vida (no coração). A única diferença entre o sono e a morte é que no sono a alma mantém o fio da vida, embora retire o fio da consciência, enquanto na morte os dois são retirados. A matéria sem uma vontade que a mantenha coesa torna-se "pó que ao pó deve voltar".

"É preciso o reto pensar e o reto sentir antes do reto agir" (o Buda). Foi o aparecimento da mente que permitiu o surgimento do quarto reino – o humano. É a mente que distingue o reino humano do reino animal, e o homem já não deveria agir por instinto ou emoção, a qual continuou compartilhando com o reino animal. O sucesso de uma encarnação da alma geralmente depende de uma mente sã, de um emocional equilibrado e de um corpo saudável, embora somente a primeira seja fundamental e indispensável.

"Cuidemos dos nossos pensamentos, pois está chegando o tempo em que eles serão de conhecimento público" (o Tibetano). Hoje em dia algumas pessoas (geralmente Iniciados da Loja Branca ou Negra) já conseguem enxergar nos planos mental e emocional além do físico. Jamais esqueçamos que carma lê – e registra – todas as ações mentais, assim como as ações sentimentais e físicas.

UM ALERTA MUITO IMPORTANTE: como foi citado no último artigo "Os Avatares", p. 259 – e pedido para ser divulgado pela Hierarquia – Cristo e Seus Discípulos se aproximam cada vez mais do plano físico da Terra. Suas Divinas Presenças nos planos mental e emocional (astral) da Terra trazem grande confusão nos planos sutis, por serem esses planos onde se encontra a maioria das Entidades maléficas. Essas poderosas forças do mal não foram completamente eliminadas depois da derrota na Segunda Guerra Mundial, e a maldade no coração de muitos homens abriu a porta para novas investidas. Sementes de ódio foram plantadas por meio das mídias, principalmente da internet, para que de forma algorítmica buscassem o mal que existe em cada um. Infelizmente, muitos – inclusive alguns dos mais inteligentes, porém ingênuos – foram contaminados e, sem saber, divulgam mentiras e ódios pelas redes sociais. Uma guerra estúpida – com o objetivo de criar ódios – entre a direita e a esquerda no mundo (forças que sempre se completaram e se revezaram na história evolutiva da humanidade) é a consequência nefasta dessa atitude. O homem, ingênua ou orgulhosamente, acha-se dono dos seus pensamentos, ignorando que muitos são implantados em suas mentes por meio das mídias, ou de outros homens, com ou sem más intenções. Quantas fake news já divulgou sem saber, meu irmão (lembrando que elas foram uma das principais armas da propaganda nazista)? O fato de não acreditar em Deus, demônios e outras "bobagens" não aliviará a mão de carma quando a hora do julgamento chegar.

Sorria! O sorriso iguala as pessoas.

Sobre Extraterrestres e Intraterrenos

Como citado nos últimos artigos, O Cristo e Sua Igreja (A Hierarquia), cumprindo uma promessa Sua feita 2 mil anos atrás, nunca abandonou Seu povo e sempre continuou na Terra (em seus planos internos, é claro) ajudando seus irmãos menores a tornar à Casa do Pai. Atualmente, naquilo conhecido por muitos como "O retorno do Cristo", Ele se aproxima cada vez mais da humanidade terrestre, causando já grande tumulto nos planos sutis, o qual se reflete muito negativamente no plano físico. Uma maléfica estratégia de propaganda e antipropaganda para causar desinformação e confusão, usada com muito sucesso durante algum tempo na Segunda Guerra Mundial por Goebels (um dos sete homens maléficos que compunham o grupo formado por Hitler; grandes discípulos obsedados por imensas entidades da Loja Negra), está novamente sendo utilizada nos tempos atuais com muito sucesso, usando novas e mais abrangentes táticas apoiadas pela nova tecnologia – as fake news. Milhões de seres do bem, inconscientemente, e seres do mal, muitos conscientemente, estão sendo usados neste diabólico plano para confundir a humanidade, tentando assim prejudicar com mentiras as verdades trazidas pela Nova Era, estimulada pelas energias de Aquário.

Como já foi dito muitas vezes em artigos anteriores, todo o Universo é preenchido pela Vida (que nada mais é do que a solidificação da abstrata ideia nascida na Mente de Deus, trazida à manifestação pela Sua poderosa Vontade), embora a grandessíssima maioria dela seja desconhecida pela limitada percepção humana. Será que a vida existe apenas em um humilde planetinha nos confins da Via Láctea, em meio a centenas de bilhões de sóis e incontáveis planetas que os orbitam? Seria muito desperdício, não?

Existem hoje, compondo a humanidade, muitos seres com visões ou outras percepções dos planos sutis (que, não esqueçamos, também são materiais; apenas feitos de matérias muito mais sutis do que as matérias sólida, líquida e gasosa), e alguns deles motivados por uma sincera, porém ingênua, ideia de serem "escolhidos para uma importante missão espiritual" transmitem a sua parca, limitada e enganosa visão (os planos astral e mental inferior são habitados não só por homens desencarnados, mas também por bilhões de outros seres: bons, neutros ou maléficos, com pouco ou tremendo poder), como se fossem verdades absolutas. Existem, também, hoje no plano astral, muitos milhões de formas-pensamento criadas pela mente humana. Muitas delas são horrendas e maléficas; várias são neutras e ingênuas e, muitas outras positivas e deslumbrantes, dependendo do subnível em que for encontrada (existem sete no plano astral, assim como em todos os outros planos ou dimensões). Existe ali todo tipo de coisas criadas pela mente humana: demônios, monstros horrendos como vampiros e lobisomens imaginados por mentes infantis, assim como belíssimas imagens construídas por devotos sinceros, por exemplo: da Nossa Senhora, de Jesus, de muitos outros Mestres da Hierarquia, extraterrestres de todas as formas e cores, etc. Como nos conta um dos grandes seres da Hierarquia, às vezes, alguns dos Grandes Seres Ascensionados aos altos lugares têm que "descer" ao plano astral para desfazer as devotas, porém tolas, imagens (formas-pensamento) que deles fazem a humanidade infantil, as quais prejudicam muito aqueles que possuem a visão astral ou que se lembram dos sonhos (quando a consciência se encontra no plano astral), achando ter um contato um Mestre, quando na verdade apenas entrou em contato com uma forma-pensamento, das muitas feitas por sinceros, mas pueris, devotos.

Vamos agora ao cerne deste artigo: são reais ou não as realidades dos extraterrestres e dos intraterrenos? E, se a resposta for afirmativa, têm eles algum contato com os terrestres? Este tema é grande demais para um simples artigo, mas farei duas generalizações muito úteis aos verdadeiros buscadores (não aos curiosos), provenientes dos ensinamentos Hierárquicos e de vivências e ensinamentos internos.

Existe uma grande verdade e uma grande mentira sobre este assunto: a grande verdade é que desde o início da formação do nosso planeta o nosso *Logos* foi, continua sendo e sempre será ajudado, não só por seres de outros Logoi (plural de *Logos*) Planetários do nosso sistema solar, assim como do próprio *Logos* Solar e, também, de outros Logoi Solares e Planetários fora do nosso Sistema Solar. Todos são irmanados e unidos no Universo, o qual é apenas o corpo de expressão DAQUELE

SOBRE O QUAL NADA PODE SER DITO. Significaria alguma coisa para a grande maioria se eu dissesse que a atual aproximação do Cristo da humanidade só está sendo possível por causa da ajuda de uma magnífica Entidade Cósmica, que está usando os Seus corpos, assim como uma Alma usa um ego?

A grande mentira é que não é possível a um ser humano comum, ou mesmo a Iniciados abaixo dos últimos graus de Iniciação do nosso Planeta, entrar em contato com estas magníficas Entidades. Estes grandes Irmãos do Universo só têm possibilidade de contatar Seres acima da sexta Iniciação (como o Cristo) que fazem parte do Conselho de Shamballa (o Centro de comando central do nosso Planeta comandado pelo nosso *Logos*). O Tibetano Djwhal Khul – um Mestre liberto de 5ª Iniciação – nos diz que nem ele mesmo tem condições de suportar um contato direto com a energia destes grandes Seres. E também existem outros contatos ou tentativas de contatos menores, porém muito reais, com a humanidade sobre os quais não temos espaço para discorrer neste artigo (sem curiosidade, estudem com seriedade os crop circles). O resto é "viajação", enganos, más interpretações de homens, muitas vezes bem-intencionados, mas ingênuos, capazes de entrarem em contato com a imensa ilusão que são os nossos planos astral e mental inferior. Sim, também é verdadeira a existência de Seres e seres vivendo nos planos sutis (intraterrenos) da Terra.

A gravidade, assim como a eletricidade, já era uma realidade antes das "descobertas" de Newton e Benjamin Franklin.

Sorria! O sorriso iguala as pessoas.

Pensamentos Soltos 16

"Ô, meu irmão! Quando perdeu a capacidade de se emocionar tanto com a beleza quanto com o sofrimento? Quando parou de sorrir sem nenhum outro objetivo, do que apenas dissipar um pouco a tristeza do outro? Quando parou para olhar os campos que abraçam os dois lados da senda dos seus objetivos; objetivos que hipnotizam e escravizam sua mente? Pare! Silencie! Escute... A tênue voz no mais profundo de si. E lembre-se de quem verdadeiramente é: um pedacinho de Deus a nadar juntamente a seus irmãos na imensa e esférica piscina azul chamada Terra."

"A pureza da criança em cada um jamais envelhece ou morre. A única coisa que os descuidados podem fazer é sufocar por um momento triste, curto ou muito longo, o melhor que existe em cada um."

"Somente em um caso é lícito julgar uma pessoa: no autojulgamento, sob o tribunal da própria consciência, comandado pela sábia justiça do Eu Superior – que registra até a mais ínfima ação do homem. Ninguém possui toda informação sobre a vida do outro e, muito menos, das suas vidas passadas, as quais certamente têm muita influência nas suas atuais atitudes."

"O pavão é admirado pela beleza e pungência das suas cores e formas. Já o sabiá é admirado pela beleza e pungência do seu canto. É correto e belo o pavão na juventude de todo homem ou mulher; assim como é correto e belo o sabiá na voz da maturidade. Triste é escutar um jovem sem humildade em um canto prematuro e vaidoso. E, mais triste ainda, é ver respeitáveis senhores e senhoras em tolas vaidades preocuparem-se mais com cores e formas do passado, do que com o sábio canto do entardecer."

"O homem é um conjunto de forças e energias físicas, emocionais e mentais, mantidas por uma vontade central – o ego. Esses três corpos são partes componentes dos imensos corpos físico, astral e mental da entidade planetária, que serve de veículo para a manifestação do nosso *Logos* Planetário. Todas as células que compõem essa gigantesca entidade afetam e são afetadas por todas as outras células irmãs. Não só a consciência grupal da humanidade, conhecida como opinião pública, como também seu subconsciente coletivo, com todas as suas mazelas, passam como águas turvas sobre as planícies e planaltos de cada um. Não é possível ao homem fugir dessas marés, nem deixar de se sentir às vezes envergonhado ou triste por maus sentimentos e pensamentos afluentes, os quais perpassam por um momento sua mente ou coração e que, quase sempre, se originam de fora, não de dentro de si mesmo. Porém, cabe a todo homem refutar toda inevitável sujeira acumulada por milhões de ações erradas ou equivocadas e, se for um pouco mais evoluído o suficiente, transmutar o que for possível. Uma coisa é certa: cada homem é responsável por tudo aquilo que escolhe acolher na memória da sua mente ou no sagrado cofre do coração."

"Nenhuma razão, por mais óbvia ou justa que seja, pode sobrepujar o respeito que merece todo ser humano. Nenhuma verdade, grande ou pequena, pode justificar a humilhação de uma alma em evolução. O momento e as palavras certas, assim como o correto tom de voz, são as chaves para o sucesso da justa e correta admoestação. De outra forma, a boa intenção pode causar mais mal do que bem e o espinho a ser retirado se aprofunda ainda mais."

Sobre Dharma

As pessoas costumam confundir muito Carma com Dharma e, embora eles estejam sempre correlacionados, são coisas muito diferentes. Carma é uma Lei Universal regida por imensas Entidades Cósmicas, conhecidas nos meios esotéricos como os Senhores Lipikas e nos meios religiosos como os Anjos Registradores do Livro da Vida. "Não cai um fio da cabeça do homem sem ser notado por Deus" – é a conhecida Lei de Causa e Efeito. Já Dharma é o objetivo da alma para uma determinada encarnação: encarnação da alma individual do homem, da alma grupal de uma família, de uma nação ou da humanidade como um todo.

As almas humanas geralmente evoluem e encarnam em grupos. Elas sempre procuram grupos familiares com certas características, que melhor servirão para as experiências e aprendizagens do ego, o qual vai habitar em determinada vida. Cada família tem a responsabilidade com os Dharmas da nação e da humanidade. É da responsabilidade de cada membro de uma família não se preocupar apenas com a própria evolução, mas também com a evolução da sua família difundindo as virtudes, assim como transmutando os erros a ela inerentes, como ajuda à evolução de toda humanidade, da qual a família é apenas uma pequena parte. Embora cada ego mantenha sua individualidade dentro do todo, ele sempre será afetado por tendências e características da família onde nasceu, e seu livre-arbítrio é quem vai dizer se ele viverá de acordo com as virtudes ou com os defeitos dela, geralmente mesclando virtudes e vícios inerentes a cada família. Por exemplo, em uma família com as seguintes virtudes: amor ao próximo, amor à justiça, uma boa capacidade intelectual, etc., e os seguintes defeitos: orgulho e vaidade (em razão dos muitos sucessos de antepassados, transmitidos geneticamente a mentes e cérebros dos seus descendentes), alcoolismo (o gene do alcoolismo já foi descoberto pela ciência moderna) e machismo (por uma tradição masculina familiar de não tratar com equidade as mulheres da família), etc. Um membro dessa mesma família pode ser superamoroso, com uma leve tendência ao alcoolismo e um certo machismo (às vezes inconsciente); já outro pode ser um abstêmio cujo amor abrange todo o mundo; ainda outro pode ser um defensor da justiça e das mulheres e ter muito orgulho disso, assim como ser vaidoso com seu corpo ou sua mente, etc.

Assim como cada família possui seu Dharma familiar, cada nação possui suas próprias características e seu próprio Dharma nacional. A inteligência e a musicalidade do povo alemão, assim como sua arrogância e agressividade sempre foram muito conhecidas. A justiça e a organização do povo inglês, assim como seu orgulho racial, também são muito conhecidos. A efusiva e, às vezes, descontrolada emotividade dos povos latinos contrasta muito com o frio controle emocional e mental dos povos nórdicos. A virtuosa índole amorosa do povo brasileiro e seu grande defeito de irresponsabilidade política e governamental também são do conhecimento de muitos. Cada outro povo e cada outra nação também possuem as próprias virtudes, assim como defeitos.

Agora, sem dúvida nenhuma, o Dharma mais importante do homem é o Dharma da humanidade, o quarto reino, do qual ele é uma célula componente. A Hierarquia sempre nos lembra desse Dharma e seu principal objetivo é servir de ponte entre os três reinos superiores (Espiritual, Monádico e Divino) e os três reinos inferiores (Mineral, Vegetal e Animal). Como nos lembra a Bíblia: "Toda natureza aguarda em dores de parto a glória do filho do homem". É o próprio homem que deve acabar com o sofrimento, assim como ajudar a acabar com o terrível sofrimento dos reinos inferiores. Não existe acaso no Universo e Deus não é um Grande Mágico. ELE precisa do homem para chegar até os planos mais densos da matéria com INTELIGÊNCIA para cumprir com AMOR a sua VONTADE.

Eis um ensinamento que precisa mais da intuição da alma do que da inteligência do ego:
- Terceiro RAIO – INTELIGÊNCIA ATIVA – HUMANIDADE
- Segundo RAIO – AMOR-SABEDORIA – HIERARQUIA
- Primeiro RAIO – VONTADE E PODER – SANAT KUMARA (Nosso *Logos* Planetário)

"Quem tem olhos para ver, que veja. Quem tem ouvidos para ouvir, que ouça." (Bíblia Sagrada)

Sorria! O sorriso iguala as pessoas.

O Sono e o Plano Astral

A importância do sono é tão fundamental para a saúde do homem como a própria alimentação. Por quê? Porque é no sono, assim como na exposição ao sol e no contato com a natureza, que nosso corpo etérico (o nosso corpo energético, arcabouço do corpo físico) é realimentado e revigorado com as energias sutis planetárias, ou até mesmo extraplanetárias, como nos corpos altamente evoluídos de alguns Discípulos Iniciados em missões de ajuda no plano físico.

É também no sono que o homem, na sua terceira e final etapa da vida, começa a preparar-se para o retorno aos planos sutis, onde permanecerá por um tempo, mais curto ou mais longo (dependendo do seu grau evolutivo), antes de uma nova reencarnação, transformando as experiências e ensinamentos adquiridos na recém-abandonada encarnação em tendências e posses eternas da alma. É a alma que está sempre em evolução, não o homem mortal que desaparece no curto período de uma vida. Que grande desperdício seria se toda experiência e aprendizagem adquiridos numa vida fossem aniquilados com o efêmero corpo humano, não?

Na verdade, a única diferença entre o sono e a morte é que, na morte, o *sutratma* (o fio da vida ou o cordão prateado citado na Bíblia) é definitivamente rompido e o corpo físico, sem a consciência que o mantinha vivo, se desfaz (pó que ao pó deve voltar), enquanto o verdadeiro homem continua sua evolução nos planos sutis antes de voltar novamente ao plano físico. Já no sono, o homem retorna ao corpo físico por meio do sutratma, após uma rápida permanência no plano astral.

Infelizmente, essa importantíssima pausa de descanso na vida de vigília, com sua revitalização nos planos sutis, é negligenciada como uma etapa menos importante, quando, na verdade, a alma continua extremamente ativa nos outros planos, enquanto recupera – ou deveria estar recuperando – o seu veículo físico. A vida onírica também é fundamental para o desenvolvimento do homem, embora a maioria não se lembre ou registre no cérebro físico a maior parte das experiências da consciência no tumultuado e fluídico plano astral, onde cada pensamento imediatamente se reveste de uma forma em que bilhões de seres (humanos ou não) enchem o espaço com suas efêmeras, às vezes belas, mas geralmente horrendas, distorcidas e bizarras criações. Somente almas mais experientes e maduras conseguem distinguir o verdadeiro em meio às muitas enganações desse plano, permanecendo lúcidas em meio a um mar tempestuoso de miragens. Quanto mais baixo o subnível desse caótico plano astral (sete, assim como todos os outros), mais feio e confuso é o ambiente. São nos seus subníveis mais elevados que o homem pode receber mensagens e ensinamentos da própria alma ou de almas mais evoluídas, as quais guiam ou ajudam a sua evolução. É também aí que alguns Mestres mantêm certas "escolas", onde ensinam ou trabalham com Seus discípulos durante as horas de sono. Alguns desses, mais experientes, se lembram de todas as atividades e ensinamentos; já outros se lembram de pouco, ou mesmo de nada, mas não deixam de registrar subconscientemente o acontecido que depois, no período da vigília, servirá como benéficas tendências. Há sonhos e sonhos, sendo grandessíssima parte deles elucubrações mentais subconscientes sem valor, misturadas com lixos mentais de bilhões de outros habitantes, humanos ou não, que compõem a fauna dessa caótica dimensão; mas alguns são de muito valor por trazerem ensinamentos da própria alma ou de almas mais evoluídas.

Realmente o homem deveria preocupar-se mais com suas noites de sono. Não só com a prévia alimentação física, mas também com as prévias alimentações emocional e mental. Dormir com raiva, medo ou com variados tipos de preocupações fora de hora faz tanto mal ao sono como uma comida inadequada. Alimentos, tanto quanto sentimentos ou pensamentos pesados, certamente manterão a consciência nos mais baixos e sombrios níveis astrais. Uma comida leve, juntamente a suaves emoções e a uma mente calma, certamente facilitará os voos da consciência até os primeiros e mais puros subníveis do plano astral, ou mesmo além deles... Tudo no Universo é energia em constante mutação e a consciência será sem dúvida atraída magneticamente aos lugares compatíveis com sua vibração no momento: ou as profundezas escuras e abissais dos baixos e densos níveis astrais ou aos seus primeiros e mais puros níveis, onde em razão da sutileza da matéria que os compõe, chegam as luzes benfazejas dos planos superiores.

Sobre a Inveja e a Humildade

O que o defeito da inveja tem a ver com a virtude da humildade? O fato de ambos dependerem do grau de contato do ego com a alma. Tanto a posse desse defeito quanto a falta dessa virtude significam que o ego não está vivendo sob a influência da sua alma, onde é impossível a presença da primeira, bem como a ausência da segunda.

Como nos diz a Gnose ensinada pelos Mestres há milhares de anos: "O ego é o veículo da alma nestas dimensões inferiores e a alma é o veículo da Mônada ou Espírito nas dimensões superiores, sendo os três envolvidos e permeados pela VIDA". O problema de grande parte da humanidade que vive como ego é que nem sempre ela é consciente da alma e, assim, tende a ser separatista, qualidade-mor de todo ego. Já a alma está sempre consciente do espírito, jamais esquecendo que é uma pequena parte do TODO (a Mônada é como um raio do sol, não sendo igual a ele em potência, mas certamente igual em essência), por isso jamais é separatista. Como pode um ser verdadeiramente consciente e que vive sob a luz da sua alma ter inveja do irmão, que vive sob condições criadas pela própria alma (já que todas as almas são unas, partículas da mesma Anima Mundi), para que ela possa, com certo objetivo nesta encarnação, experimentar, crescer e evoluir com todas as possibilidades de êxito? Sua vitória é a minha vitória! Assim pensa toda alma; e tudo que lhe foi dado para permitir isso é bom e correto.

Continuando a filosofar sobre este mesmo tema, veremos que a humildade não é uma escolha do ego, mas uma verdade imposta pela alma, que sabe que não existem almas maiores ou menores, mas divinos seres vivendo momentaneamente em veículos mais ou menos evoluídos, de acordo com as necessidades da alma jovem ou mais madura. Como diz o filósofo Paul Brunton: "Não existe nada mais triste do que ver um ego se gabando da sua espiritualidade!"

Tanto a inveja quanto a falta de humildade são características do ego que vive sem a luz da alma.

O Cactus e o Deserto

– Quem és tu, insignificante ponto verde, que presunçoso macula
o infinito incolor do meu nada?
Achas que podes sobreviver ao abraço mortal
das areias ferventes dos meus braços?

– E quem és tu, gigantesca massa amorfa, que presunçosa macula
a minha infinita vontade de florescer?
Achas que podes sobreviver ao abraço de vida
de todas as ânsias do meu ser?

– Sou o nada, sou o tudo... Sou passado, sou presente e sou futuro.
Sou o útero virgem do tempo!
– E eu sou a semente... Que justifica teu passado, teu presente e teu futuro.
Sou o feto emergente da vida!
– Eu sou vácuo e a escuridão!
– E eu sou a energia e a luz!
– Eu sou a tela vazia e branca!
– E eu sou o pincel que desenha e colore!

O cactus e o deserto...
Duas figuras do mesmo quadro.
Dois personagens do mesmo drama...
Da recorrente trama da VIDA!

Sobre o Valor da Ciência

Recebi mais uma excelente informação sobre física quântica pela internet, que às vezes nos traz alguns tesouros em meio a tanto lixo, a qual repasso com algumas observações pessoais que achei pertinentes. Não entrarei em aspectos técnicos, por não ser um especialista e por termos bastante informação sobre o tema na internet, mas gostaria de filosofar um pouco sobre os aspectos espirituais que, na maioria das vezes, passam despercebidos em meio à pressa desnecessária do mundo moderno.

Como já sabemos por intermédio da ciência atual, tudo no universo é energia, e a matéria nada mais é do que energia condensada ou congelada, como preferem alguns. Como provado por vários testes feitos em todo o mundo, com o auxílio dos nossos melhores cientistas, sabemos que as relações espaço-tempo são relativas, quando não totalmente ilusórias. Podemos citar como exemplo as experiências feitas sobre a não localidade dos elétrons, a teoria dos campos, as modificações simultâneas do DNA por meio de sentimentos e pensamentos feitos a centenas de quilômetros de distância anulando o espaço e tempo, etc.

O que eu acho que é importante destacar sobre estes conhecimentos, ofertados por almas que amam seus semelhantes, e por isso gastam seu tempo em ensinamentos evolutivos, é que "o conhecimento" não deveria ser tratado como uma bela teoria e armazenado em algum cantinho da mente para ser posteriormente esquecido, como faz a maioria das pessoas.

O que fazemos nós sobre a grande verdade, provada por testes, de que nossos pensamentos e sentimentos afetam profundamente o mundo que nos cerca? Seria o mundo o mesmo se não jogássemos sobre ele o peso avassalador do nosso pessimismo endêmico? Haveria tantas guerras no mundo se o ódio não fosse destilado de forma tão banal por coisas tão pequenas, como o preconceito racial ou religioso? Temos nós consciência sobre o sofrimento causado a todos os reinos com nossas irritações descontroladas, que com suas baixas vibrações envenenam o mundo com suas nocivas emanações; pois, como já foi provado e é teoricamente sabido por muitos, tudo no universo é energia em vibração?

Gostaria aqui de destacar aquilo de mais profundo nos ensina a física quântica: TUDO NO UNIVERSO É UNO. Não é possível qualquer ação que não afete o todo. Quando, no calor da guerra de secessão religiosa ocorrida em meados do século passado na Índia, um hindu colérico conseguiu entrar armado na sala onde Gandhi fazia o seu jejum pela paz e atirou-lhe um pedaço de pão, gritando-lhe que o comesse, e que ele não queria ser responsável por mais uma morte, pois seu terrível carma já o havia condenado ao inferno, por ter esmagado contra a parede a cabeça de uma criança muçulmana, o que lhe respondeu aquela alma evoluída? Disse-lhe que de forma nenhuma ele estava condenado ao inferno, que ele pegasse uma das milhares de crianças órfãs da mesma guerra – de preferência uma muçulmana – e a adotasse e amasse como um filho, e assim voltasse a equilibrar o carma, pois todas as almas são iguais, células irmãs no corpo da Anima Mundi, nossa alma universal. É por isso que a Bíblia Sagrada cristã coloca Deus como "Aquele em que nós vivemos, nos movemos e temos nosso ser". Por que sujarmos com baixas vibrações de remorsos e arrependimentos o nosso corpo astral (sabendo que o remorso tem seu valor momentâneo, mas apenas momentâneo, ao mostrar-nos nosso erro), entristecendo assim todo o mundo, se Aquele que é pleno Amor e Perdão nos dá toda a oportunidade de nos emendarmos dos nossos erros? Seria correto classificar as almas dos nossos filhos, pais ou amigos como mais valiosas do que a alma de um irmão desconhecido?

Afinal, quando o homem aprenderá que aquilo que ele pensa, sente, faz ou fala afeta de forma positiva ou negativa o mundo ao seu redor? Que ele é responsável de fato pelo sofrimento do mundo, quando age mal contra qualquer ser vivo da natureza (e tudo é vivo na natureza), e pela omissão quando, por preguiça, deixa de fazer o bem do qual é capaz? Não nos escondamos em sentimentos de fraqueza ou futilidade, pois, como nos ensinam a física quântica e outras ciências: "Que poder tem a prece sincera de uma Alma amorosa!"

Paz, Luz, Força e Coragem neste ciclo de caos e oportunidades.

Reflexão sobre os 50

Já faz alguns anos que passei dos 50 e, na minha última caminhada matinal, vinha pensando nos dogmas e nas cobranças que essa época inevitavelmente nos traz. Uma dessas cobranças é a pseudonecessidade de bebidas e comidas mais refinadas, mais "dignas" do atual *status* de pessoa que venceu na vida. Acho que infringi mortalmente esta lei do inevitável refinamento do paladar, pois me recuso a retirar do primeiro lugar em minha preferência a cerveja gelada, e, mesmo apreciando bastante uma lagosta com camarão de vez em quando, não troco a minha cotidiana comidinha, com um feijãozinho bem feito e uma bela e variada salada, dos quais jamais me enjoei nesses mais de 50 anos, o que não aconteceu com muitos "divinos quitutes" indispensáveis a meu novo *status quo*.

Há muita beleza e satisfação em várias coisas simples, que são facilmente perdidas ao se adquirir novos e "indispensáveis" hábitos à nossa nova condição social, coisa que tem de ser muito bem refletida para não acabarmos por fazer do supérfluo ou do desnecessário uma necessidade, atitude que, se não afetar a sua moral, certamente afetará seu bolso.

Outro dogma desse período é o que diz que já se trabalhou muito e que agora é hora do merecido descanso – a aposentadoria. Eu não sei como nossa civilização ocidental conseguiu transformar uma das épocas mais fecundas para o desenvolvimento espiritual em um período de ócio e preguiça, com sua inevitável depressão. Como pode o homem moderno malgastar o precioso tempo retirado da luta pela sobrevivência material e não usá-lo na luta pela sobrevivência espiritual? Como justificar às forças da vida o tempo perdido ao se dormir mais do que o necessário, ou em frente à televisão "curtindo" um filmezinho ridículo, ou vendo um desses programas normais que degeneram a raça humana "só para passar o tempo?" Por que não usar esse tempo para conhecer melhor o universo em que vivemos e do qual quase nada sabemos? Por que não elevarmos nossa alma com o contato com a natureza ou no deleite das artes produzidas por espíritos mais avançados? E, principalmente, por que não usarmos parte desse tempo na ajuda do irmão que luta com dificuldades maiores do que a nossa, praticando assim o amor universal, o verdadeiro alimento do espírito?

Ao chegarmos ao terceiro e final ciclo da nossa vida jamais deveríamos alegar falta de dinheiro ou saúde para aproveitarmos melhor esse período, pois as coisas mais importantes na vida são de graça e não demandam muito esforço físico. Qual o preço de um pôr do sol ou de uma caminhada tranquila em meio à natureza? Quanto vale o tempo gasto ao lado dos nossos entes queridos, sem o estresse do trabalho ou sem a pressa da necessidade? É assim tão cara a cultura e o conhecimento quase de graça no mundo moderno? E, finalmente, quanto vale um sorriso estampado no rosto do nosso irmão ou um alívio do sofrimento alheio, que na maioria das vezes nos custa quase nada?

Reflexão sobre os 60

A vida de todo ser humano transcorre sempre em ciclos de tempo maiores ou menores (períodos de um, três, sete, dez e, as vezes, mais anos) causando sempre crises – pequenas ou grandes – que visam tirar o homem da inércia causada pelos hábitos, permitindo assim novas aprendizagens e posterior evolução. Essas crises, às vezes, causam alguma dor ou sofrimento que deveriam ser sempre bem-vindos por aqueles que sabem que esses instantes são apenas podas que a vida nos faz para que possamos continuar crescendo.

Hoje na minha cotidiana caminhada matinal, a minha alma me brindou com alguns pensamentos sobre o importante ciclo de dez anos, que no final do ano me colocará na respeitável faixa dos sessentões, com seus novos direitos, obrigações e principalmente deveres. É um novo ciclo de tremenda responsabilidade, em que a alma finalmente possui um ego mais amadurecido, com um maior controle sobre os seus corpos mental e emocional, e agora com reais possibilidades de fazer aquilo para o qual foi criado – ser um veículo para experiência e serviço da alma nestes densos planos terrestres.

Como foi aventado por um dos Irmãos Mais Velhos da nossa Hierarquia Espiritual: "É uma pena que quando o ser humano chega à sua mais produtiva fase da vida, em que ele possui a maturidade suficiente para poder servir com mais utilidade à sua alma e, assim, à Hierarquia, ele deixa-se vencer pelo cansaço, ou pelos pequenos incômodos dos seus corpos, tornando-se assim inútil aos planos evolutivos".

Ah! Que bem poderia fazer ao mundo aquele que, machucado pela pressa de vãs necessidades, adquiriu a calma que pode aliviar a correria desvairada da ambição! Que bem poderia fazer ao mundo aquele que se feriu na ponta da mesma lança, com a qual feriu seu irmão no combate pelas posses, e a ergue à altura dos olhos, seu troféu de lata enferrujada! Que bem poderia fazer ao mundo aquele que desnudou a natureza e mostra com o coração cheio de ternura os seios túmidos da beleza! Que bem poderia fazer ao mundo aquele que, com os olhos brilhantes da luz do conhecimento, ilumina o caminho cheio de sombras da inexperiência! Que bem poderia fazer ao mundo aquele que, com resignação, mostra as cicatrizes gravadas pelos erros, para que o mesmo aguilhão não fira ao ingênuo que cresce em meio ao tumulto! Que bem poderia fazer ao mundo aquele que, cansado das guerras internas e externas, exala a paz de quem fez o que pôde e diz com sorriso nos lábios: A vida vale a pena! E, finalmente, que bem poderia fazer ao mundo aquele que, pelo atrito constante do tempo, tornou seu corpo transparente à energia do amor, que brota do coração em bênçãos daqueles que ainda lutam no escuro!

Pensamentos Soltos 17

"O homem não é grande por não possuir defeitos, mesmo porque se não os possuísse não seria mais um membro do quarto reino humano, mas um Ser maior do seguinte, o quinto reino espiritual. Toda consciência evolui de reino em reino até voltar à sua origem – o Reino Divino. O homem é grande quando avança passo a passo, com suor e dor, vencendo os obstáculos que a Vida coloca à sua frente para torná-lo mais forte e mais sábio. E sem a humildade de reconhecer seus erros e pedir perdão, ficaria preso e estagnado em um lamaçal de orgulho e vaidade, enquanto vê passar à frente aqueles que considerara ingênuos e menosprezara como menores."

"Homem! Cuidado com cada grão de comida que leva à boca. Mais cuidado com cada emoção e cada pequeno desejo que abriga no coração. E mais cuidado ainda com cada pensamento que sulca indelevelmente o disco da sua mente. Pois cada ato, cada emoção, cada desejo e cada pensamento são substâncias que comporão seus futuros corpos, veículos fundamentais aos experimentos da alma em cada vida. O Carma grava irrevogavelmente cada ação física, emocional ou mental, sintetizando-as em sementes futuras dos novos corpos, guardadas a sete chaves nos átomos permanentes, os quais perduram após a dissolução dos antigos veículos – pó que ao pó deve voltar. Que sua casa possa sempre ser nestes momentâneos desterros do Espírito um lar limpo e arejado, não uma escura e suja prisão, enquanto durar sua passageira estadia na Terra."

"Os seres humanos rotulam o livre-arbítrio como o seu maior direito e possessão. Mas quão enganada está a grande maioria deles achando-se livres... Pouquíssimos são os homens e mulheres que escolhem seus pensamentos e desejos, por isso mesmo é tão rara a verdadeira liberdade. A cada dia que passa aumenta o hackeamento das pessoas por meio das redes sociais, quando os algoritmos descortinam tendências genéticas ou socioculturais, por meio de informações conscientes ou subconscientes fornecidas na internet. Escolhas como o que comprar, em quem votar, o que gostar ou o que odiar são cada vez mais manipuladas por vontades exteriores ao ser. Mas só há uma forma de sair desta ilusão de liberdade: analisando cada desejo e cada pensamento antes da ação, separando aquilo que é verdadeiramente seu daquilo que é imposto de fora. O homem é um semideus muito fácil de ser enganado ou mesmo escravizado."

"Onde falta amor, multidão é solidão. Onde o amor impera, dois são abundância."

"O idealista é aquele que capta as abstratas ideias do Eu Superior e procura realizá-las no plano físico. A ideia é o Númeno e o ideal o Fenômeno. Atrás de cada efeito aparente, sempre há uma causa interna."

"Ai de todos vocês que aumentam sua fortuna para alimentar falsas necessidades, ou fogueiras de vãs vaidades, roubando da bruxuleante chama que mal aquece e mantém vivos os pequeninos."

"O amor é um corcel que deve ser cavalgado a pelo. Assim que tentar moldá-lo com a sela, controlá-lo com o cabresto e dirigi-lo com as rédeas, ele deixa de ser vivo e torna-se apenas um cavalinho de pau."

Reflexão sobre o Pessimismo

Estamos vivendo hoje tempos extremamente difíceis para toda a humanidade. De acordo com o ensinamento espiritual, estamos passando um período de mudança, de um ciclo mundial de mais ou menos 2.150 anos, de onde saímos da influência das energias da constelação de Peixes, para entrarmos nas novas energias da constelação de Aquário. O mesmo ensinamento nos diz que esta é uma época de muito conflito entre o velho e o novo, causando muita dor e sofrimento em praticamente todas as áreas nas quais a vida evolui. É preciso uma grande reciclagem, para o que ultrapassado, errado ou escondido possa vir à tona e ser eliminado, abrindo espaço para o novo.

Se tudo isso for verdade, como deveria se posicionar o homem, principal vítima deste caos momentâneo? Deveríamos agir como a maioria, que de forma pessimista olha ao redor dizendo que a humanidade não tem jeito, que o mundo está perdido, que o mal venceu? Bom, certamente é com isso que contam as forças involutivas que, no medo e na inércia do sentimento de futilidade, têm suas maiores armas contra as forças da evolução.

Vamos ser sinceros! O maior problema da humanidade é que as pessoas do mal têm feito muito bem seu trabalho, enquanto a maioria das pessoas do bem tem negligenciado o seu: nosso país não tem jeito; o ser humano é malévolo em essência; Deus não existe; o caos reina solto pelo universo.

Pessoas do bem, acordem! O maior mal hoje no mundo não é o praticado pelas entidades do mal, mas a falta do bem, que não é praticado pelas pessoas do bem. A vida é um teatro, e o que conta são nossas atitudes no drama que o Carma nos obriga a performar. É preciso pensar corretamente, sentir corretamente, para que a ação seja correta e o resultado seja bom. No caminho óctuplo do Buda, o reto pensar vem antes do reto sentir, que vem antes do reto agir.

Homens de boa vontade, se no momento não possuem a força para praticar o bem, ao menos pensem nele e o desejem, para que as energias geradas pelo reto pensar e o reto desejar possam fortalecer o braço daqueles que lutam no plano físico para a vitória do bem, mas, por favor, não sejam pessimistas, fortalecendo assim o braço do mal.

Quanta força há na prece sincera de uma alma cansada!

Sobre a Crítica e o Elogio

O que é pior: a falsa crítica ou o falso elogio?
Um rápido pensar nos diria que a falsa crítica é muito mais virulenta, pois nos causa muita dor, é injusta, etc. Mesmo a crítica justa feita de forma errada, ou no tempo errado, pode fazer muito mais mal do que bem, pois toda crítica valoriza e vivifica o erro, ferindo o ego que entra na defensiva, aumentando assim a dificuldade da Alma, que luta para iluminá-lo. Por isso, nenhuma crítica deveria ser feita sem amor.
Já o falso elogio na maioria das vezes passa despercebido do ego, assim como um perfume venenoso é prazerosamente aspirado ignorando-se a morte escondida, pois a vaidade é um dos maiores assassinos da Alma.
Mesmo o elogio verdadeiro deve ser absorvido com muita humildade para que seja aproveitado como incentivo para o crescimento espiritual, pois assim não sendo, corre-se o risco de alimentar o orgulho, outro grande assassino da Alma.

Tempo e Eternidade

Há certo tempo, durante alguns anos, passei por um dos mais difíceis períodos da minha vida, o qual por pouco não me deixou sequelas nocivas permanentes. Trata-se de um assunto que por milhares de anos angustia aquela parte da humanidade que alcançou uma certa capacidade mental, que lhe permite filosofar sobre um dos mais importantes temas relacionados com a vida: a impermanência.

Que valor teria os fatos da vida se tudo é impermanente? Por que labutar de maneira penosa por um futuro se ele haveria de se tornar um efêmero presente, que rapidamente se esvai em passado por entre os dedos incapazes de segurar o momento por mais um segundo sequer? Para que afagar pensamentos de prazer durante os longos dias de afazeres semanais nas esperas de sextas-feiras, se os sábados e os domingos são apenas momentos fugazes entre as segundas-feiras? Qual seria o valor da vida, se tudo é ilusão passageira?

Aprendi que tudo isso só acontece porque o homem ignora que o tempo é uma ilusão criada pela mente (o comandante da tríade – corpo físico, corpo astral-emocional e corpo mental = ego), que na sequência de pensamentos em flashes cria movimentos no espaço – o tempo. A alma que se situa além da quinta dimensão da mente não é afetada por essa falsa noção de tempo, e para ela não existe passado, presente ou futuro, por isso, se diz que ela vive no eterno agora. "A ETERNIDADE NÃO É UMA QUANTIDADE INFINITA DE TEMPO."

O que faz, então, a vida valer a pena para o homem que se desencantou da matéria, embora saiba que dela ainda precisa para aprender, servir e evoluir? A resposta é: viver como alma no Eterno (outro nome para Deus) e não mais no passageiro como ego; vivendo cada momento presente como se fosse único e aceitando com equanimidade a dor e o prazer, sabendo que os dois são professores que nos ajudam a evoluir, e que tudo passa, ficando apenas a aprendizagem armazenada para sempre na alma. Enquanto o homem estiver encarnado neste planeta, é-lhe inevitável a dualidade ego-alma, mas lhe são inalienáveis o direito e o dever de priorizar um ou outro, fazendo de um deles o amo e do outro o servo.

No antigo e sábio Oriente se diz com certa razão que a mente é o assassino do real, pois, presunçosa, ela quer definir aquilo que está além da sua limitada capacidade, e pela divina lei do livre-arbítrio pode, orgulhosa, rechaçar os impulsos vindos dos planos sutis de onde a alma luta incansavelmente para guiar sua sombra na Terra. Sabia, meu irmão, que 90% da dor que sente é pura ilusão criada pela mente, que não aceita os 10% de sofrimento necessário a certas aprendizagens? Sabia que é a mente concreta que o açoita com o medo da morte, por identificar-se com a matéria perecível e não com a alma imortal? Sabia que é essa mesma mente que o mantém com fome em meio à abundância pelo medo futuro da falta? Sabia que é essa mente que lhe sopra mentiras aos ouvidos, quando presunçosa julga seu irmão, impedindo-o de amá-lo com o amor desinteressado da alma? Mas saiba, antes de tudo, meu irmão, que apesar de tudo isto, à mente é destinada a nobre tarefa de ligar Aquilo está no alto àquilo que está embaixo, e é esta é a mais nobre e difícil tarefa do homem (*man* = *manas* = mente), que luta incansavelmente para dominá-la e colocá-la a serviço da alma.

Aos Meus Irmãos Fundamentalistas de Todas as Religiões

Escutai-me todos vós que acreditais amar a Deus mais do que eu,
e julgais como profanas as minhas atitudes em relação ao nosso Pai.
Vós que achais virtude no sofrimento e fraqueza no contentamento,
vós que buscais nas dores aquilo que também encontro nos prazeres.

Achais mesmo que elaborados rituais valem mais do que meu sorriso,
quando acordo pela manhã exclamando: Bom dia, meu Paizinho?
Que a vossa prece solene em rosto contristado
é mais ouvida do que minha singela saudação?

Achais realmente que um Pai amoroso pode valorizar mais o sofrimento
que a felicidade no coração do filho amado?
Que as oferendas molhadas em lágrimas de dor
valem mais do que as molhadas em lágrimas de alegria?

Ouvi-me todos vós que me chamais de gentio, infiel e outros nomes,
que vos achais donos da verdade escrita em velhos pergaminhos;
achais mesmo que Aquele que se movimenta entre as estrelas
estagnar-se-ia em velhas palavras escritas pelo homem?

Ah, meus irmãos, se soubésseis da compaixão que em mim evoqueis,
ao expressar de vosso amor ao contrário, assim como num espelho,
e ao irradiar de tão pura devoção de forma tão torta...
Quanta pureza e sinceridade perdidas nos olhos da ingenuidade!

É preciso lembrar sempre que a dor sentida em qualquer parte do corpo

reflete-se em todas as outras partes, pois o corpo é uno
e que a dor de um homem se reflete em toda a humanidade,
pois a humanidade é una.
Se a pequeníssima parte que sou sofre, quando vós sofrerdes,
quanto sofrerá o Pai do todo?

Saibais, meus confusos e perdidos irmãos,
que quando me matais em covarde terrorismo
Ou no silêncio escondido do vosso ódio
E lançais sobre mim pragas e maldições,
eu vos mantenho vivos no meu coração
E lanço sobre vós toda força da minha prece.

Zé

BOM DIA, SEU DILON! (Meu Deus, será que existe coisa mais linda e luminosa do que um sorriso sincero?) Foi assim que começou meu dia, no início desta minha caminhada matinal. Após recuperar-me do susto causado pela voz forte e imperativa, respondi um pouco surpreso: Bom dia, meu caro! Sigamos com o diálogo.

– O "sinhô" não tá lembrado de mim, não? Eu sou o Zé, marido da Marcinha... do projeto... de Carmo da Cachoeira!

– Ah, sim! (Ainda sem me lembrar direito.) Cumé que cê tá, cara? Você tá bonito pra caramba neste uniforme.

– Este uniforme é da CEVA (Companhia Energética de Varginha), graças a Deus, eu encontrei um empregão lá. Eu e a Marcinha, mais os meninos "mudemos" para cá já faz três anos. Construímos uma "meia água" nos fundos do bairro e ficamos quietinhos no nosso cantinho (como se qualquer movimento a mais pudesse destruir o sonho tão arduamente conquistado de possuir um lugarzinho próprio).

– E então (agora já mais lembrado), como vão indo a Marcinha e as crianças?

– O Roberto e o Erasmo estão muito bem, estudando no Grupo Escolar pertinho da nossa casa, mas a Wanderleia não escapou não. O sinhô se lembra de como ela era miudinha e doente? Pois é, virou anjinho antes de completar um ano... "Nóis" já tinha saído do projeto, por isso o sinhô não ficou sabendo. Mas seu Dilon, a Marcinha mais os meninos estão tão gordos e corados que mais parecem uma família de capados. Já eu, como o sinhô pode ver, continuo um caniço... Desacostumei de "cumê", mas sou forte e trabalho como um jumento e só deito na cama para sonhar coisa boa na minha casinha.

– Cara, você não sabe como estou feliz de vê-los assim tão bem e tão felizes. Me lembro bem das suas lutas e dificuldades. Como é merecida esta sua nova vida. Que Deus continue os abençoando, pois vocês merecem muito.

Que belo presente... Como se rejubila meu coração com o sucesso dos meus irmãozinhos! Sempre me entristece um pouco ver a facilidade com que corações se abrem a pequenas ofensas, mas permanecem cerrados às pequenas bênçãos. Se é normal e justo sofrermos um pouco com as dores dos nossos irmãos; não seria tão normal e justo nos alegrarmos com as suas alegrias? Empatia... Compaixão... Amor... Sem isso, o homem não passa de um animal inteligente a massacrar o outro na luta pela vida. Partilha, não acúmulo, é o segredo para se chegar aos mananciais infinitos do Universo.

Obrigado, Zé, por lembrar-me de quão leve é meu fardo.

Um Alerta Muito Importante

Muito se tem falado sobre o amor, sobre sua importância para o mundo e a humanidade, sobre a sua realidade, não como uma abstração bela, mas como uma energia real, uma força capaz de mudar o mundo para o bem. E isso é uma grande verdade.

Agora, mais do que nunca, é preciso falar sobre outra realidade, não como uma horrenda abstração, mas como uma força capaz de mudar o mundo para o mal – o ódio. E isso é outra grande verdade.

É muito fácil e confortável acreditar nas forças do Bem que ajudam a humanidade a evoluir em direção ao Infinito e ignorar as forças do Mal, que se opõem a isso procurando evitar que a matéria volte a se tornar luz. Esquecem-se de que sem a dualidade e o atrito é impossível o "Movimento que cria o Tempo e o Espaço para a Divina Experiência". Tudo é Deus! Matéria é a forma mais densa do espírito e espírito é a forma mais sutil da matéria.

Nunca, depois da grande guerra mundial (quando as forças do mal, por meio de poderosos discípulos iniciados da Hierarquia das Trevas, obsedaram nações inteiras), o perigo se faz tão grande como na época atual, quando o campo de batalha saiu quase inteiramente do plano físico e passou para os planos sutis, atacando não os corpos dos homens, mas sua parte mais preciosa – o coração.

As tremendas e inteligentíssimas forças das trevas não têm atualmente objetivos territoriais, como podem parecer os fatos que ocorrem hoje no Oriente Médio. Elas sabem muito bem dessa impossibilidade material e, de forma maquiavélica, aproveitando-se da brecha aberta pelo fanatismo de muitos irmãos espiritualmente doentes (por isso mesmo, dignos da nossa mais alta compaixão), guiados por poucos e poderosos discípulos do mal, procuram atacar a humanidade sã no seu ponto mais vulnerável – o coração –, por meio da mais letal das armas – o ódio –, que ao contrário das balas e das bombas pode ferir a alma.

Embora a maior parte da humanidade não saiba, as Forças da Luz comandadas pelo Mestre de Anjos e Homens, conhecido no Ocidente pelo nome de Cristo e em muitos outros lugares por outros nomes (Krishna, Imã Madi, O Cavaleiro do Cavalo Branco, etc.), e seus mais eminentes Discípulos e Iniciados da Hierarquia da Luz juntamente a seus mais humildes servos – homens e mulheres de boa vontade – labutam incansavelmente e anônimos pela vitória do Bem.

É possível lutar contra o mal e, ao mesmo tempo, amar aqueles por meio dos quais o mal é perpetrado. É preciso saber que a humanidade não morre aos poucos quando um corpo cai no campo de batalha, mas quando ela permite que o ódio se instale no seu coração.

Pensamentos Soltos 18

"A vida do homem é apenas uma das jornadas na longuíssima vida da alma. Um mar geralmente tempestuoso, para mantê-la acordada durante a travessia aventureira. O segredo do sucesso está em reconhecer e respeitar o ritmo das ondas, guardando energia para as grandes tempestades, não as malgastando em pequenas e inevitáveis marolas. Ao procurarmos manter um ritmo condizente com nossas características e possibilidades, aceitando com humildade e resignação um ritmo diferente, às vezes imposto pela vida, conseguiremos na maioria das vezes navegar em cima das cristas das ondas, em vez de nas suas perigosas depressões."

"Assim como ocorrem pequenos desentendimentos e brigas entre todos os grupos de crianças, inevitáveis são os desentendimentos e brigas entre os adultos de uma humanidade ainda infantil e em desenvolvimento. A grande diferença entre os dois grupos está em que o adulto tem a experiência e a capacidade mental para reconhecer a opinião do outro e deveria preocupar-se antes com o que incomoda ou causa sofrimento ao irmão, em vez de defender o seu ponto de vista, por mais correto e justo que esse possa lhe parecer."

"Cuidado! Todos vocês que venceram a fome e a necessidade, essas tiranas que por tanto tempo abrumaram e ainda abrumam grande parte da humanidade. Sim! Muito cuidado todos vocês, que orgulhosos entre os louros da vitória, vivem agora em meio a salamaleques, comemorando entre suntuosidades e excessos, enquanto os sons da música e das gargalhadas abafam os gemidos e suspiros do lado de fora da festa. Um déspota ainda maior e mais impiedoso aguarda até a manhã seguinte – o fastio –, ao contrário dos antigos tiranos, que por alguns pequenos momentos aliviam o fardo, com algumas migalhas ou pequenezas."

"A ideia é sempre uma perfeita obra de arte na imaginação da alma. Cabe ao escultor, ao pintor ou ao escritor, com seu mais alto ideal, moldar o mármore, a pintura ou as palavras o mais de acordo possível com a beleza interna pressentida ou captada da ideia sempre perfeita. A imperfeição só pode existir no ideal do ego, jamais na ideia da alma. Todo gênio é sempre um artista em sintonia com a alma."

"Quando a maioria da humanidade morria mais pela falta do que pelo excesso, tudo era uma questão de compaixão. Hoje, quando a humanidade morre mais pelo excesso do que pela falta, tudo é uma questão de inteligência e bom senso."

"A lama é um símbolo mundialmente reconhecido de corrupção e deterioração da matéria – sujeira e podridão. O plano astral-emocional de Gaia (nossa Mãe Terra) está completamente saturado da maldade humana – egoísmo e ambição. Quando Ela se livra de tanta energia negativa, solidificando e despejando-a no plano físico, não existe muro ou barragem capaz de impedir este vômito da natureza. Porém, o mais triste disso tudo é que a grande maioria da humanidade culpa os outros pela tragédia, que, na verdade, é composta, também, por seus maus pensamentos, sentimentos e ações diárias. São as pequenas moléculas de água que compõem o grande oceano."

"Todo homem nasce com sementes de vícios e virtudes plantadas em perfeita justiça pela inexorável mão do Carma. Mas cabe somente a ele escolher, cultivar e regar qualquer uma delas, deixando as outras morrerem de inanição pela falta de atenção."

"Nem Sete nem Setenta, mas Setecentos"

Essas foram palavras ditas pelo Cristo 2 mil anos atrás. Ele não falava só das vezes que devemos perdoar, mas também das vezes que devemos prestar nossa ajuda. Porque Ele sabia que vivíamos em um planeta cármico, onde a lei da causa e efeito necessita do provimento de oportunidades para que o homem possa escolher entre o certo e errado e aprender com suas decisões. Infelizmente, a grande maioria da humanidade acha que desperdiçou energia ou dinheiro quando não vê algum resultado imediato. Não concebe o fato de que prover oportunidades continua sendo um necessário serviço prestado, mesmo que não se obtenha o resultado esperado. O homem evolui em tentativas e erros e, no seu atual estágio evolutivo, erra muito mais que acerta, mas o fruto da experiência é sempre guardado na alma e certamente o ajudará no futuro, nesta ou em outra encarnação.

As pessoas são muito imediatistas, julgando e condenando o outro muito rapidamente, esquecendo-se da falibilidade de todo homem em maior ou menor grau. Sempre que visto, o erro deve ser apontado e punido, mas com sentimento de justiça não de ódio, que acaba prejudicando o todo, não só aquele que o comete.

Como foi dito em outros artigos, a grande maioria da mídia se encontra em mãos de forças involutivas. É muito triste constatar que o bem é muito pouco divulgado em relação ao mal, e isso torna as pessoas muito pessimistas. Raras vezes são citadas pelas mídias as pessoas que não se submeteram à corrupção e muitos são aqueles que não se vendem para o mal quando testados pela vida.

Dediquemos nossos esforços ao bem mundial e não almejemos os frutos da nossa caridade e do nosso amoroso serviço, que sempre deveriam ser ofertados de forma incondicional. Nenhum ato feito com amor é relevado por Carma, que o usa no crescimento de toda a humanidade. Cuidado todos vocês que aguardam impacientes recompensa ou elogio, pois muitas vezes há veneno escondido na beleza da flor (ler o artigo "Sobre a Crítica e o Elogio", p. 286). Vaidades, vaidades, nada além de vaidades!

O novo homem da Era de Aquário deve superar os ingênuos ensinamentos da passada Era de Peixes da infantil humanidade de então, que acreditava num antropomórfico deus onipotente, que cuidava pessoalmente com infinito zelo dos seus filhos pecadores. Nosso Deus Planetário (do Qual somos apenas minúscula célula) é apenas um dos bilhões de Deuses ainda imperfeitos, que evoluem em busca da perfeição num estágio inimaginável para o homem. Isso não deveria diminuir o amor e a confiança no nosso Paizão do Céu, mas desenvolver nossa comensurabilidade e nosso dever como parte de um Todo muito maior. Deus precisa e conta com seus filhos do reino humano para alcançar certos objetivos compreensíveis apenas por Ele. Como citado no livro sagrado, "Toda natureza sofre dores de parto na espera da glória do homem". Não desapontemos nossos irmãozinhos dos reinos inferiores ao nosso (no tempo, não em essência), nem lhes aumentemos o tempo de sofrimento.

Não nos escondamos em um sentimento de incapacidade ou futilidade. Cumpramos com brio nossa pequenina parte no todo, pois, como nos legou Goethe, "Quando um homem tem um sonho e joga sobre ele todas as suas forças, todo Universo conspira a seu favor".

Uma Necessária Explicação

Algumas pessoas, com certa razão, considerando que Deus é tudo, do mais sutil espírito à mais densa matéria, acham que este blog é parcial por quase sempre enfatizar o espiritual, muito mais que o material. Elas têm toda a razão e explicarei mais adiante os dois motivos por que isso deve ser assim. Mas, a bem da justiça, gostaria que essas pessoas lessem (ou relessem) o artigo "Meu cavalinho", p. 46, no qual expresso não só o meu amor pelo corpo físico, mas também minha mais imensa gratidão.

O primeiro grande motivo se deve ao fato de estarmos saindo da Era de Peixes, que nos brindou com excelentes ensinamentos necessários à humanidade da época, embora tenha sido uma era muito materialista, na qual a matéria foi erradamente enfatizada em relação ao espírito, o que causou um tremendo desequilíbrio (como mostra a humanidade atual), que deverá ser sanado nesta mais espiritualizada Era de Aquário.

O segundo grande motivo se deve à errônea ênfase dada à parcial verdade de que Deus se encontra fora do homem, habitando todo o universo. Um deus onipotente, iracundo, ciumento, distante e que enxerga o homem como mero pecador, sem possibilidades de voltar para a Casa do Pai, sua divina herança, senão pela graça oriunda da expiação de um único filho de Deus, imolado para aplacar a ira divina. Para contrabalançar esse errôneo motivo é preciso, hoje, enfatizar o Deus imanente dentro de cada um. Como seria uma humanidade em que as pessoas enxergassem Deus dentro delas mesmas e também dentro do outro? Seria possível tanta maldade?

Para ajudar nesta nova visão aquariana, temos a Hierarquia Espiritual, composta de homens e mulheres, que após habitarem a Terra física (mas que continuaram habitando a Terra sutil) por milhões de anos, graças a enormes esforços próprios e com a ajuda de seu anjo guardião, conseguiram se iluminar. Esta vencedora Hierarquia de Mestres Ascensionados, comandada pelo primeiro ser humano a conseguir tal feito (porém, não o único) – o Cristo –, resolveu, nestes novos e propícios tempos aquarianos, enviar à terra discípulos e Iniciados de vários Graus, para trazer eternas verdades sob novas roupagens.

A primeira parte desses novos ensinamentos, na aurora da Era de Aquário, no final do século XIX, entre os anos de 1875 e 1890, foi trazida a nós em livros como *Ísis sem Véu* e *A Doutrina Secreta*, escritos pela grande discípula iniciada, Helena Petrovna Blavatsky, que os redigia sob os conhecimentos e inspiração de altos membros da Hierarquia. A segunda parte desses novos ensinamentos veio com uma maravilhosa coleção de livros entre os anos de 1919 e 1949, por intermédio da discípula Alice Bailey, inspirada pelo Mensageiro da Hierarquia, o Mestre Djwhal Khul, o Tibetano. A terceira parte dos ensinamentos começou a chegar a partir de 1975, e continua até hoje, não mais com o auxílio de um só grande iniciado, mas também de vários discípulos e iniciados menores, assim como homens e mulheres de boa vontade inspirados pelas próprias Almas.

Pensem Nisto

Algumas vezes, nos artigos que escrevo, inevitavelmente terei de abordar assuntos um pouco mais abstratos, impossíveis ainda de serem provados materialmente e os quais certamente parecerão muito surreais a alguns. A mente abstrata (nosso corpo mental, assim como todos os outros corpos) possui sete subníveis, dos quais os três primeiros compõem a mente abstrata ou superior, e os quatro últimos, a mente concreta ou inferior. Ela seria, assim, treinada e fortalecida para captar assuntos um pouco mais abstrusos.

Se tomássemos a mente de Deus (nosso *Logos* planetário) como um oceano de conhecimento e as mentes dos homens como uma bacia ou uma piscina maior ou menor, veríamos que cada um recolhe, com um pequeno copo ou com um enorme balde, a água para preencher seu vasilhame – o corpo mental. Ajudemos, pois, aqueles que procuram crescer o corpo mental com as águas do conhecimento para a benéfica expansão da consciência.

Hoje em dia, já é provado cientificamente e sabido por quase todos que o universo é composto por mais de 100 bilhões de galáxias e que cada galáxia é composta de 200 a 400 bilhões de estrelas. Já pensaram alguma vez no que significam esses números? Se os multiplicássemos um pelo outro encontraríamos uma tal quantidade que não seria coberta por todos os grãos de areia de todas as praias do planeta Terra. E estamos falando apenas da quantidade de sóis... Dá para imaginar a quantidade de planetas orbitando esses gigantescos luminares? Querem mais? Estamos falando apenas dos corpos físicos dos *Logoi* (plural de *Logos*), pois como nos diz o axioma esotérico: "Assim em cima como embaixo", todos esses Logoi também possuem outros corpos como os homens. Existem muitos deles "desencarnados" habitando corpos sutis, um número quase infinito de planetas feitos de matérias astrais, mentais, búdicas, átmicas, monádicas e divinas... E, ainda, são muitas vezes questionados e tachados de "sem noção" os instrutores esotéricos, quando dizem – de acordo com a sagrada gnose – que todo homem um dia terá num planeta seu corpo para novas experiências cósmicas, e que todo *Logos* um dia foi um homem.

Outra questão importante: será que nesses quadrilhões de esferas a rodar pelo universo só existe vida em um minúsculo planetinha orbitando um sol de quarta categoria, localizado em um dos braços finais de uma galáxia mediana nos confins do universo? Como pode uma grande maioria de pessoas que acreditam em vida após a morte não acreditar em extraterrestres, por nunca terem visto uma nave ou o corpo de um, quando também não podem ver uma alma fora do seu corpo físico? Se não existem os planos e esferas sutis, para onde irão as almas que se acreditam serem imortais?

Essas e muitas outras perguntas ficarão sem respostas até que o homem experimente Deus. Deus não foi feito para ser conhecido pela mente, mas conscientemente vivido pela alma. Ninguém pode passar para o outro a realidade de Deus, nem mesmo um Mestre Ascensionado como o Cristo. Seria como tentar explicar para um cego de nascença o que é o azul, o amarelo ou o verde. Sim, o conhecimento de muitas coisas pode ser repassado de homem para homem, mas a sabedoria que é "conhecimento vivido" só pode ser adquirida pela vivência da alma.

O Pescador

O Universo é um infinito oceano de energias em constante turbilhonar e o homem é um pescador sobre frágil barquinho de papel em meio às ondas.
A vida do homem é um breve período entre as remadas,
esperança e mistério que o aprofunda cada vez mais no Infinito...
Tu, intrépido pescador, aproveitas as forças das marés e das correntes ou te acabas em lutas insanas contra titânicas forças que não podes controlar?
Tu que sofres e praguejas em meio às tempestades amaldiçoando o destino;
não sabes que certamente enlouquecerias em meio à infinita calmaria?
E que sem elas dormirias sonhando estar vivo como o fazem milhões de cadáveres
a boiar como o sargaço em mar de corpos que se recusaram a lutar?
Escuta-me tu, que persistes bravamente em tuas remadas.
Aproveita as breves calmarias deste mar tempestuoso e mergulha em suas águas.
Lá no fundo, tudo é Silêncio... Lá no fundo, tudo é Paz...
Escuta com atenção a voz do Mar e medita sobre cada palavra que conseguires pescar.
Aproveita bem as calmarias, mas saibas que são as tempestades que o mantêm vivo e alerta...
A ti, pescador, que já aprendeste a dominar as ondas e as tempestades, que muitas vezes já mergulhaste em águas profundas e pescaste muita sabedoria;
sempre chega a hora de voltar à terra firme e dividir com teus irmãos os frutos da tua labuta,

pois eles teimam em ficar em terra firme agarrados à conhecida rocha,
com medo de navegar.
Tu, pescador de sonhos, que certamente não és pescador de ilusões,
que tiveste a coragem de enfrentar mares distantes e desconhecidos,
enfrentando tempestades reais e destruindo monstros e mitos,
que há milhões de anos assombram o homem;
tens agora a sublime tarefa de abrir olhos e corações,
que teimam em ficar cerrados com medo da Luz.
Viver é sempre impreciso... Por isso, navegar é preciso!

Sobre as Pequenas Coisas da Vida

Acabei de chegar da minha cotidiana caminhada matinal, após quatro meses sem poder fazê-lo, por conta de uma séria lesão no meu tendão de Aquiles. Ahhh... O ar frio da madrugada a penetrar suavemente nos meus pulmões, espalhando-se por todo corpo, enchendo-o de energia e vida. Ahhh... O céu colorido até o infinito como uma gigantesca pintura da Manabu Mabe preenchendo de beleza o mundo e de gratidão a minha alma...

Agora sim foi respondida minha pergunta, sem resposta há vários meses, sobre o porquê de tão ignóbil lesão a um ser que sempre prezou a saúde e as atividades físicas, enquanto milhões de sedentários foram poupados: a devida valorização das pequenas coisas da vida.

É realmente incrível como a pressa desvairada pela obtenção de valores materiais, como dinheiro, poder e segurança, oblitera a busca dos valores espirituais – os únicos que farão parte da alma após a morte do corpo físico. Como é desperdiçada esta moeda divina – o tempo – em coisas vãs ou de menor importância...

Outras pequenas coisas que são esquecidas com grande prejuízo por aqueles que delas necessitam são o sorriso, a palavra de incentivo ou mesmo um sincero "Bom Dia!" proveniente do coração.

Confiram esta história verídica publicada no jornal *The New York Times*, todos vocês que não acreditam nessas "bobagens". Certa senhora de meia-idade, que sempre tomava o metrô a poucos quarteirões da sua casa, tinha o hábito de sempre levar um lanchinho, que entregava com um sonoro "Bom Dia!" a um mendigo também de meia-idade, que tinha feito desses arredores seu lar. Certo dia, ela não encontrou o senhor em seu lugar habitual e teve de voltar para casa com seu lanchinho.

Após alguns meses dessa ausência, quando ela começava a se esquecer do senhor, ela foi abordada por um homem elegantemente vestido de terno e gravata, que lhe parou à entrada do metrô com um buquê de rosas. Ela, meio lisonjeada e meio receosa, perguntou-lhe a razão de tudo aquilo. Ele respondeu: "Não se lembra mais de mim? Eu sou aquele ex-mendigo, que durante alguns anos morava neste local e que era todos os dias agraciado com a sua bondade". Após resumir para ela as tristes situações de abandono, perdas e alcoolismo que o tinham levado àquela vida, ele agora sentia a necessidade de lhe agradecer e dizer como ela o tinha salvado de uma vida miserável. Contou-lhe como tinha desistido de lutar pela vida e aguardava de braços abertos a morte que o aliviaria de tanto sofrimento. Contou-lhe como sua bondade e, principalmente, seu sorriso o fizeram enxergar que ele era um ser humano igual a ela (o sorriso tem o poder de igualar as pessoas), não o traste que achava ser e que se um estranho assim o valorizava, ele certamente valia a pena. Contou-lhe finalmente de como seu coração, outrora frio, tinha se aquecido, a ponto de permitir que ele se levantasse novamente e lutasse pela vida, e que ao fazê-lo tinha obtido coragem para voltar à empresa em que havia trabalhado antes e teve de volta seu antigo emprego.

O final do singelo poema "Apelo" que se encontra neste livro em "Baú da Juventude 4", feito por um jovem de 19 anos, resume bem todo este tema: "Permite que mesmo escuro pelos defeitos, que mesmo impuro pelo pecado, eu possa irrigar o campo árido e formar a flor... Antes do mar do fim".

São os grandes atos que permitem os saltos da evolução, mas são os pequenos que a empurram para frente.

Aos Homens e Mulheres da Lei e do Direito

A maioria das profissões de hoje foi criada pelos homens, em prol do cada vez mais complexo viver humano. Muitas são boas e necessárias e algumas são casuísticas e maléficas (como lobistas, agiotas dentro ou fora da lei, empresários de prazeres ilícitos ou imorais, etc.); mas somente algumas fizeram parte da vontade do *Logos* desde o começo da peregrinação do homem na Terra e, por isso, são consideradas sagradas, como a Medicina e o Direito. Consideremos um pouco a nobre função daqueles que se dedicam ao Direito.

Começarei citando trechos de uma carta que enviei anos atrás à minha querida afilhada e s meus queridos sobrinhos advogados: "Minha querida Fernanda e queridos Renato e Bruno, em meio à minha caminhada matinal lembrava-me de vocês e da nobre e perigosa profissão que escolheram. Voltaram-me à memória estas sábias palavras escutadas em um filme da década de 1970, chamado *Nashville*, escrito em um contexto social dos Estados Unidos daquela época, em que pouco menos da metade do Senado e da Câmara era composta por advogados: 'Todo advogado só serve para uma das duas coisas – para esclarecer ou para confundir'. Verdadeiramente, o sucesso do advogado vai depender se ele esclareceu bem ou confundiu melhor ainda as mentes de juízes e jurados. Vejam bem, isso nos diz que nem sempre a vitória vem pela justiça. A vitória, muitas vezes, vem pela argúcia do advogado na interpretação dos fatos e das leis a seu favor naquela circunstância específica, argúcia que seria usada de forma inversa se ele fosse o advogado adversário. Cabe aqui a pergunta: seria correto o advogado defender a causa do seu cliente acima da justiça ou da verdade compreendida por ele naquele momento? Seria honesta a vitória perpetrada por um advogado mais experiente ou arguto sobre aquele outro colega, que ainda não aprendeu a aproveitar os erros ou casuísticas interpretações de leis dúbias ou outro subterfúgio qualquer, em razão da falta de experiência, de uma boa universidade, de um bom estágio ou mesmo de uma inteligência à altura do oponente? É o homem feito para a lei ou a lei feita para o homem? Foi a lei que criou o homem ou foi o homem que criou a lei? Como justificar o fato de a incompetência, preguiça ou casuísmo em que são feitas algumas leis (embora a grande maioria delas seja boa e justa) serem aproveitados pela mente, quando a alma grita em protesto? Meus queridos, jamais busquem ser grandes advogados de alma pequena, mas modestos advogados de almas grandes. Não gastem mal o divino dom da inteligência com o qual foram dotados em busca de fama e fortuna como faz a maioria, mas usem cada partícula de intelecto na causa daqueles que buscam justiça, principalmente aqueles que não têm condições de se defenderem. Que Deus os proteja na difícil missão que escolheram."

Há dois mil anos, Jesus já chamava de hipócritas aqueles que manipulavam a lei em causa própria – alguns fariseus e saduceus. Após tão longo tempo, continuamos a ver a face horrenda da hipocrisia nos rostos deformados pelo cinismo ou pela gordura acumulada por tesouros ilícitos, adquiridos diretamente por alguns legisladores e, indiretamente, por advogados sem escrúpulos, os quais enriquecem por tabela com o dinheiro roubado à justiça, escondendo-se atrás do sagrado direito de defesa, enquanto agoniza indefeso por fome de comida ou de justiça o povo ao seu lado.

Homens e mulheres da lei, seu sagrado juramento ainda arde em letras de fogo no livro sagrado do Carma e ao subverterem os braços da sagrada balança hão de chamar sobre vocês a inexorável espada da justiça divina, que pode tardar no tempo, mas nunca falha na eternidade.

"BEM-AVENTURADOS AQUELES QUE TÊM FOME E SEDE DE JUSTIÇA, POIS ELES SERÃO SACIADOS" (O CRISTO).

O Anjo Solar I
(Anjo da Guarda)

O SONHO:

... Eu descia lentamente, com uma expectativa cada vez maior, uma escada que ia do mais interno do meu ser em direção a uma escuridão cada vez mais densa, a ponto de eu não enxergar os degraus finais. Ao tocar um chão – que eu não via – poucos metros à frente, enxerguei na penumbra a silhueta de uma porta marcada por uma luz interior que escapava pelas frestas formando um retângulo, ao qual me dirigi. Ao abrir essa porta, imediatamente me encontrei em uma sala tão iluminada que não me permitia a noção de espaço. No centro desta luz difusa se encontrava um pedestal de mármore branco, onde uma esfera de luz brilhava como um sol. Essa esfera foi se expandindo até me envolver completamente, dando-me uma sensação de paz jamais sentida ou imaginada. Sereno, perguntei ao Sem Forma: "És tu, meu pai?". Uma voz oniabarcante respondeu-me: "Eu sou teu melhor amigo, mas enquanto não possuíres olhos capazes de ver a glória do teu verdadeiro Pai, podes me chamar de pai".

A REALIDADE

Eu era um animalzinho irrequieto que brincava nos jardins da casa do meu Pai. Inocente e ingênuo, pois não havia comido ainda o fruto proibido da árvore do bem e do mal. Gastava meu tempo sem saber que o tempo existia, sem ansiedade e sem expectativas, pois o fogo da mente ainda não me pertencia. Vivia eu assim sem motivos aparentes, quando você, Prometeu, sabendo bem do risco que corria, roubou o sagrado fogo do Pai e me entregou...

Acordei! Abri os olhos e vi-me um recém-nascido. A tremenda luz feria-me os olhos. Sentia vontade de fechá-los e dormir novamente. Porém o colo da mãe é quente... Seu rosto é lindo e convida-me a ficar acordado. Já não quero mais dormir... A longa noite se foi... É dia!

E foi assim, Prometeu! Por causa do seu infinito amor e ousadia, foi acorrentado à rocha da matéria e eu, ao pesado madeiro. E assim será... Até que, por causa do seu tremendo sacrifício e inestimável ajuda, eu me liberte dos cravos que me prendem à pesada cruz e volte agora mais experiente à casa do Pai. E então você, amadíssimo Irmão Maior, agora livre do sagrado juramento, liberto da rocha da matéria em que foi acorrentado, voltará mais luminoso ao seio do Infinito... Para tarefas mais gloriosas.

O FUTURO

... Ainda cravado no madeiro em cruz, ao final da minha longa jornada, no meu último dia como homem, no final da cerimônia da minha Quarta Iniciação, antes do meu último suspiro... eu olho, com meu queixo encostado ao peito, e vejo sua luz azul saindo do meu coração em direção ao Sol... Grito em desespero assim como o primeiro a se libertar: "Pai, Pai, por que me abandonaste?" E tu, sorrindo, liberto das correntes que te prendiam à rocha, me respondes: Eu não sou teu pai... Sou teu melhor amigo! Entrego-te agora, que possuis olhos para ver e podes suportar a Luz, ao teu Espírito, teu único e verdadeiro Pai. Voa com ele em direção ao Infinito...".

Pensamentos Soltos 19

"São poucas as mentes capazes de refletir corretamente – assim como um espelho reto – a clareza da realidade. A maioria das mentes são espelhos côncavos ou convexos, os quais, inevitavelmente, distorcem a imagem real. Existem, mesmo, homens que preferem mutilar a própria visão a aceitar verdades nuas à sua frente. Por isso, a cegueira é endêmica na Terra."

"Existem aqueles que nascem com asas para voar e ajudar a humanidade de cima, como alguns anjos da compaixão misturados anonimamente em meio à humanidade. Já alguns nascem com pernas e vontade fortes para caminhar. Esses devem pisar firmes a cada passo, afundando seixos e chutando pedras... Aplainando assim, um pouquinho, o caminho dos pequeninos que caminham trôpegos na penosa senda humana."

"Não existe paz ou segurança – um dos seus principais atributos – fora de si mesmo. Somente aquele que conhece a si mesmo como Espírito Imortal sabe que nascimento e morte são rápidos piscar de olhos na eternidade, e que medos são apenas ilusões inerentes à efemeridade das formas temporariamente habitadas pela Vida na Divina Experiência na matéria."

"O homem que vive sua vida sob a sombra escura do medo da morte é como o camponês simplório, o qual vive angustiado esperando o emissário do rei. Geralmente aguarda um famigerado cobrador de impostos, quando na maioria das vezes é um emissário de boas-novas que o visita. Na verdade, ele não pergunta o que plantou ou o quanto colheu, ma se plantou com amor ou ódio as sementes do coração. Mesmo as ervas daninhas têm a sua função no mundo. E o amor sempre tira o bem do mal – tela escura onde a sua luz pode desenhar."

"Não acredito que os medos sejam compulsórios. A alma jamais sente o medo da morte, pois se sabe imortal. O ego que vive sob a luz da alma não possui cantos escuros onde o medo possa se abrigar. É certo que todo homem nasce com certa quantidade de medos como herança atávica; mas certamente ele nasce também com todas as condições de sobrepujá-los."

"Você é uma alma que possui um ego, não um ego que possui uma alma. A vida do ego é apenas o drama de um dia na vida da alma. Você, que agora trata com desdém o irmão que atua junto a si neste imenso teatro – porque a persona que agora interpreta usa trajes de seda, enquanto o outro usa os trapos que o personagem lhe exige –, saiba que em futuras performances pode ser você o mendigo e ele o rei. Carma – o minucioso e exigente diretor de cada peça – jamais se esquece das lições que cada um deve aprender em cada nova apresentação no teatro da vida."

"Todo mundo sabe que o bom humor é indispensável à alegria de viver; mas ainda muito poucos aprenderam a rir de si mesmos. Sem a leveza que um sorriso traz, pequenos tropeços podem ser tornar pesadas quedas. Não só é possível, como também é preciso, aprender a sorrir apesar de uma dorzinha no bumbum, após pequenas e inevitáveis quedas na vida."

O Poder da Ação Virtuosa

Recentemente, recebi um vídeo com a seguinte história: "Uma jovem advogada estava nas finais deliberações em uma ação para retomar uma residência em virtude da falta de pagamento de algumas parcelas do financiamento, quando leu então uma carta do proprietário do imóvel explicando o porquê dos atrasos. Em síntese, ele contava como teve de gastar o que tinha e o que não tinha para resolver sérios problemas médicos do seu filho já adulto, que vivia na cadeira de rodas em decorrência de sérias deficiências físicas e mentais. Comovida, depois de comprovar a veracidade do caso, resolveu agir com o coração. Procurou a juíza responsável pela causa e o banco dono do financiamento e, numa grande movimentação de amor, não só evitou a perda do lar de uma família honesta e lutadora, como também conseguiu de forma inédita que o dinheiro de um tipo de multa governamental fosse usado para ajudar pessoas como esse pai, que estava perdendo seu lar por não conseguir arcar com despesas impossíveis de serem liquidadas."

Consequência 1 – O sofrimento de uma família já demasiadamente sofredora foi evitado.

Consequência 2 – As várias pessoas envolvidas no julgamento da causa, como a juíza, os advogados e o gerente do banco, tiveram a oportunidade de sair da fria análise da mente e agir sob a influência do coração, que nunca deveria ser esquecido antes de qualquer atitude, fortalecendo assim o crescimento da alma, pois apenas a ação virtuosa e a prática do amor são alimentos para o seu desenvolvimento... O resto são coisas do ego.

Consequência 3 – Toda humanidade deu um passo à frente e se tornou um pouquinho melhor, pois cada ação do indivíduo sempre afeta o todo.

Outra coisa importantíssima sobre este caso foi o fato de ele ser divulgado nas redes sociais, já que a grande maioria da nossa mídia está preocupada apenas em divulgar o sensacional e o catastrófico, difundindo assim o medo, a desesperança e o pessimismo, deixando de divulgar o bom e o belo, que poderiam motivar muitas pessoas que permanecem inertes sob o peso de um sentimento de futilidade. É dever de todo homem de bem não só praticá-lo, mas também divulgá-lo, para contrabalançar a tremenda propaganda negativa das forças do mal.

Finalizo com esta verdade que procuro sempre repetir quando se apresenta a oportunidade: "O amor é aquilo que o amor faz. Não existe amor inerte que diz 'Eu te amo', mas não confirma com atos o que a boca proclama. Assim como a energia elétrica só tem valor quando produz trabalho, calor ou luz, o amor só tem valor quando constrói, ajuda ou vivifica. O verdadeiro amor não foi feito para ser pensado ou sentido, mas praticado. Ele não deveria ficar estagnado nas mentes dos pensadores nem nos corações dos poetas, mas ser transformado em obras pelas mãos do ego trabalhador, servidor do Deus Interno e, este sim, servidor dos homens".

Sobre a Velhice

A vida do homem é como uma rosa. E cada rosa há de formar seu caule de espinhos antes que seu bulbo possa embelezar o mundo. E é no útero do tempo que o milagre acontece...

A velhice foi feita para ajudar o homem a enxergar a beleza da alma escondida em cada forma, e só quando a alma, cansada das brincadeiras do mundo, para e adquire tempo para olhar para dentro é que ela desenvolve os olhos que podem ver além da matéria. É a última chance de o homem transformar a necessidade de amor em doação de amor, pois ele descobre que o amor não está fora dele, mas bem no âmago do seu ser, pleno e desinteressado, e assim como uma chama que pode incendiar todo o mundo, ele inicia a combustão por onde passa.

Todo espinho que cresce para fora tem seu aguilhão crescendo para dentro, e é apenas a morfina do prazer momentâneo que impede o homem de sentir a dor imediata, mas ambos são necessários à divina experiência, pois como poderia o Deus Interno conhecer o gosto da maçã ou o gozo dos amantes? Que valor teria a luz, sem a escuridão? E tudo isso só é possível no útero do tempo...

– Cansada! Cansada! Mas valeu a pena... – diz nesta etapa toda alma guerreira que verdadeiramente amou, cheia de cicatrizes da dualidade. Na base de cada inevitável espinho criado no longo ou curto caule se encontra o bálsamo do amor, que cicatriza a ferida aberta pelo erro... E só não erra quem não vive.

Deveria o casulo entristecer-se por seu tempo estar chegando ao fim? Deveria amaldiçoar o destino, valorizando demasiadamente cada ruptura de suas fibras, que finalmente libertará a borboleta? Não sabe ele que toda essência e umidade já foram absorvidas e vivem agora na borboleta, restando apenas a casca seca e dura que se desfará em pó antes de formar uma nova forma?

Infância, adolescência, maturidade e velhice... Não deveriam existir vírgulas separando essas palavras, as quais deveriam ser igualmente vividas e valorizadas, pois são elos inseparáveis da corrente da vida. Cada etapa da subida tem as próprias belezas e é preciso muito cuidado para não pisar em flores ao caminhar desatento.

Ah! Meu cansado peregrino, olhe bem! Veja! A luz do crepúsculo que agora vê ao anoitecer é a mesma luz da aurora da manhã... Renascer.

Sobre a Amizade

Como já foi dito no artigo "Falando de Amor com Minha Filha", p. 27, das quatro formas de amor humano, o amor ágape é o mais evoluído. São duas as formas que a natureza nos oferece para desenvolver esta fundamental energia, sem a qual é impossível o sucesso do homem: a primeira é o incondicional amor materno ou paterno; a segunda é o incondicional amor entre amigos. Das duas, a segunda é maior e mais nobre, pois enquanto a primeira é quase uma obrigação inerente à maternidade ou à paternidade, a segunda é livre e opcional. Duas vezes abençoado é o pai ou a mãe que possui a amizade, além do amor, do seu filho, assim como o filho que tem a amizade, além do amor, dos seus pais.

A verdadeira amizade não é a amizade entre egos, mas a amizade entre almas destinada à eternidade. A alma que ama uma vez jamais deixa de amar, apertando cada vez mais fortemente este laço, enquanto correm os fugazes momentos; águas passageiras no rio tempo. A verdadeira amizade dissipa com a sua luz todas as trevas onde mora o medo de não ser amado, e a humanidade una se ilumina um pouco mais cada vez que cintila assim alguma célula do seu corpo. Sim, é verdade que somos todos irmãos, mas quando será que seremos todos amigos? Por acaso não está escrito no livro sagrado que "Toda a natureza sofre dores de parto esperando a evolução do filho do homem"?

Você, meu Amigo que tanto comigo partilhou... Alegrias, tristezas e esperanças; muitos sorrisos e algumas lágrimas – em bons e maus momentos –, saiba que tudo isso é muito pouco para a verdadeira amizade, e o que enlaça e une verdadeiramente não são as quimeras do ego, são as coisas das almas que caminham juntas há milênios...

Você, Amigo, que ainda não percebe a Unidade em tudo, acha que o tempo ou a distância podem interferir na joia mais linda do amor, protegida com as mãos em concha do Criador, saiba que enquanto a tempestade que, com assombro, ruge arrancando-lhe as folhas, quebrando-lhe os galhos e expondo-lhe o tronco nu ao frio das intempéries, seu amigo fiel, em profundo silêncio, emana imperceptivelmente para você o calor e o alívio de um amor incondicional, bálsamo que há de fortalecê-lo nas duras provas da vida, mitigando assim, um pouco, a dor de crescimento inerente a toda alma.

Enquanto o homem – o filho pródigo – não tornar à casa do Pai e n'Ele se dissolver, é impossível amor ágape mais sublime do que a sincera e verdadeira amizade.

Bem-aventurança?

Hoje, acordei um pouco diferente...
A alegria interna que quase sempre me acompanha
trouxe diferentes tons no seu arco-íris...
Um tom calmo e profundo que dissolve toda pressa...
Paz?
Um tom que me toca o coração com tanta ternura
que meus olhos se enchem de lágrimas...
Gratidão?
Um tom que mais do que um tom é uma luz fortíssima,
que dissipa as trevas onde se escondem os medos,
sussurrando-me aos ouvidos que a vida é apenas uma brincadeira séria
e que a morte é apenas um acordar um pouco mais diferente...
Coragem?
Um tom caleidoscópico de extrema beleza da aura de minha alma...
Segurança?

Hoje, acordei um pouco diferente...
O amor que sempre me acompanha trouxe nuances despercebidas...
Percebi que o amor no meu casamento é grande,
porque amo a minha esposa mais do que a mim mesmo,
e que ela ama mais a mim do que a si mesma.
A chama nunca pode multiplicar-se no próprio pavio,
e ao acender um outro sempre aumenta o próprio fogo.
Percebi que a raiva que às vezes sinto não é culpa do outro,
que sempre acaba mais ferido pela lança com a qual feriu;
essa raiva é apenas o reflexo da sombra que permiti refletir no meu espelho.
Percebi que sou uma pessoa feliz não porque sou aquilo que sou – pouco –,
mas porque amo incondicionalmente, e o amor não tem olhos para o mal;
porque tento ser aquilo que almejo ser com todas as forças do meu Ser.
Percebi, finalmente, que não existe eu e você – apenas nós –
partes inexoravelmente unidas, inseparáveis, do mesmo Um.

Sobre a Expectativa

Nas várias experiências científicas em física quântica feitas no século passado, e repetidas por diferentes cientistas nas mesmas rigorosas condições exigidas pela ciência, foram encontrados, surpreendentemente, diferentes resultados. Qual seria então a causa de tão embaraçosos resultados? Descobriu-se que eram as diferentes expectativas do experimentador que influenciavam os experimentos, ou seja, a mente e o desejo das pessoas interagem com os objetos da experiência.

Como já muito enfatizado em vários artigos anteriores, o homem não é um mero conjunto de átomos materiais, mas um imenso conjunto de energias cambiantes, mantidas unidas por uma vontade central. Tudo o que ele sente e pensa, não só o que ele faz, influencia a realidade à sua volta. Será que o homem tem noção da sua tremenda responsabilidade como cocriador do universo à sua volta? O que, senão esse transcendental fato, justificaria as solenes palavras encontradas na sagrada Bíblia cristã, que diz que o homem foi feito à imagem e semelhança de Deus?

Quando o homem compreenderá que tudo no Universo é vivo e que toda partícula, por menor que seja, possui uma consciência compatível com o seu tamanho e importância? Quando ele aprenderá que vivemos em um oceano de energias, em um Todo compartilhado por miríades de seres em diferentes estágios de evolução e, por isso mesmo, com diferentes estados de consciência? Quando ele aprenderá que ao esperar o bem do outro, isso torna ambos um pouco melhores e que quando espera o mal, isso torna ambos um pouco piores?

Ouçam esta história: "Em uma antiga cidade murada do passado, um mendigo cego esmolava, havia muitos anos, na principal porta de entrada. Certo dia, chegou um viajante em mudança com toda sua família e vendo-o à entrada da cidade, foi até ele e iniciou um diálogo.

– Meu caro senhor, estou me transferindo com a minha família para esta nobre cidade e gostaria de perguntar-lhe: é ela é um bom lugar para se viver?

– Diga-me primeiro: como era a cidade onde o senhor morava?

– Ah! Belíssima era a minha antiga cidade, e as pessoas que a habitavam eram boas e hospitaleiras. Lá, eu fiz muitos amigos e nela eu fui muito feliz.

– Bem – respondeu-lhe o mendigo –, nossa cidade não é muito diferente e nela o senhor há de vir a ser também muito feliz.

Em outro dia chegou um novo viajante e repetiu-se esse outro diálogo:

– Senhor, estou de mudança para esta cidade e gostaria de fazer-lhe uma pergunta: é esta cidade um bom lugar para se viver?

– Diga-me primeiro: como era a cidade onde o senhor morava?

– Ah! Horrível era a cidade onde morava. Lá as pessoas eram más, egoístas e por isso tive que me mudar, na esperança de que aqui encontre paz e felicidade.

– Bem, respondeu-lhe o mendigo, nossa cidade não é muito diferente e nela o senhor de encontrar condições parecidas com a cidade que deixou".

Somos nós, com nossas ações e expectativas, que colorimos o mundo com cores alegres ou sombrias.

O Anjo Solar II

Em todas as minhas caminhadas matinais, ao chegar à metade da jornada para tomar o caminho de volta, eu paro, encaro o sol por alguns momentos absorvendo seus raios luminosos e seus raios sutis pela janela da alma – os olhos –, enquanto faço uma pequena e sincera prece pessoal Àquele que carinhosamente chamo de "Paizão Maior". Hoje, me ocorreu uma pequena experiência mística que agora compartilho com vocês.

Ao final da minha prece, na volta para casa, eu vinha meditando sobre o instinto humano de adoração, relembrando meus estudos sobre as antigas civilizações, como os fenícios, os maias, os egípcios, os hindus e muitas outras, as quais adoravam ao Deus Hélio (Sol) sobre várias outras denominações. Teria sido eu um profundo adorador desse Deus no passado, e que marcou indelevelmente todas as minhas futuras encarnações com um profundo amor e reverência a esse Ser Maior?

Caminhava eu imerso nas minhas elucubrações, quando minha sempre aguda e sedenta mente aguilhoou-me com esta pequenina dúvida: como é possível a uma tão grande Entidade Cósmica, como o Ser que tem o sol como seu corpo físico, ter noção da minha minúscula existência? Será que ele realmente escuta as minhas humildes preces, nas quais eu peço em nome de toda a humanidade um pouco mais de luz para desenvolvermos a espiritualidade para o bem do Todo? SIM, EU TE ESCUTO! Reverberou-me internamente esta certeza. EU VIVO JUNTO A TI COMO TEU ANJO SOLAR – O TEU MELHOR AMIGO. Lembrei-me imediatamente da minha magnífica experiência mística com meu amadíssimo "Melhor Amigo", a qual palidamente me refiro no meu artigo anterior "O Anjo Solar I".

Este artigo é, talvez, o mais profundo e enigmático que já escrevi. Escrevi-o em um momento de profundo amor e gratidão ao meu "Melhor Amigo". Exorto a todos vocês, que pacientemente têm me acompanhado nesses últimos tempos, que o releiam com um pouco mais de tempo e atenção, pois foi um artigo escrito para ser captado pela intuição, não pela mente. Ele fala da história passada e futura de todo homem na senda da Iluminação ou Libertação, com a inestimável ajuda do Anjo Solar, que após doar uma molécula de Si mesmo para a formação da alma humana – uma centelha solar – permanece ajudando-o por milhões de anos até a sua libertação final. Cristo – O Primogênito – dramatizou em sua curta vida como Jesus a senda que seus irmãozinhos menores devem percorrer antes de a Ele se juntar na Casa do Pai. Somente após o tremendo sacrifício da Quarta Iniciação (Crucificação), o homem pode obter a Quinta e última Iniciação (Iluminação) e se tornar um Mestre para sempre, livre das experiências na Terra. Nascimento, Batismo, Transfiguração, Crucificação e Iluminação; Primeira, Segunda, Terceira, Quarta e Quinta Iniciações ou expansões de consciência, que finalmente permitem ao homem desfrutar da sua Herança Divina.

Que vejam aqueles que têm olhos para ver! Que ouçam aqueles que têm ouvidos para ouvir! Que a fé ilumine e fortaleça aqueles que labutam no escuro! Que seu Anjo Solar segure-o e guie-o pela mão até o fim... São as minhas mais sinceras preces para você, meu irmão de caminhada.

O Mestre

Irmão Mais Jovem: – Mestre...

Irmão Mais Velho, com o braço esticado e a mão espalmada interrompendo o irmão mais jovem: – Opa! Iniciemos corretamente esta conversação. Eu não sou seu Mestre. Existe apenas um Mestre, e Esse é o divino que habita no mais interno de cada um. Também é justo chamar de Mestre um Irmão que após milhões de anos de evolução no reino humano e depois de já ter passado pelas cinco Iniciações finais que o levaram ao quinto reino – o reino espiritual –, tornou-se, como o Cristo, uno com Seu Pai no Céu.

Infelizmente, muitos "lobos em pele de cordeiro" gostam de ser chamados de mestres e explorar a sincera, porém ingênua, devoção de um jovem e inexperiente buscador da verdade. (Sugiro assistir aos documentários *Holy Hell* e *Wild Wild Country* na Netflix.)

É extremamente triste constatar que muitos irmãos sinceros, possuidores de uma ingênua devoção, são assim ludibriados e tão facilmente enganados ao deixarem que o corpo emocional domine o corpo mental, entregando de mãos beijadas seu sagrado livre-arbítrio. A liberdade é condição *sine qua non* para a saudável evolução humana e só é livre aquele que sabe pensar por conta própria. Disse o Buda, um verdadeiro Mestre: "Não acreditem em minhas palavras só porque fui Eu que as proclamei. Coloquem-nas em seus corações e, se assim as aceitarem, vivam de acordo com elas; porém, se assim não for, não as aceitem dogmaticamente".

O verdadeiro instrutor guia seu aluno na busca interna, onde habita sua própria alma – seu verdadeiro Mestre. O instrutor sempre ensina como o oráculo de Delfos. "Homem, conhece-te a ti mesmo e conhecerás o Universo." Ele jamais ensina uma verdade, mas, sim, evoca a verdade que existe em cada um.

Ah! Meu irmão, que sofre desiludido, desperdiçando tanto amor e devoção, às vezes mais de uma vez, escute o que eu tenho a lhe dizer: desilusões são podas que a vida nos faz para que possamos continuar crescendo. Acha mesmo que seria possível para sua alma em crescimento florescer no solo podre da mentira? Como pode abdicar do mais precioso presente que lhe foi dado por Deus – a liberdade?

Continue com perseverança a sua Busca, meu lutador irmão, mas leve em sua bagagem os ensinamentos e o exemplo do Mestre Maior, que humildemente lavou os pés dos seus discípulos, e lembre-se sempre desta verdade maior: TODO MESTRE VEM PARA SERVIR, NÃO PARA SER SERVIDO.

Pensamentos Soltos 20

"Um grande número de pessoas diz não acreditar em vida após a morte, alegando que nunca alguém voltou do outro lado para confirmar isso. Trata-se realmente de uma falsidade, pois existem muitos milhares ou até mesmo milhões de pessoas que nos últimos milênios relataram suas experiências metafísicas fora do corpo. O que acontece é que as pessoas que passam por essas experiências não conseguem prová-las, pelo simples fato de que não existem palavras que as possam descrever. Seria como uma pessoa normal querer explicar para um cego de nascença o que seriam as cores do arco-íris. O fato de que a gravidade curva os raios de luz – como afirmava Einstein no começo de século passado – não se tornou uma verdade apenas quando isso foi provado cientificamente algumas décadas depois? Um peixinho que nasce sem olhos dentro de um lago subterrâneo não pode enxergar a luz, simplesmente porque lhe falta um órgão para tal. A experiência de Deus é um fato muito real, que não pode ser transmitido ao outro. Cada um deve buscá-Lo com seus próprios órgãos internos, pois Deus não pode ser conhecido – apenas vivido."

"Todo pensamento é uma semente ansiando pela vida. Todo desejo é a água que mata esta sede de vida. O coração é o campo materno, que aceita imparcialmente tanto as sementes de joio como as sementes de trigo. Cabe a cada agricultor escolher, plantar e cuidar do seu cultivo. E todo homem há de se alimentar do que cultivou, pois como nos ensinou o Cristo: 'O homem é aquilo que ele pensa no coração'".

"O valor não está no conhecimento que o homem adquire, está no conhecimento que ele absorve e, principalmente, no conhecimento que reflete na sua conduta. O mundo está repleto de hipócritas, que não vivem de acordo com a quantidade, a qualidade ou a variedade dos conhecimentos adquiridos – conhecimentos adquiridos apenas por egolatria, vaidade ou mera satisfação mental passageira. Isso não engrandece (como imagina o pobre de espírito), mas empequenece não só o indivíduo, mas também a mente grupal da sociedade. Eu não só perdoo, como também irmano com todos aqueles sinceros irmãos que ainda não possuem a total competência para viverem totalmente de acordo com seus ideais, mas abomino todo irmão hipócrita, que mesmo intelectualmente capaz desonra o sagrado dom que a mãe natureza lhe proporcionou, forjando mentiras em plena lucidez mental."

"O homem que teve um vislumbre da grandeza e da beleza de Deus ou do Universo e tenta passar a gloriosa visão para o outro é como aquele que fotografa o céu em uma noite de Lua Nova completamente sem nuvens, na tentativa frustrada de partilhar a magnitude das estrelas. É como tentar colocar o oceano em um copo d'água."

"FRACTAIS: Do latim *fractus* – fração. Figuras da geometria não euclidiana. A estrutura vai se repetindo em escalas cada vez mais reduzidas. Área finita dentro de um perímetro infinito, que cresce de dentro para fora. Eis aí a definição científica de um fractal. Filosofemos: não seria o Universo o perímetro infinito, onde frações finitas de si mesmo – Galáxias, Sóis, Planetas, etc. – crescem e evoluem? Não seriam os *Logoi* (plural de *Logos*) fractais do Absoluto Infinito ou 'Aquele sobre O Qual Nada Pode Ser Dito' dos novos ensinamentos aquarianos? Não seriam todos os reinos da natureza terrestre, todas as suas formas, grandes ou pequenas, fractais, partes vivas, componentes estruturais de uma gigantesca Entidade Consciente, o nosso *Logos* Planetário – Deus? Não seria a Mônada ou Espírito do homem um fractal do Espírito da Terra, e Este um fractal maior do Espírito Universal? Não é o homem um Deus em potencial ('EU faço o homem à minha imagem' – Bíblia Sagrada), embora ainda não o seja em essência? Quem diz a verdade? O Cristianismo, quando diz que o homem é um pecador separado de Deus ou O Cristo, quando declara nas sagradas escrituras – Sois Deuses?"

Meu Amigo Haitiano

Na minha caminhada matinal de seis quilômetros existe uma grande reta de mais de um quilômetro, que aos primeiros raios da aurora, ainda um pouco escuro, faz tudo parecer um pouco fantasmagórico. Foi nesse etéreo caminho que eu o vi pela primeira vez, caminhando com firmeza e mal agasalhado, falando alto ao celular com um sotaque que não conseguia identificar. Às vezes, abria um grande sorriso que, com a pouca claridade do momento e a pele do rosto escura como o breu, parecia um flash do sorriso do gato da Alice no país das maravilhas. Acendia, apagava, acendia, apagava... Como sempre faço com todos que cruzo em minhas caminhadas, saudei-o com um sonoro "bom dia", ofertando-lhe meu sorriso de irmão. Em resposta recebi de volta um exótico "bom dia", emoldurado em um enorme e sincero sorriso.

Em outro dia, eu o vi de longe, caminhando junto a dois amigos em animado colóquio envolto em profusos flashes de sorrisos do gato da Alice. Contagiado pela alegria que fluía aos borbotões daquele pequeno grupo, não resisti à minha curiosidade e parei-os por um momento com uma direta pergunta: "vocês são de onde?" A resposta veio forte e com orgulho: "nós somos do Haiti!" Bem, saudei-os com toda sinceridade do mundo: "sejam muito bem-vindos ao Brasil!"

Muitos diriam que não é correto chamar de amigo esse irmão de outro país, pois além dos nossos cordiais encontros na madrugada, nunca tivemos uma conversação mais séria ou prolongada (pois temo atrasá-lo para o trabalho, que é certamente o motivo dos passos rápidos e confiantes). A esses eu devo responder que a verdadeira amizade é a amizade de almas que, ao contrário da amizade do ego, não precisa da presença física para amadurecer. O afeto é apenas uma gota de amor solidificada. Assim como a gravidade mantém a união dos astros, o amor mantém a união das almas, que sempre se sabem irmãs.

A cada dia que passa aumenta mais a nossa amizade, pois embora sejam pouquíssimos os nossos encontros no plano físico, estamos sempre em contato nos planos sutis. Não estamos juntos todas as vezes que nele penso e, quem sabe, ele em mim pensa? Não sente ele o calor da minha prece, quando rogo ao Pai por ele e por seus compatriotas? Porventura, não sente a sua alma o abraço da minha, quando choro impotente, pedindo perdão a Deus em nome da humanidade, a qual quase nunca se comove com a triste situação do Haiti? Não diminui um pouco toda dor voluntariamente partilhada por aqueles que não aceitam a injustiça em sua alma, mesmo sendo obrigados a aceitá-la como ego?

Ah! Meu amigo haitiano, obrigado pelo seu exemplo de força e luta. Obrigado pelo sorriso em meio à escuridão. Obrigado por carregar com tanto brio a parte mais pesada do carma humano sobre seu ombro, açoitado já há alguns séculos pela vil ambição dos homens. O pranto do seu povo há de ser a umidade que amolecerá a dureza do coração do homem.

Deus, a Natureza e o Homem

Deus é o númeno atrás do fenômeno; a natureza é a consequência da vontade de manifestação de Deus. O homem, sendo o quarto reino da natureza, é o importantíssimo elo que liga os três reinos inferiores (mineral, vegetal e animal) aos três reinos espirituais (manásico, búdico e átmico) e ao reino Divino. O processo de manifestação Divina do nosso *Logos* ocupa sete dimensões, a saber: 1ª D – Divina, 2ª D – Monádica, 3ª D – Átmica, 4ª D – Búdica, 5ª D – Mental, 6ª D – Astral e 7ª D – Física. Somente o homem (o homem completo, não apenas a sua parte mais densa – o ego) é o único ser a possuir as matérias de todas as dimensões, já que os outros seres criados por Deus não possuem em seus corpos matérias de todas as dimensões. Os três reinos inferiores possuem matéria apenas do sexto e sétimo planos dimensionais (de cima para baixo), sendo que o reino animal também possui sementes do quinto, enquanto os seres mais desenvolvidos – os quais passaram pelo estágio humano há muito ou pouco tempo – possuem apenas matéria dos quarto, terceiro, segundo e primeiro planos dimensionais (embora possam construir corpos de matérias mais densas quando quiserem se manifestar no plano físico).

Não existe mágica na natureza e Deus não é um mágico sideral. Muito tempo e trabalho são exigidos para que a evolução paulatina do arquétipo divino possa se concretizar no plano físico e o nosso *Logos* Planetário, Um dos bilhões de Deuses Cósmicos a evoluir no Universo (e existem bilhões deles mais evoluídos), possa cumprir na Terra a Sua Vontade. E Ele precisa, sim, não só do homem, como também dos outros reinos da natureza para cumprir a imensa tarefa de manifestar no plano físico o magnífico modelo concebido na sua imensa e extraordinária Mente. Já é hora de a humanidade terrestre deixar a ingenuidade juvenil e emocional da passada Era de Peixes e entrar na idade da razão adulta, usando o maior atributo que possui no momento – a mente. Só assim o próximo atributo a ser alcançado – a intuição –, que nada mais é do que a sabedoria da alma, poderá lançá-lo mais longe e mais alto na senda espiritual.

Dá para começar a entender agora a tremenda responsabilidade sobre as costas do quarto reino – o reino humano? Dá para começar a entender por que foi dito por Deus: "Eu faço o homem à minha Imagem"? Dá para começar a entender por que somente o reino humano possui o livre-arbítrio, já que os reinos inferiores não o possuem e os reinos superiores Todos já possuem a consciência da sua eterna unicidade com Deus, e não resta mais nada a não ser o cumprimento da Divina Vontade de "Manifestar o Céu na Terra", como nos dizem as escrituras?

Prestem bastante atenção, meus irmãos, nas antigas verdades colocadas de uma nova maneira na entrante Era de Aquário, em que: "Toda a verdade será gritada de cima dos telhados e tudo o que estava escondido será revelado". Hoje em dia muito do que era esotérico deve se tornar exotérico, e isso pode acontecer até mesmo por meio de um dos milhões de humildes homens de boa vontade, os quais procuram amar incondicionalmente. Por isso, por favor, abramo-nos ao novo sem preconceitos, pois a alma é a luz, a mente a lanterna e o cérebro a placa que registra, logo, a somatória desses três é conhecida como homem. Quando a lanterna espalha a luz rapidamente, com falta de atenção, sem nunca focar devidamente os objetos, a placa não pode registrar e a oportunidade é perdida, e assim é perdido o ensinamento que o conhecimento poderia proporcionar.

Prestemos mais atenção àquilo que chega até nós. A maioria das informações nestes tempos caóticos são desnecessárias ou falsas, oriundas principalmente da internet, que nem sempre é usada para o bem, o que acaba tirando do buscador sincero o tempo que deveria ser dedicado ao crescimento intelectual, um dos alicerces do crescimento espiritual. Nunca antes foi tão necessário o discernimento.

Aconselho, para um aprofundamento maior neste assunto, a releitura de artigos anteriores sobre o mesmo tema, como: "Trilogias I, II e III", "Sobre a Humanidade I e II", "Sobre a Hierarquia Espiritual da Terra", "Sobre o Carma" e alguns outros.

Sobre as Virtudes

As virtudes não são flores de vasos, mas flores de jardim... E florescerão sempre mais belas em jardins públicos.

Não desperdice as fecundas sementes das virtudes – divinos dons a você doados – plantando-as em pequenos vasos para embelezar a própria casa. E, se as plantar em seu próprio jardim, cuide para que muros não separem a beleza daqueles que passam ao largo. Sempre que possível espalhe sementes ao vento, pois ventos são muitas vezes as mãos da providência e jamais foi perdido um ato de amor.

Você, meu irmão, que nasceu com um coração pleno de amor, por que o guarda apenas para os seus? Não sabe que o amor é uma chama que jamais perde um pouco de si quando acende outro pavio? Que uma minúscula chama pode incendiar um imenso campo? Que nosso frio planetinha se tornaria um sol, se toda humanidade realmente aprendesse a amar altruisticamente? Que uma fogueira é apenas a somatória de muitas chamas?

Você, meu irmão, que nasceu com um corpo mental evoluído, justa recompensa de muitas vidas de esforço e busca, por que o usa como espada, em vez de arado, para mitigar a fome do mundo? Toda conquista só tem valor evolutivo quando compartilhada com o todo, pois o homem só permanecerá eternamente como célula da humanidade, a qual é uma das muitas células no corpo de Deus. Todo o resto são apenas vaidades, vaidades... Nada além de vaidades.

Você, meu irmão, que sob a justa lei do Carma já nasceu com os cofres abarrotados, ou que por grandes esforços e sacrifícios conquistou o direito de possuir, por que vira a cara para sua própria alma, escondendo a chave da caridade? Poderá sim desfrutar alguns fugazes momentos de felicidade do ego, mas jamais da alegria e paz da alma, enquanto não cuidar também da sua outra parte – o outro.

Você, meu irmão, escute agora o que eu tenho a lhe dizer: jamais aguarde recompensas ou reconhecimento pelos seus atos de bondade ou retidão; seja como uma flor do deserto que, nas mais difíceis condições e mesmo sem ser vista por olhos humanos, esforça-se para ser no plano físico a beleza do arquétipo que é nos planos sutis, concebido pela Mente Divina.

Toda a natureza esforça-se o máximo possível para colorir aqui na Terra a beleza do desenho concebido na mente de Deus, mas cabe somente aos homens dar o brilho, que apenas a inteligência e o livre-arbítrio podem conceber – o brilho das virtudes humanas.

Sobre Egos e Almas

"Nunca, nunca se engane, meu irmão!
Amor jamais rimará com dor.
Somente o ego amante de si mesmo acha virtude em meio à humilhação
ou à submissão.
Embora a diferença seja a característica dos egos,
a igualdade é a tônica das almas.
E assim como o espelho reflete fielmente a realidade da imagem,
só beleza pode refletir a alma amada pela alma amante.
Às vezes, não há nada a dizer...
Dê-me sua mão e caminhemos juntos.
Toda alma ama o silêncio,
quando finalmente pode cantar."

Ensinamentos

Como escrevi no artigo "A Maior Lição da Minha Vida", é realmente um grande mal para a evolução humana as lições perdidas pela maioria dos homens, que não ama ou nem mesmo respeita a evolução dos irmãos menores dos reinos animal e vegetal.

Durante minha habitual caminhada matinal de hoje, me deparei com mais dois grandes ensinamentos que a vida reserva àqueles que "caminham atentos". Grandes são as perdas daqueles que "caminham desatentos", por uma pressa cega e muitas vezes desnecessária.

É realmente vaidosa e absurda a maneira como a maioria do reino humano vive a sua vida sem se importar ou, mesmo respeitar, as vidas dos seus irmãos dos outros reinos, os quais, assim como o reino humano, têm um propósito muito específico e importante guardado na Mente Divina. A antiga gnose, trazida hoje de uma forma mais moderna pelos Irmãos Mais Velhos ou alguns dos seus discípulos, não corrobora alguns textos preconceituosos e maléficos que, supostamente ditados por Deus, incentivam o homem a usar os reinos menores de forma tão utilitarista e vil.

Caminhava eu apreciando as cores do amanhecer, respirando o ar frio e puro, atento à beleza do momento, quando um ousado cachorro de porte médio e perneta, esquecido do seu tamanho e aleijão, na sua nobre tarefa de vigiar uma humilde e cansada oficina de carros, quebrou o meu encanto de forma abrupta, com um raivoso latido e claudicante caminhar na minha direção. No meu susto inicial pensei em dar um "bico" na solitária perna dianteira, que tremia pelo esforço extra, quando, ao olhar bem nos olhos do meu adversário, a minha alma e a dele se encontraram, permitindo-me "ouvi-lo dizer": "Não me importa o seu tamanho; atacarei todo aquele que se atrever a prejudicar o amo que me alimenta e cuida. Por ele eu sacrifico minha vida". Admirei a sua coragem e, com todo respeito, reverenciei sua devoção, deixando com ele um pouco de mim, no amor que saía do meu coração pelos meus olhos.

No mesmo trajeto, algumas centenas de metros à frente, me deparei com o corpo inerte de um canarinho, tão preservado, que eu tive de me certificar de que ele não estava ainda vivo. Um pouco antes de um sentimento de melancolia que se aproximava se aninhar no meu coração, minha alma mais uma vez contatou a alma de outro irmãozinho do reino animal, a qual "me disse": "Não se entristeça! Aproveitei muito bem o tempo que tive e, embora não possa ver o meu cansaço (todo passarinho nasce e morre belo), fatigado estou após uma vida plenamente vivida, embora ela possa parecer muito curta e breve para você".

Tudo é vivo no Universo e cada um dos menores átomos tem uma consciência de acordo com suas necessidades. O fato de o homem possuir uma consciência maior e mais de acordo com as necessidades e as experiências de uma vida mais complexa não faz dele o rei do mundo. Vale mais a consciência de um professor universitário do que a consciência de uma criança do jardim de infância ou de outro irmão de um reino diferente? Tudo vive no Absoluto. Embora a evolução seja uma questão de tempo, o amor do Pai não é uma questão de preferência... É uma questão de Graça.

Sobre a "Normalidade"

Eis o muro atrás do qual se esconde o homem fugindo das suas responsabilidades evolutivas: "Eu sou apenas um homem normal". Desculpem-me todos vocês que são incomodados em seu ilusório conforto, mas a humanidade "normal" é uma humanidade doente. E o fato de bilhões de pessoas serem doentes não significa que a doença deve ser aceita como normal ou inevitável.

É normal sentir o ódio em certas situações... É normal gostar de dinheiro e acumulá-lo além do necessário (mesmo constatando que o excesso de uns é a falta de muitos)... É normal a traição conjugal (mas inaceitável a traição do parceiro)... É normal descontrolar-se às vezes e ferir seu semelhante ou um irmão de outro reino... É normal o homem acostumar-se às desgraças e passar a não enxergar o sofrimento do outro... É normal às vezes ferir e ser ferido... Etc... Etc. Escute bem meu irmão! Tudo isso pode e deve ser aceito, pois o homem é um ser em evolução, mas apenas como defeitos a serem corrigidos em razão da momentânea limitação em que vive o homem, não como se fosse uma coisa "normal". E, mesmo assim, muitas pessoas mais afortunadas pelo destino ou mais vividas no tempo (por conta de um maior número de encarnações), com posses materiais, culturais e intelectuais deveriam sentir vergonha de usar o mesmo subterfúgio de pessoas mais humildes e com muito menos recursos.

Tudo isso – não apenas o ódio – são coisas maléficas, pois "Mal" é tudo aquilo que vai contra a evolução da alma, por isso Jesus Cristo pregou há mais de 2 mil anos: "Não combata o mal com o mal", pois, se assim não for, os malefícios serão a moeda corrente do mundo e o "Olho por olho e dente por dente" seria sempre uma lei justa e boa. As leis, assim como os homens, devem estar sempre em evolução.

Não é correto chamar de normal tudo aquilo que é apenas comum. Infelizmente, o desamor e o caos que ele promove são mais comuns nestes tempos de mudanças, quando uma era de trevas está sendo substituída por uma era de luz, mais jamais devemos aceitá-los como normais. A vida é sempre fluida, e é a mudança que deveria ser considerada normal, não a estagnação naquilo que foi comum no passado.

Ah, humanidade, humanidade! Até quando valorizará mais a fraqueza da sua carne do que a força do seu Espírito? Até quando olhará para baixo quando deveria olhar para cima e para fora quando deveria olhar para dentro? Até quando seus filhos terão que andar trôpegos sobre pedras e lixo largados por aqueles que caminham à frente, os quais deveriam cumprir o dever de aplainar e limpar a estrada para os que vêm atrás? É... Realmente não deveria ser normal o jeito descuidado com que o homem caminha pela vida.

O homem não foi feito para competir, mas para cooperar. É a competição e a comparação que o prendem à rocha da normalidade e o limitam à terra, quando, na verdade, ele foi feito mais para voar do que caminhar...

Pensamentos Soltos 21

"A realidade é um sonho sonhado por Deus. Não é correto para um homem – enquanto vive como homem, não como um Deus que potencialmente é – dizer que o mundo é uma ilusão, pois ele faz parte dessa ilusão enquanto vive como o sonhado – o homem – não como O Sonhador – Deus. Certamente, o mundo é uma ilusão para aquele que se iluminou – em outras palavras, alcançou a quinta e última iniciação – e retornou à casa do Pai, tornando-se Um com o Pai no Céu, como afirmou o altíssimo Iniciado Cristo. Sejamos humildes e persistentes caminhantes da estrada da vida, não arrogantes ou ingênuos andarilhos do caminho terrestre, achando que por começarmos a andar sob a claridade do Sol e refletirmos um pouco da sua Luz – após muito tempo caminhando em trevas de uma longa noite – já nos tornamos a própria Luz."

"Amemos nossos velhos assim como amamos nossas crianças. Tanto na saída como na volta à casa do pai, o perfume das cercanias da bendita morada impregna mais a alma peregrina."

"O homem chega a uma idade em que já não basta a juvenil atitude de escolher entre o bem e o mal. Ele tem que aprender a optar pelo mais certo entre os corretos e o menos errado entre os incorretos. Ele jamais deve permitir que a inevitabilidade da dor congele seu coração, assim como uma fonte em tenebroso inverno, mas, sim, mantê-lo sempre aquecido no fogo do amor universal, para que dele fluam as quentes águas da compaixão, impedindo que o gelo tome conta do mundo."

"O *sutratma* (o fio que liga a alma ao ego) é duplo. O fio da vida se ancora no coração e seus atributos se espalham pelo corpo por meio do sistema sanguíneo (por isso se diz que sangue é vida). O fio da consciência se ancora bem no centro do cérebro (na glândula pineal) e suas energias se espalham pelo corpo pelo sistema nervoso".

"Sem dúvida nenhuma, se considerarmos evolução o progresso do ego, com seu aumento de intelectualidade, de bem-estar material, assim como o aumento do tempo e da qualidade de vida, certamente o homem é um retumbante sucesso. Mas o homem não é apenas o ego... O homem é o conjunto formado pelos atributos do ego e da alma. E a verdadeira pergunta a ser feita sobre a evolução humana é: existe hoje mais amor no mundo do que antigamente? Se a resposta for não, realmente não houve evolução humana; apenas retoques em sua maquiagem externa."

"O elogio, assim como uma joia valiosa, só deveria ser usado com muito critério, parcimônia e principalmente sinceridade, sob a pena de tornar-se uma bijuteria feia e vulgar nas mãos da hipocrisia."

"Raríssimos homens conseguem marcar o seu nome nos anais da humanidade. Mas milhões deles marcam o seu, mais ou menos profundamente, no mundo. Como? Praticando o bem. O Universo jamais desperdiça um ato de amor, pois esta é a energia que o mantém em expansão. E a própria humanidade nada seria sem a contribuição dessas suas pequeninas e anônimas células que a alimentam diariamente e a fazem crescer com seus pequenos ou, às vezes, grandes atos de amor."

Como Evitar um Importante Efeito Colateral da Aposentadoria

Pergunta: O que um assunto tão mundano como o alcoolismo tem a ver com um blog de assuntos espirituais? Resposta: Pode haver coisa mais espiritual para um ego do que manter seu veículo em condições de receber os impulsos da alma?

As leis do Carma são gravadas a ferro e fogo nos átomos permanentes de cada um dos três corpos do ego: corpo físico, corpo astral e corpo mental (ver artigo: "Sobre Carma", p. 148). No corpo físico, ele é gravado nos cromossomos, "Genes com características positivas ou negativas", para futuras manifestações na vida do homem. Eu nasci com o gene do alcoolismo, "Carma de muitas vidas de excessos", e gostaria de passar algumas experiências que obtive a duras penas para aqueles que assim como eu chegaram à aposentadoria em condições favoráveis "físicas, financeiras e intelectuais", e também com muito tempo de sobra para lidar negativa ou positivamente com este difícil ensinamento que a vida há de trazer à maioria dos indivíduos em uma vida ou outra.

A primeira coisa a dizer sobre este assunto é que são vários os graus de alcoolismo e a grandessíssima maioria dos alcóolatras mais leves não aceita ou reconhece tal realidade, dificultando muito sua superação "nesta ou na próxima encarnação, pois nenhum esforço jamais deixa de ter a sua recompensa cármica". É preciso muito amor e paciência para lidar com os doentes mais sérios, pois é isso que o alcoolismo é – uma doença.

Procuro sempre ser impessoal nas coisas que escrevo, mas quando acho que uma experiência pessoal pode ser útil não hesito em partilhá-la.

Autoaposentei-me aos 42 anos, e nesses 18 anos que passaram desde então, tive não só a oportunidade de realizar meu sonho de uma vida dedicada à evolução espiritual, mas também tempo e dinheiro de sobra para alimentar, ou melhor dizendo, saciar a tremenda sede desde o gene recentemente descoberto pela ciência e, após dois primeiros anos de celibato e abstenção alcoólica, voltei devagar a alguns antigos hábitos, mesmo levando uma vida espiritual bastante ativa. Após alguns anos já tinha voltado, comedidamente, "Nem sempre!", a tomar a minha cervejinha de quatro a cinco vezes por semana; o que começou a prejudicar um pouco a minha caminhada espiritual e, principalmente, incomodar minha consciência, que geralmente justa e parcimoniosa vê sempre um perigo no excesso. Vejam bem, cada um tem seu jeito próprio de lidar com os próprios problemas, e um respeitador e defensor da individualidade humana como eu jamais tenta influenciar o outro, apenas partilho o que foi bom e útil para mim.

A primeira coisa que fiz foi refutar com bastante energia um complexo de culpa que se insinuava. Não existe nada pior à evolução espiritual do que o desprezo a si mesmo ou ao outro. A segunda coisa foi lembrar-me de que é exatamente por isso que estamos vivos e atuantes neste planeta cármico, em que aprendemos por tentativa e erro, em que fracassos às vezes são inevitáveis. A terceira coisa foi reconhecer meu inimigo, declarar-lhe guerra e conscientizar-me de que como homem, um ser reencarnante, certamente precisarei ainda de muitas e muitas vidas para aprender tudo que este mundo tem a me ensinar, e que mesmo que eu não vença esta guerra nesta vida, é muito importante que eu lute com todas as minhas forças e ganhe o máximo de batalhas possíveis – muito raramente se ganha uma guerra em apenas uma batalha. O que eu fiz e continuo fazendo?

A primeira coisa, sabendo que a semana tem sete dias, foi limitar os dias que bebo a um número menor do que os dias de abstenção. Tenho vencido a grandessíssima maioria das semanas por, no mínimo, 4 X 3. A segunda coisa foi constatar que até certa quantidade de álcool minha alma ainda continua no comando. Descobri meu limite e procuro firmemente nunca ultrapassá-lo. Tenho tido muita ajuda da minha alma neste sentido quando, ao ultrapassar o limite que eu mesmo me impus, ela retira por um dia sua luz e eu entro em momentânea depressão pós-alcóolica até o dia seguinte. Dói para caramba, e felizmente após um pedido de desculpas (e depois de um dia miserável), a luz volta a brilhar, e eu continuo a minha luta ainda um pouco cabisbaixo, mas com uma vontade ainda mais forte de vencer.

Escute com atenção, meu irmão. Você não é seu corpo. Você não é o que sente. Você não é nem mesmo o que pensa. Você é um imortal e verdadeiro filho de Deus momentaneamente desterrado, para que na experiência no Não Eu possa aprender e verdadeiramente saber de modo consciente que é... Deus.

Sobre a Cura e os Joões de Deus da Vida

Toda cura é sempre realizada por Deus, Deus onipresente em todo o Universo ou o Deus Imanente dentro de cada um – o sagrado Eu Superior. É preciso lembrar sempre que o mais puríssimo líquido pode ainda passar por canais sujos, embora ainda não totalmente obstruídos. Embora seja lícito dizer que qualquer homem pode se tornar um curador, em virtude do Deus que nele habita, seria ingenuidade dizer que qualquer homem pode curar, pois entre ouvir falar que Deus nele habita e ser consciente disso e verdadeiramente Saber que ele é Deus, existe um vácuo somente preenchido por centenas, às vezes milhares, de vidas de buscas, sacrifícios e prática do amor.

A cura só pode acontecer quando é verdadeiramente acreditado que existe uma força maior no Universo – seja qual for o nome que lhe é dada –, não a crença no poder individual de uma pessoa, por mais santa que ela possa ser. Nem mesmo Jesus podia curar com seu próprio Espírito, se não houvesse a aprovação do Espírito no outro e, por isso, ele sempre dizia: "Vai! A tua fé te curou".

Na verdade, toda cura é feita por Energias Inteligentes, conhecidas pelos nomes de Anjos, no Ocidente, e Devas, no Oriente, que fornecem uma pequena parte da puríssima energia dos Seus corpos para restaurar a deficiência energética do corpo do seu irmão do reino humano ou de outro reino qualquer, pois como todos sabem, matéria e energia são cambiáveis. Embora sejam filhos do mesmo Pai, os reinos Angélico e Humano evoluem paralelamente, e a Mônada (Espírito) humana é uma Ideia abstrata demais na Mente Divina para se manifestar nos densos planos materiais sem a ajuda dos Seus Irmãos do Reino Angélico, os quais fornecem a matéria-prima (energia) para a construção dos seus corpos passageiros – pó que ao pó deve voltar – enquanto o Espírito volta para seu Pai no Céu.

Então, é ou não é verdade o fato de que homens como João de Deus podem realmente curar? Como foi dito anteriormente, nem um homem, nem mesmo Jesus ou qualquer um dos Santos milagreiros tão cultuados pela humanidade, pode curar. Toda cura só pode ser feita pelo Espírito por meio da energia doada pelos Anjos ou Devas. Até mesmo Deus só criou o mundo por intermédio dos grandes Arcanjos (os Elohim da Bíblia, muito anteriores à criação do homem). Nas primeiras sagradas escrituras em aramaico, depois traduzidas para o grego, antes de serem desvirtuadas por outras traduções, dizem: "E o mundo foi criado pelos Elohim" não "O mundo foi criado por Jheová", o Deus de Irsael. É claro que os Elohim foram criados por Deus, porém muito antes da criação do mundo. Mas o homem pode sim servir de canal para a manifestação de amor e cura.

O que verdadeiramente pode acontecer nos assim ditos "milagres" é a formação de condições mais propícias para que manifestações metafísicas ainda não compreendidas pela jovem humanidade possam ocorrer no plano físico. Qualquer lugar santificado pela fé e esperança pode se tornar um lugar de "milagres". Qualquer homem santificado pelo amor ao próximo pode servir de canal para a cura do seu irmão – se assim o permitir o Carma. Existem muitos homens que em vidas passadas adquiriram o direito de se tornarem canais da Divina Cura, mas por serem ainda imperfeitos, maculam a vida atual com orgulho, vaidades ou ambições, enlameando assim o Divino Dom a ele emprestado. Para esses, certo é o fracasso em algum momento e duríssimo o retorno cármico. Até mesmo Iniciados menores caem, machucando também toda a humanidade, antes de retomarem o Caminho em vidas posteriores, pois por maior que seja o tempo gasto, todo filho pródigo há um dia de voltar à Casa do Pai.

Rezemos pelos muitos que por fraqueza fracassam em suas missões; para que o mais rapidamente possível possam voltar a andar reto, para a sorte de toda a humanidade.

Lembremos sempre que Deus é o Sol que quer enlaçar com os seus raios de amor cada um dos seus filhos, mas, momentaneamente, em razão do livre-arbítrio, é impedido pelas nuvens escuras criadas pelo próprio homem.

Resposta

Eis a resposta para sua pergunta, meu irmão:

Eu não acho, como a maioria, que Deus seja o protótipo celeste do homem perfeito, vestido com todas as virtudes possíveis e isento do mais ínfimo defeito, imaginado pela mais fecunda mente e o mais puro coração. Que Ele, separado e distante, observa sua criação punindo os maus e premiando os bons.

Tampouco acho, como muitos, que Ele não existe. Que Ele não passa apenas de uma ilusória e necessária criação humana ao constatar a sua pequenez em relação ao Universo.

É preciso toda lucidez da mente e toda intuição do coração para que se tente colocar em palavras aquilo que se pensa sobre este tema e, mesmo assim, sabendo sempre, que esta humilde tentativa é apenas uma colocação passageira, limitada pela maturidade atual da alma, pois a definição de Deus é tudo aquilo que de melhor e de maior possa ser concebido pela consciência num dado momento.

Eu vejo Deus na mais longínqua estrela do Universo,
e eu vejo Deus na mais humilde forma que me circunda.
Eu vejo Deus no rosto marcado pelo sofrimento,
e eu vejo Deus no sorriso de alegria.

É Deus em meu irmão que me estende a mão em súplica,
e é Deus em mim que recolhe da mão a mim estendida.
É Deus no outro que evoca em mim a compaixão,
e é Deus em mim que recolhe o amor oferecido.

É Deus que vejo na chuva e é Deus que vejo no raio.
É Deus que vejo nas águas que fecundam e saciam a sede da terra.
E é Deus que vejo nas inundações.
E, quem poderá dizer: boa é esta água ou ruim é esta água?

Para mim, Deus não está longe nem perto.
Ele está dentro e fora de cada um.
Ele é o Espírito que habita o coração do homem e do animal.
Ele é o Espírito que habita o coração da planta e da pedra.
Ele é a Vida que a tudo permeia e preenche.
E sem Ele nada que há poderia ter havido.

Elza

– Elza, menina! São quase 6h30 e eu nunca te vi tão atrasada para o trabalho. O que aconteceu, minha filha?

– Rá, rá, rá! Eu num tô atrasada não, seu Dilon, eu fui mandada embora lá do "moxerifado". Os meninos lá não guentaram o tranco, não! É a crise! Eu tô indo pra Previdência tratar do meu seguro-desemprego, e lá eles só abrem depois das 8 horas – êta povo preguiçoso!

– Nossa Elza, que chato! Como é que estão indo as coisas, criatura de Deus?

– Rá, rá, rá! Eu agora tô trabalhando de ajudante de pedreiro do meu marido, que é um pedreiro de mão cheia. Ihhh! Eu já fiz isso muitas vezes antes, e eu gosto mais de trabalhar na rua do que dentro de casa. Além disso, nos fins de semana, eu tô cuidando da D. Cissa, coitada, ela tá com "alzaime". Que coisa mais triste, seu Dilon! Mas eu gosto mais é de trabalhar ao ar livre – serviço pesado. Eu fico quase doida presa o dia inteirinho fazendo quase nada lá na casa da D. Cissa, coitada. As únicas coisas que ela faz o dia inteiro é ficar deitada e pedir para comer ou tomar banho o dia inteirinho – rá, rá, rá! O sinhô acredita, seu Dilon, que as duas outras cuidadoras só dão comida para ela três vezes por dia, um banho à tardinha e deixam ela deitada na cama o tempo inteirinho? Eu carrego ela e boto ela sentada na varanda várias vezes por dia.

– Mas Elza, as pessoas que têm Alzheimer esquecem que comeram e ficam pedindo comida o tempo todo e, se a gente ficar dando, elas engordam muito e adoecem.

– Rá, rá, rá! Que nada, seu Dilon. Ela é magrinha, só com os "quartos" muito grandes. Além disso, esse povo rico só come essas coisas "diete" e sem açúcar ou gordura. Coitada! Eu dou sempre uma coisinha quando ela me pede e também dou banho nela de meia em meia hora, pois a filha dela me falou que ela gosta muito de banho, desde mocinha – rá, rá, rá!

— Mas Elza, esse ritmo, trabalhando de ajudante os dias da semana e de cuidadora nos fins de semana, não é muito pesado para você, minha irmã?

— Hiiiiiiiii! Que nada, seu Dilon. Eu fico doidinha é quando não tem nada pra fazer. Eu gosto mesmo é de serviço pesado – rá, rá, rá! E o sinhô num sabe que a filha empiriquitada da D. Cissa veio me pedir para ficar um mês inteirinho com ela enquanto as outras meninas tiram férias? Ela falou pra mim que a mãe dela fica perguntando pra ela: Cadê aquela negona grande? Rá, rá, rá! Mas eu não sei se fico não, seu Dilon – eu gosto mesmo é de serviço pesado, ao ar livre. Eu acho que fico doida, se ficar presa um mês inteirinho dentro de casa e, além do mais, ando engordando muito com as comidinhas "diete" da D. Cissa – rá, rá, rá! Mas também coitada da D. Cissa... Acho que ela ia ficar contente sem aquelas outras duas num "ficá" gritando com ela durante um mês inteirinho.

Mas, óhhh! Eu tenho que virar aqui para pegar o ônibus que vai pro Centro. Além do mais, eu tô atrapalhando a sua caminhada. Me "descurpa", seu Dilon. Meu marido fala que eu falo demais, rá, rá, rá!

— Tchau, Elza. Você não fala demais, não. Foi ótima a conversa. Fica com Deus, minha irmã!

— Hiiiiiiiii! E quem é que consegue ficar sem Deus, meu Cristinho amado? Eu grudo nas "droba" do manto Dêle e num largo o dia "interim", rá, rá, rá!"

Uma Verdade ainda Difícil de Ser Absorvida

Sei que este artigo vai causar alguma comoção – até mesmo alguma indignação – em muitas pessoas que ainda vivem sob a influência das energias da Era de Peixes, que agora estão de saída, embora ainda dominem a maioria da humanidade atual. Escrevo para aqueles que mantêm a mente aberta às novas energias da Era de Aquário, as quais vêm não para anular verdades antigas, mas para ampliá-las. A atual crise das grandes religiões atuais, como o Cristianismo, o Islamismo e o Budismo, assim como outras menores (falando em termos de números de seguidores), as quais veem diminuir cada vez mais drasticamente a sua influência e o seu número de seguidores, é uma crise necessária à evolução da humanidade. As inexoráveis leis da evolução dizem que as formas devem nascer, crescer, chegar ao seu apogeu e depois morrer, cedendo assim espaço para as novas formas, mais adequadas para atender às novas demandas da vida sempre em evolução.

Cristo, Buda, Maomé e muitos outros Iniciados de diferentes graus continuam vivos, trabalhando incansavelmente nos planos sutis como membros da Hierarquia Espiritual da Terra na criação da nova religião mundial, que aproveitando todos os verdadeiros ensinamentos (infelizmente há muita falsidade casuística nas sagradas escrituras de todas as religiões), os completa com novos ensinamentos necessários à atual maturidade da humanidade.

A nova religião mundial enfatizará o Deus Imanente em vez do Deus Transcendente das atuais religiões. Dá para imaginar quando o homem deixar de se enxergar como um reles pecador, sob a ira de um Deus iracundo e vingativo, que exige todo tipo de sacrifícios para atender às demandas do seu miserável filho, e enxergar-se como uma fagulha do

Cósmico Espírito Imortal, um Divino Filho de Deus a crescer no útero azul da Terra? Como um homem que agora enxerga Deus dentro de si mesmo, assim como dentro do outro, trataria seu irmão? Como roubar, explorar ou maltratar o outro sem maltratar o próprio Deus? E mais! Como continuar tratando o reino animal, o reino vegetal e até mesmo o reino mineral, sabendo do Deus Imanente em toda a natureza?

Eis ainda outra verdade difícil de absorver: o *Logos* Planetário da Terra, o Deus do nosso sofrido planetinha (o Ancião dos Dias – Melquisedeque da Bíblia cristã) é um dos bilhões de Deuses a evoluírem no Universo e, por isso mesmo, um Ser ou Entidade ainda imperfeita (embora o homem seja incapaz de conceber o que isso significa). Esse magnífico SER possui bilhões e bilhões de células que compõem o Seu Corpo e, num grau impossível à compreensão humana, possui as suas dificuldades e, às vezes, falha ao tentar manter a harmonia nesse imenso veículo de manifestação. A perfeição só existe NAQUELE SOBRE O QUAL NADA PODE SER DITO, do qual nosso *Logos* é apenas uma célula, assim como cada um de nós é apenas uma célula no corpo do nosso Deus Planetário.

Ouça com bastante atenção, meu irmão! O que você acabou de ler não deve jamais diminuir o amor e a justa veneração que todo homem deve sentir pelo seu Pai no Céu: pelo contrário, deve aumentar ainda mais nosso amor e gratidão por Este Grande Ser que, em imenso sacrifício, deixou momentaneamente (milhões de anos na consciência humana) as sublimes paragens celestiais onde já conquistou morada – encarnando-Se na matéria –, permitindo assim que você e eu possamos também, em um remoto futuro, receber nossa herança como Deuses – não mais como homens – em manifestação.

"Toda a natureza sofre dores de parto à espera da glória do homem" (Bíblia Sagrada).

Pode agora, meu irmão, discernir melhor sua responsabilidade como homem? Você que é feto do Espírito que se desenvolve para a VIDA?

Por que Medito

"Quando me dirijo ao mundo interior, não é para escapar do barulho incessante das ações, das exigências e confusões dos outros. Não é para alienar-me dos acontecimentos e das pessoas. É para fertilizar o solo interno, onde todas as minhas virtudes e poderes podem brotar, crescer e desabrochar. Quando estou bem alimentado por dentro, não me torno um mendigo do amor ou de respeito, porque sei ser meu próprio amigo e amigo dos outros" (Ken O'Neall).

MEDITAÇÃO

Jardineiros, jardinai! Renascentes, renascei!
Enquanto o silêncio toca o seu órgão
na catedral do mundo.
E os pássaros flautam...
E o coração percute.
Então, mentes girantes, cessai!
Contemplários, contemplai...

SILENCIE A MENTE

ENCONTRE A PAZ
INSPIRE AMOR...
E EXPIRE A LUZ.

O homem já descobriu que matéria é energia; está começando a descobrir que energia é pensamento; e no futuro descobrirá que pensamento é espírito; pois matéria é espírito no seu grau mais baixo de vibração e espírito é matéria no seu grau mais alto de vibração. Tanto os magos brancos como os magos negros trabalham com energia por meio do pensamento. Aí está o segredo da verdadeira meditação.

Sobre a Superficialidade

É absolutamente incrível como o homem se desenvolveu tecnologicamente nas duas últimas décadas, construindo nesses relativamente curtos anos mais do que fez em centenas de anos anteriores. Sobre o sucesso do progresso material e intelectual não existe absolutamente nenhuma dúvida, mas e sobre o progresso espiritual? Será que na relação custo-benefício esse sucesso cobre os males consequentes? É hoje o homem mais espiritual do que era duas décadas atrás?

Na minha humilde opinião, uma das maiores perdas do ser humano nesse período foi exatamente isso, uma perda de parte da sua essência – sua humanidade. Em inglês, uma língua menos profanada do que a sublíngua portuguesa, a palavra homem, *man*, provém do sânscrito *manas* = mente", significando que é a mente que faz de um ser vivo um homem. Será que a largueza mental adquirida com a gigantesca quantidade de informação possibilitada por avanços tecnológicos, como a internet, supera a tremenda perda de profundidade mental decorrente da superficialidade com que as pessoas tratam seus relacionamentos e atitudes na vida? Será que os onipresentes emojis podem substituir a palavra, este indispensável e nutritivo alimento mental? Nesses tristes casos, "Uma imagem vale menos do que meia palavra". Generalizo! Um emoji às vezes pode ser útil e complementar um pensamento. Será que essa linguagem cibernética monossilábica, feia e distorcida pode traduzir os pensamentos de uma mente sã ou a poesia de uma alma? Valem cem pulgas mais do que uma borboleta?

O que dizer então do tal do WhatsApp? A primeira coisa a se perder – quem não o tem – é a sua dignidade, por ser logo taxado de homem das cavernas. Que culpa tenho eu – um amante do silêncio – não querer dormir com dez pessoas e acordar com 20? Que tenho eu com o amigo da amiga da vizinha (que, de acordo com ela, é uma boa pessoa e, por isso, foi incluída no grupo) que está resfriado? Como posso ter eu um bom dia se das 6 às 10 horas da manhã (fui incluído no grupo dos aposentados), sou incomodado na minha meditação por 39 bips me desejando "bom dia!"? Como posso eu saber se o cocô esverdeado e com "um cheirinho ruim" na fralda do bebê (fui incluído no grupo dos tios, primos e sobrinhos) pode ser do rabo da lagartixa que ele engoliu ontem? Como acreditar na sinceridade da Judite (uma das 136 pessoas do grupo da firma em que trabalhava), quando ela posta "Eu amo tanto todos vocês!"? Volto a generalizar; existem úteis e boas funções para o WhatsApp.

Falando sério, é muito triste constatar que as pessoas não têm mais paciência para ler um texto com mais de cinco linhas. Quão poucas pessoas hoje com menos de 40 anos sabem quem foi Carlos Drummond, Rubem Alves e tantos outros? Certamente sabem do novo penteado do Neymar, da cor da calcinha da Anitta ou outras particularidades muito úteis dos nossos "grandes heróis nacionais". Tudo tem que ser muito rápido e conciso, e a pressa desnecessária cobra seu preço vil na futilidade de vidas desperdiçadas, que não provêm alimento para alma.

Paro por aqui, sob a pena de perder meus exíguos leitores que têm paciência de lerem mais do que cinco linhas, ou pior, que me taxem de prolixo.

Sobre a Cristalização

A cristalização da matéria dos corpos inferiores do homem (corpo físico, corpo astral-emocional e corpo mental) é um dos principais perigos no caminho evolutivo. Tudo no universo é vivo, e um sinônimo para vida é movimento. Nós podemos enxergar isso com clareza no corpo físico, no mal que causa o sedentarismo ou a velhice, em que a falta de exercícios traz a falta de flexibilidade e a consequente deterioração. O caso se torna muito mais perigoso nos dois outros corpos, principalmente o corpo mental.

O fanático é aquele que tem a mente estagnada com certos tipos de pensamentos (que são feitos de matéria mental), os quais preenchem negativamente a mente impedindo o acesso a novos conhecimentos, impedindo assim o crescimento da mente, estacionando a evolução, que, como diz a palavra, é movimento. Todos nós sabemos que toda a água de uma poça estagnada um dia se tornará podre.

O ateu (felizmente a maioria daqueles que se dizem ateus é, na verdade, agnóstica, que na minha humilde opinião estão à frente dos muitos ingênuos que adoram um deus antropomórfico), o verdadeiro ateu que não acredita em nada além da matéria, está também correndo o risco da cristalização, que o impedirá de continuar evoluindo, porque por mais que acumule o conhecimento concreto que alimenta o ego, faltar-lhe-á o conhecimento abstrato que alimenta a alma. Com a sua teimosia e orgulho intelectual, impede que a luz dos muitos conhecimentos, os quais ainda não podem ser provados pela ciência concreta, a ele chegue, limitando e fechando assim sua mente ao mais importante.

O corpo físico é um mero autônomo que registra o que ocorre nos corpos sutis, e é por isso que o conhecimento advindo dos Irmãos Maiores nos ensina que mais de 90% das enfermidades são causadas por um insano corpo emocional ou mental. Às vezes, a natureza tem que "vomitar" no plano concreto a podridão acumulada nos planos sutis (ler o verbete – "Barragem de Mariana" no Glossário).

Nosso corpo mental, sendo um corpo vivo como nosso corpo físico, necessita de um correto alimento para crescer saudável, e é absolutamente incrível o lixo com que a humanidade moderna o alimenta e o descuido com que trata seus pensamentos. A maioria das pessoas "bem-educadas" evita com horror a falta de educação em se soltar gases corpóreos em meio a outras pessoas, mas não se preocupam em sujar os corpos emocionais e mentais alheios com palavras preconceituosas ou menosprezando outros irmãos. Escute-me você que acha que seus pensamentos egoístas ou mesmo libidinosos estão escondidos dentro de si; existem, hoje, muitos clarividentes astrais e mentais e, como nos profetiza o amado Mestre Tibetano, em um futuro muito próximo todo pensamento será público. A ciência moderna já está quase lá, provando a materialidade do pensamento.

Tudo que cristaliza morre. Mantenhamos flexíveis nossos corpos físicos, nossos desejos e emoções e, principalmente, nossa mente.

Sobre Astrologia

Como nos ensina a sabedoria antiga há muitos e muitos milhares de anos antes da Era Cristã: "O Universo é uma Entidade".

A ciência moderna por meio de moderníssimos telescópios (se não me engano usando raios gama ou raios x) nos encanta com fotografias magníficas das vestes de Deus, ao mostrar o espaço completamente ocupado por luzes de todos os matizes e cores, obliterando toda a escuridão entre sóis e galáxias, que geralmente vemos nas fotos tiradas por telescópios normais, provando assim que o universo é uno sem nenhum espaço vazio.

Podemos captar com nossos sentidos físicos ou sutis alguns eflúvios emanados dos corpos que nos cercam e formam uma infinitude de sensações, como cheiro, calor, luz, sabor, etc., mas certamente não somos conscientes da maioria deles, a exemplo do magnetismo. Tudo está ligado no Universo; e aí está o porquê da influência dos astros.

A ciência da astrologia moderna nem sempre é exata. Geralmente mais pela ignorância ou incompetência de grande número dos nossos astrólogos (existem muitos bons astrólogos, todavia) do que da realidade das influências dos astros. Certamente, o que a maioria deles não sabe é que existe uma astrologia correta para o ego e outra diferente para alma.

Você, que gosta sempre, ou às vezes, de consultar os astros e fica radiante quando o resultado condiz exatamente com a realidade, saiba que se assim for, é porque você está vivendo sua vida apenas como ego, pois, se estivesse vivendo como alma os resultados seriam diferentes, já que quase sempre é correto o mapa astral feito para massa da humanidade comum. A maioria dos nossos astrólogos modernos sabe configurar o mapa astral do ego, mas não o da alma. Durante muito tempo, o homem total – ego e alma – sofre ambas as influências dos seus dois mapas. Quanto mais exato for seu mapa astral do ego, mais se está vivendo como personalidade, não como alma. Até que a maioria dos astrólogos consiga fazer o mapa astral da alma (caminhamos lentamente para isso), muitos erros serão cometidos. Por isso, meu irmão, se alegre quando os resultados não baterem com a sua realidade, pois já pode estar vivendo como alma (também pode ser mera incapacidade do astrólogo). Como nos ensina a divina Gnose, "O homem precisa dominar suas estrelas", significando que ele deve sobrepujar as influências dos astros, vivendo sob as influências da alma ou mesmo da Mônada (Nosso Pai no Céu). É preciso saber, no entanto, que as influências dos astros são sempre neutras, e as energias emanadas por eles podem sempre ser bem ou mal usadas, atingindo tanto o santo como o pecador. Não nos esqueçamos, também, de que um planeta ou um sol nada mais é que o corpo físico de um *Logos*, um ser muito, quase infinitamente, maior que um homem, estágio que Ele já passou há muitos aeons. Existem, no entanto, emanações negativas de um planeta morto e em decomposição (como a lua), que são tão prejudiciais como as emanações de um cadáver qualquer.

Ah! Meu ingênuo irmão, que acredita mais em um artefato criado por mãos humanas para captar energias cósmicas (antenas parabólicas e outras) do que na sua herança divina como uma "Antena" criada por Deus. Abra mais os olhos... E o coração.

A Grande Lição
da Terceira Idade

Este artigo é dedicado a todos os buscadores que chegam a este terceiro e final período da vida com força e humildade suficientes para aprenderem a desapaixonar-se da pequena vida do ego e a amarem verdadeiramente a vida da alma. A paixão é um atributo do ego e o amor um atributo da alma.

A verdadeira Gnose, que já existia antes da grande aventura do homem na Terra, nos ensina que a força que faz com que o homem encarne milhares de vezes em um corpo físico é o desejo. As mais antigas escrituras sagradas do Oriente nos ensinam que a sede ou desejo de viver é que faz com que o homem entre em *Samsara* (a roda da vida) por milhares de vezes. É por isso que o maior instrutor do Oriente – o Senhor Buda – nos ensina, que para sair de Samsara e alcançar a Iluminação (a volta para os planos espirituais) é preciso antes matar o desejo. Também nos ensina sobre isso o maior instrutor do Ocidente – o Cristo –, quando nos diz que é preciso viver neste mundo sabendo sempre que a ele não pertencemos.

Por que se entristece, meu irmão, quando começa a perder vários apetites mundanos, reclamando que a vida começa a perder o sentido? Você não sabe que a sábia natureza lhe prepara um banquete muito maior, que há de lhe alimentar a alma, não um insaciável corpo material? Por que hesita em trocar os efêmeros prazeres do ego pelos duradouros prazeres da alma? Por que teima em buscar a felicidade do ego, enquanto é-lhe oferecida a alegria da alma?

Você, convidado ao banquete, que ainda insiste em comer migalhas, saiba que está junto a outras crianças brincando de construir castelos de areia na praia, que hão de se desfazer com a primeira onda;

porém com a diferença de não poder participar das gargalhadas, que só a pureza e a ingenuidade podem oferecer.

Finalmente, você que está chegando ao final da sua jornada e que almeja morrer feliz, saiba que a maior e mais libertadora dádiva é morrer em Paz.

Coragem, Força e Sabedoria nesta derradeira e importantíssima etapa da vida!

Sobre o Homem

"Eu faço o homem à minha imagem" (o Verbo).

"O homem é a ponte entre o animal e o super-homem" (Nietzsche).

Vejamos um pouco do que há por trás da ponta do véu de Ísis levantada pelos novos ensinamentos da Hierarquia Espiritual da Terra.

Antes do começo de tudo, O Absoluto e Inominável Uno dormia a noite dos tempos na escuridão do espaço, pois a luz ainda não tinha sido criada. Disse, então, Aquele sobre o Qual Nada Pode Ser Dito: "Faça-se a luz!". E a Divina Trindade, Shiva, Vishnu e Brahma se manifestou pela primeira vez – Pai, Filho e Espírito Santo (Mãe) – o primeiro grande raio da Vontade, o segundo grande raio do Amor e o terceiro grande raio da Inteligência. Brahma (terceiro) manifestou-se primeiro, pois a matéria (mãe da forma) precisava criar o *upadhi* (veículo) para que a Vida pudesse se manifestar. Depois o Pai (primeiro) fecundou a Mãe (terceiro) e nasceu o Filho (segundo).

A Mônada (Espírito), a Chispa Divina, começou a descer ou a involuir (a involução ou "queda na matéria" faz parte do Plano Divino), passando por planos cada vez mais densos, até chegar ao reino mineral, quando começou então a subir, ou a evoluir, no caminho de retorno à fonte. As primeiras criaturas eram compostas apenas da substância de Braahma. Depois da Divina fecundação da Mãe pelo Pai, as criaturas passaram a se compor de substâncias de Brahma e Vishnu. Só muito depois o Pai começou a habitar essas criaturas, as quais passaram a se compor das três substâncias divinas, tornando-se assim as primeiras criaturas autoconscientes e com a latente capacidade de voltar a ser Deus – o Homem.

Foi há 18,5 milhões de anos que, com muita ajuda externa (falaremos dessa ajuda no futuro), o primeiro homem foi criado, quando o animal mais evoluído da época (uma raça mais inteligente de símio) recebeu pela primeira vez o primeiro aspecto Divino – O Pai (Shiva) – no processo conhecido como "A Individualização". Lembremos que os três reinos "inferiores" – o reino mineral, o reino vegetal e o reino animal – só possuíam "substâncias" dos segundo e terceiro Aspectos Divinos.

Muito tempo depois disso alguns homens conseguiram se iluminar e "voltaram para casa", sendo o primeiro deles o chefe da Hierarquia Espiritual da Terra – o Cristo –, que atualmente comanda a sua "Igreja", composta de milhares de Iniciados de diversos Graus e outros discípulos menores, ainda não Iniciados, que trabalham anônimos para que todos os filhos, um dia, retornem à casa do pai.

* Sugiro àqueles que, não por curiosidade, mas porque buscam a verdade, iniciem sua busca com a leitura dos livros de H. P. Blavatsky, especialmente *A Doutrina Secreta*, e de Alice A. Bailey, as quais escreveram sob a inspiração direta da Hierarquia.

Competição X Cooperação

Esta é a maior batalha travada no momento atual da guerra entre a espiritualidade e a materialidade na luta pela alma do homem. Dela vai depender se Hércules, "o mito da alma humana", voltará para Casa como um deus vitorioso, ou se, como perdedor, tornará a outros mundos em distantes aeons para cumprir com méritos seus 12 trabalhos.

Estamos, hoje, nos estertores finais de uma época extremamente materialista, em que a brutal competição pelo sucesso fez do homem comum uma fera brutal na busca insana da satisfação material e na qual foi extremamente negligenciada a sua parte espiritual. Desde muito cedo, nas nossas insatisfatórias escolas, as crianças e os jovens foram incentivados à competição em busca do sucesso individual e levados à cooperação somente com objetivos egoístas. Felizmente, as novas energias de Aquário vêm em auxílio a uma humanidade egoísta e infeliz, que começa a aprender verdadeiramente a fraternidade universal, em que a cooperação, não a competição, é a regra geral. O mantra desta nova era é: "É impossível ser feliz sozinho". Verdade universal que proclama que tudo é Um. Como nos ensina *Bhagavad Gita:* "Após permear tudo com uma partícula de Mim Mesmo, Eu permaneço."

Num futuro não relativamente muito distante, "entre 150 e 200 anos de acordo com ensinamentos Hierárquicos", a alma será cientificamente provada. E como sabe toda alma que ela é apenas uma partícula da Anima Mundi, "Alma do mundo", resta a ela somente cooperar com suas almas irmãs para o sucesso do Todo. Como nos diz um ditado ocultista: "Há muitos erros na vida do homem, mas somente um pecado, o pecado da separatividade".

A você, meu irmão, que acha que pode ser indefinidamente feliz em meio à tristeza dos seus irmãos, eu pergunto: pode manter-se verde uma folha quando amarelecem as outras folhas no mesmo galho? Não está sendo destruída por dentro a madeira e secando-se aos poucos todo o galho, quando a seiva não chega a todas as partes? Não cortará e lançará às chamas o galho doente, que pode contaminar toda a árvore, o atento Jardineiro dos Jardins Universais?

A você, meu irmão, que chegou ao entardecer da sua curta jornada de um dia na longa vida da alma, com a mente cheia de sabedoria e as mãos cheias de tesouros materiais, justas recompensas de um dia bem trabalhado, eu digo: recolha aos cofres da provisão aquilo que por enquanto lhe é necessário – já que ainda não é um daqueles que suficientemente confiam e sabem que serão sempre servidos pelas invisíveis mãos da Providência – e abra sua mente, seu coração e seu cofre àqueles que junto a você sofrem a fome de conhecimento, a fome de amor e a fome de alimento material. Estará assim a alimentar não a outro, mas a uma parte importante de si mesmo.

A você meu irmão, que chega ao começo do final da sua jornada imaginando a vista ao final da última colina, eu digo: esqueça a visão... Esqueça a estrada... Esqueça de si. Baixe os olhos para aqueles que caminham cegos e sem rumo na escuridão da inexperiência. Dê-lhes a mão e caminhe... Antes que possa notar, estará entrando na mais magnífica Luz que o aguarda no final da sua estrada.

Pensamentos Soltos 22

"O amor, ao contrário da paixão, nunca se acaba. O que acontece é que a fumaça do apagar da chama da paixão – restos de um incêndio maior ou menor – escurece por um momento curto ou muito longo o céu onde mora o sol. Infelizmente, para muitos, a cegueira, que deveria ser momentânea, pode durar uma eternidade... até que seja permitido aos ventos do perdão dissipar toda a fumaça nociva. Nenhuma grande atitude ou mesmo um pequeno ato de amor é jamais desperdiçado pelo Universo, pois é o amor a principal energia que permite a sua manifestação."

"Assim como um veneno usado com cuidado e parcimônia em pequenas doses pode se tornar um remédio, o elogio pode ser usado para ajudar o homem. Do contrário, ele apenas alimentará o ego e intoxicará a alma com um dos maiores venenos que existe – a vaidade."

"O que chamamos Vida nada mais é do que a concretização da Ideia Divina, formada na Divina Mente e imposta pela Divina Vontade DAQUELE SOBRE O QUAL NADA PODE SER DITO, pois como pode uma gota de oceano conter o próprio Oceano?"

"O elogio é como chocolate; todo mundo gosta de dar ou receber como presente. O problema é que o elogio em excesso infla o ego, assim como o chocolate em excesso incha o corpo e, além disso, ambos podem viciar, com o elogio prejudicando os corpos sutis e o chocolate prejudicando o corpo físico."

"Não! Eu não sinto orgulho – nem da minha raça, nem da minha nação, nem mesmo da minha família. O orgulho é sempre uma coisa do ego e, por isso, sempre uma limitação para a alma, que jamais se acha maior ou menor, mais ou menos, do que suas outras almas irmãs. Na verdade só existe uma única alma – a Anima Mundi –, da qual todas as almas são apenas uma célula, as quais podem ser diferentes no tempo – por possuírem mais ou menos experiência –, mas são sempre iguais em essência. Se sinto que sou uma alma um pouco mais antiga e experiente, isso apenas significa que eu tenho mais responsabilidades por ser um irmão mais velho, por isso devo ajudar um pouco mais. Se desejo ser ou ter mais, é porque quero ser um pouco maior para ajudar mais e possuir um pouco mais para dar. Ao contrário do ego, que sempre busca acumular, a alma só se realiza na partilha."

"Na vida é preciso muita paciência, perseverança e resignação. A cada dia basta a sua tarefa. Ao contrário do conhecimento, que pode chegar a qualquer instante, à sabedoria é necessário o amadurecimento no tempo. Os anos ensinam muitas coisas que os dias desconhecem."

"Para todo aquele que acordou para as realidades internas e corajosamente optou por percorrer com os olhos abertos a senda das realidades externas, não existe dor maior do que a dor causada ao outro."

"Tudo passa... Tanto as coisas boas quanto as coisas ruins. Tudo no Universo é energia em transformação. Nada permanece... Apenas o ouro dos ensinamentos é eternamente entesourado na alma, após as experiências no cadinho da vida. Dor e prazer, sofrimento e felicidade, alegria ou depressão são apenas chamas – fogos passageiros – que enrubescem o cadinho na busca do ouro. Paz é o prêmio daquele que sabe que tudo é passageiro, e esperto é aquele que mantém por mais tempo o foco da sua mente e o poder da sua vontade nas coisas boas, sabendo que a relatividade do tempo pode ser usada a seu favor."

Sobre o Bom Senso

A Humanidade é uma sobrevivente. Durante milhares e milhares de anos, ela sobrevive a todo tipo de calamidade que, após ceifar milhões de vidas, fortalece os sobreviventes para provas cada vez mais duras. Assim caminha a humanidade... Passo a passo sobre os corpos daqueles que não conseguiram sobreviver às duras provas, as quais buscam moldar Deuses do frio barro da matéria.

Nessa epopeia humana chamada evolução é inevitável o surgimento de vírus cada vez mais fortes e sutis, para trazer à luz as forças mais escondidas no interior do homem. E, como hoje, o homem passou a usar mais seus corpos sutis, além do seu grosseiro corpo físico, as epidemias atacam também de forma virulenta seus corpos emocional e mental. Assim, surgiu nos dias de hoje um fortíssimo inimigo do progresso humano – as fake news. Este terrível vírus sutil, composto de matéria mental de errôneos pensamentos, ataca não somente as mentes mais fracas, mas também a sua "inteligência", maculando assim todo corpo mental da humanidade. O que fazer e como lutar contra esse poderoso inimigo?

Desde muitos milhares de anos atrás, quando o homem começou a pensar pela primeira vez, a natureza o proveu com um poderoso freio aos voos insalubres de uma mente agitada, sem controle ou indevidamente influenciada pela emoção: o bom senso. Esta dádiva à humanidade só pode ser usada quando a vontade do homem, além de segurar com mãos de ferro as rédeas que controlam os fogosos corcéis da emoção, mantém a serenidade da mente em meio ao turbilhão causado pela novidade, por mais incrível que ela possa ser – falsa ou verdadeira. É, absolutamente, assustador como pessoas habitualmente sensatas e inteligentes se tornam vítimas desse mal, relegando o humilde e antigo bom senso a algum canto escondido na periferia da mente, apenas por simpatizarem mais com uma causa ou outra, tornando-se assim solo fértil para a mentira e meros fantoches do mal. Hoje, acredita-se mais naquilo que se quer acreditar do que naquilo que é ditado pelo bom senso. A razão é infelizmente subjugada pelo *nonsense* e o desejo de estar sempre certo se torna maior do que o desejo da verdade.

Certamente, a imensa quantidade de informações que chega ao homem a cada momento nos dias de hoje o sobrecarrega e confunde, mas isso não o exime do dever de só aceitar aquilo que não ofende seu bom senso ou é corroborado por uma pesquisa posterior, sob a pena de se transformar em mais uma dos milhares de vítimas das fake news. O homem não vive só para si; ele tem uma responsabilidade com toda a humanidade, da qual é apenas uma pequeníssima parte e cujo sucesso ou fracasso depende das ações individuais de cada uma das suas células. O homem é responsável por tudo que ele faz, sente, pensa ou... divulga. O Carma anota cada movimento do homem e "nem um fio de cabelo cai da cabeça do homem sem ser notado por Deus".

Antes de o homem se tornar um canal de informação para seus irmãos, ele deveria se fazer duas perguntas. Primeira: é esta informação verdadeira até o ponto em que possa ser aceita pela minha mente e confirmada pelas condições do momento? Segunda, tão importante quanto a primeira: trará a divulgação desta informação algum benefício aos meus irmãos ou deveria ser ela apenas mais uma triste verdade a ser conscientizada e relegada ao esquecimento, não mantida viva pela energia da minha atenção?

Costumes

Acostumar-se é lançar âncora ao mar da vida,
mas o homem foi feito para navegar...
Acostumar-se é morrer aos poucos,
inebriado por aromas venenosos.

Não é o vício um costume daquele
que não consegue desapegar-se?
Não fecha a janela ao sol que brilha lá fora
aquele que se acostuma ao amor que tem?

O preguiçoso que se acostuma ao ócio,
o *bon vivant* que se acostuma ao conforto,
o observador que se acostuma à beleza
são todos assassinos da vida.

Pois o trabalho dignifica a existência.
Pois o conforto inebria a mente.
Pois a sede do belo deve ser insaciável.
Sem ação e busca, a vida não vale a pena.

Aquele que se acostuma ao Deus que tem
sempre terá um Deus pequeno,
pois Deus é sempre o maior que possa ser concebido,
e quem se acostuma perde a imaginação.

Pensamentos Soltos 23

"O homem é a metade do caminho entre a pedra e Deus. É a ponte entre o animal e o super-homem como diz Nietzsche. É a primeira manifestação da autoconsciência, que finalmente levará no final à consciência de Deus. É o reino intermediário – o quarto – entre os sete reinos em que evolui a consciência; do reino mineral ao reino divino, passando também pelos reinos vegetal, animal, búdico ou intuitivo, átmico e monádico. Tudo no Universo são processos em transformação na Divina Experiência."

"O homem é náufrago em um tempestuoso mar mental, formado por incontáveis pensamentos criados em milhares de anos, desde quando ele deixou o reino animal e adentrou-se ao reino humano. Cada pensamento – bom ou mau – é uma gota a mais no oceano mental de Gaia. O importante é não ficar retido pelo mar de sargaço dos maus pensamentos, do qual certamente é um dos contribuintes, nem criar novas escórias a se tornarem empecilhos aos outros ou a si mesmo. Pensar corretamente é o primeiro passo para a correta ação e, como disse O Cristo, 'O homem é aquilo que ele pensa no coração'."

"A impunidade é ainda mais maléfica do que a corrupção, pois enquanto a corrupção corrói o corpo do homem, a impunidade corrói aos poucos a sua alma."

"Há algum tempo, preocupava-me sempre que acordava pela manhã com uma dorzinha qualquer. Hoje, depois dos 60, preocupo-me toda vez que acordo sem nenhuma, pensando: será que já passei para o outro lado? Rá Rá Rá... Agora, falando sério, o homem deveria preocupar-se mais com o cavalinho, o qual lhe serviu a vida inteira; não só premiando-o com torrões de açúcar – que em excesso sempre fazem mal – mas exercitando-o também com atividades físicas, condizentes com sua maturidade. É muito triste ver as dificuldades de uma alma em usar um ego maduro, com os corpos mental e emocional em perfeitas e, às vezes, em ideais condições, por causa de um corpo físico limitado, ou mesmo inutilizado, pelo descuido do seu ocupante."

"Eu sou como um arbusto silvestre escondido em meio à floresta. Produzo meus frutos como uma humilde flor do campo produz suas cores – sem expectativas –, apenas expressando um impulso interno que deve nascer. Mas Ah! Que bom! Quando o frutinho que produzo em silêncio serve de alimento para uma avezinha descuidada, que não valoriza apenas os pomos suculentos das grandes árvores."

"Verdadeiramente, o sucesso da existência humana depende de três passos a serem dados sequencialmente na jornada da vida: aprender a dançar harmoniosamente a dança da convivência entre irmãos. Aprender a lutar com justiça a luta pela sobrevivência. E, finalmente, aprender a cantar a divina canção sob a inspiração da alma."

"Não sejamos ingênuos: no atual estágio evolutivo da humanidade o dinheiro é tão fundamental à vida quanto a água. Mas, também é verdade que, assim como o excesso do precioso líquido pode matar um homem, o excesso de dinheiro pode afogar uma alma."

"São três as mensagens principais a serem divulgadas no início desta Era de Aquário, das quais me ocupo (assim como vários outros difusores em todo o mundo) e as quais preenchem a maior parte das centenas de artigos e pensamentos que tenho escrito nesses dois últimos anos: a verdade do Deus Imanente a ser buscado no interior de cada um, para contrabalançar a adoração do Deus Onipotente e Onipresente (O Qual continua sendo outra grande verdade), embora, estranhamente, distante do homem da passada Era de Peixes. A realidade da existência da Hierarquia Espiritual da Terra, comandada pelo Cristo, O Qual juntamente a sua "Igreja" trabalha incansavelmente para redenção dos seus 'irmãozinhos' ainda muito presos aos laços da matéria. E, finalmente, a grande verdade da inquebrantável união dos homens em uma gigantesca unidade – a Humanidade – da qual são todos células componentes e igualmente responsáveis pela sua evolução como um Todo, pois com foi dito: 'Existem muitos erros na vida do homem, mas apenas um grande pecado – o pecado da separatividade'."

Doenças Contemporâneas

A humanidade passa hoje por uma das suas maiores e mais difíceis crises, e grande parte dos seus indivíduos sofre terrivelmente com depressão e outras doenças emocionais correlacionadas, por exemplo, a síndrome do pânico. Vários são os motivos dessas epidemias que, em razão do carma humano, assolam todos os tipos de pessoas, inclusive as mais equilibradas, inteligentes e espiritualizadas. Falarei neste breve artigo apenas daquela grande maioria de homens e mulheres que sofrem deste mal devido a um principal motivo: a falta de contato com a própria alma.

Assim como o poderoso sol pode ter a sua luz obliterada por uma nuvem escura e pesada, o ego pode ressentir-se da falta da luz da própria alma. Pelos mais variados motivos, o ego constantemente cria obstáculos à influência da alma, que, lembremos sempre, nunca deixa de brilhar acima dos céus tempestuosos, que constantemente escurecem a vida do homem moderno. E qual é hoje a principal nuvem negra sobre a humanidade? O excessivo materialismo, o qual sufoca o Espírito latente em cada um.

Na passada Era de Peixes, quando o homem acreditava apenas em um Deus onipotente, distante e exterior a si mesmo, ele maltratava-se em sofridas expiações, anulando-se em vil ascetismo, para d'Ele obter favores, ou então, se empenhava em lutas ferozes para adquirir posses materiais, tentando assim obter a segurança de que tanto necessitava. Ele sempre buscava fora, em uma improvável recompensa divina em reconhecimento aos seus fanáticos sacrifícios ou na riqueza material, aquilo que verdadeiramente só podia ser obtido internamente – a segurança e a alegria do Deus Imanente.

O principal motivo de pessoas do bem também sofrerem dessas doenças contemporâneas (embora elas existissem de forma menos aguda no passado) é que a alma de modo consciente retira momentaneamente sua luz, para que o ego sinta falta de "alguma coisa", um vazio existencial, o qual não pode ser preenchido por nada material. E o mais triste disso tudo é que o homem já submerso no excesso de matéria, busca na própria matéria o alívio que só pode ser obtido no Espírito; inclusive trocando o tão necessário silêncio (onde pode ser escutada a voz interior) pelos burburinhos do mundo: "Ah! Eu não consigo ficar parado à toa, sem fazer nada!" E logo sai buscando atividades exteriores para preencher o seu vazio.

Felizmente, as novas energias da Era de Aquário, que agora abençoam a Nova Era, vieram para desfazer esta insana dependência material do homem atual, trazendo novos e profundos valores espirituais, baseados no amor e na fraternidade, os quais dissolverão para sempre a solidão, o vazio e a insegurança em que vive, mergulhado num egoísmo que avilta a sagrada missão da humanidade – a união num abraço fraternal dos três reinos, que se encontram abaixo do seu, com os três reinos que se encontram acima, para que finalmente "O reino do Céu seja também o reino da Terra" (Bíblia Sagrada). Outra grande porta aberta para a depressão são os medos, antigos ou novos, os quais sempre corroem nossa confiança em nós mesmos ou em "Alguma Coisa Maior" que não podemos definir bem, mas que sabemos existir intuitivamente, matando assim nossa fé na justiça e na misericórdia Divina.

Toda doença é proveniente do desequilíbrio entre espírito e matéria, e tanto um como o outro são criações de Deus para a Divina Experiência. A dor só pode ser sentida na falta ou no excesso que margeiam o equilíbrio da Vida.

Sorria! O sorriso iguala as pessoas.

A Árvore e a Raiz

O homem é admirado pelos frutos que produz,
pela beleza das suas flores,
pela pungência da sua copa frondosa,
ou, até mesmo, pela grossura do seu tronco.
Mas, seu valor maior não está naquilo que pode ser visto pelos olhos,
apenas naquilo que pode ser intuído pelo coração...

É a raiz que produz o fruto e sustenta o tronco.
E, no homem, ela só pode crescer na solidão de si mesmo.
Escutando a Voz do Silêncio...
Todo externo que é belo no homem
nasceu das suas profundidades
e todo feio... Das suas superficialidades.

Mas, mesmo que o homem cresça no escuro de dentro,
a Luz o puxa para a claridade de fora,
obrigando-o a dividir com o mundo externo,
a gestação do seu mundo interno.
E a Vida, num derradeiro puxão,
o arranca do útero quente e silencioso
e o lança ao alarido de um mundo caótico,
faminto do fruto único da redenção –
o mais precioso fruto produzido pelo homem:
O Amor.

Pensamentos Soltos 24

"O tempo é uma ilusão criada pela mente quando formula sequencialmente os pensamentos, e a pressa é um efeito colateral negativo desta manifestação mental do homem. Não existe pressa na natureza, que sempre vive no Eterno Agora, a não ser no seu membro mais evoluído. É a pressa, essa inimiga da correta ação, que causa um dos maiores sofrimentos à nossa civilização atual – a ansiedade. Somente as antigas e fundamentais virtudes da calma e da paciência podem anular os efeitos maléficos desse empecilho à evolução humana."

"Quando algum Mestre da Hierarquia nos diz que o Universo é habitado por miríades de vidas, Ele não diz que são vidas iguais ou mesmo parecidas com as vidas da Terra. Ele nem mesmo diz que todas elas habitam formas físicas, pois muitas delas possuem apenas corpos de matérias mais sutis como as matérias astral, mental ou outras ainda mais puras. O Espírito, que é sempre abstrato e amorfo, se reveste de formas compostas das matérias dos mundos onde vai se manifestar. O Mestre também diz que o trigo, o arroz e o milho são uma contribuição do reino vegetal de Vênus, que o golfinho e alguns outros animais são contribuição do seu reino animal e que alguns dos grandes seres que ajudaram e outros que ainda continuam ajudando a humanidade terrestre são, ou foram, membros da humanidade de Vênus, a qual hoje em dia não possui mais corpos físicos. Obviamente todos eles são Espíritos Venusianos de vários reinos, que usam corpos de matéria terrestre para se manifestarem no plano físico da Terra. Vida nada mais é do que a manifestação do Espírito em uma dimensão qualquer. Ampliemos nossa mente e abramos nosso coração à intuição, para que possamos abarcar um pouco mais além do parquíssimo conhecimento que temos do Universo."

"Não se identifique! É apenas a parte animal no homem momentaneamente no comando que agride. É sempre o ego que se sente ofendido. A alma jamais se ressente do erro de um irmão."

"O cristão atual necessita urgentemente mudar sua concepção do Cristo como um Ser lendário e abstrato do passado e, também, uma mal dirigida devoção que O coloca como uma Entidade supranatural distante do alcance humano. Jesus foi simplesmente o arquétipo do homem ideal encarnado no plano físico, para servir de exemplo para seus irmãos, todos em evolução em busca da sua 'Cristificação'. Ele – o Cristo histórico – continua vivo e atuante nos planos sutis comandando sua Igreja (a Hierarquia Espiritual da Terra) e, como prometeu, seguirá conosco (embora já tivesse o direito de estar evoluindo em outras regiões cósmicas muito mais adiantadas do que a nossa), 'até que o último e cansado peregrino retorne à Casa do Pai'. Este primeiro filho da humanidade terrestre a se 'Iluminar' e voltar à Casa do Pai já encarnou muitas vezes antes como Rama, Zoroastro, Krishna e outros nomes perdidos nas areias do tempo antes da sua última aparição como Cristo e, sem dúvida nenhuma, como prometeu, retornará uma próxima vez, juntamente a sua Igreja – a Hierarquia –, da qual é o Supremo Comandante, para ajudar a humanidade na conquista da sua herança divina."

"Não se preocupe tanto com o visual externo. O que vai marcar mesmo é seu sorriso ou o brilho dos seus olhos."

"Toda verdade que a um chega deve ser valorizada e guardada para si mesmo no frio cofre da mente ou no calor do coração. Mas nem toda verdade necessita ou deve ser compartilhada. Eu só compartilho verdades que possam ser úteis ou que, no mínimo, possam alegrar um pouco a vida do meu irmão."

Sorria! O sorriso iguala as pessoas.

Sobre o Retorno do Cristo

Respondendo aos meus queridos manos Beto e Caetano:

Foi pedido ao NGSM (Novo Grupo de Servidores do Mundo, por favor releiam artigo homônimo, p. 56), grupo formado no final da primeira metade do século passado pela Hierarquia, composto de Iniciados, Discípulos e homens de boa vontade com certo contato consciente com a própria alma, o qual tem como objetivo principal a preparação para o retorno do Cristo, que divulgasse o máximo possível esta boa-nova, a qual depende de uma série de fatores para se tornar realidade. Condições mínimas são necessárias para que isso possa acontecer (políticas, econômicas e sociais), pois como estamos cansados de dizer, não existe mágica no Universo e o livre-arbítrio da humanidade tem que ser respeitado.

O NGSM conta hoje com centenas de milhares de membros em todo mundo, os quais trabalham incansavelmente para este Evento (quase sempre anônimos), não só no plano físico, mas principalmente nos planos sutis. Tudo no Universo é energia e uma tremenda quantidade de energia Crística (outro nome para a energia do Amor) foi direcionada diretamente pelo Cristo para o plano físico da Terra, após a Segunda Guerra Mundial, em meados da década de 1950 e durante os anos 1960, para estimular o amor na humanidade, em ajuda na preparação para o Seu retorno. Como toda energia é neutra e depende dos veículos que a recebem, os resultados foram positivos e negativos. Um grande estímulo ao amor filantrópico e à natureza foi conseguido, principalmente com a criação de ONGS de ajuda humanitária e de conscientização ecológica. Mas aconteceu, também, de essa nobre energia ser usada de forma errônea por pessoas ainda imaturas, estimulando seus chacras sexuais, além ou em vez dos chacras cardíacos, causando grande libertinagem no uso do sexo e de drogas ilícitas, naquilo que foi conhecido como os movimentos Hippie, de liberação sexual e outros, os quais usaram a mais potente energia do nosso Sistema Solar na criação do amor Eros (erótico), ou mesmo do amor Porneia (pornográfico), em vez do amor Ágape (incondicional a todos os seres de todos os reinos) como era objetivado. A chuva que cai sobre o jardim faz brotar tanto flores como ervas daninhas. Felizmente, até deste mal a Hierarquia tirou algum bem, por meio do ganho de maior liberdade e igualdade para as mulheres.

O fato é que a verdade do cumprimento da promessa de retorno do nosso amado Irmão Maior está para acontecer. Talvez isso aconteça muito mais rápido do que possamos imaginar... O mais importante é a resposta à pergunta que Ele nos deixou na sua última estadia na Terra: "Estarão despertos e com a chama das vossas velas de amor acesas na minha volta, ou estarão dormindo com as vossas chamas apagadas?" (Bíblia Sagrada).

Será que saberemos reconhecê-Lo em novas roupagens, como obviamente haverá de ser, vindo, como diz as profecias "das nuvens do céu" (talvez de avião?), ou O renegaremos como fizemos da primeira vez? Só quem tem amor poderá reconhecer O Amor.

Sorria! O sorriso iguala as pessoas.

Perdido

Acha-te!
Andas tão perdido,
Sem conseguir encontrar-te...
Perdido entre as brumas do excesso
e a falta do deserto.
O equilíbrio é uma balança torta
a oscilar entre dois abismos.
Deus?
Diabo?
Imagem e sombra da mesma verdade.
Partes da mesma realidade,
a gritar-te que estás vivo,
e que tens que escolher...
e aprender.
Escolhe a vida!
Mesmo que pequenas mortes
sejam o combustível
a impulsionar-te para a frente.
Vive de forma que a vida
não seja morte em vida.
Para que ela seja real... não um sonho:
Sangue a correr nas veias,
que entrelaçam bilhões de corpos.
Células de um mesmo e único Ser...
Humanidade.

Sobre a Vontade

A vontade é sempre a causa primeira da manifestação da energia universal. Foi a Vontade de manifestação "Daquele Sobre O Qual Nada Pode Ser Dito" que criou Fohat (O Fogo Criador), O Qual criou e continua criando as formas nas quais a vida pode se manifestar.

O inverno este ano tem sido mais rigoroso do que em anos anteriores e eu tenho feito as minhas caminhadas matinais, nesses últimos dias, em temperaturas abaixo dos cinco graus centígrados. Isso tem intrigado muito meus vizinhos, que cobertos de mil panos, me perguntam qual a razão de eu sair para caminhar tão cedo e em condições tão adversas, às vezes, até mesmo de guarda-chuva. Eu lhes respondo que a causa é a disciplina, da qual não abro mão, não só por causa dos benefícios físicos, mas principalmente pelos benefícios espirituais. Mas, como assim, benefícios espirituais? E eu lhes digo que assim eu trabalho a vontade – a maior qualidade do espírito.

A maioria das pessoas não tem consciência disso, mas as dificuldades são formas que a natureza tem de forjar a vontade no homem. Aqueles que procuram fugir das dificuldades são exatamente aqueles aos quais elas mais virão, pois sem elas a vontade não pode ser conquistada para o maior objetivo do homem: tornar-se um deus no final da sua evolução.

A qualidade-mor da matéria é a inércia e a qualidade-mor do espírito é o movimento, ou seja, a ação. O maior inimigo da evolução, que é sempre consequência da manifestação do espírito na matéria, é a preguiça, pois sendo ela o maior inimigo da vontade, tende a enfraquecê-la ou até mesmo a anulá-la, impedindo assim o progresso da Vida na divina experiência na matéria.

Até mesmo a vontade usada de forma egoísta – o que, sem dúvida, trará seus resultados cármicos – tem seu valor preservado, pois sendo uma energia espiritual não pode ser desperdiçada, e assim é guardada como tesouro no corpo causal (o corpo da alma), para ser usada de diferentes maneiras em futuras encarnações.

Como foi dito no princípio, a primeira energia a nascer no Cosmo foi a vontade; e ela será também a última a se manifestar. É a vontade do *Logos* que cria o seu corpo de manifestação (um sol ou um planeta) e que depois de aeons também o destrói, reabsorvendo em Si Mesmo todas as partículas de vida, que outrora d'Ele saíram. "Depois de insuflar uma parte de Mim Mesmo em cada partícula que existe – Eu permaneço!" (*Bhagavad Gita*).

E, então, meu irmão! Acha mesmo que possa vir a este mundo alguém "a passeio" ou "para descansar"? Não é a ação o motor da evolução? Não é a aprendizagem que a ação promove o motivo da férrea mão do Carma? Pode alguém, por mais esperto e inteligente que seja, escapar dos efeitos da causa que iniciou? Pode o carro do homem se locomover sem o combustível da vontade?

O homem nasceu para agir. O homem não morre somente quando colapsa o seu corpo físico; ele morre assim que sua alma se estagna, quando ele perde a vontade de progredir.

Ah, sim! Existem muitos zumbis, verdadeiros mortos-vivos, caminhando juntos aos vivos nesta época difícil. O desejo pela matéria os mantém eretos acima da terra, quando na verdade deveriam estar deitados abaixo dela... O desejo é um filho poderoso da vontade.

Sobre o Sofrimento

Existem basicamente dois tipos de sofrimento que assolam o homem, desde a sua criação: o sofrimento causado por ele mesmo (nesta ou em passadas encarnações, o qual é rigidamente regulado pela grande Lei do Carma) e o sofrimento causado por vários tipos de "acidentes".

Diriam muitos: "Mas como?" Existe algum sofrimento que foge à Lei do Carma, ou seja, foge da vontade de Deus? Não é perfeita toda a criação divina? Não! Existem crianças nascendo cegas ou paralíticas, existem passarinhos morrendo de frio e fome no inverno, existem homens maus cometendo suas injustiças impunemente... Por enquanto.

Não existe perfeição, a não ser "Naquele Sobre O Qual Nada Pode Ser Dito", do Qual nosso *Logos* Planetário é apenas uma célula, assim como todos nós somos apenas uma célula no corpo do nosso Deus. Dizem nossos cientistas que há mais ou menos 3 trilhões de células compondo o corpo humano. Muito bem! Existe um número maior de sóis (o que diria de planetas) preenchendo o nosso Universo. Não acreditam? Pois multipliquem as 200 bilhões de galáxias conhecidas pela nossa ciência pelas entre 200 e 400 bilhões de estrelas que compõem cada uma delas. O resultado é um número maior de sóis no Universo do que os de grãos de areia de todas as praias do planeta Terra (ler artigo: "Sobre a Comensurabilidade", p. 154). Nosso Deus é um dos trilhões de Deuses a evoluírem no Universo e, embora Sua Consciência seja inimaginavelmente maior do que a nossa, Ele pode "falhar" (se é que podemos dizer tal absurdo), até que chegue à perfeição do seu PAI. Mas uma coisa é absolutamente certa: a Divina Justiça anota "até a queda de um mero fio de cabelo da cabeça do homem" e nenhuma mácula é aceita pela Lei do Carma, a qual não só acusa todo erro e pune toda maldade, mas também corrige toda injustiça. Infelizmente, é muito real que o livre-arbítrio do homem dificulta muito e, às vezes, atrasa o trabalho dos Senhores Lipikas (os Anjos Registradores da Bíblia Cristã), mas a grande Lei do Carma sempre se cumpre.

Escute com atenção esta verdade, ainda não compreendida pela maior parte da humanidade, meu irmão! O homem não é apenas um filho de Deus, criado à Sua Imagem; e o que realmente significaria isso? Que o homem é um cooperador, um cocriador do plano Divino, o Qual está em manifestação agora, evoluindo na direção da perfeição do seu Protótipo, mantido firmemente na mente de Deus "até que o reino dos céus seja também o reino da Terra". Evolução que certamente pode ser atrasada, mas que está inexoravelmente fadada até a sua gloriosa manifestação final, pois que ela já é uma realidade na Mente de Deus.

Agora, responda-me com sinceridade, meu irmão: amaria um filho, digno deste nome, um pouco menos ao seu Pai, por Ele não ter chegado ainda à perfeição absoluta? Ao contrário, não aumentaria ainda um pouco mais o seu amor, sabendo que todo Gigante, por maior que seja, ainda possui alguma fragilidade ante O Absoluto? Fugirá para sempre da sua responsabilidade de cocriador, enquanto "Toda natureza sofre dores de parto à espera da glória do filho do homem" (Bíblia Sagrada)? Você se esconderá atrás de um sentimento de futilidade, dizendo: sou apenas um pobre pecador, quando na verdade é um Deus em evolução? Negará, assim, o Deus Imanente dentro de si, renegando sua divina herança?

Quanto aos sofrimentos cármicos terrestre, nacional, familiar ou acidental, o homem nada pode fazer a não ser aceitar sua sorte e contar com a misericórdia e a justiça divina. Quanto ao carma pessoal, o qual mais diretamente o afeta, o homem não só tem a total responsabilidade, mas também o dever de manipulá-lo adequadamente, não apenas para seu bem, mas igualmente para o bem de toda a humanidade, pois como foi dito: "O homem não vive apenas para si". Tudo que o homem faz afeta não só a si mesmo, mas também a toda a humanidade e à natureza da qual ela é a parte principal.

A melhor maneira de se evitar o sofrimento é viver com responsabilidade. É saber que toda causa que iniciamos no plano mental, no plano emocional ou no plano físico inexoravelmente trará seu efeito e que a dor ou alegria que causamos ao outro é a dor ou alegria que trazemos a nós mesmos, pois somos todos Um. Deus jamais deixará que esqueçamos nossas ações, mesmo que tentemos enganá-Lo, achando que podemos obter sucesso nesta triste empreitada, em razão da ilusão do tempo no Eterno Agora.

Um Pedido em Oração

Senhor!
Guarda a minha língua não só de toda maldade,
como também de toda verdade dita sem amor.
Por mais que justiças e verdades,
provenientes da lucidez da minha mente,
ou da pureza do meu coração,
ardam-me no peito e aticem a minha língua,
refreia-me de todo impulso que não traga o bem,
pois tudo na vida tem seu momento certo.
E quem disse que minha visão da verdade,
certamente limitada pelo ponto da estrada em que me encontro,
já não é uma mentira para aqueles mais à frente no caminho?
E quem disse que a minha noção de justiça
não é apenas do tamanho da minha maturidade?
Livrai-me de julgar, meu Senhor!
E, se porventura, eu tiver de emitir minha opinião,
que ela seja sempre dita com amor...
Pois o amor sempre amansa os corações,
remenda o erro e cicatriza a ferida aberta sem querer.
Que o amor seja sempre o *Logos* da minha palavra.
Que eu consiga viver sem ferir meu irmão;
e enquanto isso não for possível – pois ainda sou criança –,
que a dor siga fazendo seu trabalho em mim,
lembrando-me sempre de que a inofensividade
é fundamental aos bilhões de peregrinos
que, exaustos, caminham tropeçando uns nos outros,
em busca da felicidade.

Pensamentos Soltos 25

"Ninguém deveria dizer que o trabalho ou outros afazeres atrapalham sua vida espiritual, pois a espiritualidade é mais uma questão de atitude interna do que de ação externa. As profissões do médico, do engenheiro, do padeiro ou do pedreiro são tão sagradas como as de sacerdotes, padres e pastores. É o fazer bem o trabalho, com amor e responsabilidade, objetivando a partícula divina em tudo e cada um o que santifica a obra. E como trabalhar para Deus a não ser servindo-O no homem ou em alguma das Suas outras criaturas na natureza?"

"Nada existe fora de Deus. Por isso, tudo é sagrado na natureza; mesmo aquilo que chafurda na lama antes de aprender a voar."

"A beleza foi feita para despertar o homem no animal, não para ser possuída. E desperta o animal em si mesmo todo homem que procura reter a beleza apenas para si. Sem compartilhamento, toda luz torna-se penumbra em quarto fechado, em vez de sol a iluminar e aquecer os campos."

"A capacidade de esquecer é tão grande como a capacidade de lembrar. Cabe a cada um escolher como usar a sua vontade e onde colocar a sua energia. Muitas vezes não é o homem o responsável pelas circunstâncias que o rodeiam, mas, certamente, é somente ele que as pode permitir viver dentro de si" (Beth).

"Ôh, meu irmão! Fica dando força pra coisa ruim não, sô! É a energia da sua atenção que dá vida aos momentos. Abra o cofre da sua memória apenas àqueles momentos que lhe tocam o coração e separe com a lâmina da discriminação aqueles, que não podendo juntar-se aos seus tesouros, tentam agarrar-se a sua mente."

"O homem hoje, no atual mundo tecnológico, precisa urgentemente avaliar entre o ganho da velocidade e a perda da profundidade na vida moderna. Será que o grande aumento na comunicação não está causando uma perda de entendimento? Estão as redes sociais realmente aproximando ou afastando as pessoas? Será que o contato virtual poderia suprir as necessidades do contato físico? Serão os muitos lazeres e diversões virtuais melhores e mais saudáveis do que os lazeres e atividades físicas? Conseguiria o homem mentir, enganar ou iludir sobre a sua verdadeira realidade em um contato pessoal, assim como muitas vezes o faz num contato virtual? Seriam as pessoas, realmente, assim tão felizes e sorridentes como procuram demonstrar em seus perfis na internet? Essas são questões hoje de profunda importância, para que se limite o excesso de um bem verdadeiro, o qual com muita facilidade pode se tornar um mal."

"Ser machista não significa tratar mal as mulheres. Significa apenas ter um falso complexo de superioridade em relação a elas. Complexo que infelizmente marca as suas atitudes, conscientemente ou não, tornando-o ou um hipócrita ou um simples arauto do machismo."

"Saudade é espinho cheirando à flor" (Guimarães Rosa).

Sorria! O sorriso iguala as pessoas.

Sobre as Riquezas

O homem que preza mais os tesouros materiais do que os tesouros espirituais é tão ignorante dos reais valores quanto aquele macaco que perdeu a liberdade ao não abrir mão de algumas sementes, ao meter a mão na cumbuca. Porém, é muito mais insensato, pois tendo uma capacidade mental muito maior do que o infeliz símio, a usa mal na avaliação do mais precioso.

É natural certo egoísmo na criança ainda sem valores, que se identifica com seu corpo físico. Também é natural um desproporcional senso de valores na juventude quando o jovem começa a moldar seu corpo emocional. É até mesmo aceita certa ambição material do homem no começo da sua vida adulta, na aurora do desenvolvimento do seu copo mental. Mas, sem dúvida nenhuma, é uma distorção dos verdadeiros valores e objetivos humanos quando o homem gasta sua vida, ou a maior parte dela, na busca de tesouros materiais. Não existe nada mais triste, considerado até mesmo uma injustiça, do que ver um ancião "bem-sucedido na vida" definhar de tristeza em meio à riqueza e à "segurança", pelas quais tanto lutou a vida toda. E então? Onde está a alegria... Onde está a paz... Onde está o sossego tão arduamente aguardado? Essas, meus irmãos, são riquezas encontradas na leveza da alma, não no peso do ouro. É bem verdade que o homem prudente pensa na sua velhice, mas o excesso de um bem é sempre a falta de outro.

Nos começos da vida do homem, como uma criança, como um adolescente ou como um adulto, um brinquedo é sempre agitado à sua frente, para chamar-lhe a atenção. Pode ser um carrinho de brinquedo ou um carrão de verdade, mas ambos têm o mesmo objetivo de despertar o interesse da alma, ainda muito ou pouco adormecida, para a experiência na matéria. O triste é quando aquilo que deveria ser apenas uma experiência de vivência e aprendizagem para o jovem ou o adulto torna-se o objetivo de uma vida; e assim uma encarnação inteira é desperdiçada na conquista de ilusões.

As pessoas acham que é preciso muito para ser rico. Tolice! Rico é aquele que tem o suficiente para fazer o que quer. Aquele que acha que não tem o suficiente é sempre pobre. Quem vai mais longe? O pobre que comprou sua bicicleta usada ou aquele mais "rico" que anda a pé, por não se contentar em ter uma motocicleta, quando não tem o suficiente para ter um carro? A riqueza material é sempre relativa, porque o homem estupidamente vive sempre se comparando com seu irmão. Não basta meu sentimento de saciedade, se eu não possuo aquilo que sacia a sede da maioria do grupo a que pertenço e, juntos, eu e meu grupo invejamos aquilo que sacia as pessoas de um outro grupo mais "rico".

Ah! Meu irmão, meu irmão... Até quando brincará como criança nas areias da praia construindo castelos, que serão rapidamente destruídos pela próxima onda? Não sabe que castelos só perduram na rocha do Espírito? Acha mesmo que a casa que constrói com tanto carinho e afinco durará mais do que o próximo breve momento? Não tente fazer morada em lugares que apenas visita, sua casa é mais além... Eu e você somos filhos das estrelas, as quais todas as noites nos lembram: "Há muitas moradas na Casa do nosso Pai" (Bíblia Sagrada). Mas, enquanto formos crianças, dividamos nossos brinquedos, compartilhemos nossas alegrias e, principalmente, dê-me sempre seu sorriso, pois ele sempre me lembra de que não estou sozinho nesta imensa praia, tantas e tantas vezes açoitada por tempestades a destruir nossos sonhos tão mesquinhos.

Sobre o Mal II

Não existe o mal no Absoluto. O mal só surge quando o Absoluto por livre e espontânea vontade se limita em formas nas dimensões espaço-tempo para a divina experiência. É a limitação que causa imperfeições e possibilita o mal. Não existe imperfeição no Todo, apenas na parte, que como diz o nome, não é o Todo e, por isso mesmo, é limitada e imperfeita.

Também não existe maldade na natureza, a não ser na sua parte mais evoluída – o homem. O mal só pode existir com a autoconsciência do ego humano, que com o seu livre-arbítrio e "egoísmo" pode ser contrário às leis divinas, o que possibilita o surgimento do mal, o qual é apenas isso: a oposição às leis divinas que foram criadas para a evolução da natureza.

O mal é toda ação contrária ao nível evolutivo onde se encontra a consciência, por isso o mal é sempre relativo. Não existe maldade quando um leão assassina outro leão na luta pela dominância, mas, sem dúvida, é um grande mal quando um ser humano o faz contra outro ser humano. Atitudes consideradas maléficas pelo homem moderno hoje não eram consideradas milênios de anos atrás, na época das cavernas, quando o homem era apenas um pouco mais inteligente do que os outros animais que o rodeavam. Hoje em dia, comer carne é absolutamente normal para a maioria da humanidade, mas não o é para aqueles que já chegaram a um nível de amor universal que abrange todos os reinos da natureza. É preciso não julgar nossos irmãos, não apenas neste caso, de acordo unicamente com a nossa consciência e nível evolutivo, pois na nossa humanidade existem membros em diversos e variados graus de evolução. Temos que levar em consideração vários outros fatores, por exemplo, a idade presumível da alma e o ambiente no qual o homem foi criado ou no qual se encontra atualmente.

Não existe nada mais errado que o homem que age apenas de acordo com a "normalidade", agindo como "todo mundo", não de acordo com seu nível de consciência, pois assim agindo não haverá progresso nem melhores e mais sensatas "normalidades" no futuro. A humanidade só evolui por causa daquela minoria dos seus membros que têm a coragem de não serem "normais" ou iguais a "todo mundo".

Todas as ocorrências da vida são utilizadas na evolução pela Consciência Universal e até o mal possui seu valor. Como o bem poderia ser reconhecido e valorizado se não fosse espelhado pelo mal? Como a luz poderia ser revelada se não fossem as trevas? As dualidades, com seus pares de opostos, são fundamentais à divina experiência na matéria. Até mesmo as menores subpartículas, como o elétron e o próton, possuem suas antipartículas e sem elas seria impossível a criação das miríades de formas no universo. E mesmo no mais sublime sol existe certo grau de maldade, embora em formas totalmente desconhecidas pela limitadíssima consciência humana.

Não existe nenhuma forma de o homem viver sem cometer erros e, assim, causar algum tipo de mal. Mas existe sim um modo correto de viver; e este é viver inofensivamente, respeitando todas as outras formas de vida, mais ou menos, desenvolvidas em que a vida evolui. Somente agindo com amor o homem pode ser inofensivo, pois cada ato feito com amor traz em seu bojo a bênção ou, no mínimo, a energia capaz de aliviar ou remediar o erro. E lembremo-nos sempre de que a energia do perdão jamais deixa que nenhum mal cometido contra nós, com ou sem intenção, ache morada em nosso ser, impedindo ou dificultando o nossso progresso no retorno ao seio do Absoluto.

Sorria! O sorriso iguala as pessoas.

Tudo Certo

Está tudo certo!

Eis o que nos dizem os Irmãos Maiores que saíram da floresta e, após galgarem os cumes das mais altas montanhas, observam de cima, com ampla visão, a luta dos seus irmãos menores, ainda perdidos em mata fechada e com a visão limitada por assustadoras formas e sombras desconhecidas: "A pequena visão do homem, ainda limitada pelo espaço e pelo tempo, não o permite ver em qual etapa do caminho ele se encontra. A humanidade já evoluiu muito e continua evoluindo. A Hierarquia (Mediadora entre o homem e Deus) precisa constantemente se adaptar e se atualizar com o progresso humano, o qual tem sido surpreendente nas últimas centenas de anos, para que possa continuar fornecendo ajuda à sua constante evolução".

Não deixem que passageiros momentos pessoais ou da humanidade como um todo os levem a um pessimismo mórbido, que ao fim lhes roubarão a alegria de viver.

Vocês são árvores em meio a uma floresta em expansão e ventos, e incêndios são apenas as mãos de Deus faxinando sobras e sujeiras, resquícios de experiências necessárias ao crescimento do Espírito. A constante perda de folhas e, às vezes, de um galho maior ou menor faz parte do jogo da vida, e dores são fogos purificadores a queimar escórias de erros, evitáveis e inevitáveis, para manter livre o caminho da evolução.

A consciência humana foi feita para vagar entre as experiências pessoal, familiar, nacional e terrestre. Pobre daquele que se fecha à dor do mundo, escondendo-se em sua pequena concha pessoal – o ego – que de veículo para experiência da alma torna-se escura e tenebrosa prisão. Pobre daquele que tenta se afastar dos seus outros eus maiores, pois família, nação e humanidade são etapas que preparam e ampliam cada vez mais o coração do homem para abrigar sua Divindade.

Embora os atuais conflitos mundiais, locais ou pessoais, de cunho religioso, político ou filosófico, nos tragam muitas angústias e sofrimentos, não podemos nos esquecer de que o importante é a aprendizagem eternizada na alma, não o sofrimento passageiro do ego. É o egoísmo humano que se ressente do fato de a Hierarquia se preocupar fundamentalmente com o progresso da alma em meio ao sofrimento do ego, ao qual se dá uma importância desproporcional, muito além do seu verdadeiro valor como veículo da alma.

Você, meu irmão, que em longínquos passados foi uma pedra, depois uma planta e um animal e que agora está na metade do caminho que o leva à divindade, escute o que tenho a dizer: sofrimento é o barulho que o mantém acordado enquanto caminha sonolento pela vida... Dores são degraus que, após serem galgados, colocam você cada vez mais alto rumo ao infinito.

Está tudo certo!

É o seu olhar que anda mirando errado, tangenciado a Realidade.

Sorria! O sorriso iguala as pessoas.

Pensamentos Soltos 26

"Sim, é verdade: o Diabo existe, embora ele seja bastante diferente da grotesca figura imaginada por mentes infantis. Ao contrário, ele geralmente é muito agradável e sedutor na busca do seu objetivo. E o fato de ele sempre dever ser combatido não significa que deve ser odiado, pois assim seu objetivo maior está sendo alcançado: difundir a mais maléfica energia cósmica – o ódio – que, sempre separatista, luta contra a mais benéfica – o amor –, a qual trabalha sempre pela união, pois 'ao final de cada aeon' todas as partículas de Deus, momentaneamente separadas pela Divina Experiência, deverão voltar ao seio do Pai."

"Não se combate um mau pensamento lutando contra ele. Isso só o fortalecerá com a energia mental e emocional gasta na luta. Assim que um pensamento ruim se insinuar na sua mente, afaste-o delicadamente num gesto mental e, imediatamente, substitua-o por um bom pensamento ou por um mantra, por exemplo: 'Eu sou maior do que a minha mente. Eu estou no comando'. Assim ele morrerá aos poucos por inanição, sem a energia da sua atenção."

"Tanto a devoção quanto o fanatismo têm a sua origem no corpo emocional. Enquanto a devoção é baseada no amor, o fanatismo é baseado no ódio, na aversão a qualquer opinião diferente da sua. Enquanto a devoção produz atos heroicos de autoentrega àquilo que concebe ser maior do que si mesmo, o fanatismo produz guerras, perseguições e animosidades, em virtude do egoísmo separatista, individual ou grupal, que não aceita nada além das grades da sua pequena prisão" (Annie Besant).

"Diga bom dia a todas as pessoas que encontrar pela manhã e verá que mais de 90% delas lhe responderá com outro bom dia, e algumas ainda somarão a essa pequeníssima bênção uma outra qualquer. Isso mesmo: uma bênção! Assim como são bênçãos estes variados pedacinhos de amor que saem de dentro de nós, por meio das nossas palavras, olhares e atos quando encontramos o outro. No final, a somatória destas preciosas gotas fazem tanto volume e trazem tanta harmonia e felicidade às nossas vidas quanto uma grande torrente desta mesma energia enviada diretamente por um Irmão Maior. Esqueçamos nosso orgulho, nossa vaidade e sejamos os primeiros a iniciar estas benditas trocas; é uma grande tolice achar que isto é um gesto de fraqueza. Muitos relacionamentos, como casamentos e amizades, se encontram no limbo pela falta dessas pequenas, porém fundamentais partículas de amor."

"A marca distinta de uma alma de pouca evolução ou de uma alma sublime não é a busca da felicidade, mas a natureza do objeto que proporciona a felicidade."

"A devoção sempre foi e continua sendo uma das maiores forças a impulsionar o homem em frente, na direção de um ideal. Mas é preciso discernimento e discriminação para que o fogo da devoção, o qual é capaz de elevar a alma acima de toda dificuldade, não queime os olhos da razão, tornando-o um cego que, em insano frenesi, incendeia todo o campo em nome da luz perdida, cobrindo o mundo com a fumaça negra do seu fanatismo cruel e suicida."

"O amor reveste-se de diferentes formas e é chamado por diferentes nomes, dependendo do seu objeto situar-se acima, abaixo ou em seu nível. Dirigido aos que estão abaixo, recebe o nome de compaixão, piedade, benevolência; dirigido aos que estão no mesmo nível, é denominado amizade, paixão, afeto; dirigido àqueles que se encontram acima, é reverência, adoração, devoção. Podemos julgar se somos devotos ou fanáticos a partir disto: se somos humildes, gentis e tolerantes ao defender nosso ideal, somos devotos; mas, se nosso ideal nos torna orgulhosos, intolerantes, separatistas somos fanáticos" (Annie Besant).

Beth

Desde a primeira vez que eu te vi,
teu sorriso despertou a minha alma,
que afoitamente pulou à frente do meu ego.
E como a alma só sabe amar,
eu não tive tempo de me apaixonar...

E, assim, eu te amei desde o início.
E o brilho dos teus olhos era tão grande,
e a luz da tua alma era tão forte,
que sufocou a primeira chama
e eu não tive tempo de me apaixonar...

Antes do amor o coração é pasto virgem
pronto para se incendiar.
Após o amor, o coração é calmo oceano,
fácil de velejar...
Sou um barquinho que viaja seguro
nas águas serenas do teu amor.
Eu não tive tempo de me apaixonar...

O amor jamais preenche um coração pela metade.
O meu coração ficou tão pleno do teu amor,
que transbordou no meu viver;
e hoje eu só consigo amar o mundo que me cerca.
O ego só sabe se apaixonar,
E a alma... Só amar.
Eu já não tenho tempo de me apaixonar...

Sorria! O sorriso iguala as pessoas.

Elisabeth

Entardecia...
Em sombras cada vez mais espessas
caminhava eu lentamente, triste e de costas para o sol.
Cansado... Muito cansado das lutas da vida.
A escuridão apertava-me cada vez mais forte
em seus braços de ferro.
Já não havia diferença entre meus olhos fechados ou abertos,
apenas noite sem estrelas.
E foi então que, da mais negra penumbra, surgiste tu...
Que de costas para o abismo e de frente para mim,
refletia em teu sorriso e em teus olhos o Sol às minhas costas.
Sim, o Sol ainda existe, nunca deixou de existir...
Verdade escrita em teu semblante.
A vida tem que continuar.
Obrigado, meu Amor!
Contigo a vida há sempre de valer a pena.

SEU SORRISO

Na verdade, eu sou espinho e você, a flor.
E assim – como já foi dito –
o espinho não fere a rosa,
ao contrário – a protege.
Eu sou soldado da sua felicidade.
O sangue da alegria que enriquece a vida
passa primeiro em suas veias,
antes de chegar às minhas.
O seu sorriso é sol que ilumina.
Seus olhos... Grandes janelas por onde foge
o arco-íris que explode em luz,
incontido por seus pequeninos lábios.
E sem ele sou apenas uma frágil erva,
a morrer lentamente por falta de luz.

Baú da Juventude 1

Ao reler um velho caderninho de páginas soltas e amareladas, escritas entre os meus 18 e 23 anos, foi-me pedido partilhar com outros os pensamentos e sentimentos pueris de um jovem e bem-intencionado sonhador.

Às vezes, me pergunto se pode haver coisa mais triste no mundo do que o esquecimento de quem entra na fase adulta, dos sonhos e ideais da juventude, na luta ferrenha em busca do pseudossucesso.

Compartilhemos!

"Não me importo de atravessar o oceano em busca do meu ideal, nem é mesmo assim tão importante o fato de encontrá-lo. O importante é navegar... Acalenta-me o sonho lindo e a certeza de não morrer à margem da vida. A felicidade não está no encontro, está no ter o que buscar. Tudo acontece no caminho, onde a vida desabrocha a cada passo. Não se deve esperar chegar ao cume parar vislumbrar a paisagem, pois cada etapa da subida tem as suas belezas. É preciso cuidado para não pisar em flores, por estar-se olhando constantemente para cima."

RENASCER

... Acordei! Abri os olhos e vi-me um recém-nascido.
A tremenda luz fere-me os olhos.
Sinto vontade de fechá-los e dormir novamente,
porém o colo da Mãe é quente e acolhedor,
seu rosto é lindo e me convida a ficar acordado...
Já não quero mais dormir.
A longa noite se foi... É dia!

Baú da Juventude 2

"Quando em teu caminho encontrares uma árvore cujos frutos estejam demasiadamente altos para serem colhidos por ti, não a apedrejes, regue-a e siga em frente. Quando em teu caminho te deparares com um homem cativo de seu próprio abismo e cuja mão esteja demasiadamente baixa para que possas socorrê-lo, não o condenes, aconselha-o e segue em frente. Pois atrás de ti há de vir alguém alto o suficiente para colher os primeiros e acolher o segundo."

"Jamais oferece a tua palavra como botão de rosa podado, que apesar de belo esvai-se rapidamente. Oferece-a como rosa plena, formada e mantida viva na roseira dos atos e amadurecida nas tetas do tempo. Bela por ser autêntica e fecunda pela credibilidade da semente."

ABORTO

No beco sujo, no canto úmido, a vida é insana,
entre folhas de jornal dorme uma criatura humana.
Sob um manto de estrelas iluminado pela lua
despe-se a realidade fria e crua.

No beco sujo, no canto úmido, o feto é escondido,
entre folhas de jornal dorme o renegado parido.
Sob um manto de estrelas sangra a humanidade...
Despe-se da vergonha a puta mãe sociedade.

Justiça! Justiça! Onde está teu braço viril?
Honra a liberdade que a preço de sangue te pariu.
Delata e Destrói o Delírio do homem Demente,
que suga as tetas de tua mãe, mas não a defende.

Justiça! Justiça! Mata a sede da tua espada
com o sangue impuro da sociedade malvada.

Não deixa florescer na impunidade
quem faz crescer uma vida sem dignidade.

Pobre criança abandonada;
ser de alma profanada;
antes te houvessem morto a facadas
que te dar como esperança o nada.

Pobre criança abandonada;
pelo destino um dia serás vingada;
pois como manter-se-á viva a árvore doente
que renega e aborta a própria semente?

Baú da Juventude 3

"Desilusões são as podas que a vida nos faz para que possamos continuar crescendo."
"O conhecimento é para o pensar o mesmo que a asa é para os pássaros – o único elemento que lhes permite voar."
"Antes o cansaço na busca do que a morte no conformismo."
"Música é a mãe que desperta os sentimentos com um beijo na face."
"Lágrimas são sentimentos que como crianças pulam a janela quando estão encerrados."
"Vingança é o coração senil vazando os olhos da razão com a lança do ódio no auge da sua loucura."
"A amizade é a luz que dissipa as trevas onde se esconde o medo de não ser querido."
"Assim como a música, a verdade tem seu melhor momento para ser ouvida."

O FILÓSOFO E EU

O sábio inspirou a luz; descobriu a verdade e, expirou a semente. Cálido hálito de vida

para solo preparado.

Homem, conhece-te a ti mesmo.

O templo recebeu a semente;

fecundou-a com a filha da luz

e conheceu a própria luz.

PAIXÃO

Forte Fogo Flamejante,

Labaredas Lambendo Lentamente

a Libido...

Labutando Límpida

A Lápide da Lógica.

Arde a Alma Amante

Queima Quem Quer Querer

Mata o homem... Pare o Poeta.

Soube assim, como só o sábio sabe,

que a luz é o templo perpétuo da vida.

Frágil Filho da Fogueira que,

Presunçoso, Procura Palavras...

Em Vão.

*** Para os não esotéricos: templo – ego ou personalidade
Filha da Luz – Mente
Luz – Alma

Baú da Juventude 4

"Não é sábio aquele que subestima a tempestade, enfrenta-a de peito aberto e morre afogado. Nem é sábio aquele que superestima a tempestade e, paralisado pelo medo, permite que as águas o cubram e também morre afogado. Sábio é aquele que confia no Tempo, monta a sua tenda e espera a tempestade passar."

"Ao caminhares pela estrada da vida hás de vir a tropeçar como um bêbado sobre as pedras de teus próprios erros; poderás cair e sentir pena de ti mesmo, ou poderás aproveitar tal desequilíbrio para lançar-te mais além."

"O orgulho é uma névoa que encobre a luz da razão, impedindo-a de secar as lágrimas de remorso, não deixando cicatrizar a ferida aberta pelo erro, matando assim pouco a pouco o coração."

APELO
Senhor!
Que me fizeste límpido como água de nascente
Que me obrigaste a correr pelo leito do destino
Lambendo sujeiras às margens da vida
tornando-me cada vez mais turvo

Permite!
Que mesmo escuro pelos defeitos
Que mesmo impuro pelo pecado
Eu possa irrigar o campo árido e formar a flor...
Antes do mar do fim

Baú da Juventude 5

"A estupidez humana chega ao seu limite quando se vê a humanidade gastando os seus recursos para não morrer de bala, enquanto morre de fome."

"O homem é o embrião do espírito que se desenvolve para a Vida."

"Sábio é o homem que aproveita as pedras que lhe são atiradas em sua própria construção."

"Música é o perfume da sensibilidade à flor da pele."

"Só vê o amanhecer quem tem a coragem de deixar a janela aberta durante a noite."

DESTINO
Ah, vida!
Por que insistes que eu seja um forte
Se são nas minhas fraquezas
Que me enxergo homem?
Por que me obrigas a vencer
Meu semelhante
Se a ele quero juntar-me
Para juntos vencermos a solidão?
Por que me obrigas
A esconder meus sentimentos
Se eles são a essência de minh'alma?
Por que me obrigas a ser falso
Se só na verdade
Poderei edificar o meu espírito?
Por que fazes de mim uma faca
Se queria ser apenas uma flor
Para alegrar a existência do meu irmão?

Baú da Juventude 6

"A beleza e a riqueza são tesouros difíceis de carregar sem dobrar o espírito."

"Senhor! Ajuda-me a encontrar a postura exata, em que eu não precise curvar-me para frente ou para trás ao encarar o mundo."

"Eu não luto pela glória da vitória, tampouco para evitar a agrura da derrota; luto, sim, pela paz dos que procuram fazer o que podem."

"A justiça deve ser buscada com objetivo de correção, de evolução espiritual, sob pena de diluir-se inócua nos devaneios da vingança."

"Dentre os demônios que subjugam o homem, a vaidade é o maior – muitos santos morreram sem subjugá-la."

"O homem é o único animal que constrói sua própria prisão. Tolo que gasta seu tempo e sua energia na árdua tarefa de aumentar desnecessariamente seus bens, sem saber que cada nova conquista é mais um elo na corrente dourada que prende a sua alma a preocupações banais."

AOS PÁRIAS

É noite... Reina lá fora a escuridão
Se confunde com o vazio da minha solidão
Ela se foi...
P'ra onde foste, inspiração?
Por que me abandonaste
Quando sangra meu coração?
Como arrancarei do meu peito esta dor
Que me atormenta a razão?

É noite... Reina lá fora a tempestade, o trovão
A chuva fria castiga o corpo do meu irmão

O vento ulula... Grita forte de raiva
Ao ritmo da minha respiração
Por que meu Deus? Por quê...
Por que um é como um rei e o outro como um cão?
Por que a um a luxuosa mansão
E ao outro o funéreo chão?

É noite... Sobre aqueles que esperam em vão
A justa parte que lhes cabe do pão
A fome só será saciada
Quando de sós se fizerem multidão
E a uma só voz clamando por justiça
Se erguerem da pocilga onde estão
Levantando bem alto seus trapos como pendão
Decididos a iniciar a rebelião.

Baú da Juventude 7

"Na vida o porquê é um sinal amarelo que deve sempre ser ultrapassado; continuar, mesmo na dúvida, é esperança, parar é a morte na estagnação."

"A vida é um sonho sonhado por Deus, no qual somos personagens grandes ou pequenos em razão de nosso desempenho em dramas anteriores. Apesar do roteiro rigidamente dirigido pela inexorável mão do Carma, o que faz a diferença são nossas improvisações."

"Não acredito em igualdade entre os homens; acredito que todos têm o direito e o dever de possuir um direito e um dever compatível com a idade de sua alma."

"... Mas hoje, apesar de sujo pelos defeitos, cego de um olho por muitas vezes não ter enxergado os meus erros, surdo de um ouvido por nem sempre ter escutado a voz da razão, eu aprendi a gostar de mim mesmo como uma criança gosta do seu ursinho mutilado."

"Eu acredito, como diz Krishnamurti, que é preciso libertar-se de todo conhecimento para se conhecer Deus. Mas é preciso ter para deixar de ter. Aquele que nada tem nada pode sacrificar. Foi ensinado pelos Mestres do passado: 'É preciso passar pela câmara do conhecimento para se chegar a câmara da sabedoria'. O conhecimento é uma etapa a ser vencida pelo homem no seu caminho de encontro a Deus."

Baú da Juventude 8 – Lena

Eu era um pouco mais jovem, devia estar nos meus 19 anos, e, como todo jovem, trilhava meu caminho em busca da felicidade. No meu solitário caminhar, curvado sob o peso das minhas desilusões, eu ia vendo a vida passar ao largo. Houve um momento, não sei bem quando, o fardo pareceu-me mais pesado e isso fez com que eu parasse por um instante. Sentei-me à beira da estrada olhando a infinita reta que me esperava e comecei a refletir: essa estrada nada mais é do que a artéria que alimenta os campos ao seu redor, e ela só existe porque existem campos, e existirá sempre, até quando aos meus pés forem permitidos percorrê-la.

E foi assim neste momento de reflexão que, ao levantar meus olhos em direção à margem oposta, eu a vi... Pareceu-me no começo uma pequena mancha vermelha perdida em um mar agitado de colinas esverdeadas, que serviam de moldura para o quadro que viria a se formar. Levantei-me curioso e naveguei em direção àquela pequena ilha.

Seguia agitado, olhar fixo que descortinava afoitamente a paisagem, como faz o jovem ao desnudar pela primeira vez a sua amada... Meus passos, a princípio, tímidos iam se acelerando ao ritmo da minha respiração, quando, então, comecei a correr... Corria desvairadamente, cada vez mais cego pela visão que tudo anulava, até que, ao tropeçar no afã do meu desejo, eu caí a seus pés...

Era uma rosa. Uma rosa tão linda, de um vermelho tão vivo, que se confundia com o vermelho da vergonha que eu sentia pela ousadia de contemplá-la.

Meu primeiro intuito foi o de possuí-la, arrancá-la daquele chão e levá-la comigo para que seu doce odor servisse como morfina para meus pés cansados. Depois de instantes a pensar no melhor meio de removê-la, percebi que toda a sua beleza era sustentada por um longo caule de espinhos.

Tentei, então, remover apenas o bulbo cor de sangue, quando uma pétala se desfez em minhas mãos... Ao vê-la assim mutilada, escorreu-me pela face uma lágrima, que foi seguida por uma segunda, por uma terceira... Até que por entre meus dedos molhados, no reflexo da poça do meu pranto, eu me vi pela primeira vez... Eu era uma rosa também – uma rosa com um bulbo vermelho e um longo caule de espinhos.

Neste crucial instante o tempo parou... Já não era assim tão importante a estrada que me esperava. Descobrira que queria ficar ali, ao lado dela, fincar raízes a seus pés, para que juntos, bulbo com bulbo, espinho com espinho, numa louca espiral de carinhos, pudéssemos criar uma nova estrada... Uma estrada vertical em direção do infinito céu dos que amam.

Orações Contemporâneas 1

ORAÇÃO DO CRISTO

Do ponto de luz na mente de Deus flua luz à mente dos homens. Que a luz desça à terra!
Do ponto de amor no coração de Deus flua amor ao coração dos homens. Que o Cristo volte à terra!
Do centro, onde a Vontade de Deus é conhecida, guie o propósito as pequenas vontades dos homens; propósito que os mestres conhecem e a que servem.
Do centro, a que chamamos raça dos homens, cumpra-se o plano de amor e luz, e cerre-se a porta onde mora o mal.
Que a Luz, o Amor, e o Poder restabeleçam o plano na Terra.

ORAÇÃO DO AMANHECER

Senhor, no silêncio deste dia que amanhece, venho pedir-te a Paz, a Sabedoria e a Força.
Quero hoje, Pai, olhar o mundo com os olhos cheios de amor.
Quero ser paciente, compreensivo, manso e prudente.
Quero ver além das aparências, Pai, teus filhos, assim como Tu vês,
e desse modo, Senhor, não ver senão o bem em cada um deles.
Cerra os meus ouvidos a toda calúnia, Pai; guarda a minha língua e os meus pensamentos de toda maldade e que só de bênçãos se encha minh'alma.
Que eu seja tão bom e tão alegre, Pai, que todos aqueles que se aproximem de mim sintam a Tua Presença.
Reveste-me com tua Beleza, Senhor, e que no decurso deste dia, Pai, eu Te revele a todos.

PRECE DA SERENIDADE

Senhor!
Dá-me serenidade para aceitar tudo aquilo que não possa ser mudado.
Dá-me forças para mudar tudo aquilo que possa e deva ser mudado.
Mas, acima de tudo, Senhor, dá-me sabedoria para distinguir uma coisa da outra.

Orações Contemporâneas 2

INVOCAÇÃO

Que as forças da Luz iluminem a humanidade.
Que o Espírito da Paz se difunda pelo mundo.
Que os homens de boa vontade possam unir-se em toda parte,
num espírito de cooperação.
Que o perdão por parte de todos os homens possa ser a tônica
desta época.
Que o poder sirva aos esforços dos Grandes Seres.
Que assim seja, e ajudai-nos a fazer a nossa parte.

ORAÇÃO DO ASPIRANTE

Desempenho a minha parte com firme decisão.
Com séria aspiração olho para o alto, ajudo embaixo.
Não sonho nem descanso, ajo, sirvo, colho, oro.
Sou a cruz, sou o caminho; caminho na obra que faço.
Elevo-me sobre a minha imolada alma.
Mato o desejo e luto sem esperar recompensa.
Renuncio a paz, perco o repouso e, na tensão da dor, perco o meu ego
e acho a minha alma e entro na Paz.
Nisto empenho solenemente a minha palavra,
invocando meu Eu Superior.

SÚPLICA

Pai, ajuda-me a cumprir aqui embaixo a tarefa que tu preparaste para mim.
Ajuda-me, Pai, a vencer meu eu inferior e purificar meus corpos,
para que tua Luz possa brilhar através deles, em benefício de tudo
e de todos que me cercam.
Pai, Tu és meu Caminho, minha Verdade e minha Vida.
Em ti, Pai amado, eu confio e em ti, Pai, eu espero.
Resgata-me, Senhor, para o bem do todo.

Glossário

Aeon, também conhecido por éon, eão ou eon, é um termo utilizado para designar "o que é para sempre", um período longo de tempo ou a eternidade. Esta palavra se originou a partir do grego αἰών (*aión*), que pode ser traduzido como "tempo de vida", "força vital", "geração" ou "eterno". É um termo bastante utilizado na geologia, cosmologia e astrologia para representar o período de 1 bilhão de anos, correspondendo à escala de tempo geológica que compõe a história do planeta Terra.

Alma: vide gráfico.

Amor: para os antigos gregos há diferentes palavras para as etapas do amor. O amor "ágape" é o mais elevado e espiritual. Porém, primeira etapa do amor é chamada de "Porneia" (porneia), o amor voraz e devorador, o amor do bebê por sua mãe, o amor de consumo. "Amo o outro, portanto, como-o." Este amor é muito lindo em um bebê, mas é bem menos bonito em um adulto que só quer "comer e devorar" (evidência de imaturidade da pessoa). Importante observar que o psicanalista Freud postulou que o foco principal da libido (instinto e energia principal do sexo para a preservação da vida) está no controle da bexiga e evacuações do bebê (de 1 a 3 anos), e que desenvolver esse controle leva a um sentimento de realização e independência.

Anima mundi (do latim, "alma do mundo", em grego antigo: ψυχή τοῦ παντός *psychḗ tou pantós*) é um conceito cosmológico de uma alma compartilhada ou força regente do universo pela qual o pensamento divino pode se manifestar em leis que afetam a matéria, ou ainda, a hipótese de uma força imaterial, inseparável da matéria, mas que a provê de forma e movimento. O termo foi cunhado por Platão nas obras *A República, Timeu* (34 b 3-37 c 5) e no livro X de *As Leis* (896 d 10-898 c 8).

Antahkarana é uma palavra em sânscrito que significa "a causa interna" e é o nome dado à ponte, à conexão entre a mente concreta inferior e a alma, e entre a alma e a Mônada, por meio da tríade espiritual. O Antahkarana alimenta o aspecto material, a consciência/alma, e serve de canal para a própria vida. É útil separar o Antahkarana em duas partes com fins didáticos: o Antahkarana inferior e o superior. O Antahkarana inferior liga a personalidade ao corpo causal (também chamado de alma ou anjo solar). Embora o sutratma esteja sempre ativo, e seja sempre contínuo, o mesmo não é completamente verdadeiro com o fio da consciência. Existe uma "lacuna" de consciência entre personalidade e alma. A meta de todos os aspirantes e discípulos é se tornarem conscientes deste influxo de energia em suas várias diversificações e empregá-las no plano mental inferior.

Ascetismo ou asceticismo é uma filosofia de vida na qual se realizam certas práticas visando ao desenvolvimento espiritual. Muitas vezes, essas práticas consistem no refreamento dos prazeres mundanos e na austeridade.

Assim em cima como embaixo é um dos sete axiomas herméticos (relativos ao conhecimento esotérico atribuído a Hermes Trismegisto ou o deus egípcio Thot). É a chamada "Lei da Analogia", segundo a qual existe uma profunda semelhança entre o que acontece no plano mais superior ou espiritual (sutil) e no plano mais denso ou material (tangível).

Ave, Maria, ou ave-maria, também chamada de Saudação Angélica, é uma oração da religião católica, que saúda a Virgem Maria (mãe de Jesus) baseada nos episódios da Anunciação e da Visitação (Lucas 1:28-42). Segundo São Luís Maria Gringnon de Montfort, cada vez que se reza a Ave Maria, a Virgem Maria no céu louva a Deus por nós com seu canto, o Magnificat (Lucas 1:46-55). Ave é também uma saudação latina muito usada no antigo Império Romano.

Barragem de Mariana: o rompimento da barragem de Fundão, localizada no subdistrito de Bento Rodrigues, a 35 quilômetros do centro do município brasileiro de Mariana, Minas Gerais, ocorreu na tarde de 5 de novembro de 2015. Rompeu-se uma barragem de rejeitos de mineração controlada pela Samarco Mineração S.A., um empreendimento conjunto das maiores empresas de mineração do mundo, a brasileira Vale S.A. e a anglo-australiana BHP Billiton. As barragens foram construídas para acomodar os rejeitos provenientes da extração do minério de ferro retirado de extensas minas na região. O rompimento da barragem de Fundão é considerado o desastre industrial que causou o maior impacto ambiental da história brasileira e o maior do mundo envolvendo barragens de rejeitos, com um volume total despejado de 62 milhões de metros cúbicos. A lama chegou ao rio Doce, cuja bacia hidrográfica abrange 230 municípios dos estados de Minas Gerais e Espírito Santo, muitos dos quais abastecem sua população com a água do rio.

Brunton, Paul, nascido Raphael Hurst (21 de outubro de 1898 – 27 de julho de 1981), foi um filósofo britânico, místico, viajante e guru.

Morreu em 1981, em Vevey, na Suíça. Deixou uma carreira jornalística para viver entre os yogis, místicos e homens santos da Índia, e estudou uma grande variedade de ensinamentos esotéricos Ocidentais e Orientais. Devotando sua vida à busca espiritual, Brunton se responsabilizou pela tarefa de comunicar suas experiências aos demais, sendo a primeira pessoa a escrever a respeito do Oriente com uma perspectiva ocidental. Seus trabalhos são na maioria influências do misticismo ocidental pelo oriental. Tentando expressar seus pensamentos utilizando termos das pessoas leigas, Brunton foi capaz de apresentar o que ele aprendeu do Oriente e das tradições antigas com uma linguagem atual. Os escritos de Paul Brunton enfatizam sua visão de que a meditação e a busca interior não são exclusivamente para monges e ermitões, mas também para pessoas com vida normal, vivendo ativamente no mundo ocidental. Paul Brunton nasceu em Londres em 1898 e após ter servido na Primeira Guerra Mundial, começou a devotar-se ao misticismo, entrando em contato com Teosofistas. Em meados de 1930, Paul Brunton embarcou em uma viagem para a Índia, que o levou a ter contato com iluminados como Sri Shankaracharya de Kancheepuram e Sri Ramana Maharshi. De fato, Paul Brunton tem o crédito de introduzir os pensamentos de Ramana Maharshi à cultura ocidental por meio dos seus livros *A Search in Secret India* (A Índia Secreta) e *The Secret Path* (O Caminho Secreto).

Buda: Siddhartha Gautama é popularmente chamado simplesmente de Buda ou Buddha (lit. O Desperto). Foi um príncipe de uma região no sul do atual Nepal que, tendo renunciado ao trono, se dedicou à busca da erradicação das causas do sofrimento humano e de todos os seres, dessa forma encontrou um caminho até o "despertar" ou "iluminação". Após isso se tornou mestre ou professor espiritual, fundando o Budismo.

Cabrais, Cunhas e Malufs da Vida: Sérgio de Oliveira **Cabral** Santos Filho (Rio de Janeiro, 27 de janeiro de 1963) é um jornalista e político brasileiro filiado ao partido Movimento Democrático Brasileiro (MDB). Foi deputado estadual por três mandatos, de 1991 a 2003, e senador de 2003 a 2006. Posteriormente, foi governador do Rio de Janeiro, com mandato de 1º de janeiro de 2007 a 3 de abril de 2014, quando renunciou ao cargo. Em 2016, foi preso na Operação Lava Jato e tornou-se réu por corrupção passiva, lavagem de dinheiro e evasão de divisas. Em junho de 2017, tornou-se réu pela décima vez. Eduardo Cosentino da **Cunha** (Rio de Janeiro, 29 de setembro de 1958) é um economista, radialista e político brasileiro, filiado ao MDB. Exerceu o cargo de deputado federal entre fevereiro de 2003 e setembro de 2016, quando teve o mandato cassado pelo plenário da Câmara dos Deputados. Foi presidente dessa Casa de 1º de fevereiro de 2015 até renunciar ao cargo em 7 de julho de 2016.

Evangélico, é atualmente membro da Igreja Assembleia de Deus. Em 3 de março de 2016, o Superior Tribunal Federal (STF) acolheu por dez votos a zero a denúncia do Procurador-Geral da República, Rodrigo Janot, contra Eduardo Cunha por corrupção passiva e lavagem de dinheiro, tornando-o réu neste tribunal. Em março de 2017, foi condenado a 15 anos e quatro meses de prisão pelos crimes de corrupção passiva, lavagem de dinheiro e evasão de divisas. Paulo Salim Maluf (São Paulo, 3 de setembro de 1931) é um político, engenheiro e empresário brasileiro. Foi governador do estado de São Paulo (1979-1982), além de duas vezes prefeito da cidade de São Paulo (1969-1971; 1993-1996), presidente da Caixa Econômica Federal, líder de cinco partidos políticos e candidato à presidência da República. A carreira de Maluf é marcada por seguidas acusações por corrupção. Em 2010, foi inserido na lista de procurados pela Interpol. Em 2014, foi escolhido pela ONG Transparência Internacional na Suíça como um exemplo de corrupção a ser combatido. Em 23 de maio de 2017, o STF decidiu pela condenação do deputado pelo crime de lavagem de dinheiro. Maluf foi condenado a 7 anos, 9 meses e 10 dias em regime fechado e pagamento de multa.

Carlos Drummond de Andrade (Itabira, 31 de outubro de 1902 – Rio de Janeiro, 17 de agosto de 1987) foi um poeta, contista e cronista brasileiro, considerado por muitos o mais influente poeta brasileiro do século XX. Drummond foi um dos principais poetas da segunda geração do Modernismo brasileiro.

Carma: no Hinduísmo, "carma" refere-se ao efeito que nossas ações geram em nosso futuro, tanto nesta como em outras vidas, após eventuais reencarnações. No Budismo, o termo se refere às nossas intenções, que podem ser boas, más ou neutras. O termo é usado dentro de grupos dos movimentos New Age para expressar um conjunto de ações dos homens e suas consequências no tempo.

Celibato é a condição de quem não se casa ou não mantém relações sexuais.

Chakra: a palavra chakra é sânscrita, e significa roda. Os chakras, ou centros de força, são pontos de conexão ou enlace pelos quais flui a energia de um a outro veículo ou corpo do homem. Quem quer que possua um ligeiro grau de clarividência, pode vê-los facilmente no duplo etérico, em cuja superfície aparecem sob forma de depressões semelhantes a pratinhos ou vórtices. Quando já totalmente desenvolvidos, assemelham-se a círculos de uns cinco centímetros de diâmetro, que brilham mortiçamente no homem vulgar, mas que, ao se excitarem vividamente, aumentam de tamanho e se veem como refulgentes e coruscantes torvelinhos à maneira de diminutos sóis. Às vezes, falamos desses centros como se toscamente se correspondessem com determinados órgãos físicos; mas em realidade estão na superfície do duplo etérico, que se projeta ligeiramente mais além do corpo denso.

Chitta (sânscrito: "memória") – derivado do "root chit", "estar consciente". Chitta é a mente subconsciente. É a mente. É a loja da memória. Samskaras ou impressões de ações estão aqui inseridas. É uma das quatro partes de Antahkarana.

Círculo Não Se Passa é a esfera magnética que envolve um Mundo criado por um Logos.

Clarividente, segundo a parapsicologia, é a pessoa capaz de obter conhecimento de evento, ser ou objeto, sem a utilização de quaisquer canais sensoriais humanos conhecidos e sem a utilização de telepatia. É a visão da própria alma, que percebe a realidade num nível mais amplo e elevado.

Corpos: existem, conforme a tradição esotérica, sete corpos (nessa ordem, do mais denso para o mais sutil): 1) Corpo Físico (visível e tangível); 2) Etérico ou energético; 3) Astral ou Emocional; 4) Mental Concreto ou Manas Inferior; 5) Mental Abstrato ou Causal (também Manas Superior); 6) Búdico ou da Consciência; e 7) Átmico ou da Fagulha Divina.

Criadores do Universo (Shiva/Shakti): segundo a Teosofia, o Absoluto contém em estado potencial três emanações: Shiva (consciência), Shakti (poder) e Ideação Cósmica (pensamento), que são as bases para criação e manutenção do universo manifestado. Os *Logoi* Solares também são de natureza tríplice e a Ideação Cósmica é a origem dos três aspectos do *Logos* Solar manifesto. Em suma, o *Logos* Solar por meio de suas três emanações constrói todo o universo manifestado, seguindo o Plano estabelecido pelo *Logos* Cósmico.

Cristo é o termo usado em português para traduzir a palavra grega Χριστός (Khristós) que significa "Ungido". O termo grego, por sua vez, é uma tradução do termo hebraico משיח (Māšîaḥ), transliterado para o português como Messias. A palavra geralmente é interpretada como o sobrenome de Jesus por causa das várias menções a "Jesus Cristo" na Bíblia. A palavra é, na verdade, um título, daí seu uso tanto em ordem direta "Jesus Cristo" como em ordem inversa "Cristo Jesus", significando neste último O Ungido, Jesus. Porém, o Cristo cósmico é a primeira e mais alta individuação da Divindade Universal; é uma criatura cósmica, antes de se tornar a criatura telúrica (relativo à terra) de Jesus. O Cristo Cósmico era Deus, era o Protodeus da Divindade, O Unigênito do Pai, e por isso mesmo, Primogênito de todas as criaturas. O Protodeus Cristo é o canal-mestre do mar da Divindade e, desse canal-mestre, partem outros canais ligados diretamente ao canal-mestre e indiretamente ao mar da Divindade. A ligação com esse canal-mestre nada tem a ver com

Ocidente e Oriente, cristão ou pagão: depende unicamente do estado de consciência de cada criatura humana. A encarnação do Cristo cósmico na pessoa humana de Jesus visava não só à sublimação máxima de uma criatura humana, como também a evolução do próprio Cristo, que desceu da plenitude cósmica para dentro do "vazio" mundo material, para depois regressar em uma plenitude ainda maior já transmutado. O Verbo se fez carne para que a carne se pudesse fazer Verbo!... O espírito materializou para que a matéria pudesse espiritualizar!... Aquele que ama a Deus no mundo e que ama o mundo em Deus é um homem cósmico – é crístico!... Pierre Teilhard de Chardin (1881-1955) fala de uma natureza de Cristo, em um sentido verdadeiro, que não seria humana nem divina, mas cósmica. "Para converter-se no Alfa e no Ômega, Cristo deve, sem perder sua dimensão humana, fazer-se coextensivo às dimensões físicas do tempo e do espaço." Teilhard explica que esta integração desemboca na religião sincretista, isto é, na convergência geral das religiões em direção a um Cristo universal que, no fundo, satisfaça a todas. Esta lhe parece ser a única conversão possível para o Mundo e a única forma imaginável para uma religião do futuro.

Crop Circles: os chamados "crop circles" são círculos nas plantações, também chamados de agroglifos, que surgem de forma surpreendente, de um dia para outro. São formações de tamanho considerável criadas por meio do achatamento de uma cultura, como cereais, colza, cana e capim. Estas marcas em plantações normalmente são complexas e nem sempre apresentam forma circular. Apesar de aparecerem em diversas partes do globo, e há muito tempo, ainda não se tem uma explicação definitiva sobre de que se trata e quais seus objetivos.

Deuses: o uso da palavra deuses aqui não se refere a uma concepção politeísta do autor. Explica-se: "Deuses se referem às entidades que têm os mundos (sóis e planetas) como corpo físico. Sim, existem bilhões de Deuses ainda imperfeitos no Universo, filhos do Absoluto Um ou 'Aquele Sobre o Qual Nada Pode Ser Dito', como O chama o mestre Tibetano, usando palavras da sagrada Gnose". Na Bíblia, por exemplo, se encontra alusão à palavra "deuses" relacionada com Daniel: "Há no teu reino um homem, no qual há o espírito dos deuses santos; e nos dias de teu pai se achou nele luz, e inteligência, e sabedoria, como a sabedoria dos deuses; e teu pai, o rei Nabucodonosor, sim, teu pai, o rei, o constituiu mestre dos magos, dos astrólogos, dos caldeus e dos adivinhadores" (Daniel 5:11) "Tenho ouvido dizer a teu respeito que o espírito dos deuses está em ti, e que em ti se acham a luz, e o entendimento e a excelente sabedoria", (Daniel 5:14); "O que o rei está pedindo é difícil, e não existe ninguém que possa revelar isso ao rei, a não ser os deuses, que não moram entre os mortais" (Daniel 2:11); "O rei (Nabucodonosor) disse a Daniel: 'Realmente, o Deus de vocês é Deus de deuses, Senhor de reis e Revelador de segredos, porque você conseguiu revelar esse segredo', (Daniel 2:47). A palavra hebraica traduzida como "deuses" em Salmos 82:6 é "elohim". Trata-se de um termo comum usado nas escrituras hebraicas, Elohim (em hebraico: אלהים) é o plural da palavra Eloah (אלוה). Paulo também afirmou que "Há muitos 'deuses' e muitos 'senhores'" (1 Coríntios 8:5). Em Salmos 82 pode-se encontrar que: "1 Deus está na congregação dos poderosos; julga no meio dos deuses" e "6 Eu disse: Vós sois deuses, e todos vós filhos do Altíssimo".

Deva: (sânscrito) um deus, uma divindade "resplandecente". Um Deva é um ser celestial, seja bom, ruim ou indiferente. [Os Devas são na Índia o que os anjos e os arcanjos são entre os cristãos. O príncipe desses gênios celestes ou divindades inferiores é Indra, rei do firmamento ou do céu. – Deva, como adjetivo, significa: divino, celestial, glorioso, resplandecente, etc.] Devas são divindades regentes da natureza. Alguns de menor envergadura podem ser manipulados pelos humanos para finalidades boas ou ruins. Em um certo estado de consciência, algumas pessoas podem vê-los. Podem se apresentar como gnomos, duendes, fadas, sereias, sílfides – os menores – ou como magnificentes entidades, os mais evoluídos na Hierarquia Angélica. O nome deriva da raiz sânscrita div, que significa resplandecente, aludido à sua aparência autoluminosa. Como adjetivo significa algo divino, celeste, glorioso.

Dharma (ou darma) é uma palavra do idioma antigo sânscrito que significa literalmente "aquilo que sustenta, que mantém", mas é usado em significados mais amplos, principalmente pelas escolas de sabedoria de Yoga e do Budismo. No Yoga, "Dharma" é a força régia da existência, a essência verdadeira do que existe, ou a própria Verdade, trazendo significados associados como a direção universal que baliza a vida humana ou o devir pessoal. Quando acontece uma transmissão de compreensão da Verdade, entre mestre e discípulo nessa tradição, diz-se que houve uma "transmissão do Dharma". No Budismo, "Dharma" (ou *dhamma*) é a Verdade contida nos ensinamentos do Buddha Gautama, que também apontam na direção do que é a Verdade – algumas vezes se fala em conjunto, "Buddha-Dharma". O dharma "indiano" também guarda semelhanças com o "Tao" chinês e com o "logos" ocidental.

Disco de vinil, conhecido simplesmente como vinil ou ainda *Long Play* (LP), é uma mídia desenvolvida no final da década de 1940 para a reprodução musical, que usa um material plástico chamado vinil (normalmente feito de PVC), usualmente de cor preta, que registra informações de áudio, que podem ser reproduzidas por meio de um toca-discos.

O disco de vinil possui microssulcos ou ranhuras em forma espiralada que conduzem a agulha do toca-discos da borda externa ao centro no sentido horário. Trata-se de uma gravação analógica, mecânica. Esses sulcos são microscópicos e fazem a agulha vibrar. Essa vibração é transformada em sinal elétrico. Esse sinal elétrico é posteriormente amplificado e transformado em som audível (música). A partir do final da década de 1980 e início da década de 1990, a invenção dos *Compact Discs* (ou CD, então lançado em agosto de 1982 na Alemanha pela Polygram) prometeu maior capacidade, durabilidade e clareza sonora, sem chiados, fazendo os discos de vinil ficarem obsoletos e desaparecerem quase por completo no fim do século XX.

Drácula (em inglês: *Dracula*) é um romance de ficção gótica lançado em 1897, escrito pelo autor irlandês Bram Stoker, tendo como protagonista o vampiro Conde Drácula. Tornou-se a mais famosa história de vampiros da literatura. Drácula mistura ficção de terror, gótica e literatura de vampiros. Embora Stoker não tenha inventado os vampiros e tenha sido influenciado por contos anteriores, seu romance foi responsável pela popularização dos vampiros por meio de muitas produção de teatro, cinema e televisão. Drácula ganhou inúmeras interpretações ao longo dos séculos XX e XXI.

Ego: vide gráfico.

Einstein, Albert (Ulm, 14 de março de 1879 – Princeton, 18 de abril de 1955) foi um físico teórico alemão que desenvolveu a Teoria da Relatividade Geral, um dos pilares da física moderna ao lado da mecânica quântica. Embora mais conhecido por sua fórmula de equivalência massa-energia, $E = mc^2$ – que foi chamada de "a equação mais famosa do mundo" –, foi laureado com o Prêmio Nobel de Física de 1921 "por suas contribuições à física teórica" e, especialmente, por sua descoberta da lei do efeito fotoelétrico, que foi fundamental no estabelecimento da teoria quântica.

Emoji (絵文字, lit. pictograma) é uma palavra derivada da junção dos seguintes termos em japonês: *e* (絵, "imagem") + *moji* (文字, "letra"). Com origem no Japão, os emojis são ideogramas e smileys utilizados em mensagens eletrônicas e páginas da web, cujo uso se popularizou para além do país. Eles existem em diversos gêneros, incluindo: expressões faciais, objetos, lugares, animais e tipos de clima. Sua popularização se dá principalmente pela inclusão internacional em iPhones, que foi seguida pela adoção em sistemas Android e, por sua vez, nos demais sistemas operacionais.

Eon: Aeon, também conhecido por éon, eão ou eon, é um termo utilizado para designar "o que é para sempre", um período longo de tempo ou a eternidade. Esta palavra se originou a partir do grego αἰών (*aión*), que pode ser traduzido como "tempo de vida", "força vital", "geração" ou "eterno". É um termo bastante utilizado na geologia, cosmologia e astrologia para representar o período de 1 bilhão de anos, correspondendo à escala de tempo geológica que compõe a história do planeta Terra. Um dos grandes defensores e seguidores dos conceitos de Aeon foi o ocultista britânico Aleister Crowley, fundador da doutrina filosófica de Thelema. De acordo com essa doutrina, os Aeons seriam as diferentes Eras pelas quais a humanidade passaria em períodos específicos. Cada Era, ou melhor, cada Aeon seria representado por uma divindade. O primeiro Aeon foi a deusa Nuit ou Ísis, que representou a dominação e o poder da maternidade. O segundo Aeon seria Osíris, que marcou o início do patriarcado na humanidade. Segundo Aleister, o terceiro Aeon pertence ao deus Hórus e começaria em 1904, com a criação da doutrina de Thelema. Em alguns sistemas gnósticos, as várias emanações de Deus, que era também chamado por nomes como Uno, Mônada ou Aion teleos (Aeon perfeito), são chamadas Aeons. Os Aeons frequentemente aparecem em pares masculino/feminino chamados sizígias e são bastante numerosos. Dois frequentemente listados são Cristo e Sophia. Juntos, os Aeons constituem o Pleroma, a "região da Luz". As regiões abaixo do Pleroma estão mais perto da escuridão, como o mundo físico. Cada Aeon, supostamente, passaria por três fases: a gênese, o apogeu e a decadência.

Era de Aquário/Peixes: a Era de Aquarius ou Era de Aquário é uma era astrológica que se considera ter iniciado por volta do século XXI, sucedendo a anterior Era de Peixes. Essa era ocorrerá quando o Sol, no dia do equinócio de outono (Hemisfério Sul) ou da primavera (Hemisfério Norte), nascer à frente da Constelação de Aquário, sendo que atualmente o Sol nasce na Constelação de Peixes. Aproximadamente a cada 2.150 anos o Sol, no dia do equinócio de outono ou da primavera, nasce à frente de uma constelação astrológica (não confundir com a real posição das constelações, defasada pela precessão da Terra). É também entendido pelos astrólogos que esta não é uma divisão matemática do tempo, mas um processo intitulado "Orbe de influência", pelo qual uma era inicia a sua influência, de um modo cada vez mais visível, antes do final da era anterior.

Eu Superior: para o ego o Eu Superior é a Alma, e para a Alma o Eu Superior é a Mônada "Espírito".

Exoterismo/Esoterismo: apesar de sonoramente muito se assemelharem, os termos "exoterismo" e "esoterismo" são quase antagônicos. Exoterismo, grafado com a letra "X", refere-se a conhecimentos, via de regra, de natureza espiritual e transcendental, que se podem comunicar na forma de palavras, escritos, gráficos, etc. Esoterismo, grafado com a letra "S", refere-se a conhecimentos, em geral, de natureza espiritual e transcendental, que NÃO se podem comunicar. Essa impossibilidade de se comunicar não ocorre em virtude de alguma proibição, juramento, castigo ou algo semelhante. Esoterismo refere-se a conhecimentos e saberes adquiridos com a vivência ou prática consciente. É algo como o saber se equilibrar sobre uma bicicleta ou patins, sobre o saber nadar ou mesmo "dar o ponto" em doce. Por isso, o esoterismo é "ocultista", por parecer "oculto" à vista das pessoas que não o experienciam. Importante destacar que apesar de o esoterismo se pautar em questões espirituais, não se trata de uma religião, pois toda religião se caracteriza por ter uma doutrina e dogmas, o que não é o caso do esoterismo. Assim, o eXoterismo é apenas "a ponta do iceberg" do verdadeiro eSoterismo, semelha-se às placas de uma estrada ou mesmo um mapa. Enquanto o eSoterismo seria o viajar pela estrada, sentindo o sol, a chuva, fazendo paradas, percebendo os buracos e o trânsito.

Física quântica é um ramo teórico da ciência que estuda todos os fenômenos que acontecem com as partículas atômicas e subatômicas, ou seja, que são iguais ou menores que os átomos, como os elétrons, os prótons, as moléculas e os fótons, por exemplo. Todas essas micropartículas não podem ser estudadas sob a ótica da física clássica, pois não são influenciadas pelas leis que a compõem, como a gravidade, a lei da inércia, ação e reação, etc. Também conhecida por mecânica quântica, essa teoria revolucionária da física moderna surgiu durante os primeiros anos do século XX, sendo o físico Max Planck (1858-1947) um dos pioneiros a desenvolver os seus princípios básicos e que contrariam grande parte das leis fundamentais da física clássica. Planck foi o responsável, por exemplo, pela criação da "constante de Planck" ($E = h.v$). No entanto, foi Albert Einstein, o criador da Teoria da Relatividade, que batizou a equação de Planck de quantum (palavra latina que significa "quantidade") pela primeira vez. Quântico é uma referência ao evento físico da quantização, que consiste na alteração instantânea dos elétrons que contêm um nível mínimo de energia para um superior, caso sejam aquecidos.

Gnose: conhecimento esotérico da verdade espiritual, combinando mística, sincretismo religioso e especulação filosófica, que diversas seitas dos primeiros séculos da era cristã acreditavam ser essencial à salvação da alma. O termo gnose deriva do termo grego "gnosis" que significa "conhecimento". É um fenômeno de conhecimento espiritual vivenciado pelos gnósticos (cristãos primitivos sectários do gnosticismo). Para os gnósticos, gnose é um conhecimento que faz parte da essência humana. É um conhecimento intuitivo, diferente do conhecimento científico ou racional. Gnose é o caminho que pode guiar à iluminação mística por meio do conhecimento pessoal que conduz à salvação. A existência de um Deus transcendente não é questionada pelos gnósticos, pelo contrário, veem no conhecimento divino um caminho para atingir um conhecimento mais profundo da realidade do mundo. O gnosticismo é um conjunto de correntes filosófico-religiosas sincréticas que chegaram a mimetizar-se com o Cristianismo nos primeiros séculos de nossa era (sendo ele muitas vezes referenciado como "Alta Teologia"). Originou-se no primeiro e segundo século d.C. Com base em leituras do Pentateuco e em outros escritos bíblicos, esses sistemas acreditavam que o mundo material era criado por uma emanação do deus supremo, prendendo a faísca divina no corpo humano. Essa faísca divina poderia ser liberada pela gnose desta faísca divina.

Goethe, Johann Wolfgang von foi um importante romancista, dramaturgo e filósofo alemão. Nasceu na cidade de Frankfurt em 28 de agosto de 1749 e morreu em Weimar, no dia 22 de março de 1832. Porém, sua grande obra foi o poema Fausto, escrito em 1806. Baseada numa lenda, esta obra relata a vida de Dr. Fausto, que vendeu a alma para o Diabo em troca de prazeres terrenos, riqueza e poderes ilimitados. Alguns pesquisadores afirmam que seus estudos abriram caminho para o darwinismo e evolucionismo (Teoria da Evolução das Espécies).

Grande Mãe: a Grande Mãe representa a Energia Universal Geradora, o Útero de Toda Criação. Na Sagrada Tradição, a Deusa se mostra com três faces: a Virgem, a Mãe/Amante e a Anciã, sendo que esta última ficou mais relacionada à bruxa na imaginação popular. A Grande Mãe é a face mais conhecida da Deusa e pela qual Ela é mais chamada desde o começo dos tempos. A Deusa como Mãe simboliza aquela que dá a vida, mas também pode tirá-la, assim como tudo na Natureza.

Gurdjieff: Georgiǐ Ivanovič Gǐurdžiev (Império Russo, 1866 ou 1877 – Neuilly-sur-Seine, 29 de outubro de 1949) foi um místico e mestre espiritual armênio. Ensinou a filosofia do autoconhecimento profundo, por meio da lembrança de si, transmitindo a seus alunos, primeiro em São Petersburgo, depois em Paris, o que aprendera em suas viagens pela Rússia, Afeganistão e outros países. Era uma figura enigmática e uma força influente no panorama dos novos ensinamentos religiosos e psicológicos, mais como um patriarca do que como um místico cristão. Era considerado, por aqueles que o conheceram, um incomparável "despertador" de homens. Trouxe para o Ocidente um modelo de conhecimento esotérico e deixou atrás de si uma metodologia específica para o desenvolvimento da consciência. O ensinamento de Gurdjieff foi transmitido de forma clara para o Ocidente por seu discípulo, Peter Ouspensky.

Hércules (em grego: Ηρακλής) é o nome em latim dado pelos antigos romanos ao herói da mitologia grega Héracles, filho de Júpiter e da mortal Alcmena. Tornou-se renomado por ter "deixado o mundo seguro para a humanidade" ao destruir diversos monstros perigosos. Seu autossacrifício lhe obteve a ascensão aos reinos do monte Olimpo, onde recebeu as boas-vindas dos deuses. Destacam-se dentre os mitos do herói os famosos "12 Trabalhos de Hércules".

Hermes Trismegisto (em latim: Hermes Trismegistus; em grego Ἑρμῆς ὁ Τρισμέγιστος, "Hermes, o três vezes grande") era um legislador egípcio, pastor e filósofo, que viveu na região de Ninus por volta de 1330 a.C. ou antes desse período; a estimativa é de 1500 a.C a 2500 a.C. Teve sua contribuição registrada em 36 livros sobre teologia e filosofia, além de seis sobre medicina, todos perdidos ou destruídos após invasões ao Egito. O estudo sobre sua filosofia é denominado hermetismo. A literatura hermética hoje em dia foi quase perdida. Estima-se que Hermes Trismegisto fora a inspiração para diversos pensadores da Antiguidade que o sucederam, como Sócrates, Platão e Aristóteles. Seus conhecimentos encontrariam particular força na Idade Média, quando os alquimistas estudavam os princípios herméticos sob o pretexto de transformar chumbo em ouro. Todavia, a escusa utilizada pelos alquimistas não passava de um pretexto. Seu verdadeiro objetivo era estudar o processo de transformação do ser humano. Como o ouro, o objetivo era transformar a essência humana imune à desintegração.

Hierarquia: a Hierarquia Espiritual da Terra é composta pelos Mestres Ascensionados, seus Iniciados e discípulos, todos sob a orientação do Cristo.

Inferno é a primeira parte de A Divina Comédia de Dante Alighieri, sendo as outras duas o Purgatório e o Paraíso. Está dividido em 34 cantos (uma divisão de longas poesias), possuindo um canto a mais que as outras duas partes, que serve de introdução ao poema. A viagem de Dante é uma alegoria através do que é essencialmente o conceito medieval de Inferno, guiada pelo poeta romano Virgílio. No poema, o inferno é descrito com nove círculos de sofrimento localizados dentro da Terra. Foi escrito no início do século XIV.

Iniciação: o termo "iniciar" vem do latim e significa "começo" ou "entrada". A Iniciação supõe o início de um processo de conhecimento da realidade Metafísica e, também, o ingresso em um caminho verdadeiramente espiritual que terá de conduzir a uma real "deificação" daquele que o possa empreender e continuá-lo até o fim. O processo Iniciático nada mais é do que a proposta de um novo nascimento, mais espiritual, no qual se objetivam a evolução e o despertar.

Ioga ou yoga (em sânscrito e *páli*: योग, IAST: yoga, IPA: [joːgə]) é um conceito que se refere às tradicionais disciplinas originárias da Índia. A palavra está associada com as práticas meditativas, costuma ser associada tipicamente com a hata-ioga e suas *asanas* (posturas) ou como uma forma de exercício. Os principais ramos da ioga incluem a raja-ioga, carma-ioga, jnana-ioga, bacti-ioga, tantra ioga, tao yoga e hata-ioga. A raja-ioga, compilada nos Ioga Sutras de Patanjali e conhecida simplesmente como ioga no contexto da filosofia hinduísta, faz parte da tradição Samkhya. Diversos outros textos hindus discutem aspectos da ioga, incluindo os *Vedas*, os *Upanixades*, o *Bhagavad Gita*, o *Hatha Yoga Pradipika*, o *Shiva Samhita*, o *Mahabharata* e diversos Tantras. A palavra sânscrita yoga tem diversos significados e deriva da raiz yuj, que significa "controlar", "jungir", "unir" ou "concentração". Algumas das traduções também incluem os significados de "juntando", "unindo", "união", "conjunção" e "meios".

Kali Yuga, lit. "idade de Kali", ou "idade do vício", é um período que aparece nas escrituras hindus. É a última das quatro etapas que o mundo atravessa, sendo as demais: Satya Yuga, Treta Yuga e Dwapara Yuga. Seu ponto de início e sua duração têm dado origem a diferentes avaliações e interpretações. De acordo com a mais conhecida, o Siddhanta Surya, Kali Yuga começou à meia-noite em 18 de fevereiro de 3102 a.C. no calendário juliano, ou 23 de janeiro de 3102 a.C. no calendário gregoriano, considerada a data em que Krishna deixou a Terra para retornar a Goloka Vrindavana, sua morada espiritual. Kali Yuga está associado ao demônio Kali (não deve ser confundido com a deusa Kālī). O "Kali" de Kali Yuga significa "conflito", "discórdia" ou "disputa". A era de Kali Yuga é também denominada a Era de Ferro, e sua duração proposta é de 432 mil anos (já tendo se passado 5 mil anos segundo o Siddhanta Surya), embora outras durações tenham sido propostas.

Karma: vide Carma.

Krishnamurti, Jiddu (Madanapalle, 11 de maio de 1895 – Ojai, 17 de fevereiro de 1986) foi um filósofo, escritor e educador indiano. Proferiu discursos que envolveram temas como revolução psicológica, meditação, conhecimento, liberdade, relações humanas, a natureza da mente, a origem do pensamento e a realização de mudanças positivas na sociedade global. Constantemente ressaltou a necessidade de uma revolução na psique de cada ser humano e enfatizou que tal revolução não poderia ser levada a cabo por nenhuma entidade externa, seja religiosa, política ou social. Uma revolução que só poderia ocorrer por meio do autoconhecimento, bem como da prática correta da meditação ao homem liberto de toda e qualquer forma de autoridade psicológica. Com a idade de 13 anos, passou a ser educado pela Sociedade Teosófica, que o considerava um dos grandes Mestres do mundo. Em Adyar, Krishnamurti foi "descoberto" por Charles W. Leadbeater, famoso membro da Sociedade Teosófica (ST), em abril de 1909, que, após diversos encontros com o menino, viu que ele estava talhado para se tornar o "Instrutor do Mundo", acontecimento que vinha sendo aguardado pelos teosofistas. Após dois anos, em 1911 foi fundada a Ordem da Estrela do Oriente, com Krishnamurti como chefe, que tinha como objetivo reunir aqueles que acreditavam nesse acontecimento e preparar a opinião pública para seu aparecimento, com a doação de diversas propriedades e somas em dinheiro. Suas palestras e escritos não se ligam a nenhuma religião específica, nem pertencem ao Oriente ou ao Ocidente, mas ao mundo na sua globalidade: "Afirmo que a Verdade é uma terra sem caminho. O homem não pode atingi-la por intermédio de nenhuma organização, de nenhum credo [...] Tem de encontrá-la através do espelho do relacionamento, através da compreensão dos conteúdos da sua própria mente, através da observação. [...]". O cerne do seu ensinamento consiste na afirmação de que a necessária e urgente mudança fundamental da sociedade só pode acontecer por meio da transformação da consciência individual. A necessidade do autoconhecimento e da compreensão das influências restritivas e separativas das religiões organizadas, dos nacionalismos e de outros condicionamentos foi por ele constantemente realçada.

Larissa de Macedo Machado (Rio de Janeiro, 30 de março de 1993), mais conhecida pelo nome artístico "Anitta", é uma cantora, compositora, atriz e apresentadora brasileira. Larissa começou a cantar ao 8 anos em um coral de uma igreja católica no bairro Honório Gurgel, no Rio de Janeiro. Em 2010, após postar um vídeo no YouTube, Renato Azevedo, o então produtor da gravadora independente Furacão 2000, a chamou para assinar contrato com o selo. Com o sucesso da canção "Meiga e Abusada" em 2012, assinou um contrato com a gravadora Warner Music Brasil no ano seguinte. Com a música "Show das Poderosas", conseguiu a segunda colocação na parada de singles brasileira Hot 100 Airplay, da Billboard Brasil.

Leibniz, Gottfried Wilhelm (Leipzig, 1º de julho de 1646 – Hanover, 14 de novembro de 1716) foi um polímata, filósofo, cientista, matemático, diplomata e bibliotecário alemão. A filosofia de Leibniz pode ser vista como um conjunto de princípios da organização que estabelece relação de liberdade entre vários elementos do mundo. Para Leibniz, a razão é possibilidade de estabelecer relações entre esses elementos, uma relação lógica que é organizada por meio da matemática.

Lipikas: almas muito evoluídas que têm a função de organizar e aplicar a lei do karma dentro dos vários reinos da natureza. Recebem nomes diferenciados, como "juízes", "planejadores", "administradores kármicos", "consultores", "conselheiros", "grupo de autoridades", dentre outros. Para a Teosofia, são "grandes inteligências espirituais que arquivam os registros e ajustam as complicadas operações da lei kármica. São também designados pelos nomes de Lipika e Maharajas" (Glossário Teosófico). Os Lipikas são os responsáveis pela aplicação da lei de causa e efeito no karma individual e no karma coletivo da humanidade. São os intérpretes da lei e os administradores de sua justiça.

Logos (em grego λόγος, palavra), no grego, significava inicialmente a palavra escrita ou falada o Verbo. Passa a ser um conceito filosófico traduzido como razão, tanto como a capacidade de racionalização individual, quanto como um princípio cósmico da Verdade e da Beleza. Esse termo define, para a Teosofia, Deus: o Ser supremo e inefável, incompreensível para a inteligência humana, e que cada um representa à sua maneira, chegando até o ponto de lhe atribuir imperfeições humanas. Conforme o conhecimento teosófico "o *Logos* Único (Parabrahman) retira de Si mesmo a Substância Primordial (Svabhâvat) para formar o *Logos* Criador do Universo (Brahman) e dar origem aos Sete Autogerados ou Dhyan-Chohans Superiores". O *Logos* Solar é um reflexo do Logos Cósmico. Ele separa uma região no universo, amealha as "bolhas" de energia em forma de consciência emanadas pelo Logos Cósmico e começa a trabalhar com elas. O *Logos* Cósmico seria a raiz de tudo, tronco e galhos seriam *Logos* Solares. Cada sistema solar é a expressão de um *Logos* Solar (ou uma expressão do *Logos* Cósmico de forma particular num determinado lugar do universo). Enfim, logos reúne numa só palavra quatro sentidos principais: (1) linguagem; (2) pensamento ou razão; (3) norma ou regra; (4) ser ou realidade íntima de alguma coisa. O lLgos dá a razão, o sentido, o valor, a causa, o fundamento de alguma coisa, o ser da coisa. Para Heráclito de Éfeso (séculoV a.C.), *Logos* é o conjunto harmônico de leis que comandam o universo, formando uma inteligência cósmica onipresente que se plenifica no pensamento humano. No misticismo filosófico de Fílon da Alexandria (século I d.C.), no neoplatonismo e no gnosticismo, Logos é a inteligência ativa, transformadora e ordenadora de Deus em sua ação sobre a realidade. Para H. P. Blavatsky, *Logos* é "Deus": "O Ser supremo e inefável, incompreensível para a inteligência humana, e que cada um representa à sua maneira, chegando até o ponto de lhe atribuir imperfeições humanas"; "um Princípio divino universal, a raiz de Tudo, do qual tudo procede e no qual tudo se absorverá no final do grande ciclo do Ser... É absoluto, infinito; está em todas as partes, em cada átomo do Cosmo, tanto visível quanto invisível, dentro, acima e ao redor de cada átomo indivisível e de cada molécula divisível, porque Ele é o misterioso poder de evolução e involução, a potencialidade criadora, onipresente, onipotente e também onisciente. É pensamento absoluto, Existência absoluta; é a Seidade, um não Ser... Em seu simbolismo, a Divindade é uma esfera, circunferência e seu único atributo é Ela Própria" (Chave da Teosofia, 61-65).

Loja Branca/Negra: esotericamente, conceitua-se que a Loja Branca não seja um local, mas sim um grupo de seres espiritualmente muito elevados que trabalham incessantemente para a evolução da humanidade, de acordo com o Grande Plano que o Criador tem reservado. "Loja Branca" ou "Fraternidade Branca" seria algo assim como "a loja boa dos seres do bem e da luz". A chamada Loja Negra é composta por seres que estão contra o plano de Deus Criador, contra a evolução humana, os que tratam de evitar que esse plano se leve a cabo. Estes são os "inimigos do bem".

Magias Negra/Branca: o termo "Magia" refere-se à manipulação, consciente ou não, das Leis Cósmicas Universais que são de natureza sutil (pode-se entender "sutil" como sendo espiritual ou quântico). O que difere as "magias" não é o que acontece no físico, mas a intenção, o objetivo. A magia é branca quando contribui para a consciência, a liberdade, a autonomia e a evolução. Ela é "negra" quando serve a interesses pessoais, por mais bem-intencionados que possam ser, quando violam o livre-arbítrio das outras pessoas ou a Lei do Carma. A magia branca se ocupa do espírito, da alma, da evolução; a magia negra foca os desejos egoístas e pessoais, o físico, a posse e o controle, o domínio.

Manabu Mabe (Kumamoto, 14 de setembro de 1924 – São Paulo, 22 de setembro de 1997) foi uma pintora, desenhista e tapeceira japonesa naturalizada brasileira. Pioneira do abstracionismo no Brasil.

Meme: originalmente, Meme é um termo criado em 1976 por Richard Dawkins no seu best-seller *O Gene Egoísta* e é para a memória o análogo do gene na genética, a sua unidade mínima. É considerado uma unidade de informação que se multiplica de cérebro em cérebro ou entre locais onde a informação é armazenada (como livros). No que diz respeito à sua funcionalidade, o meme é considerado uma unidade de evolução cultural que pode de alguma forma autopropagar-se. Os memes podem ser ideias ou partes de ideias, línguas, sons, desenhos, capacidades, valores estéticos e morais, ou qualquer outra coisa que possa ser aprendida facilmente e transmitida como unidade autônoma. O termo "meme" pode significar apenas a transmissão de informação de uma mente para outra. Este uso aproxima o termo da analogia da "linguagem como vírus", afastando-o do propósito original.

Mestre Djwhal Khul, o Tibetano: o Mestre Djwhal Khul trabalha sob a orientação do Mestre Kuthumi ajudando-o intensamente no treinamento de discípulos avançados. Auxilia também o Mestre El Morya por estar ligado a ele e ao seu trabalho. Ele tem sido chamado "O Mensageiro dos Mestres". É profundamente erudito e sabe mais sobre os raios e as Hierarquias planetárias do sistema solar do que qualquer outro Mestre. Alcançou seu mestrado na presente encarnação. Atua como um transmissor de Luz. Seu trabalho consiste em ensinar e difundir o conhecimento da Sabedoria Eterna a todos os que se disponham de coração a encontrar essas respostas.

Mestres Ascencionados são comandantes da Hierarquia Espiritual da Terra. Os Mestres Ascencionados foram humanos, trouxeram e continuam trazendo mensagens do nosso Logos Planetário ou Deus. Depois que deixaram o plano físico continuaram sendo mensageiros de Deus em esferas mais elevadas ou, às vezes, até mesmo encarnados no plano físico. Eles pertencem à Grande Fraternidade Branca.

Mônada (vide gráfico): unidade, a única; mas no ocultismo significa muitas vezes a tríade unificada, Atma-Buddhi-Manas. A parte imortal do homem que encarna nos reinos inferiores e, gradualmente, progride através deles para o homem, e depois para a meta final: o Nirvana. A Mônada é a Divina Spark, a Jîva, o *Self*, o Raio do Princípio Absoluto, único, universal; a respiração ou a vida expirada do Logos. Embora um em essência, penetra em todos os planos e regiões do ser e é incorporado em todas as formas, enquanto atravessa os arcos descendentes e ascendentes (involução e evolução).

Nada se perde no universo: a Lei da Conservação das Massas foi publicada pela primeira vez em 1760, em um ensaio de Mikhail Lomonosov. No entanto, a obra não repercutiu na Europa Ocidental, cabendo ao francês Antoine Lavoisier. Antoine Laurent de Lavoisier nasceu em Paris, em 26 de agosto de 1743, e faleceu também em Paris, no dia 8 de maio de 1794, com 50 anos. Ele foi um químico francês, considerado o pai da química moderna. Foi eleito membro da Royal Society em 1788 e cumpriu o papel de tornar mundialmente conhecido o que hoje se chama "Lei de Lavoisier". Em qualquer sistema, físico ou químico, nunca se cria nem se elimina matéria, apenas é possível transformá-la de uma forma em outra. Portanto, não se pode criar algo do nada nem transformar algo em nada (na natureza, nada se cria, nada se perde, tudo se transforma). Logo, tudo que existe provém de matéria preexistente, só que em outra forma, assim como tudo o que se consome apenas perde a forma original, passando a adotar uma outra.

Nadis são como nervos ou artérias sutis do corpo pelos quais circulam energias vitais. Os chineses os chamam de "meridianos" da acupuntura.

Nashville é um filme estadunidense de 1975 do gênero drama musical, dirigido por Robert Altman. O filme se baseia, com um certo clima de sátira, no ambiente empresarial da música country e gospel existente em Nashville, Tennessee, combinado com uma campanha política para a presidência dos Estados Unidos.

Neymar da Silva Santos Júnior, mais conhecido como Neymar Jr. ou Neymar (Mogi das Cruzes, 5 de fevereiro de 1992), é um futebolista brasileiro. Atualmente defende o Paris Saint-Germain e a Seleção Brasileira. Revelado pelo Santos, em 2009, Neymar se tornou o principal futebolista em atividade no país. Em 2013, foi vendido ao Barcelona em alta, após ser protagonista da conquista da Copa das Confederações FIFA 2013 pela Seleção Brasileira.

Nietzsche, Friedrich Wilhelm (Röcken, Reino da Prússia, 15 de outubro de 1844 – Weimar, Império Alemão, 25 de agosto de 1900) foi um filósofo, filólogo, crítico cultural, poeta e compositor prussiano do século XIX, nascido na atual Alemanha. Ele escreveu vários textos críticos sobre a religião, a moral, a cultura contemporânea, filosofia e ciência, exibindo uma predileção por metáfora, ironia e aforismo. Suas ideias-chave incluíam a crítica à dicotomia apolíneo/dionisíaca, o perspectivismo, a vontade de poder, a "morte de Deus", o Übermensch (Além-Homem) e eterno retorno. Sua filosofia central é a ideia de "afirmação da vida", que envolve questionamento de qualquer doutrina que drene uma expansiva de energias, não importando o quão socialmente predominantes essas ideias poderiam ser. Seu questionamento radical do valor e da objetividade da verdade tem sido o foco de extenso comentário e sua influência continua a ser substancial, especialmente na tradição filosófica continental compreendendo existencialismo, pós-modernismo e pós-estruturalismo. Suas ideias de superação individual e transcendência, além da estrutura e contexto, tiveram um impacto profundo sobre pensadores do final do século XIX e início do século XX, que usaram estes conceitos como pontos de partida para o desenvolvimento de suas filosofias.

Obsediar: apoderar-se do espírito de; causar ideia fixa a; obcecar, obsedar, obsidiar.

Ocultismo/Misticismo: a Mística tem seu foco nas emoções, na vida psíquica, no plano astral. O Ocultismo tem seu foco no Mental Superior, nas causas ou Plano Causal, nas Leis Cósmicas Universais.

Operação Lava Jato é um conjunto de investigações em andamento pela Polícia Federal do Brasil, que cumpriu mais de mil mandados de busca e apreensão, de prisão temporária, de prisão preventiva e de condução coercitiva, visando apurar um esquema de lavagem de dinheiro que movimentou bilhões de reais em propina. A operação teve início em 17 de março de 2014 e conta com 49 fases operacionais, autorizadas pelo então juiz Sérgio Moro, durante as quais mais de cem pessoas foram presas e condenadas. Investiga crimes de corrupção ativa e passiva, gestão fraudulenta, lavagem de dinheiro, organização criminosa, obstrução da justiça, operação fraudulenta de câmbio e recebimento de vantagem indevida. De acordo com investigações e delações premiadas recebidas pela força-tarefa da Operação Lava Jato, estão envolvidos membros administrativos da empresa estatal petrolífera Petrobras, políticos dos maiores partidos do Brasil, incluindo presidentes da República, presidentes da Câmara dos Deputados e do Senado Federal e governadores de estados, além de empresários de grandes empresas brasileiras. A Polícia Federal considera-a a maior investigação de corrupção da história do país. O nome da operação deve-se ao uso de um posto de combustíveis para movimentar valores de origem ilícita, investigado na primeira fase da operação, na qual o doleiro Alberto Youssef foi preso. Por meio de Youssef, constatou-se sua ligação com Paulo Roberto Costa, ex-diretor da Petrobras, preso preventivamente na segunda fase. Seguindo essa linha de investigação, prendeu-se Nestor Cerveró em 2015, que depois delatou outros. Em junho, a operação atingiu grandes empreiteiras brasileiras, como a Andrade Gutierrez e Odebrecht, cujos respectivos presidentes, Otávio Azevedo e Marcelo Odebrecht, foram presos; posteriormente, muitas outras empresas de ramos diversos seriam investigadas. Ao longo de seus desdobramentos, entre outras pessoas relevantes que acabaram sendo presas graças à operação, incluem-se o ex-governador do Rio de Janeiro, Sérgio Cabral, o ex-senador Delcídio do Amaral, o ex-presidente da Câmara dos Deputados, Eduardo Cunha, os ex-ministros da Fazenda, Antonio Palocci e Guido Mantega, o publicitário João Santana, o ex-ministro-chefe da Casa Civil, José Dirceu, e o empresário Eike Batista. A Operação Lava Jato descobriu um quadro de corrupção sistêmica no Brasil e atingiu ricos e poderosos. É uma grande operação, em que cada fio da meada puxado tem desdobramentos imprevisíveis.

Patanjali viveu entre 200 a.C. a 400 d.C.. Patañjali tem a reputação de ser o autor dos *Yoga Sutra*, bem como do comentário sobre a gramática do sânscrito por *Pānini* (*Ashtadhyayi*) que é conhecido por *Mahābhāsya* ou *Bhartrihari*. Existem também muitos textos da Ayurveda atribuídos a ele. Mas quase todas as escolas acreditam atualmente que esses textos foram escritos por diferentes pessoas em diferentes eras.

Platão (em grego antigo: Πλάτων, transl. *Plátōn*, "amplo", Atenas, 428/427 – Atenas, 348/347 a.C.) foi um filósofo e matemático do Período Clássico da Grécia Antiga, autor de diversos diálogos filosóficos e fundador da Academia em Atenas, a primeira instituição de educação superior do mundo ocidental. Juntamente a seu mentor, Sócrates, e seu pupilo, Aristóteles, Platão ajudou a construir os alicerces da filosofia natural, da ciência e da filosofia ocidental. Acredita-se que seu nome verdadeiro tenha sido Arístocles. Platão era um racionalista, realista, idealista e dualista, e a ele têm sido associadas muitas das ideias que inspiraram essas filosofias mais tarde.

Prometeu (em grego: Προμηθεύς, transl.: *Promētheús*, "antevisão") na mitologia grega é um titã, filho de Jápeto e irmão de Atlas, Epimeteu e Menoécio. Algumas fontes citam sua mãe como sendo Tétis, enquanto outras, como Pseudo-Apolodoro, apontam para a Ásia Oriental, também chamada de Clímene, filha de Oceano. Foi um defensor da humanidade, conhecido por sua astuta inteligência, responsável por roubar o fogo de Héstia e o dar aos mortais. Zeus (que temia que os mortais ficassem tão poderosos quanto os próprios deuses) o teria então punido por este crime, deixando-o amarrado a uma rocha por toda a eternidade enquanto uma grande águia comia todo dia seu fígado – que se regenerava no dia seguinte. O mito foi abordado por diversas fontes antigas (entre elas, dois dos principais autores gregos, Hesíodo e Ésquilo), nas quais Prometeu é creditado – ou culpado – por ter desempenhado um papel crucial na história da humanidade.

Raças humanas na Terra: conforme os ensinamentos teosóficos, já vivemos sete grandes etapas de vidas no reino mineral, depois sete grandes etapas de vidas no reino vegetal e outras sete grandes etapas de vidas no reino animal. Como homens, vivemos quatro grandes etapas nas raças: 1) Adâmica (ou Protoplasmática) – existiu há 300 milhões de anos e não possuía corpo físico; 2) Hiperbórea; 3) Lemuriana – inicialmente hermafrodita; e 4) Atlante – a submersão da Atlântida teria ocorrido há cerca de 12 mil anos. Hoje vivemos como raça "Ariana", em sua quinta sub-raça. As características principais das sub-raças da quinta raça são: 1) filosofia e praticidade; 2) vida tribal; 3) mercantilismo; 4) emotividade (fé); 5) comércio, ciência, individualidade; 6) intuição, cooperativismo, fraternidade; e 7) ecletismo, universalidade. A Sexta (Angélica) e a Sétima (dos Iluminados) Raças são seres humanos que ainda estão por vir e que tendem a ser mais evoluídos que seus predecessores em todos os aspectos da existência de um indivíduo realmente inteligente.

Raios: os Sete Raios Planetários são aspectos da divisão de um Raio de Luz Solar; a alma e a personalidade estão mais sintonizados com aqueles Raios que atuam com suas tônicas, ritmos, energias e gamas de cores em todos os aspectos da vida e da evolução. Cada alma está mais sintonizada e reage melhor com um desses Sete Raios Planetários, o qual representa seu verdadeiro Caminho Oculto, chamado também de "O Caminho Interno", aquele que a alma vem seguindo ou tentando seguir há muitas existências, evoluindo e servindo à Luz e às Obras Divinas. É por um desses Raios que cada ser humano atingirá a sua libertação e iluminação espirituais. Os Raios estão divididos e assim chefiados: Primeiro Raio: (vermelho) Poder e Vontade – Mestre Morya; Segundo Raio: (azul) Amor e Sabedoria – Mestre Kuthumi; Terceiro Raio: (verde) Atividade Inteligente – Mestre Veneziano; Quarto Raio: (amarelo) Harmonia Através do Conflito – Mestre Serápis; Quinto Raio: (índigo) Ciência e Conhecimento Concreto – Mestre Hilarion; Sexto Raio: (rosa prateado) Devoção e Idealismo – Mestre Jesus; Sétimo Raio: (violeta) Ordem e Magia Cerimonial – Mestre Saint Germain.

Reiki (霊気? /ˈreɪkiː/) é uma prática enquadrada no vitalismo, criada em 1922 pelo monge budista japonês Mikao Usui. Tem por base a crença na existência da energia vital universal "Ki" (a versão japonesa do conceito chinês "Qi" ou "Chi"), manipulável através da imposição de mãos. Por meio desta técnica, os praticantes acreditam ser possível canalizar a energia universal (i.e., reiki) em forma de *Ki* (japonês: *ki*) a fim de restabelecer o equilíbrio natural, não só espiritual, mas também emocional e físico.

Rubem Azevedo Alves (Boa Esperança, 15 de setembro de 1933 – Campinas, 19 de julho de 2014) foi um psicanalista, educador, teólogo, escritor e ex-pastor presbiteriano brasileiro. Foi autor de livros religiosos, educacionais, existenciais e infantis. É considerado um dos maiores pedagogos brasileiros de todos os tempos, um dos fundadores da Teologia da Libertação e intelectual polivalente nos debates sociais no Brasil. Foi professor da Universidade Estadual de Campinas (Unicamp).

Samsara (em sânscrito, "perambulação") pode ser descrito como o fluxo incessante de renascimentos através dos mundos. Na maioria das tradições filosóficas da Índia, incluindo o Hinduísmo, o Budismo e o Jainismo, o ciclo de morte e renascimento é encarado como um fato natural. Esses sistemas diferem, entretanto, na terminologia com que descrevem o processo e na forma como o interpretam. O conceito da "Roda de Samsara" (ciclo de renascimentos) assemelha-se ao conceito espírita de "reencarnação", da metempsicose ou da "transmigração de almas" dos egípcios e de gregos. É importante observar que a ideia do renascimento traz consigo o conceito da eternidade da vida, mas de forma diferenciada daquela proposta pelo catolicismo.

Sete Raios: as sete "forças primordiais" que emanam da Vida Única. Eles são, portanto, a soma total de todas as almas no sistema solar, e Sua atividade produz todas as formas. De acordo com o texto de Psicologia Esotérica, a fonte da energia dos sete raios em nosso sistema solar são as estrelas da constelação Ursa Maior. Elas são, então, expressas por sete Logoi por meio dos planetas sagrados (Mercúrio, Vênus, Júpiter, Saturno, Urano, Netuno e Vulcan, ainda não descoberto), mas somos afetados pelas energias dos raios expressas também pelas constelações do Zodíaco. A força primordial, que se divide em sete "qualidades" diferentes: Primeiro Raio: (vermelho) Poder e Vontade; Segundo Raio: (azul) Amor e Sabedoria; Terceiro Raio: (verde) Atividade Inteligente; Quarto Raio: (amarelo) Harmonia Através do Conflito; Quinto Raio: (índigo) Ciência e Conhecimento Concreto; Sexto Raio: (rosa prateado) Devoção e Idealismo; Sétimo Raio: (violeta) Ordem e Magia Cerimonial.

Telepatia (do grego τηλε, *tele*, "distância"; e πάθεια, *patheia*, "sentir ou sentimento") é definida na parapsicologia como a habilidade de adquirir informação acerca de pensamentos, sentimentos ou atividades de outro ser consciente, sem o uso de ferramentas tais como a linguagem verbal, corporal, de sinais ou a escrita. A telepatia é considerada uma forma de percepção extrassensorial ou anomalia cognitiva e é frequentemente relacionada a vários fenômenos paranormais, tais como premonição, clarividência. Também pode ser conhecida como "transmissão de pensamento".

Teoria da relatividade geral ou simplesmente relatividade geral é uma teoria geométrica da gravitação publicada por Albert Einstein em 1915. É um conjunto de hipóteses que generaliza a relatividade especial e a lei da gravitação universal de Newton, fornecendo uma descrição unificada da gravidade como uma propriedade geométrica do espaço e do tempo, ou espaço-tempo. Em particular, a "curvatura do espaço-tempo" está diretamente relacionada à energia e ao momento de qualquer matéria e radiação presente. A relação é especificada pelas equações de campo de Einstein, um sistema de equações diferenciais parciais.

Teoria das cordas é um modelo físico matemático em que os blocos fundamentais são objetos extensos unidimensionais, semelhantes a uma corda, e não pontos sem dimensão (partículas), que são a base da física tradicional. O estudo da teoria foi iniciado na década de 1960 e teve a participação de vários físicos para sua elaboração. Essa teoria propõe unificar toda a física, e unir a teoria da relatividade e a teoria quântica numa única estrutura matemática. Embora não esteja totalmente consolidada, a teoria mostra sinais promissores de sua plausibilidade. O interesse na teoria das cordas é dirigido pela grande esperança de que ela possa vir a ser uma teoria de tudo. Segundo essa teoria, as partículas primordiais são formadas por energia (não necessariamente um tipo específico de energia, como a elétrica ou nuclear) que, vibrando em diferentes frequências, formariam partículas distintas. Assim, todas aquelas partículas que considerávamos elementares, como os quarks e os elétrons, são, na realidade, filamentos unidimensionais vibrantes, a que os físicos deram o nome de cordas. Ao vibrarem as cordas originam as partículas subatômicas juntamente com as suas propriedades. Para cada partícula subatômica do universo existe um padrão de vibração particular das cordas. A analogia da teoria consiste em comparar esta energia vibrante com as cordas. As de um violão, por exemplo, ao serem pressionadas em determinado ponto e feitas vibrar produzem diferentes sons, dependendo da posição onde são pressionadas pelo dedo. O mesmo ocorre com qualquer tipo de corda. Da mesma forma, as diferentes vibrações energéticas poderiam produzir diferentes partículas (da mesma forma que uma corda pode produzir diferentes sons sem que sejam necessárias diferentes cordas, uma para cada som).

Tibetano: vide Mestre Djwhal Khul.

Trimúrti: a chamada Trimúrti (em sânscrito: Trimurti, lit. "três formas") é a parte manifesta tripla da divindade suprema, além das representações do Braman, fazendo-se tripla no intuito de liderar os diferentes estados do universo. A Trimúrti é composta pelos três principais deuses do Hinduísmo: Brahma, Vishnu e Shiva, que simbolizam respectivamente a criação, a conservação e a destruição.

Véu de Ísis: a expressão "véu de Ísis" sugere a ideia de mistérios, verdades (Ísis) ocultas pela ilusão aparente (véu). Ísis, deusa egípcia, representa toda a Criação ou Manifestação divina. A humanidade deslumbrada com os reflexos externos da divindade na natureza acaba por não perceber a luz imaterial e eterna que anima a criatura, que existe em seu interior. Esse conceito também existe em "Maya", a deusa hindu da ilusão.

"Sorria! O sorriso iguala as pessoas; a dor de se sentir menor ou inferior ao outro é maior do que a dor da pobreza física ou intelectual. O sorriso é a janela de onde sai o amor, que diz: 'Somos irmãos, somos iguais!'

Como amar a Deus e transformar em atos esse amor, senão ajudando e agindo compassivamente com todas as criaturas por Ele criadas e nas quais habita, sejam elas do reino humano ou não?"